Juristische ExamensKlausuren

Springer
*Berlin
Heidelberg
New York
Hongkong
London
Mailand
Paris
Tokio*

Ralf Brinktrine · Edin Šarčević

Fallsammlung zum Staatsrecht

Springer

Dr. iur. Ralf Brinktrine
PD Dr. iur. Edin Šarčević

Universität Leipzig
Juristenfakultät
Burgstraße 27
04109 Leipzig

rbrink@uni-leipzig.de
edin@rz.uni-leipzig.de

ISBN 3-540-00013-5 Springer-Verlag Berlin Heidelberg New York

Bibliografische Information Der Deutschen Bibliothek
Die Deutsche Bibliothek verzeichnet diese Publikation in der Deutschen Nationalbibliografie; detaillierte bibliografische Daten sind im Internet über <http://dnb.ddb.de> abrufbar.

Dieses Werk ist urheberrechtlich geschützt. Die dadurch begründeten Rechte, insbesondere die der Übersetzung, des Nachdrucks, des Vortrags, der Entnahme von Abbildungen und Tabellen, der Funksendung, der Mikroverfilmung oder der Vervielfältigung auf anderen Wegen und der Speicherung in Datenverarbeitungsanlagen, bleiben, auch bei nur auszugsweiser Verwertung, vorbehalten. Eine Vervielfältigung dieses Werkes oder von Teilen dieses Werkes ist auch im Einzelfall nur in den Grenzen der gesetzlichen Bestimmungen des Urheberrechtsgesetzes der Bundesrepublik Deutschland vom 9. September 1965 in der jeweils geltenden Fassung zulässig. Sie ist grundsätzlich vergütungspflichtig. Zuwiderhandlungen unterliegen den Strafbestimmungen des Urheberrechtsgesetzes.

Springer-Verlag Berlin Heidelberg New York
ein Unternehmen der Springer Science+Business Media GmbH

http://www.springer.de

© Springer-Verlag Berlin Heidelberg 2004
Printed in Germany

Die Wiedergabe von Gebrauchsnamen, Handelsnamen, Warenbezeichnungen usw. in diesem Werk berechtigt auch ohne besondere Kennzeichnung nicht zu der Annahme, dass solche Namen im Sinne der Warenzeichen- und Markenschutz-Gesetzgebung als frei zu betrachten wären und daher von jedermann benutzt werden dürften.

Umschlaggestaltung: Erich Kirchner, Heidelberg
Datenformatierung: Jan-Michael Clauss, Heidelberg

SPIN 10896105   64/3130-5 4 3 2 1 0 – Gedruckt auf säurefreiem Papier

Vorwort

Klausuren prägen das juristische Staatsexamen. Wie die gestellten Fälle von den Studierenden bewältigt werden, beeinflußt wesentlich die Examensnote und entscheidet damit oft zugleich auch über berufliche Perspektiven. Die vorliegende Fallsammlung will helfen, die Examensaufgaben mit Erfolg zu meistern.

Die ausgewählten 12 Klausuren (11 Fälle und eine Themenklausur) decken die examensrelevanten Gebiete des deutschen Staatsorganisationsrechts, der Grundrechte und des Verfassungsprozeßrechts ab. Der weitaus überwiegende Teil der Klausuren ist in verschiedenen Lehrveranstaltungen der Autoren oder Übungen an der Universität eingesetzt und erprobt worden. Einfacher gehaltene Fallgestaltungen wechseln mit Aufgaben von hohem und sehr hohem Niveau und geben sowohl mittleren Semestern als auch Examenskandidaten vielfältige Möglichkeiten, sich in der Bearbeitung von Fällen zu üben. Mit der Themenklausur zum Rechtsstaatsprinzip wird ein aktueller Trend im Prüfungsgeschehen aufgegriffen, da einzelne Justizprüfungsämter in jüngerer Zeit dazu übergehen, im ersten Staatsexamen neben reinen Fallbearbeitungsklausuren auch Aufgaben zu stellen, die von den Studierenden eine Bearbeitung in Form eines Aufsatzes verlangen.

Die Präsentation der Fallösungen trägt studentischer Kritik an der herkömmlichen Darstellungsform von Musterlösungen Rechnung und folgt in der methodischen Behandlung der Fälle dem mit großem Zuspruch aufgenommenen Weg der im selben Verlag erschienenen und erfolgreichen „Fallsammlung zum Verwaltungsrecht". Wie in der realen Klausur- und Prüfungssituation werden Vorüberlegungen, allgemeine Aufbaufragen und klausurtaktische Erwägungen in den gedanklichen Lösungsprozeß einbezogen und in einer eigenen Druckspalte parallel zu den einzelnen Schritten der eigentlichen Klausurlösung dargestellt. Dieses Verfahren hat zwei entscheidende Vorteile: Der gutachtliche Gedankengang bleibt von Zusatzanmerkungen befreit und kann ungestört entwickelt werden. Zugleich ist Raum für didaktische Hinweise, die an den entscheidenden Weichenstellungen parallel zum Lösungsvorschlag erörtert werden können und nicht in die Fußnoten „verbannt" werden müssen.

Bei der Auswahl der Rechtsprechung und Literatur wurde vor allem darauf Wert gelegt, daß das Material aktuell und für die Studierenden greifbar ist. Aus diesem Grund wurde auf umfassende Nachweise verzichtet. In der Regel ist keine Literatur zitiert worden, die vor 1985 erschienen ist. Ferner wurde Spezialschrifttum nur in Ausnahmefällen berücksichtigt. Die den Lösungen beigefügten Vertiefungshinweise wollen den Studierenden ermöglichen, sich mit einigen (Streit)Fragen näher auseinanderzusetzen. Die Beiträge sind vorrangig den juristischen Ausbildungszeitschriften entnommen worden, aber auch gängige öffentlich-rechtliche Zeitschriften haben Eingang gefunden. Rechtsprechung und Literatur sind bis Anfang Juli 2003 berücksichtigt.

Die beiden Autoren haben den Lösungsvorschlägen ihre jeweiligen wissenschaftlichen Ansichten sowie ihren persönlichen Stil zugrunde gelegt. Jedoch werden nicht unumstrittene Meinungen und Lösungsansätze stets als solche kenntlich gemacht. Auch ist für den jeweiligen Fall der Autor verantwortlich, der im Inhaltsverzeichnis in Klammern nach dem Titel genannt ist. Für konstruktive Kritik und Anregungen aus dem Leserkreis sind die Autoren stets dankbar.

Leipzig, im August 2003

Dr. Ralf Brinktrine   PD Dr. Edin Šarčević

Inhaltsverzeichnis

Vorwort V

Inhaltsübersicht VII

Literaturverzeichnis XI

Klausur Nr. 1: **Die unerwünschte Pflichtmitgliedschaft**
(Ralf Brinktrine)** 1
Verfassungsbeschwerde, Grundrechtsfähigkeit juristischer Personen des Privatrechts, Zwangsmitgliedschaften und negative Vereinigungsfreiheit nach Art. 9 Abs. 1 GG, Zwangsmitgliedschaften und Art. 12 Abs. 1 GG, Bedeutung von Art. 2 Abs. 1 GG als Auffanggrundrecht

Klausur Nr. 2: **Die Jungmeisterprämie** (Ralf Brinktrine)*** 25
Abstrakte Normenkontrolle, Sperrwirkung der konkurrierenden Gesetzgebung des Bundes, absolutes Diskriminierungsverbot nach Art. 3 Abs. 3 S. 1 Var. 1 GG, Ausnahmen vom Diskriminierungsverbot aufgrund von Art. 3 Abs. 2 S. 2 GG

Klausur Nr. 3: **Muezzinruf** (Edin Šarčević) *** 43
Verfassungsbeschwerde, Grundrechtsfähigkeit juristischer Personen des Privatrechts, dogmatischer Umgang mit vorbehaltlos gewährleistetem Grundrecht (Art. 4 Abs. 1 GG): Glaubensfreiheit, Grundrechtsträger, Grundrechtsinhalt und Grundrechtseinschränkungen, weltanschaulich-religiöse Neutralität des Staates

Klausur Nr. 4: **Beuteteilungsvertrag** (Edin Šarčević)*** 75
Art. 5 Abs. 1 GG – Meinungsfreiheit versus Pressefreiheit: Umfang und Reichweite des Schutzbereiches des Grundrechts der Meinungsfreiheit, Abgrenzungskriterien zur Pressefreiheit, Ausstrahlungswirkung der Grundrechte in das Privatrecht (Drittwirkung), Abwägung der kollidierenden Grundrechte der Beteiligten, die Herstellung der praktischen Konkordanz

Klausur Nr. 5: **Spontaner Unmut** (Ralf Brinktrine)** 101
Schutzbereich des Art. 8 Abs. 1 GG, Grundrechtsschranken des Art. 8 Abs. 2 GG, verfassungskonforme Auslegung von grundrechtsbeschränkenden Gesetzen, Grundsatz der Verhältnismäßigkeit, Abwägung und Ausgleich kollidierender Grundrechte

Klausur Nr. 6: **Schächterlaubnis** (Edin Šarčević) *** 119
Anwendungsbereich von Art. 12 Abs. 1 GG – Schutzbereich und Schutzbereichsbeeinträchtigung, Drei-Stufen-Lehre, die Relevanz des Grundrechts auf Religionsfreiheit aus Art. 4 Abs. 1 GG und des Grundrechts auf die freie Entfaltung der Persönlichkeit aus Art. 2 Abs. 1 GG; Probleme der Verfassungsbeschwerde: Subsidiarität der Verfassungsbeschwerde, Verfassungsmäßigkeit der Gerichtsentscheidung

Klausur Nr. 7: **Gekündigte Mietwohnung** (Edin Šarčević) **.......... 139
Art. 14 Abs. 1 GG: Schutzbereichsbeeinträchtigung, Eigentumsbegriff, Besitzrecht des Mieters als Eigentum i.S.v. Art. 14 Abs. 1 S. 1 GG, spezifische Verletzung von Grundrechten, Drittwirkung von Grundrechten, Sozialbindung des Art. 14 Abs. 2 GG

Klausur Nr. 8: **Die umstrittene Volksbefragung** (Ralf Brinktrine)*** ... 159
Gesetzgebungskompetenzen des Bundes, insbesondere ungeschriebene Gesetzgebungsbefugnisse, plebiszitäre Formen der Demokratie und Art. 20 Abs. 2 S. 2 GG, Bedeutung des freien Mandats nach Art. 38 Abs. 1 S. 2 GG, Gesetzgebungsbeschluß nach Art. 78 GG, Gesetzgebungsakte als Gegenstand eines Organstreits, abstrakte Normenkontrolle, Verfassungsbeschwerde

Klausur Nr. 9: **Redezeitkürzung** (Edin Šarčević) *.................. 181
Organstreitverfahren, Parteifähigkeit in einem Organstreitverfahren, parteifähige Organteile der Bundesregierung, die Verletzung des Rederechts, Chancengleichheit der Parteien, Verstoß gegen den Grundsatz der Abgeordnetengleichheit

Klausur Nr. 10: **Ein Landtagsdirektor als politischer Beamter** (Ralf Brinktrine)*** 197
Rahmenrecht und Landesrecht, Sperrwirkung des Rahmenrechts, Umsetzung von Rahmenrecht durch Landesrecht, Inhalt des Grundsatzes der Gewaltenteilung, verfassungsrechtliche Stellung der Landtagsverwaltung

Klausur Nr. 11: **„B. W.'s Surfin' Safari"** (Ralf Brinktrine)* 221
Bund-Länder-Streit, Vollzug von Bundesgesetzen am Beispiel des Bundeswasserstraßengesetzes, Konkurrenz der Verwaltungskompetenzen von Bundesbehörden und Behörden der Länder, Grundsatz der Bundestreue

Klausur Nr. 12: **Das Prinzip Rechtsstaat** (Edin Šarčević) ***.......... 231
Darlegung der Normzusammenhänge des Grundgesetzes, methodischer Umgang mit den Verfassungsprinzipien, Gliederung einer „Themenklausur", „formelle" und „materielle" Rechtsstaatlichkeit, Bedeutung und Inhalte des Rechtsstaatsprinzip in Bezug auf verfassungsrechtliche Dogmatik, die einzelnen Elemente und ihre normative Verankerung im Grundgesetz, summatives und integrales Rechtsstaatsverständnis, Maßstäbe der Bewertung einer Themenklausur

Die Klausuren haben folgendes Niveau:

*** sehr hohes Niveau
**   hohes Niveau
*   mittleres Niveau

Verzeichnis der abgekürzt zitierten monographischen, Kommentar- und Lehrbuchliteratur

Achterbert/Püttner/Würtenberger	Achterberg, Norbert /Püttner, Günter/Würtenberger, Thomas; Besonderes Verwaltungsrecht, Band 1: Wirtschafts-, Umwelt-, Bau-, Kultusrecht, 2. Auflage Heidelberg 2000
AK-GG	Wassermann, Rudolf; Kommentar zum Grundgesetz für die Bundesrepublik Deutschland (Reihe Alternativkommentare), 2. Auflage Neuwied und Kriftel Stand 1983
Alexy	Alexy, Robert; Theorie der Grundrechte, Baden-Baden 1985
Badura, Staatsrecht	Badura, Peter; Staatsrecht. Systematische Erläuterung des Grundgesetzes für die Bundesrepublik Deutschland, 2. Auflage München 1996
Badura, Wirtschaftsverwaltungsrecht	Badura, Peter; Wirtschaftsverwaltungsrecht, in: Schmidt-Aßmann, Eberhard; Besonderes Verwaltungsrecht, 12. Auflage Berlin, New York 2003
Benda/Klein	Benda, Ernst/Klein, Eckart; Lehrbuch des Verfassungsprozeßrechts, 2. Auflage Heidelberg 2001
Benda/Maihofer/Vogel	Benda, Ernst/Maihofer, Werner/Vogel, Hans-Jochen; Handbuch des Verfassungsrechts der Bundesrepublik Deutschland, 2. Auflage Berlin, New York 1994
Brauner/Stollmann/Weiß	Brauner, Roman J./Stollmann, Frank/Weiß, Regina; Fälle und Lösungen zum Staatsrecht, 6. Auflage Stuttgart 1999
Busch, FS Schellknecht	Busch, Eckart; Parlamentarische Demokratie – Bewährung und Verteidigung. Festschrift für Helmut Schellknecht zum 65. Geburtstag, Heidelberg 1984

Degenhart, Staatsrecht I	Degenhart, Christoph; Staatsrecht I – Staatsorganisationsrecht, 18. Auflage Heidelberg 2002
Degenhart, Klausurenkurs	Degenhart, Christoph; Klausurenkurs im Staatsrecht, Heidelberg 2002
Dietel/Ginzel/Kniesel	Dietel, Alfred/Ginzel, Kurt/Kniesel, Michael; Demonstrations- und Versammlungsfreiheit. Kommentar zum Gesetz über Versammlungen und Aufzüge vom 24. Juli 1953, 12. Auflage Köln u.a. 2000
Dohmen	Dohmen, Thomas; Handwerksrecht, in: Robinski, Severin/Sprenger-Richter, Bernhard; Gewerberecht, 2. Auflage München 2002
Dolzer/Vogel/Graßhof, BK-GG	Dolzer, Rudolf/Vogel, Klaus/Graßhof, Karin; Bonner Kommentar zum Grundgesetz, Loseblatt Heidelberg Stand 105. Lieferung Mai 2003
Dreier, GG, Bd.1	Dreier, Rolf; Grundgesetz. Kommentar, Band 1, Tübingen 1996
Dreier, GG, Bd.2	Dreier, Rolf; Grundgesetz. Kommentar, Band 2, Tübingen 1998
Dreier, GG, Bd.3	Dreier, Rolf; Grundgesetz. Kommentar, Band 3, Tübingen 2000
Erichsen	Erichsen, Hans-Uwe; Staatsrecht und Verfassungsgerichtsbarkeit I, 3. Auflage München 1982
Fleury	Fleury, Roland; Verfassungsprozeßrecht, 4. Auflage Neuwied und Kriftel 2001
Friesecke, BWaStrG	Friesecke, Albrecht; Bundeswasserstraßengesetz. Kommentar, 4. Auflage Köln u.a. 1999
Frotscher	Frotscher, Werner; Wirtschaftsverfassungs- und Wirtschaftsverwaltungsrecht, 3. Auflage München 1999
Fürst, GKÖD	Fürst, Walther u.a.; Beamtenrecht des Bundes und der Länder, Richterrecht und Wehrrecht, Berlin, Bielefeld, München (Loseblatt) Stand Juli 2003
Grote/Kraus	Grote, Rainer/Kraus, Dieter; Fälle zu den Grundrechten, 2. Auflage München 2001

Literaturverzeichnis XIII

Gusy, Polizeirecht	Gusy, Christoph; Polizeirecht, 5. Auflage Tübingen 2003
Gusy, Verfassungsbeschwerde	Gusy, Christoph, Die Verfassungsbeschwerde, Heidelberg 1988
Haack	Haack, Stefan; Widersprüchliche Regelungskompetenzen im Bundesstaat, Berlin 2002
Hesse, Grundzüge	Hesse, Konrad; Grundzüge des Verfassungsrechts der Bundesrepublik Deutschland, 20. Auflage Heidelberg 1995
Hesse, Rundfunkrecht	Hesse, Albrecht; Rundfunkrecht, 3. Auflage München 2003
Hesse, Verfassungsrecht	Hesse, Konrad; Verfassungsrecht und Privatrecht, Heidelberg 1988
Isensee/Kirchhof, Bd. I	Isensee, Josef/Kirchhof, Paul; Handbuch des Staatsrechts der Bundesrepublik Deutschland, Band I: Grundlagen von Staat und Verfassung, 2. Auflage Heidelberg 1995
Isensee/Kirchhof, Bd. II	Isensee, Josef/Kirchhof, Paul; Handbuch des Staatsrechts der Bundesrepublik Deutschland, Band II: Demokratische Willensbildung – Die Staatsorgane des Bundes, 2. Auflage Heidelberg 1998
Isensee/Kirchhof, Bd. VI	Isensee, Josef/Kirchhof, Paul; Handbuch des Staatsrechts der Bundesrepublik Deutschland, Band VI: Freiheitsrechte, 2. Auflage Heidelberg 2001
Ipsen, Staatsrecht I	Ipsen, Jörn; Staatsrecht I (Staatsorganisationsrecht), 14. Auflage Neuwied und Kriftel 2002
Ipsen, Staatsrecht II	Ipsen, Jörn; Staatsrecht II (Grundrechte), 5. Auflage Neuwied und Kriftel 2002
Jarass/Pieroth, GG	Jarass, Hans D./Pieroth, Bodo; Grundgesetz für die Bundesrepublik Deutschland. Kommentar, 6. Auflage München 2002
Katz	Katz, Staatsrecht. Grundkurs im öffentlichen Recht, 14. Auflage Heidelberg 1996
Kisker/Höfling	Kisker, Gunter/Höfling, Wolfram; Fälle zum Staatsorganisationsrecht, 3. Auflage München 2001

Kloepfer	Kloepfer, Michael; Informationsrecht, München 2002
Köpp	Köpp, Klaus; Öffentliches Dienstrecht, in: Steiner, Udo; Besonderes Verwaltungsrecht, 6. Auflage Heidelberg 1999
Kunig	Kunig, Philip; Das Rechtsstaatsprinzip, Berlin 1986
Kunzmann/Haas/Baumann-Hasske, SächsVerf	Kunzmann, Bernd/Haas, Michael/Baumann-Hasske, Harald; Die Verfassung des Freistaates Sachsen. Kommentierte Textausgabe, 2. Auflage Berlin 1997
Lechner/Zuck, BVerfGG	Lechner, Hans/Zuck, Rüdiger; Bundesverfassungsgerichtsgesetz, 4. Auflage München 1996, Nachtrag 1999
Mahrenholz	Mahrenholz, Ernst-Gottfried; Teilhabe, Entscheidungslegitimation und Minderheitenrechte in der repräsentativen Demokratie. Sieben Thesen zu Fragen der direkten Demokratie, in: Däubler-Gmelin, Hertha/Adlerstein, Wolfgang; Menschengerecht, Heidelberg 1986
von Mangoldt/Klein/Starck GG, Bd. 1	von Mangoldt, Hermann/Klein, Friedrich/Starck, Christian; Das Bonner Grundgesetz, 1. Band: Präambel, Art. 1 – 19, 4. Auflage München 1999
von Mangoldt/Klein/Starck GG, Bd. 2	von Mangoldt, Hermann/Klein, Friedrich/Starck, Christian; Das Bonner Grundgesetz, 2. Band: Art. 20 – 78, München 2000
von Mangoldt/Klein/Starck GG, Bd. 3	von Mangoldt, Hermann/Klein, Friedrich/Starck, Christian; Das Bonner Grundgesetz, 3. Band: Art. 79 – 146, München 2001
Manssen	Manssen, Gerrit; Grundrechte, 2. Auflage München 2002
Maunz/Dürig, GG	Maunz, Theodor/Dürig, Günter, Grundgesetz. Kommentar, Loseblatt München Stand 42. Lfg. 2003
Maunz/Schmidt-Bleibtreu/Klein/Ulsamer, BVerfGG	Maunz/Schmidt-Bleibtreu/Klein/Ulsamer; Bundesverfassungsgerichtsgesetz, Loseblatt München Stand 2002
Maunz/Zippelius	Maunz, Theodor/Zippelius, Reinhold; Deutsches Staatsrecht, 30. Auflage München 1998

Maurer	Maurer, Hartmut; Staatsrecht I. Grundlagen, Verfassungsorgane, Staatsfunktion, 3. Auflage München 2003
Menzel	Menzel, Jörg; Verfassungsrechtsprechung, Tübingen 2000
von Münch, Staatsrecht I	von Münch, Ingo; Staatsrecht, Band 1, 6. Auflage Stuttgart, Berlin, Köln 2000
von Münch, Staatsrecht II	von Münch, Ingo; Staatsrecht, Band 2, 5. Auflage Stuttgart, Berlin, Köln 2002
von Münch/Kunig, GG, Bd. 1	von Münch, Ingo/Kunig, Philip; Grundgesetz-Kommentar, Band 1, 5. Auflage München 2000
von Münch/Kunig, GG, Bd. 2	von Münch, Ingo/Kunig, Philip; Grundgesetz-Kommentar, Band 2, 4./5. Auflage München 2001
von Münch/Kunig, GG, Bd. 3	von Münch, Ingo/Kunig, Philip; Grundgesetz-Kommentar, Band 3, 4./5. Auflage München 2003
Pestalozza	Pestalozza, Christian; Verfassungsprozeßrecht, 3. Auflage München 1991
Pieroth/Schlink	Pieroth, Bodo/Schlink, Bernhard; Grundrechte – Staatsrecht II, 18. Auflage Heidelberg 2002
Plog/Wiedow/Lemhöfer/ Bayer, BBG	Plog, Ernst/Wiedow, Alexander/Lemhöfer, Bernt/Bayer, Detlef, Kommentar zum Bundesbeamtengesetz mit Beamtenversogungsgesetz, Neuwied (Loseblatt) Stand Juli 2002
Priebe	Priebe, Die vorzeitige Beendigung des aktiven Beamtenstatus bei politischen Beamten und kommunalen Wahlbeamten, Berlin 1997
Robbers	Robbers, Gerhard; Verfassungsprozessuale Probleme in der öffentlich-rechtlichen Arbeit, München 1996
Rodi	Rodi, Michael; Die Subventionsrechtsordnung, Tübingen 2000
Sachs, Bindung	Sachs, Michael; Die Bindung des Bundesverfassungsgerichts an seine Entscheidungen, München 1977

Sachs, GG	Sachs, Michael; Grundgesetz, 3. Auflage München 2002
Sachs, Grundrechte	Sachs, Michael; Verfassungsrecht II – Grundrechte, 2. Auflage Berlin u.a. 2003
Šarčević	Šarčević, Edin; Der Rechtsstaat, Leipzig 1997
Schenke	Schenke, Wolf-Rüdiger; Polizeirecht, 2. Auflage Heidelberg 2003
Schlaich/Korioth	Schlaich, Klaus/Korioth, Stefan Das Bundesverfassungsgericht. Stellung, Verfahren, Entscheidungen, 5. Auflage München 2001
Schmalz	Schmalz, Dieter; Staatsrecht, 4. Auflage Baden-Baden 2000
Schmidt-Bleibtreu/Klein, GG	Schmidt-Bleibtreu, Bruno/Klein, Franz; Kommentar zum Grundgesetz, 9. Auflage Neuwied und Kriftel 1999
Schneider/Zeh	Schneider, Hans-Peter/Zeh, Wolfgang; Parlamentsrecht und Parlamentspraxis in der Bundesrepublik Deutschland, Berlin, New York 1989
Schoch	Schoch, Friedrich; Übungen im Öffentlichen Recht I. Verfassungsrecht und Verfassungsprozeßrecht, Berlin New York 2000
Schwerdtfeger	Schwerdtfeger, Gunther; Öffentliches Recht in der Fallbearbeitung, 11. Auflage München 2003
Sobota	Sobota, Katharina; Das Prinzip Rechtsstaat, Tübingen 1997
Stein/Frank	Stein, Ekkehart/Frank, Götz; Staatsrecht, 18. Auflage Tübingen 2002
Stern, Bd. I	Stern, Klaus; Das Staatsrecht der Bundesrepublik Deutschland, Band I: Grundbegriffe und Grundlagen des Staatsrechts. Strukturprinzipien der Verfassung, 2. Auflage München 1984
Stern, Bd. II	Stern, Klaus; Das Staatsrecht der Bundesrepublik Deutschland, Band II: Staatsorgane, Staatsfunktionen, Finanz- und Haushaltsverfassung, Notstandsverfassung, München 1980

Literaturverzeichnis XVII

Stern, Bd. III/2	Stern, Klaus; Das Staatsrecht der Bundesrepublik Deutschland, Band III/2. Halbband: Grundrechtstatbestand, Grundrechtsbeeinträchtigungen und Grundrechtsbegrenzungen, Grundrechtsverluste und Grundpflichten, Schutz der Grundrechte, Grundrechtskonkurrenzen, Grundrechtssystem, München 1994
Stober, Allgemeines Wirtschaftsverwaltungsrecht	Stober, Rolf; Allgemeines Wirtschaftsverwaltungsrecht, 13. Auflage Stuttgart Berlin Köln 2003
Stober, Besonderes Wirtschaftsverwaltungsrecht	Stober, Rolf; Besonderes Wirtschaftsverwaltungsrecht, 12. Auflage Stuttgart Berlin Köln 2001
Schwabe	Schwabe, Jürgen; Die sogenannte Drittwirkung der Grundrechte, München 1971
Umbach/Clemens, BVerfGG	Umbach, Dieter C./Clemens, Thomas; Bundesverfassungsgerichtsgesetz, Heidelberg 1992
Umbach/Clemens, GG	Umbach, Dieter C./Clemens, Thomas; Grundgesetz: Mitarbeiter Kommentar und Handbuch, Heidelberg 2002
Woydera/Summer/Zängl/Huber, SächsBG	Woydera, Walter/Summer, Rudolf/Zängl, Siegfried/Huber, Raimund; Sächsisches Beamtengesetz, Loseblatt Stand Juli 2001
Zippelius	Zippelius, Reinhold; Allgemeine Staatslehre, 14. Auflage München 2003
Zuck	Zuck, Rüdiger; Das Recht der Verfassungsbeschwerde, 2. Auflage München 1988

Klausur 1

Die unerwünschte Pflichtmitgliedschaft

Sachverhalt

Die Anfang Januar 2002 von den beiden Weltenbummlern A und B gegründete G-GmbH betreibt einen kleinen Laden mit dem Namen „Neue Harmonie" in der kreisfreien Stadt S im Lande L. In dem Geschäft werden Schriften und Devotionalien verschiedener Religionen und Glaubensrichtungen, mit denen A und B auf ihren Weltreisen in Kontakt gekommen sind, nicht gerade preiswert verkauft. Unter anderem bietet die „Neue Harmonie" Buddha-Statuen, indianische Traumfänger, Ikonen, Kruzifixe, Rosenkränze, Reliquien und weitere Gegenstände aus allen Erdteilen, die religiöse Verehrung erfahren, an. Der Laden erfreut sich, worauf A und B spekuliert hatten, schon bald nach seiner Eröffnung des regen Zuspruchs vieler kulturell und religiös interessierter Menschen, die die Umsätze und den Gewinn der G-GmbH in von A und B erwartete Höhen klettern lassen.

Etwa einen Monat nach Geschäftseröffnung erhält die G-GmbH ein Schreiben der örtlich zuständigen Industrie- und Handelskammer von S-Stadt (IHK-S). In diesem Schreiben heißt es, die G-GmbH sei gemäß § 2 Abs. 1 des Gesetzes zur vorläufigen Regelung des Rechts der Industrie- und Handelskammern (IHK-G) Pflichtmitglied der IHK-S und damit Kammerangehörige. Dementsprechend sei sie, die G-GmbH, gemäß § 3 Abs. 3 IHK-G zur Zahlung des Mitgliedsbeitrags von € 215,- für das Jahr 2002 verpflichtet. Sie werde hiermit aufgefordert, umgehend den festgesetzten Beitrag zu bezahlen.

A und B als Geschäftsführer der G-GmbH sind mit der Mitgliedschaft in der IHK-S nicht einverstanden. Sie machen geltend, daß die G-GmbH Schriften und Devotionalien nicht allein des schnöden Mammons wegen verkaufe, sondern um den Menschen Frieden, Glück und Erleuchtung zu bringen, damit sie nach ihrer jeweiligen Façon selig werden. Das Grundrecht auf Religionsfreiheit werde mit der staatlich verordneten Mitgliedschaft in einer – so wörtlich – „Krämergilde" mit Füßen getreten. Auch sei die Mitgliedschaft in der IHK-S gar nicht erforderlich, denn die G-GmbH wolle und könne ihre Interessen ohne fremde Hilfe vertreten. Außerdem sei auch ein Nutzen dieser Zwangsmitgliedschaft für die G-GmbH nicht erkennbar und zudem bei wirtschaftlicher Betrachtung völlig unsinnig; sie werde deshalb auf keinen Fall den Beitrag bezahlen.

Nach erfolglosem Widerspruch und Ausschöpfung des Rechtsweges vor den Verwaltungsgerichten erhebt die G-GmbH drei Wochen nach Zustellung des Urteils des Bundesverwaltungsgerichts schriftlich Verfassungsbeschwerde vor dem Bundesverfassungsgericht gegen den Beitragsbescheid und die Urteile der Verwaltungsgerichte mit der näher begründeten Rüge, die Entscheidungen verletzten sie in ihren Grundrechten aus Art. 4, 9, 12, 14 und 2 GG.

Aufgabe:
Untersuchen Sie die Erfolgsaussichten der Verfassungsbeschwerde der G-GmbH vor dem Bundesverfassungsgericht.

Bearbeitervermerk:

1. Unterstellen Sie, daß die Vorschriften des Grundgesetzes über das Verfahren der Gesetzgebung bei förmlichen Bundesgesetzen bei Erlaß des IHK-G beachtet worden sind.

2. Gehen Sie des weiteren davon aus, daß die gesetzlichen Voraussetzungen nach § 2 Abs. 1 IHK-G im Falle der G-GmbH vorliegen und daß der Mitgliedsbeitrag nach § 3 Abs. 3 IHK-G i.V.m. der Beitragsordnung der IHK-S von der IHK-S zutreffend berechnet worden ist.

Lösungsvorschlag

Die Verfassungsbeschwerde der G-GmbH wird erfolgreich sein, wenn die Zulässigkeitsvoraussetzungen gemäß Art. 93 Abs. 1 Nr. 4 a GG, §§ 13 Nr. 8a, 90 ff. BVerfGG erfüllt sind und ein rechtswidriger Eingriff in ein der G-GmbH zustehendes Grundrecht gegeben ist.

Die Klausur hat eine klassische Fallkonstellation zum Gegenstand: das Problem der Zwangsmitgliedschaft natürlicher oder juristischer Personen des Privatrechts in einer Industrie- und Handelskammer. Dieses Problem wird gern in verschiedenen prozessualen Einkleidungen aufgegriffen und zur Bearbeitung gestellt, wobei die anschließenden Hinweise zur Lösung im Umfang divergieren. Dieser Lösungsvorschlag orientiert sich an den tatsächlichen Möglichkeiten einer studentischen Bearbeitung der Aufgabe innerhalb der im Examen zur Verfügung stehenden Zeit; auf eine umfassende Aufarbeitung des Streitstandes[1] im eigentlichen Lösungsweg wurde bewußt verzichtet.

A. Zulässigkeit der Verfassungsbeschwerde der G-GmbH

In der Literatur werden eine ganze Fülle von Vorschlägen zum Aufbau der Zulässigkeitsprüfung der Verfassungsbeschwerde unterbreitet[2], die trotz mancher Nuancen in wesentlichen Fragen keine entscheidenden sachlichen Divergenzen aufweisen. Der hier eingeschlagene Weg der Prüfung orientiert sich an den Vorschlägen von *Manssen*[3] und *Benda/ Klein*[4].

I. Ordnungsgemäßer Antrag

Die G-GmbH hat die Verfassungsbeschwerde schriftlich und mit einer näher begründeten Rüge erhoben und daher die Voraussetzungen des § 23 BVerfGG eingehalten, so daß ein ordnungsgemäßer Antrag vorliegt.

Grundsätzlich sollten allein die Zulässigkeitsvoraussetzungen angesprochen werden, die ernstlich Anlaß zur Diskussion geben[5]; unproblematische, aber erwähnungsbedürftige Sachentscheidungsvoraussetzungen dürfen in der gebotenen Kürze abgehandelt werden. Das schematische Abarbeiten aller Voraussetzungen sollte allerdings vermieden werden, denn es führt in der Regel zu Verzeichnungen in der Gewichtung einer Klausur.

---

[1] Dazu jüngst *Schöbener*, VerwArch 91 (2000), 374 ff.
[2] Siehe beispielsweise die Vorschläge zur Reihenfolge der Prüfung der Zulässigkeitsvoraussetzungen der Verfassungsbeschwerde bei *Schlaich/Korioth*, Rn. 198 ff.; *Pieroth/Schlink*, Rn. 1121 ff.; *Pestalozza*, § 12 Rn. 16 ff.; *Manssen*, Rn. 841 ff.; *Schoch*, S. 104;
[3] *Manssen*, Rn. 841 ff.
[4] *Benda/Klein*, Rn. 426 ff.
[5] Dies ist auch die Praxis des Bundesverfassungsgerichts, vgl. *Pestalozza*, § 12 Rn. 16.

II. Beteiligtenfähigkeit

In diesem Zusammenhang geprüft wird die Frage der Grundrechtsfähigkeit juristischer Personen des Privatrechts von *Benda/Klein*[6], *Pestalozza*[7], *Schlaich/Korioth*[8] sowie *Stern*[9]. Nach anderer Ansicht ist der geeignetere Standort zur Prüfung dieses Problems die Beschwerdebefugnis[10].

Erforderlich ist des weiteren, daß die G-GmbH Beteiligte des Verfassungsbeschwerdeverfahrens sein kann. Nach Art. 93 Abs. 1 Nr. 4a GG, § 90 Abs. 1 BVerfGG hat jedermann das Recht, Verfassungsbeschwerde zu erheben, wenn er behaupten kann, in einem seiner Grundrechte oder grundrechtsgleichen Rechte beeinträchtigt worden zu sein. Problematisch ist hier, daß die G-GmbH keine natürliche Person ist, die unstreitig jedermann im Sinne dieser Normen ist[11], sondern eine juristische Person des Privatrechts. Fraglich ist somit, ob auch die G-GmbH als juristische Person des Privatrechts „jedermann" i.S. dieser Normen sein kann. Juristische Personen sind nach Art. 19 Abs. 3 GG als jedermann und damit beteiligtenfähig anzusehen, wenn sie sich auf Grundrechte berufen können, die ihrem Wesen nach auch auf juristische Personen des Privatrechts anwendbar sind. Ihrem Wesen nach sind Grundrechte auf juristische Personen dann anwendbar, wenn „in der Bildung und Betätigung der juristischen Person die freie Entfaltung der privaten natürlichen Personen ihren Ausdruck findet, die hinter der juristischen Person stehen"[12]. Dies ist in erster Linie bei den Grundrechten der Fall, die das Eigentum und die freie wirtschaftliche Betätigung sichern[13]. Die Grundrechte der Vereinigungsfreiheit[14], der Berufsfreiheit[15], die Eigentumsgarantie[16] sowie die allgemeine Handlungsfreiheit[17]

---

[6] Vgl. *Benda/Klein*, Rn. 441 ff.
[7] Vgl. *Pestalozza*, § 12 Rn. 19.
[8] Vgl. *Schlaich/Korioth*, Rn. 199.
[9] Vgl. *Stern*, in: *Dolzer/Vogel/Graßhof*, BK-GG, Art. 93 Rn. 426 ff.
[10] So etwa *Pieroth/Schlink*, Rn. 1122.
[11] Vgl. nur *Benda/Klein*, Rn. 428.
[12] *Schlaich/Korioth*, Rn. 199 unter Rückgriff auf BVerfGE 21, 362 (369); 61, 82 (101); 68, 193 (205 f.); ebenso *Pestalozza*, § 12 Rn.19.
[13] Vgl. *Benda/Klein*, Rn. 443.
[14] Zur Anwendbarkeit von Art. 9 Abs. 1 GG auf juristische Personen des Privatrechts vgl. z.B. *Stern*, in: *Dolzer/Vogel/Graßhof*, BK-GG, Art. 93 Rn. 438.
[15] Zur Anwendbarkeit von Art. 12 Abs. 1 GG auf juristische Personen des Privatrechts vgl. z.B. BVerfGE 21, 261 (266); 23, 208 (223); 53, 1 (13).
[16] Zur Anwendbarkeit von Art. 14 Abs. 1 GG auf juristische Personen des Privatrechts vgl. z.B. BVerfGE 4, 7 (17), 23, 208 (223), 53, 336 (345).

sind daher ihrem Wesen nach auf juristische Personen des Privatrechts anwendbar, so daß die G-GmbH sich auf diese Grundrechte berufen kann, also insoweit grundrechtsfähig und mithin auch beteiligtenfähig ist.

Problematisch ist aber, ob sich gleiches auch für das Grundrecht der Religionsfreiheit aus Art. 4 Abs. 1 GG sagen läßt. Die G-GmbH kann sich auf Art. 4 Abs. 1 GG berufen, wenn es sich bei ihr um eine Vereinigung handelt, die die Pflege oder Förderung eines religiösen Bekenntnisses oder einer Weltanschauung ihrer Mitglieder zur Zielsetzung hat[18]. Zielsetzung der G-GmbH ist der Verkauf von Waren mit Gewinnerzielungsabsicht. Daß es sich hierbei um Gegenstände mit religiösem Charakter handelt, führt nicht dazu, daß die G-GmbH die Pflege oder Förderung eines religiösen Bekenntnisses betreibt, zumal es sich nicht um ein konkretes religiöses Bekenntnis, sondern um ganz unterschiedliche Religionen handelt. Hiernach kann sich die G-GmbH also nicht auf Art. 4 Abs. 1 GG berufen. Fraglich ist, ob die Aussage, die G-GmbH verkaufe diese Waren, um den Menschen Frieden, Glück und Erleuchtung zu bringen, damit sie nach ihrer jeweiligen Façon selig werden, eine andere Betrachtung rechtfertigt. Abgesehen davon, daß es sich um recht allgemeine Aussagen handelt, bei denen nicht angenommen werden kann, daß hierdurch von der G-GmbH respektive von A und B eine neue Weltanschauung propagiert wird, sollen hierdurch nicht die Überzeugungen der Inhaber der G-GmbH gefördert werden, sondern es geht um die – vermeintlichen - Interessen der Kunden der G-GmbH. Auch insoweit hat also die G-GmbH nicht die Zielsetzung des „hinter" ihr stehenden Verbandes natürlicher Personen im Auge. Zu erörtern bleibt schließlich, ob – wie im Fall der Kirchenbausteuer[19] - durch den Mitgliedsbeitrag ein „Gewissenszwang" für die „hinter" der G-GmbH stehenden natürlichen Personen A und B ausgelöst wird und auf diese Weise Art. 4 Abs. 1 GG Relevanz erlangen kann. Die Geldleistung an die IHK-S hat indes keinerlei religiösen Bezug, sondern dient dazu, daß die IHK-S ihre wirtschaftsbezogenen Aufgaben der Förderung ihrer Mitglieder gemäß § 1 IHK-G wahrnehmen kann. Auch in dieser Hin-

Hierin liegt das eigentliche Problem der Zulässigkeit der Verfassungsbeschwerde der G-GmbH; an dieser Stelle dürfen die Erörterungen daher ausführlicher werden.

---

[17] Zur Anwendbarkeit von Art. 2 Abs. 1 GG auf juristische Personen des Privatrechts vgl. z.B. BVerfGE 10, 221 (225), 19, 206 (215 f.)
[18] Vgl. BVerfGE 19, 129 (132); *Benda/Klein*, Rn. 444; *Stern*, in: *Dolzer/Vogel/Graßhof*, BK-GG, Art. 93 Rn. 434.
[19] Vgl. BVerfGE 19, 206 (215 f.).

sicht kommt Art. 4 Abs. 1 GG folglich nicht zum Tragen. Mithin kann sich die G-GmbH nicht auf Art. 4 Abs. 1 GG berufen. Soweit die G-GmbH sich auf ihre Grundrechte aus Art. 9, 12. 14, 2 GG beruft, sind diese ihrem Wesen nach auf die G-GmbH anwendbar, so daß die G-GmbH jedermann und folglich beteiligtenfähig ist.

III. Prozeß- oder Verfahrensfähigkeit

Die G-GmbH ist nach § 13 Abs. 1 GmbH-G prozeßfähig.

IV. Beschwerdegegenstand

Weitere Voraussetzung der Zulässigkeit nach Art. 93 Abs. 1 Nr. 4a GG, § 90 Abs. 1 BVerfGG ist, daß die G-GmbH sich mit ihrer Verfassungsbeschwerde gegen den Bescheid der IHK-S und den diesen bestätigenden Urteilen gegen einen Akt der öffentlichen Gewalt wendet. Akt der öffentlichen Gewalt sind alle Maßnahmen der deutschen unmittelbaren und mittelbaren Staatsgewalt, und zwar aller Gewalten[20]. Beschwerdegegenstand können mithin auch behördliche und gerichtliche Entscheidungen sein[21]. Problematisch könnte jedoch sein, daß die G-GmbH sich nicht nur gegen das letztinstanzliche Urteil, sondern gegen alle sie belastenden Akte wendet. Im Fall eines von den Gerichten bestätigten Exekutivaktes sind aber nach der Rechtsprechung des BVerfG sowohl der Exekutivakt selbst, in der Regel ein Verwaltungsakt, als auch die diesen bestätigende Gerichtsentscheidungen Beschwerdegegenstand[22], die einheitlich auf ihre Verfassungsmäßigkeit überprüft werden[23]. Mit ihrer Verfassungsbeschwerde gegen den Bescheid der IHK-S und die bestätigenden Urteile der Verwaltungsgerichte wendet sich die G-GmbH somit gegen Akte der deutschen öffentlichen Gewalt; ein tauglicher Beschwerdegegenstand ist damit gegeben.

V. Beschwerdebefugnis

Fraglich ist ferner, ob die G-GmbH behaupten kann, durch die öffentliche Gewalt in einem ihrer Grundrechte verletzt zu sein. Dies ist der Fall, wenn der Antragsteller, also die

---

[20] Vgl. statt vieler *Schlaich/Korioth*, Rn. 205.
[21] Vgl. *Benda/Klein*, Rn. 507, 515; *Schlaich/Korioth*, Rn. 205; *Pestalozza*, § 12 Rn. 25.
[22] Vgl. *Benda/Klein*, Rn. 515.
[23] Vgl. BVerfGE 3, 377 (379); 20, 257 (267).

G-GmbH, mit hinreichender Substantiierung behauptet und auch behaupten kann, daß der Akt geeignet ist, sie selbst, unmittelbar und gegenwärtig in ihren grundrechtlich geschützten Rechtspositionen zu beeinträchtigen[24]. Die G-GmbH ist durch den angegriffenen Bescheid der IHK-S und die Urteile der Verwaltungsgerichte selbst betroffen, weil sie Adressat der Belastungswirkungen der Entscheidungen ist[25]. Sie ist auch gegenwärtig betroffen, da die Belastungswirkungen der Entscheidungen auch im Zeitpunkt der Erhebung der Verfassungsbeschwerde noch anhalten[26], weil keine Erledigung des Bescheides der IHK-S eingetreten ist. Schließlich ist sie auch unmittelbar betroffen, denn ein weiterer Vollzugsakt ist nicht mehr erforderlich[27]. Es ist daher möglich, da die G-GmbH durch den Bescheid der IHK-S und die bestätigenden Gerichtsentscheidungen in ihren Grundrechten verletzt wird, folglich ist die G-GmbH beschwerdebefugt.

VI. Rechtswegerschöpfung

Nächste Voraussetzung nach § 90 Abs. 2 S. 1 BVerfGG ist, daß die G-GmbH gegen die Verletzung den gesetzlich vorgesehenen Rechtsweg beschritten und erschöpft hat[28]. Der einschlägige Rechtsweg gegen Beitragsbescheide der Industrie und Handelskammern ist nach § 40 Abs. 1 VwGO der Verwaltungsrechtsweg, da es sich um öffentlich-rechtliche Streitigkeiten nichtverfassungsrechtlicher Art handelt. Die G-GmbH hat gegen den Bescheid der IHK-S diesen Rechtsweg vor den Verwaltungsgerichten bis zur letzten Instanz, dem Bundesverwaltungsgericht, beschritten und damit den Primärrechtsschutz vor den zuständigen Fachgerichten erschöpft. Folglich ist die Anforderung der Rechtswegerschöpfung erfüllt.

VII. Rechtsschutzbedürfnis und Subsidiarität

Zweifel, daß der G-GmbH das Rechtsschutzbedürfnis fehlt, bestehen nicht, insbesondere ist nicht erkennbar, daß der G-GmbH weitere wirksame Möglichkeiten der Abhilfe[29] ge-

---

[24] Vgl. BVerfGE 53, 30 (48); *Schlaich/Korioth*, Rn. 207 f.
[25] Vgl. *Benda/Klein*, Rn. 552.
[26] Vgl. *Benda/Klein*, Rn. 558.
[27] Vgl. zur Unmittelbarkeit *Benda/Klein*, Rn. 563 ff.
[28] Näher dazu *Pestalozza*, § 12 Rn. 46 ff.
[29] Zur Subsidiarität der Verfassungsbeschwerde vgl. *Pestalozza*, § 12 Rn. 50 f.; *Benda/Klein*, Rn. 531.

gen die Belastungswirkungen der Entscheidungen offen stehen.

VIII. Beschwerdehindernisse

Sonstige Beschwerdehindernisse sind nicht ersichtlich.

IX. Frist

Die Verfassungsbeschwerde gegen Entscheidungen ist nach § 93 Abs. 1 S. 1 BVerfGG binnen eines Monats nach Bekanntgabe zu erheben. Die G-GmbH hat drei Wochen nach Zustellung des letztinstanzlichen Urteils durch das Bundesverwaltungsgericht Verfassungsbeschwerde erhoben und damit die Frist eingehalten.

X. Ergebnis

Da alle Zulässigkeitsvoraussetzungen der Verfassungsbeschwerde erfüllt sind, ist die Verfassungsbeschwerde der G-GmbH mithin zulässig.

B. Begründetheit der Verfassungsbeschwerde der G-GmbH

Die Verfassungsbeschwerde der G-GmbH ist begründet, wenn die Antragstellerin durch den Beitragsbescheid der IHK-S und die ihn bestätigenden Gerichtsentscheidungen in ihren Grundrechten oder grundrechtsgleichen Rechten des Grundgesetzes verletzt ist. Dies ist dann der Fall, wenn durch diese Entscheidungen in den Schutzbereich eines Grundrechts der G-GmbH in verfassungsrechtlich nicht gerechtfertigter Weise eingegriffen und dabei spezifisches Verfassungsrecht verletzt worden ist.

Zu beachten ist, daß es sich hier um eine Urteilsverfassungsbeschwerde handelt, bei der Besonderheiten der gerichtlichen Überprüfung durch das BVerfG gelten. Das BVerfG beschränkt seine Kontrolle fachgerichtlicher Entscheidungen auf die Verletzung sogenannten spezifischen Verfassungsrechts[30], nämlich darauf, ob eine einschlägige Verfassungsnorm übersehen oder diese grundsätzlich falsch angewendet worden ist[31] und die gerichtliche Entscheidung auf diesem Fehler beruht[32].
Die Frage des Prüfungsumfangs sollte gleichwohl nicht abstrakt vorab erörtert werden, sondern an der Stelle problematisiert werden, wo es auf diese Frage tatsächlich ankommt. Für die Einleitung der Prüfung genügt es, wenn durch das entsprechende Stichwort signalisiert wird, daß dem Bearbeiter die Problematik bekannt ist.

I. Verletzung von Art. 9 Abs. 1 GG

Erste Voraussetzung für eine Verletzung des durch Art. 9 Abs. 1 GG gewährleisteten Grundrechts der Vereinigungsfreiheit ist, ob durch die staatlichen Maßnahmen in den Schutzbereich des Art. 9 Abs. 1 GG eingegriffen worden ist. Nach Art. 9 Abs. 1 GG haben alle Deutschen das Recht, Vereine und Gesellschaften zu bilden. Art. 9 Abs. 1 GG gewährleistet somit jedenfalls „den privatrechtlichen Zusammenschluß natürlicher oder juristischer Personen, der auf Dauer angelegt ist, auf der Basis der Freiwilligkeit erfolgt, zur Verfolgung eines gemeinsamen Zwecks konstituiert ist

Die Prüfung folgt dem etablierten Aufbau Bestimmung des Schutzbereichs – Eingriff in den Schutzbereich – Verfassungsrechtliche Rechtfertigung des Eingriffs.

Von einer studentischen Bearbeitung darf erwartet werden, daß zumindest die Rechtsprechung des Bundesverfassungsgerichts zum Schutzbereich von Art. 9 Abs. 1 GG bekannt ist.

---

[30] Ausführlich zur Frage des Prüfungsumfangs bei der Urteilsverfassungsbeschwerde sowie des Problems des spezifischen Verfassungsrechts *Schlaich/Korioth*, Rn. 271 ff ; kurzer Überblick bei *Pieroth/Schlink*, Rn. 1172 ff.
[31] Dazu näher BVerfGE 85, 248 (258); 87, 287 (283).
[32] Zu vorstehenden Aspekten siehe den Überblick bei *Pieroth/Schlink*, Rn. 1175.

und eine organisierte Willensbildung aufweist"[33] und damit die privatautonome Gruppenbildung[34]. Gleichzeitig sichert die Vereinigungsfreiheit auch das Recht, einer privatrechtlichen Vereinigung fernzubleiben. Die IHK-S ist allerdings keine Organisation des privaten Rechts, sondern gemäß § 3 Abs. 1 IHK-G eine Körperschaft des öffentlichen Rechts, so daß insoweit der Schutzbereich des Art. 9 Abs. 1 GG für die Mitgliedschaft der G-GmbH in der IHK-S nicht berührt ist.

Fraglich ist aber, ob Art. 9 Abs. 1 GG ebenso vor dem Zwang der Mitgliedschaft in einer öffentlich-rechtlichen Vereinigung schützt, also auch das Recht umfaßt, einer öffentlich-rechtlichen Zwangskorporation fernzubleiben. Gegen dieses Recht spricht die Überlegung, daß die sogenannte negative Seite der Vereinigungsfreiheit nicht zum Zuge kommen kann, weil es die positive Entsprechung, nämlich die grundrechtlich freie Begründung öffentlich-rechtlicher Körperschaften, nicht gibt[35]. Diesem - auf den ersten Blick überzeugenden - Argument wird indes entgegengehalten, daß Art. 9 Abs. 1 GG umfassend im Sinne freier sozialer Gruppenbildung verstanden werden muß, mit der Folge, daß dieses Grundrecht vor jeglichem Zwang zur Vereinigung schützen will. Danach wäre das Fernbleiben von einem öffentlich-rechtlichen Verband keine für den Privaten unmögliche Inanspruchnahme öffentlich-rechtlicher Gestaltungsformen, sondern „Realisierung der klassischen grundrechtlichen Abwehrfunktion"[36]. Diesem Einwand ist wiederum mit dem Hinweis zu begegnen, daß im Fall öffentlich-rechtlicher Zwangskorporation gerade nicht das die Vereinigungsfreiheit konstituierende Element der Freiwilligkeit gegeben ist[37]. Auch spricht die Entstehungsgeschich-

Empfehlenswert ist es, die Argumente der verschiedenen Auffassungen nicht jeweils en bloc abzuhandeln und anschließend ohne Diskussion gegenüberzustellen, sondern die Erörterung als ein Wechselspiel verschiedener Überlegungen aufzubauen.

---
[33] BVerfG, NVwZ 2002, 335 (336) unter Hinweis unter anderem auf *Löwer*, in: *von Münch/Kunig*, GG, Bd. 1, Art. 9 Rn. 27 ff.
[34] Vgl. BVerwGE 107, 169 (172).
[35] Vgl. z.B. BVerfGE 10, 89 (102); 10, 354 (362 f.); dem BVerfG folgend u.a. *Kemper*, in: von *Mangoldt/Klein/Starck*, GG, Bd. 1, Art. 9 Rn. 133; *Merten*, in: *Isensee/Kirchhof*, Bd. VI, § 144 Rn. 58 ff. m.w.N.; *Frotscher*, Rn. 429. Kritisch *Sachs*, Grundrechte, B 9 Rn. 9, skeptisch zur Überzeugungskraft dieses Arguments auch BVerwGE 107, 169 (172 f.); gänzlich ablehnend *Bauer*, in: *Dreier*, GG, Bd.1, Art. 9 Rn. 42; *Pieroth/Schlink*, Rn. 730.
[36] So *Höfling*, in: *Sachs*, GG, Art. 9 Rn. 22; im Ergebnis ebenso *Pieroth/Schlink*, Rn. 730 m.w.N.
[37] So explizit BVerfG, NVwZ 2002, 335 (336). Auf gleicher Linie Kluth, NVwZ 298 (299), a.A. *Höfling*, in: *Sachs*, GG, Art. 9 Rn. 22.

te gegen das Recht, einem öffentlich-rechtlichen Verband fernzubleiben. Den Mitgliedern des Parlamentarischen Rates war bei der Diskussion des Art. 9 Abs. 1 GG die Existenz berufsständischer Zwangszusammenschlüsse bewußt. Aufbauend auf einer Stellungnahme des Verfassungskonvents von Herrenchiemsee, der bei seinen Beratungen eine Regelung, daß niemand gezwungen werden dürfe, sich einer Vereinigung anzuschließen, abgelehnt hatte, wollten sie diesen alten Traditionszusammenhang weder unterbrechen noch aufheben, sonst hätten sie dies besonders zum Ausdruck gebracht[38]. Schließlich sind auch systematische Argumente für die Beschränkung des Schutzbereichs anzuführen. Im Kontext mit Art. 9 Abs. 2 GG, der Schranken enthält, die allein auf den Schutzbereich privatautonomer Gruppenbildung zielen und keinen einer negativen Vereinigungsfreiheit gegenüber öffentlich-rechtlichen Körperschaften entsprechenden Vorbehalt aufweisen, wird deutlich, daß die negative Vereinigungsfreiheit sich allein gegen privatrechtliche Zwangsvereinigungen richtet. Wollte man eine negative Vereinigungsfreiheit gegen öffentlich-rechtliche Zwangskorporationen annehmen, dann müßten auch für die Freiheit vor Inanspruchnahme durch eine Pflichtmitgliedschaft in solchen Verbänden Grenzen nach Art. 9 Abs. 2 GG bestehen, denn sonst ließen sich öffentlich-rechtliche Zwangskorporationen nur im Wege verfassungsimmanenter Beschränkungen rechtfertigen. Eine restriktive Interpretation der Regelung des Art. 9 Abs. 2 GG, die für den Fall der Ausdehnung des Schutzbereichs den Vorbehalt des einfachen Gesetzes nicht für öffentlich-rechtliche Zwangskorporationen gelten lassen will, stünde aber nach den obigen Ausführungen im Widerspruch zur Verfassungsnormhistorie: Da sich nicht erkennen läßt, daß das Grundgesetz die hergebrachten Institutionen der Kammern grundsätzlich nicht anerkennen wollte, muß auch die Auslegung der Schranken diesem Umstand Rechnung tragen[39].

---

[38] Zur Normgeschichte vgl. BVerfG, NVwZ 2002, 335 (336).
[39] Vgl. BVerwGE 107, 169 (173).

Wer sich der Rechtsprechung des BVerfG auch nach dem Beschluß des Gerichts vom 07.12.2001 mit Stimmen der Literatur nicht anzuschließen vermag und den Schutzbereich der Vereinigungsfreiheit auch im Fall öffentlich-rechtlicher Zwangskorporationen für eröffnet erachtet[40], der hat sodann die Frage des Eingriffs und das Problem der verfassungsrechtlichen Rechtfertigung zu erörtern. Insbesondere beim letzteren Punkt stellen sich mehrere diffizile Fragen. Zum einen ist zu diskutieren, ob die Schrankenregelung des Art. 9 Abs. 2 GG auch für den Fall der Zwangsmitgliedschaft in öffentlich-rechtlichen Verbänden zur Anwendung gelangt[41] oder ob für diese Konstellation der Gesetzesvorbehalts nicht eingreifen soll[42]. Wird ersteres angenommen, ist die Tragfähigkeit der Zwangskorporation am Maßstab des Übermaßverbotes zu diskutieren[43], wie sie das BVerfG entsprechend bei seiner Prüfung des für einschlägig erachteten Art. 2 Abs. 1 GG durchführt[44]. Folgt ein Bearbeiter jedoch der zweiten Position, steht er anschließend vor der Frage, welche konkurrierenden, von der Verfassung geschützten Güter eine die gesetzliche Anordnung einer Mitgliedschaft

Da es somit bei Zwangsverbänden vor allem an dem entscheidenden Moment grundrechtsinitiierter Freiwilligkeit fehlt[45] und auch Entstehungsgeschichte und Systematik gegen die Anwendbarkeit der Vereinigungsfreiheit sprechen, unterfallen öffentlich-rechtliche Organisationsformen von vornherein nicht dem Vereinigungsbegriff des Art. 9 Abs. 1 GG[46]. Folglich schützt Art. 9 Abs. 1 GG nicht vor einer gesetzlich angeordneten Eingliederung in eine öffentlich rechtliche Körperschaft[47], mit der Folge, daß die G-GmbH durch die Zwangsmitgliedschaft in der IHK-S nicht in ichrem Grundrecht aus Art. 9 Abs. 1 GG berührt ist.

---

[40] Vgl. *Höfling*, in: *Sachs*, GG, Art. 9 Rn. 22; *Scholz*, in: *Maunz/Dürig*, GG, Art. 9 Rn. 90; *Bauer*, in: *Dreier*, GG, Bd.1, Art. 9 Rn. 42; *Pieroth/Schlink*, Rn. 730; *Schöbener*, VerwArch 91 (2000), 374 (396 ff.)
[41] So andeutungsweise BVerwGE 107, 169 (173).
[42] So zu verstehen die Ausführungen von *Höfling*, in: *Sachs*, GG, Art. 9 Rn. 23 i.V.m. 38 ff.; *Schöbener*, VerwArch 91 (2000), 374 (403 f.).
[43] Vgl. *Löwer*, GewArch 2000, 89 (96 ff.).
[44] Dazu sogleich unter B. IV.
[45] Dies wird in den Besprechungen des Kammerbeschlusses vom 07.12.2001 von der Literatur immer wieder als entscheidendes Argument hervorgehoben, vgl. *Kluth*, NVwZ 2002, 298 (299); *Stober*, Allgemeines Wirtschaftsverwaltungsrecht, S. 165.
[46] Vgl. BVerwG, NVwZ 2002. 335 (336).
[47] Ständige Rechtsprechung des Bundesverfassungsgerichts, vgl. BVerfGE 10, 89 (102); 10, 354 (361 f.); 15, 235 (239); 38, 281 (297 f.) und jüngst BVerfG, NVwZ 2002, 335 ff.

rechtfertigen können. Als verfassungsunmittelbare Schranke kommt unter anderem das Sozialstaatsprinzip in Betracht[49]. Wer allerdings im Einklang mit Stimmen im Schrifttum die Auffassung vertritt, dass sich schutzfähige Güter aus dem Grundgesetz zur Rechtfertigung von allen oder zumindest vielen Zwangskorporationen nicht herleiten lassen[50], der muß im Ergebnis zur Verfassungswidrigkeit der Zwangsmitgliedschaft gelangen.

II. Verletzung von Art. 12 Abs. 1 GG

In Betracht kommt eine Verletzung von Art. 12 Abs. 1 GG, wenn sich die Beitragserhebung als rechtswidriger Eingriff in die Berufsfreiheit erweist. Erste Voraussetzung ist, daß der Schutzbereich der Berufsfreiheit durch den Beitragsbescheid respektive durch die sie tragende Zwangsmitgliedschaft berührt ist.

1. Schutzbereich

Erforderlich ist zunächst, daß der Schutzbereich der Berufsfreiheit eröffnet ist. Mit Blick auf den persönlichen Schutzbereich ist nach den obigen Ausführungen festzustellen, daß die G-GmbH als *inländische* juristische Person sich nach Art. 19 Abs. 3 GG auf die Berufsfreiheit als sogenanntes Deutschengrundrecht berufen kann. Zu erörtern bleibt, ob auch der sachliche Schutzbereich eröffnet ist. Dies ist dann der Fall, wenn es sich bei dem Verkauf von religiösen Schriften und Devotionalien mit Gewinnerzielungsabsicht um einen Beruf i.S. von Art. 12 Abs. 1 GG handelt. Unter den Begriff des Berufs fällt jede nachhaltige, selbständige oder unselbständige Tätigkeit, die der Schaffung und Erhaltung einer Lebensgrundlage dient, also auf Erwerb gerichtet und nicht verboten ist[48]. Da die G-GmbH mit dem Verkauf von Waren eine auf Dauer angelegte Geschäftstätigkeit betreibt, die auf die Erzielung von Gewinn ausgerichtet ist, handelt es sich bei dem Verkauf von Devotionalien in der Neuen Harmonie um einen Beruf i.S. von Art. 12 Abs. 1 GG.

---

[48] Zum Begriff des Berufs vgl. BVerfGE 7, 377 (397 f.); aus der Literatur *Sachs,* Grundrechte, B 12 Rn. 3 ff.; *Pieroth/Schlink,* Rn. 810 ff.

2. Eingriff

Weitere Voraussetzung ist, daß der Beitragsbescheid und die ihn stützenden Gerichtsentscheidungen einen Eingriff in das Grundrecht der Berufsfreiheit darstellen. Ein Eingriff ist nach dem sogenannten erweiterten Eingriffsverständnis „jedes staatliche Handeln, das dem einzelnen ein Verhalten, das in den Schutzbereich eines Grundrechts fällt, ganz oder teilweise unmöglich macht, gleichgültig ob diese Wirkung final oder unbeabsichtigt unmittelbar oder mittelbar, rechtlich oder tatsächlich (faktisch, informal), mit oder ohne Befehl oder Zwang erfolgt"[53]. Nach dieser Definition ist die gesetzlich angeordnete Mitgliedschaft in öffentlich-rechtlichen Korporationen als Eingriff zu betrachten. Diesem Ergebnis ist jedoch ein nur vorläufiger Charakter beizumessen, wenn für das konkrete Grundrecht, hier also für die grundrechtliche Gewährleistung der Berufsfreiheit, erhöhte Anforderungen an die Eingriffsqualität staatlicher Maßnahmen gestellt werden. Nach der ständigen Rechtsprechung des Bundesverfassungsgerichts schützt Art. 12 Abs. 1 GG nicht schlechthin vor jeder Form staatlicher Beeinträchtigung, sondern es muß sich um einen staatlichen Akt mit subjektiv oder zumindest objektiv berufsregelnder Tendenz handeln[54], um eine Beeinträchtigung also, die spezifisch die berufliche Betätigung der Betroffenen zum Gegenstand

Wer mit einer in der Literatur vertretenen Gegenauffassung in der Zwangsmitgliedschaft und folglich auch in dem Beitragsbescheid einen Eingriff in das Grundrecht der Berufsfreiheit, konkret in die Berufsausübungsfreiheit, erblickt[51], muß entsprechend nach der sogenannten Stufentheorie die verfassungsrechtliche Rechtfertigung dieses Eingriffs anhand der Kriterien der ersten Stufe prüfen[52]. In der Sache ergeben sich hier keine gravierenden Unterschiede zur Prüfung der Rechtmäßigkeit des Eingriffs, wie sie im Rahmen der Prüfung des Art. 2 Abs. 1 GG er-

---

[49] So *Schöbener*, VerwArch 91 (2000), 374 (406 f.). Zu weiteren denkbaren verfassungsimmanenten Schranken vgl. die Nachweise bei *Schöbener*, VerwArch 91 (2000), 374 (404 f.)

[50] So beispielsweise *Höfling*, in: *Sachs*, GG, Art. 9 Rn. 23, auf gleicher Linie *Bauer*, in: *Dreier*, GG, Bd.1, Art. 9 Rn. 42, *Pietzcker*, JuS 1985, 27 (29).

[51] Einen Eingriff in die Berufsausübungsfreiheit durch jede Beeinträchtigung der Berufsfreiheit und damit auch durch die gesetzliche Anordnung einer Mitgliedschaft in einer öffentlich-rechtlichen Korporation nehmen an *Scholz*, in: *Maunz/Dürig*, GG, Art. 9 Rn. 90; *Manssen*, in: *von Mangoldt/Klein/Starck*, GG, Bd. 1, Art. 12 Rn. 213, *Manssen*, Rn. 576; grundsätzlich auch *Sachs*, Grundrechte, B 12 Rn. 26, der aber für Geldleistungspflichten am Erfordernis der objektiv berufsregelnden Tendenz festhalten will, siehe *Sachs*, Grundrechte, B 12 Rn. 27.

[52] Zur Stufentheorie und zur Prüfungsabfolge näher *Pieroth/ Schlink*, Rn. 846 ff.; *Sachs*, Grundrechte, B 12 Rn. 33 ff.

[53] *Pieroth/ Schlink*, Rn. 240.

[54] Ständige Rechtsprechung des Bundesverfassungsgerichts, vgl. BVerfGE 13, 181 (186); 38, 61 (79); 47, 1 (21); 70, 191 (214); 82, 209 (223 f.); ebenso das Bundesverwaltungsgericht, siehe etwa BVerwGE 71, 183 (191); 75, 109 (115); aus der Literatur statt vieler *Tettinger*, in: *Sachs*, GG, Art. 12 Rn. 73.

hat⁵⁵. Fraglich ist somit, ob in den Regelungen des IHK-G eine spezifisch berufsregelnde Beeinträchtigung zu erblicken ist. Die durch § 2 IHK-G gesetzlich angeordnete Pflichtmitgliedschaft der G-GmbH ist eine einfache Folge der Berufsausübung, die weder die Art und Weise der Berufsausübung regelt noch eine berufspolitische Tendenz verfolgt⁵⁶. Eine objektiv oder gar subjektiv berufsregelnde Tendenz ist der durch das IHK-G angeordneten Pflichtmitgliedschaft folglich nicht eigen⁵⁷. Dementsprechend kommt auch weder dem das IHK-G vollziehenden Beitragsbescheid noch den bestätigenden Urteilen der Verwaltungsgerichte eine solche objektiv berufsregelnde Tendenz zu, so daß die erhöhten Anforderungen an die Qualität staatlicher Beeinträchtigung im Anwendungsbereich der Berufsfreiheit nicht erfüllt werden. Mithin liegt ein Eingriff in das Grundrecht der Berufsfreiheit der G-GmbH nicht vor folgen muß⁵⁸. Allerdings führt die Annahme eines Eingriffs in Art. 12 Abs. 1 GG zu dem Problem, daß der Prüfungsmaßstab für die Verfassungsmäßigkeit der Zwangsmitgliedschaft von der Staatsbürgerschaft des Grundrechtsträgers abhängt, denn Ausländer können sich nicht auf Art. 12 Abs. 1 GG, sondern allein auf Art. 2 Abs. 1 GG berufen; diese tatbestandliche Aufspaltung des grundrechtlichen Schutzes kann weitere Fragen aufwerfen, die hier nachzuzeichnen nicht möglich ist⁵⁹.

III. Verletzung von Art. 14 Abs. 1 GG

Eine Verletzung von Art. 14 Abs. 1 GG scheidet aus, da die Auferlegung von öffentlich-rechtlichen Geldleistungspflichten den Schutzbereich dieses Grundrechts nur dann berührt, wenn eine sogenannte Erdrosselungswirkung ernsthaft möglich erscheint⁶⁰; bei einem Betrag von € 215,- kann indes nicht ernstlich von einer erdrosselnden Wirkung des Beitrags für die IHK-S ausgegangen werden.

IV. Verletzung von Art. 2 Abs. 1 GG

Das der G-GmbH zustehende Grundrecht des Art. 2 Abs. 1 GG ist verletzt, wenn die staatlichen Entscheidungen in nicht verfassungsgemäßer Weise in den Schutzbereich dieses Grundrechts eingreifen.

---

⁵⁵ Vgl. *Löwer*, GewArch 2000. 89 (96).
⁵⁶ Vgl. BVerfGE 15, 235 (239); ebenso *Tettinger*, in: *Sachs, GG*, Art. 12 Rn. 74: "berufsneutrale Tendenz".
⁵⁷ So BVerfGE 15, 235 (239); aus der Literatur (Zwangsmitgliedschaften seien nicht an Art. 12 Abs. 1 GG zu messen) ebenso *Tettinger*, in: *Sachs, GG*, Art. 12 Rn. 74.
⁵⁸ So der zutreffende Hinweis von *Löwer*, GewArch 2000, 89 (96).
⁵⁹ Ausführlich zu diesem Problem *Terhechte*, JuS 2002, 551 ff.
⁶⁰ Vgl. BVerfGE 14, 221 (241), 78, 232 (243), 82, 159 (190); *Di Fabio*, in: *Maunz/Dürig, GG*, Art. 2 Rn. 98; mögliche Änderung der bisherigen Position durch BVerfGE 93, 130 (137); 95, 267 (301); zu neueren Tendenzen auch *Papier*, in: *Maunz/Dürig, GG*, Art. 14 Rn. 165 ff.

1. Eingriff in den Schutzbereich

Es fragt sich, ob durch den Beitragsbescheid der IHK-S mit der Verpflichtung zur Zahlung von € 215,- bzw. die ihn bestätigenden Gerichtsentscheidungen ein Eingriff in den Schutzbereich gegeben ist. Art. 2 Abs. 1 GG schützt jegliches menschliche Verhalten[61] und damit die Handlungsfreiheit einer Person im umfassenden Sinne[62]. Insbesondere schützt Art. 2 Abs. 1 GG auch vor der Auferlegung öffentlich-rechtlicher Geldleistungspflichten[63]. Der Schutzbereich des Grundrechts der allgemeinen Handlungsfreiheit ist somit eröffnet. Weiter ist Voraussetzung, daß ein Eingriff gegeben ist. Ein Eingriff ist schon dann zu bejahen, wenn durch den Bescheid Belastungswirkungen für die G-GmbH eintreten. Die der G-GmbH auferlegte Geldleistungspflicht beschränkt die Freiheit der G-GmbH, mit ihren materiellen Ressourcen so zu verfahren, wie sie allein es für wirtschaftlich richtig erachtet und greift somit in die allgemeine Handlungsfreiheit der G-GmbH ein.

2. Verfassungsrechtliche Rechtfertigung des Eingriffs

Der Eingriff in die allgemeine Handlungsfreiheit der G-GmbH ist nach der Schrankenregelung des Art. 2 Abs. 1 GG allerdings gerechtfertigt, wenn er durch die verfassungsmäßige Ordnung gedeckt ist. Unter dem Begriff der verfassungsmäßigen Ordnung ist die Gesamtheit der Normen zu verstehen, die formell und materiell mit der Verfassung in Einklang stehen[64]. Fraglich ist folglich, ob die Beitragserhebung durch die IHK-S auf einer formell und materiell verfassungsmäßigen Rechtsgrundlage beruht und diese auch verfassungsgemäß angewandt worden ist[65].

---

[61] Vgl. *Pieroth/Schlink*, Rn. 368.
[62] Vgl. aus der ständigen Rechtsprechung des BVerfG z.B. BVerfGE 97, 332 (340); *Jarass*, in: *Jarass/Pieroth*, GG, Art. 2 Rn. 3.
[63] Vgl. *Di Fabio*, in: *Maunz/Dürig*, GG, Art. 2 Rn. 98.
[64] Vgl. BVerfGE 6, 32 (38 ff.); aus der Literatur statt vieler *Pieroth/Schlink*, Rn. 383.
[65] Vgl. *Pieroth/Schlink*, Rn. 347.

a) Verfassungsmäßigkeit der Rechtsgrundlagen des Beitragsbescheides

Erste Voraussetzung ist somit, daß der Beitragsbescheid und die ihn bestätigenden Gerichtsentscheidungen auf einer verfassungsmäßigen Rechtsgrundlage beruhen. Rechtsgrundlage der Beitragserhebung ist § 3 Abs. 3 IHK-G i.V.m. der Beitragsordnung der IHK-S. Die Beitragslast ist hinsichtlich ihrer Höhe verfassungsrechtlich nicht zu beanstanden, da der Sachverhalt in dieser Hinsicht keine gegenteiligen Anhaltspunkte mitteilt. Im Kern geht es der G-GmbH aber auch nicht um die Höhe des Beitrags, sondern vielmehr um die Zahlungspflicht an sich. Die Beteiligung an der Kostenlast der IHK-S und damit die Beitragserhebung ist allerdings untrennbar mit der durch § 2 Abs. 1 IHK-G angeordneten Pflichtmitgliedschaft verknüpft. Die Beitragserhebung nach § 3 Abs. 3 IHK-S ist mithin unter zwei Voraussetzungen verfassungsgemäß. Erforderlich ist erstens, daß die ihr zugrundeliegende, durch § 2 Abs. 1 IHK-G angeordnete Zwangsmitgliedschaft formell und materiell verfassungsgemäß ist Des weiteren ist erforderlich, daß die durch § 3 Abs. 2 S. 1 IHK-G angeordnete Beteiligung der Mitglieder an der Beitragslast der Kammer verfassungsrechtlicher Prüfung standhält.

Das Bundesverfassungsgericht differenziert bei seiner Prüfung nicht zwischen der Mitgliedschaft als solcher und den durch sie vermittelten Belastungswirkungen, wie sie insbesondere von der Beitragspflicht ausgehen, sondern nimmt eine Gesamtbetrachtung vor[66]. Durch entsprechende Formulierung im Gutachten kann verdeutlicht werden, daß der Bearbeiter diesen Ansatz kennt und deshalb bewußt die verschiedenen Aspekte in Anlehnung an das Bundesverfassungsgericht ebenfalls zusammenfügt.

aa) Verfassungsmäßigkeit von § 2 Abs. 1 IHK-G

aaa) Formelle Verfassungsmäßigkeit von § 2 Abs. 1 IHK-G

An der formellen Verfassungsmäßigkeit der Norm bestehen keine Zweifel, insbesondere besitzt der Bund nach Art. 74 Nr. 11 GG die Befugnis zum Erlaß des IHK-G.

bbb) Materielle Verfassungsmäßigkeit von § 2 Abs. 1 IHK-G i.V.m. § 3 Abs. 3 IHK-G

Fraglich aber ist, ob die durch § 2 Abs. 1 IHK-G vorgesehene Zwangsmitgliedschaft wirtschaftlich tätiger Personen und Vereinigungen des Privatrechts in einer IHK, also die Mitgliedschaft der G-GmbH in der IHK-S, materiell verfassungsgemäß ist. Öffentlich-rechtliche Zwangsverbände und damit auch die IHK-S sind nach der Rechtsprechung nur zulässig, „wenn sie öffentlichen Aufgaben dienen und

---

[66] So auch die Beobachtung von *Kluth*, NVwZ 2002, 298 (299).

ihre Errichtung, gemessen an diesen Aufgaben, verhältnismäßig ist."[67]

(1) Legitimer Zweck von § 2 Abs. 1 IHK-G

Erste Voraussetzung für die Errichtung und in Folge für die Erhebung von Beiträgen durch die IHK-S ist somit, daß der Verband mit Zwangsmitgliedschaft legitime öffentliche Aufgaben erfüllt. Unter legitimen öffentlichen Aufgaben sind solche zu verstehen, „an deren Erfüllung ein gesteigertes Interesse der Gemeinschaft besteht, die aber weder allein im Wege privater Initiative wirksam wahrgenommen können noch zu den im engeren Sinn staatlichen Aufgaben zählen, die der Staat selbst durch seine Behörden wahrnehmen muß"[68]. Den Industrie- und Handelskammern und folglich auch konkret der IHK-S werden von § 1 IHK-G Aufgaben in der Wirtschaftsförderung zugewiesen. Zu dieser abstrakten Aufgabenbescrhreibung zählen insbesondere die Vertretung der gewerblichen Wirtschaft und die Wahrnehmung von Verwaltungsaufgaben auf wirtschaftlichem Gebiet. Hierbei handelt es sich um legitime öffentliche Aufgaben[69]. Der Gesetzgeber verfolgt also mit § 2 Abs. 1 IHK-G einen legitimen öffentlichen Zweck.

(2) Verhältnismäßigkeit

Es kann nicht erwartet werden, daß der Bearbeiter alle vom Bundesverfassungsgericht angeführten Gesichtspunkte zur Rechtfertigung der Zwangsmitgliedschaft im Rahmen der Verhältnismäßigkeitsprüfung von § 2 IHK-G abhandelt; die Angabe eines Gesichtspunktes pro Prüfungsabschnitt reicht aus.

Die Organisation der öffentlichen Aufgabe in der IHK-S ist verhältnismäßig, wenn sie die Anforderungen der Geeignetheit, der Erforderlichtkeit und der Zumutbarkeit erfüllt.

---

[67] BVerfG, NVwZ 2002, 335 (336).
[68] BVerfG, NVwZ 2002, 335 (336); vgl. schon BverGE 38, 281 (299).
[69] So bereits BVerfGE 15, 235 (241), bestätigt durch BVerfG, NVwZ 2002, 335 (336).

Es fragt sich zunächst, ob die IHK-S in ihrer Organisationsform als Körperschaft mit Zwangsmitgliedschaft *geeignet* ist, die durch den Gesetzgeber in § 1 IHK-G vorgegebene legitime öffentliche Aufgabe wahrzunehmen. Ein Mittel ist nach der Rechtsprechung des Bundesverfassungsgerichts bereits dann im verfassungsrechtlichen Sinne geeignet, „wenn mit seiner Hilfe der gewünschte Erfolg gefördert werden kann, wobei die Möglichkeit der Zweckerreichung genügt"[71]. Die Erfüllung von Wirtschaftsverwaltungsaufgaben durch Kammern ist sachnäher und wegen der Beteiligung der Betroffenen auch freiheitssichernder als durch staatliche Behörden. Die Interessenvertretung durch private Verbände ist nicht im gleichen Maße am Gesamtinteresse und am Gemeinwohl orientiert[72]. Die Entscheidung des Gesetzgebers, Wirtschaftsförderung und –verwaltung mit Hilfe von Selbstverwaltungseinrichtungen zu organisieren, ist daher – unter Berücksichtigung des dem Gesetzgeber eingeräumten Einschätzungs- und Prognosespielraums - zur Zielerreichung nicht gänzlich ungeeignet und daher im verfassungsrechtlichen Sinne als geeignet zu betrachten.

Der Maßstab zur Beurteilung der Geeignetheit einer Maßnahme hängt auch von der jeweiligen Sachmaterie ab. So gebührt dem Gesetzgeber auf dem Gebiet der Arbeits-, Sozial- und Wirtschaftsordnung ein weiter Einschätzungs- und Prognosevorrang[70], der zu einer Rücknahme der verfassungsgerichtlichen Kontrolldichte führt.

Als weitere Anforderung ist das Gebot der *Erforderlichkeit* zu beachten. Dieses Gebot ist verletzt, „wenn das Ziel der staatlichen Maßnahme durch ein anderes, gleich wirksames Mittel erreicht werden kann, mit dem das betreffende Grundrecht nicht oder weniger fühlbar eingeschränkt wird"[74]. Die Pflichtmitgliedschaft der G-GmbH in der IHK-S ist nach diesen Kriterien dann als nicht erforderlich einzuschätzen, wenn nach einer Gesamtbetrachtung eindeutig feststeht, daß private Verbände Vorzüge gegenüber der öffentlich-rechtlichen Organisation der Wirtschaft aufweisen. Ein solch klarer Vorteil einer rein privaten Organisation ist aber nicht zu erkennen, da private Verbände mangels Gemeinwohlbindung nicht in der Lage sind, die Aufgaben wahrzunehmen, die die Industrie- und Handelskammern mit Hilfe der Pflichtmitgliedschaft erfüllen können. Dies gilt insbesondere für Verwaltungsaufgaben, die von den Industrie- und Handelskammern aufgrund ihrer Sachkompetenz

Es kommt nach Auffassung des BVerfG bei der Prüfung der Erforderlichkeit nicht darauf an, ob einzelne Aufgaben in bestimmter Hinsicht in für die Kammermitglieder weniger belastender Weise erfüllt werden könnten, entscheidend ist vielmehr eine Gesamtbetrachtung[73].

---
[70] Ständige Rechtsprechung, vgl aus neuerer Zeit BVerfGE 77, 84 (106 f.), 87, 363 (383) und jüngst BVerfG, NVwZ 2002, 335 (337).
[71] BVerfG, NVwZ 2002, 335 (337), vgl. auch BVerfGE 96, 10 (23).
[72] Zu diesen Gründen vgl. BVerfG, NVwZ 2002, 335 (337).
[73] Vgl. BVerfG, NVwZ 2002, 335 (337).
[74] BVerfGE 81, 70 (90), BVerfG, NVwZ 2002, 335 (337).

besonders gut wahrgenommen werden[75]. Auch das Gebot der Erforderlichkeit ist mithin nicht verletzt.

Schließlich ist erforderlich, daß die *Verhältnismäßigkeit im engeren Sinne* gewahrt ist. Dies ist dann der Fall, wenn die Anordnung der Pflichtmitgliedschaft im Verhältnis zu dem angestrebten Zweck zumutbar ist[76]. Für die Wahrung der Zumutbarkeit der Mitgliedschaft der G-GmbH in der IHK-S ist zum einen anzuführen, daß die Pflichtmitgliedschaft den Kammerzugehörigen - und damit auch der G-GmbH - die Chance zur Beteiligung an staatlichen Entscheidungsprozessen eröffnet, ihnen aber zugleich die Möglichkeit läßt, sich nicht aktiv zu betätigen. Des weiteren spricht für die Zumutbarkeit der Pflichtmitgliedschaft ihre freiheitssichernde und legitimatorische Funktion: Sie vermeidet auch dort, wo das Allgemeininteresse an sich gesetzlichen Zwang verlangt, die unmittelbare Staatsverwaltung und setzt statt dessen auf die Mitwirkung der Betroffenen[77]. Etwaige Aufgabenüberschreitungen durch die Kammer kann die G-GmbH jederzeit im Wege des verwaltungsgerichtlichen Rechtsschutzes abwehren[78]. Mithin bedeutet die Beeinträchtigung der G-GmbH durch die Pflichtmitgliedschaft keine erhebliche Einschränkung ihrer unternehmerischen Freiheit. Folglich ist die Zumutbarkeit gewahrt. Der Grundsatz der Verhältnismäßigkeit ist beachtet worden.

(3) Ergebnis der materiellen Prüfung

§ 2 Abs. 1 IHK-G verfolgt einen legitimen Zweck und beachtet die Grenzen des Verhältnismäßigkeitsprinzips. Die Vorschrift ist daher materiell verfassungsgemäß.

ccc) Ergebnis der Prüfung von Art. 2 Abs. 1 IHK-G

§ 2 Abs. 1 IHK-G ist sowohl formell als auch materiell verfassungsgemäß und damit Bestandteil der verfassungsmäßigen Ordnung.

---

[75] Näher zu den verschiedenen Gesichtspunkten BVerfG, NVwZ 2002, 335 (337).
[76] Vgl. BVerfG, NVwZ 2002, 335 (337), BVerwGE 107, 169 (177).
[77] Zu diesen Argumenten vgl. BVerfG, NVwZ 2002, 335 (337).
[78] Zum Rechtsschutz gegen Aufgabenüberschreitungen bei öffentlich-rechtlichen Zwangskorporationen vgl. BVerwGE 107, 169 (175); 112, 69 (71 ff.); *Sachs*, Grundrechte, B 9 Rn. 10 ff.; *Stober*, Allgemeines Wirtschaftsverwaltungsrecht, S. 166 f.

bb) Verfassungsmäßigkeit von § 3 Abs. 2 S. 1 IHK-G

Zu prüfen ist überdies, ob die durch § 3 Abs. 2 S. 1 IHK-G angeordnete Pflicht der Mitglieder, sich an den Kosten der Zwangskorporation zu beteiligen, verfassungsrechtlichen Anforderungen genügt. An der formellen Verfassungsmäßigkeit bestehen keine Bedenken. Fraglich ist, ob die Beitragslast materiell verfassungsgemäß ist. Die Beitragslast verfolgt den legitimen Zweck, der Kammer die notwendigen Mittel für die Erfüllung ihrer legitimen Aufgaben zur Verfügung zu stellen. Sie ist auch geeignet, zur Erreichung dieses Zwecks beizutragen. Es fragt sich, ob die Beitragslast unter dem Aspekt der Erforderlichkeit zu beanstanden ist. Dagegen spricht, daß die Tätigkeit der IHK-S, obschon es sich um eine öffentliche Aufgabe handelt, auch in der Wahrnehmung des Interesses der Mitglieder und der Förderung ihrer wirtschaftlichen Tätigkeit besteht. Diese Umstände rechtfertigen es, die Mitglieder an der Kostenlast der Kammer angemessen zu beteiligen[79], so daß das Kriterium der Erforderlichkeit gewahrt ist. Da auch keine Bedenken gegen die Zumutbarkeit der Beitragslast an sich bestehen, ist § 3 Abs. 2 S. 1 IHK-G verfassungsgemäß und folglich Bestandteil der verfassungsmäßigen Ordnung.

cc) Zwischenergebnis

Der Beitragsbescheid der IHK-S beruht auf verfassungsmäßigen Rechtsgrundlagen.

c) Verfassungsmäßigkeit der Rechtsanwendung der Normen des IHK-G durch die IHK-S

Nach dem Bearbeitervermerk liegen sowohl die Voraussetzungen für die Beitragserhebung als auch für die konkrete Höhe des Beitrags vor, so daß sich keine Bedenken an der Verfassungsmäßigkeit der Anwendung von § 3 Abs. 3 IHK-G i.V.m. § 2 IHK-G ergeben.

3. Ergebnis der Prüfung von Art. 2 Abs. 1 GG

Der Beitragsbescheid der IHK-S beruht auf verfassungsmäßigen Rechtsgrundlagen, die in verfassungsrechtlich einwandfreier Weise angewandt wurden. Folglich ist der Eingriff in die allgemeine Handlungsfreiheit der G-GmbH ver-

---

[79] Zu vorstehenden Aspekten vgl. BVerfG, NVwZ 2002, 335 (337).

fassungsrechtlich gerechtfertigt, eine Verletzung von Art. 2 Abs. 1 GG liegt nicht vor.

V. Zwischenergebnis der Begründetheitsprüfung

Da die Grundrechte der G-GmbH durch die Entscheidungen der Behörden und Verwaltungsgerichte nicht verletzt worden sind, ist die Verfassungsbeschwerde der G-GmbH unbegründet.

C. Ergebnis

Die Verfassungsbeschwerde der G-GmbH ist zwar zulässig, aber in der Sache nicht begründet.

Anmerkung:
Der Fall ist angelehnt an die Entscheidungen BVerfG, NVwZ 2002, 335 ff.; BVerwGE 107, 169 ff.

Vertiefungshinweise:
Zu Art. 19 Abs. 3 GG
Schoch, Grundrechtsfähigkeit juristischer Personen, Jura 2001, 201 ff.

Allgemein zu Art. 9 GG:
Murswiek, Grundfälle zur Vereinigungsfreiheit – Art. 9 I, II GG, JuS 1992, 116 ff.

Allgemein zu Art. 12 Abs. 1 GG:
Kluth, Das Grundrecht der Berufsfreiheit – Art. 12 Abs. 1, 2 GG, Jura 2001, 371 ff.; *Kimms,* Das Grundrecht der Berufsfreiheit in der Fallbearbeitung, JuS 2001, 664 ff.

Allgemein zu Art. 2 Abs. 1 GG:
Degenhart, Die allgemeine Handlungsfreiheit des Art. 2 I GG, JuS 1990, 161 ff.

Speziell zu Problemen der Pflichtmitgliedschaft in öffentlich-rechtlichen Kammern und anderen Verbänden:
Hatje/Terhechte, Das Bundesverfassungsgericht und die Pflichtmitgliedschaft, NJW 2002, 1849 ff.; *Kluth,* IHK-Pfllichtmitgliedschaft weiterhin mit dem Grundgesetz vereinbar, NVwZ 2002, 298 ff.; *Löwer,* Verfassungsrechtsdog-

matische Grundprobleme der Pflichtmitgliedschaft in Industrie- und Handelskammern, GewArch. 2000, 89 ff.; *Schöbener*, Verfassungsrechtliche Aspekte der Pflichtmitgliedschaft in wirtschafts- und berufsständischen Kammern, VerwArch 91 (2000), 374 ff.

Klausur 2

Die Jungmeisterprämie

Sachverhalt

Die Regierung des Landes L will der anhaltend schlechten Konjunktur trotzen und beabsichtigt, ihr seit langem angekündigtes „Programm des Landes L zur Förderung des Handwerks" endlich in die Tat zu setzen. Sie bringt deshalb Anfang September 2002 das „Gesetz über die Gewährung von arbeitsplatzschaffenden Existenzgründungshilfen für Handwerksmeister und -meisterinnen (Meistergründungsprämiengesetz des Landes L [MGPG-L])" in den Landtag des Landes L ein, das dort am 16. Oktober 2002 mit großer Mehrheit beschlossen wird. Das Gesetz hat im wesentlichen folgenden Inhalt (Auszug):

„§ 1 Jungmeisterinnen und Jungmeister, die sich nach der Meisterprüfung in L selbständig machen, wird nach Maßgabe der folgenden Bestimmungen eine Meistergründungsprämie gezahlt.

§ 2 Die Meistergründungsprämie wird in Höhe von 10.000 Euro gezahlt. Sie ist ein einmaliger Zuschuß und wird nur auf Antrag gewährt.

§ 3 Eine Prämie erhalten nur diejenigen Jungmeisterinnen und Jungmeister, die in ihrem neu begründeten Handwerksbetrieb zwei oder mehr Arbeitnehmer beschäftigen.

§ 4 (1) Die Prämie wird nur dann gewährt, wenn der selbständige Handwerksbetrieb innerhalb von zwei Jahren nach Ablegung der Meisterprüfung errichtet wird.

(2) Diese Frist verlängert sich für Jungmeisterinnen auf fünf Jahre, wenn sie durch besondere Gründe, insbesondere durch Familiengründung, an einer früheren Existenzgründung gehindert werden.

§ 5 Das Gesetz tritt am 01.01.2003 in Kraft."

In der Gesetzesbegründung zu § 4 MGPG-L wird angeführt, die unterschiedlichen Fristen zur Selbständigmachung nach Bestehen der Meisterprüfung für Handwerksmeister und Handwerksmeisterinnen dienten dazu, die gravierende Unterrepräsentanz der Frauen in gehobenen Berufen der Wirtschaft insgesamt und konkret im Bereich des Handwerks zu reduzieren. Das Land L erfülle damit seine aus Art. 3 Abs. 2 S. 2 GG resultierende Förderungspflicht.

Das MGPG-L wird anschließend am 28. Oktober 2002 ordnungsgemäß im Gesetzblatt des Landes L verkündet und soll gemäß § 5 MGPG-L am 01.01.2003 im Land L in Kraft treten. Die Bundesregierung aber ist von diesem Vorstoß des Landes L wenig erbaut, weil sie nach ihrem wirtschaftspolitischen Grundverständnis wenig von direkten Subventionen hält. Sie ist zudem der Meinung, daß der Bund die Frage der Förderung des Handwerks durch die Handwerksordnung sowie das Subventionsgesetz und das Investitionszulagengesetz abschließend geregelt habe. Dem Land bleibe daher nach der Kompetenzordnung des GG kein Spielraum für weitere Fördermaßnahmen. Überdies ist die Bundesregierung der Auffassung, daß die unterschiedliche Fristenregelung des § 4 MGPG-L nicht mit Art. 3 Abs. 3 GG zu vereinbaren sei, da sie die Jungmeister diskriminiere.

Die Bundesregierung stellt deshalb beim Bundesverfassungsgericht gemäß Art. 93 Abs. 1 Nr. 2 GG, §§ 13 Nr. 6, 76 ff. BVerfGG am 03. Dezember 2002 den Antrag, das Meistergründungsprämiengesetz des Landes L für nichtig zu erklären. Hat dieser Antrag Aussicht auf Erfolg?

Bearbeitervermerk:

Unterstellen Sie, daß die Vorschriften der Verfassung des Landes L über das Verfahren der Gesetzgebung bei förmlichen Landesgesetzen beachtet worden sind.

Lösungsvorschlag

Der Antrag der Bundesregierung, das Meistergründungsprämiengesetz des Landes L im Verfahren nach Art. 93 Abs. 1 Nr. 2 GG, §§ 13 Nr. 6, 76 ff. BVerfGG (sogenanntes abstraktes Normenkontrollverfahren) zu überprüfen, hat dann Aussicht auf Erfolg, wenn der Antrag zulässig und in der Sache begründet ist.

A. Zulässigkeit des Antrags der Bundesregierung nach Art. 93 Abs. 1 Nr. 2 GG, §§ 13 Nr. 6, 76 ff. BVerfGG

Für die Prüfung der Zulässigkeitsvoraussetzungen der abstrakten Normenkontrolle existieren in der staatsrechtlichen Literatur eine Vielzahl von möglichen Aufbauvarianten; die hier vorgenommene Reihenfolge und Benennung der Prüfungsschritte orientiert sich an *Benda/Klein*[1] und *Degenhart*[2].

I. Antragsberechtigung

Die Bundesregierung ist antragsberechtigt, wenn sie zu den in Art. 93 Abs. 1 Nr. 2 GG, § 76 Abs. 1 BVerfGG abschließend benannten Kreis der Antragsberechtigten gehört. Die Bundesregierung wird in Art. 93 Abs. 1 Nr. 2 GG, § 76 Abs. 1 BVerfGG ausdrücklich erwähnt; sie ist mithin im Verfahren der abstrakten Normenkontrolle antragsberechtigt.

II. Prüfungsgegenstand (Statthaftigkeit)

Gemäß Art. 93 Abs. 1 Nr. 2 GG, § 76 Abs. 1 BVerfGG ist Prüfungsgegenstand Bundes- oder Landesrecht. Unter den Begriff des Bundes- oder Landesrechts fällt jede Rechtsnorm, die von Organen erlassen worden ist, die unter der Geltung des Grundgesetzes stehen[3]. Der Landtag des Landes L als Gesetzgebungsorgan des Landes L steht unter der Geltung des Grundgesetzes, so daß das MGPG-L als förm-

---
[1] *Benda/Klein*, Rn. 709 ff.
[2] *Degenhart*, Staatsrecht I, Rn. 613 ff.
[3] Vgl. *Degenhart*, Staatsrecht I, Rn. 614.

liches Landesgesetz geeigneter Prüfungsgegenstand im Verfahren der sogenannten abstrakten Normenkontrolle ist.

III. Meinungsverschiedenheiten oder Zweifel über die Vereinbarkeit des Prüfungsgegenstandes mit höherrangigem Recht (Antragsgrund)

> Da die Bundesregierung das MGPG-L in ihrem Antrag ausdrücklich für nichtig erachtet, kommt es auf die beliebte Streitfrage, ob § 76 Abs. 1 BVerfGG die Aussage des Art. 93 Abs. 1 Nr. 2 GG, der lediglich Zweifel verlangt, in unzulässigerweise Weise verengt und deshalb nichtig ist[4], hier nicht an. Weitschweifige Ausführungen zu diesem Problem[5] erübrigen sich deshalb; dies darf im Gutachten auch herausgestellt werden.

Weitere Voraussetzung nach Art. 93 Abs. 1 Nr. 2 GG ist, daß Meinungsverschiedenheiten oder Zweifel über die förmliche und sachliche Vereinbarkeit des MGPG-L mit dem Bundesrecht bestehen. Derartige Meinungsverschiedenheiten oder Zweifel im Sinne dieser Verfassungsnorm bestehen – unabhängig von der Frage, ob § 76 Abs. 1 Nr. 1 BVerfGG dieses Erfordernis in verfassungsrechtlich zulässiger Weise konkretisiert hat - in jedem Fall dann, wenn der Antragsteller die umstrittene Vorschrift i.S.d. § 76 Abs. 1 Nr. 1 BVerfGG für nichtig erachtet[6]. Die antragsberechtigte Bundesregierung hält in ihrer Antragsschrift explizit das MGPG-L zur Gänze für mit dem Grundgesetz unvereinbar und daher nichtig, so daß dem Erfordernis des Antragsgrundes genüge getan ist.

IV. Objektives Klarstellungsinteresse

Nächste Voraussetzung ist, daß ein objektives Interesse an der Klarstellung der Meinungsverschiedenheiten oder Zweifel über das MGPG-L gegeben ist[7]. Dieses objektive Klarstellungsinteresse ist in der Regel durch den Antrag indiziert[8]; es könnte aber ausnahmsweise nicht gegeben sein, weil das MGPG-L noch nicht in Kraft getreten ist. Für das objektive Klarstellungsinteresse bei Zweifeln an Gesetzen ist lediglich erforderlich, daß die umstrittene Norm rechtlich existent ist[9]. Die Existenz einer Rechtsnorm beginnt mit ihrer Verkündung, der Zeitpunkt des Inkrafttretens ist

---

[4] Nichtigkeit wird verneint von BVerfGE 96, 133 (137 f.).
[5] Zum Verhältnis von § 76 Abs. 1 BVerfGG zu Art. 93 Abs. 1 Nr. 2 GG und den in diesem Zusammenhang vertretenen Auffassungen näher *Benda/Klein*, Rn. 730; *Schlaich/Korioth*, Rn. 122, jeweils m.w.N.
[6] Vgl. *Benda/Klein*, Rn. 730.
[7] Vgl. BVerfGE 88, 203 (334); *Benda/Klein*, Rn. 735.
[8] Vgl. BVerfGE 6, 104 (110); 39, 96 (106); aus neuerer Zeit BVerfGE 53, 63 (80).
[9] Vgl. *Stern*, in: Dolzer/Vogel/Graßhof, BK-GG, Art. 93 Rn. 256 u. 257; *Degenhart*, Staatsrecht I, Rn. 616.

nicht entscheidend[10]. Da das MGPG-L am 28. Oktober 2002 ordnungsgemäß verkündet worden ist, ist es rechtlich existent. Mithin ist das objektive Klarstellungsinteresse zu bejahen.

V. Formvorschriften und Frist

Da auch keine Antragsfristen bestehen, die zu beachten sind[11], erfüllt der Antrag der Bundesregierung mithin alle Zulässigkeitsvoraussetzungen.

B. Begründetheit des Normenkontrollantrags der Bundesregierung

Der Antrag der Bundesregierung auf Nichtigkeitserklärung des MGPG-L ist nach § 78 BVerfGG begründet, wenn dieses Gesetz nicht mit dem Grundgesetz oder dem sonstigen Bundesrecht vereinbar ist.

Prüfungsmaßstab im Verfahren der abstrakten Normenkontrolle von Landesrecht sind ausschließlich das Grundgesetz und sonstiges Bundesrecht; ein möglicher Verstoß gegen europäisches Gemeinschaftsrecht ist nicht Gegenstand des Verfahrens[12].

I. Unvereinbarkeit des Meistergründungsprämiengesetzes des Landes L mit dem Grundgesetz

1. Verstoß gegen Art. 72 Abs. 1 GG

In Betracht kommt zunächst ein Verstoß gegen Art. 72 Abs. 1 GG. Mit dem Erlaß des MGPG-L hat das Land L dann gegen Art. 72 Abs. 1 GG verstoßen, wenn der Bund im Bereich der konkurrierenden Gesetzgebung von seiner Gesetzgebungszuständigkeit durch Gesetz soweit Gebrauch gemacht hat, daß kein weiterer Raum für eigenständige Regelungen der Länder bleibt (sogenannte „Sperrwirkung"[13]).

---

[10] Vgl. *Stern*, in: *Dolzer/Vogel/Graßhof*, BK-GG, Art. 93 Rn. 256; *Maurer*, § 17 Rn. 96.
[11] Vgl. BVerfGE 7, 305 (310)
[12] Vgl. *Meyer*, in: *von Münch/Kunig*, GG, Bd. 3, Art. 93 Rn. 38; *Benda/Klein*, Rn. 734.
[13] Zu diesem Begriff vgl. *Kunig*, in: *von Münch/Kunig*, GG, Bd. 3, Art. 72 Rn. 7; *Pieroth*, in: *Jarass/Pieroth*, GG, Art. 72 Rn. 2; *Jarass*, NVwZ 1996, 1041 (1043).

Eine Sperrwirkung besteht, wenn für eine Materie eine erschöpfende und damit abschließende Bundesregelung gegeben ist[14]. Eine erschöpfende bundesgesetzliche Regelung liegt vor, wenn entweder der Regelungsgegenstand der landesrechtlichen Vorschrift bereits selbst Gegenstand einer bundesrechtlichen Normierung ist[15] (entgegenstehende positive Regelung)[16] oder „der Bund in einem Bereich nur bestimmte Fragen regelt, er aber erkennbar den gesamten Regelungsbereich abschließend regeln wollte"[17] (sogenannter „absichtsvoller Regelungsverzicht"[18]). Fraglich ist daher, ob der Bund Gesetze erlassen hat, denen „nach einer Gesamtwürdigung des betreffenden Normenkomplexes"[19] entnommen werden kann, daß sie eine finanzielle Förderung des Handwerks durch Landesgesetz explizit oder durch „beredtes Schweigen"[20] ausschließen wollten.

a) Ausschluß von Subventionen für das Handwerk nach Landesrecht durch die Handwerksordnung

Die finanzielle Förderung von Jungmeistern und Jungmeisterinnen durch das MGPG-L ist dann unzulässig, wenn die auf der Grundlage des Art. 74 Nr. 11 GG erlassene[21] Handwerksordnung (HwO) vom 28.12.1965[22] Regelungen über die finanzielle Unterstützung im Falle der Existenzgründung von Handwerksmeistern enthält oder im Falle des Fehlens solcher Vorschriften die HwO gleichwohl als vollständige Regelung im Sinne einer Kodifikation[23] zu verstehen sind. Die HwO regelt insbesondere die Zulassung zu den Handwerksberufen, die Sicherung der Leistungsfähig-

---

[14] Vgl. BVerfGE 85, 134 (142); 7, 342 (347).
[15] Vgl. *Jarass*, NVwZ 1996, 1041 (1044).
[16] Bezeichnung bei *Jarass*, NVwZ 1996, 1041 (1044).
[17] So *Jarass*, NVwZ 1996, 1041 (1044)
[18] So die Bezeichnung in BVerfGE 98, 265 (300)). *Jarass* spricht von einer "mittelbaren oder negativen Regelung", siehe *Jarass*, NVwZ 1996, 1041 (1044).
[19] So schon BVerfGE 7, 342 (347); aus neuerer Zeit BVerfG, NJW 1999, 841 (843); BVerfGE 67, 299 (324).
[20] So BVerwGE 109, 272 (383).
[21] Zu Art. 74 Nr. 11 GG (Recht der Wirtschaft, Klammerzusatz "Handwerk") als Kompetenzgrundlage der HwO vgl. *Kunig*, in: *von Münch/Kunig*, GG, Bd. 3, Art. 74 Rn. 49.
[22] In der Fassung der Bekanntmachung vom 24.09.1998, zuletzt geändert am durch Art. 13 Neuntes Euro-EinführungsG v. 10.11.2001 (BGBl. I S. 2992).
[23] Ist eine Regelung als Kodifikation zu verstehen, liegt in der Regel eine Kompetenzsperre vor, vgl. *Degenhart*, Staatsrecht I, Rn. 144.

keit und Qualität der handwerklichen Betätigung, Fragen der Ausbildung im Handwerk sowie die Selbstverwaltung der Handwerkerschaft[24]. Aussagen über die Subventionierung des Handwerks durch finanzielle Zuwendungen enthält sie aber nicht. Eine entgegenstehende positive Regelung durch die HwO besteht daher nicht.

Fraglich ist aber, ob der Bund durch die Nichtregelung der finanziellen Förderung des Handwerks den Ländern erkennbar keinen Raum mehr lassen wollte. Dem steht entgegen, daß die HwO in erster Linie die Zwecke verfolgt, den Leistungstand und die Leistungsfähigkeit des Handwerks zu erhalten sowie den Nachwuchs für die gewerbliche Wirtschaft zu sichern[25]. Nach dieser Deutung der HwO kommt ihr vor allem die Aufgabe zu, die Verbraucher zu schützen und das Handwerk vor Ansehensverlust zu bewahren[26]. Darüber hinaus enthält sie - als lex specialis zur Gewerbeordnung - aber auch immer noch Gedanken der Gewerbeüberwachung und damit der Gefahrenabwehr, wie sie etwa dem § 16 Abs. 1 HwO zu entnehmen sind. Dessen ungeachtet wird die HwO nicht als reines Verbraucherschutz- und Ordnungsrecht, sondern vor allem als Gesetz zur Förderung des Handwerks verstanden[27]. Die Frage der Subventionierung des Handwerks war aber nie Regelungsstand des Gesetzes[28]; diese sollte speziellen Subventionsgesetzen vorbehalten bleiben. Das Fehlen finanzieller Regelungen indiziert daher nicht, daß der Bund sich bewußt für einen regelungsfreien Zustand entschieden hat. Die HwO ist demnach nicht als abschließende Kodifikation aller das Handwerk betreffenden Fragen zu sehen. Die HwO schließt daher landesrechtliche Regelungen zur finanziellen Förderung des Handwerks nicht aus.

---

[24] Zu den Regelungsmaterien der HwO vgl. statt vieler *Dohmen*, Rn. 1 ff.; *Stober*, Besonderes Wirtschaftsverwaltungsrecht, S. 97 f.
[25] Vgl. BVerfGE 13, 97 (107 f.); ferner *Ehlers*, in: *Achterberg/ Püttner/Würtenberger*, § 2 Rn. 92.
[26] Vgl. *Stober*, Besonderes Wirtschaftsverwaltungsrecht, S. 98.
[27] Vgl. BVerfGE 13, 97 (108); *Stober*, Besonderes Wirtschaftsverwaltungsrecht, S. 97.
[28] Zur Gesetzesgeschichte der HwO näher *Dohmen*, Rn. 2., zu den Novellen von 1993 und 1998 *Stober*, Besonderes Wirtschaftsverwaltungsrecht, S. 101 ff.

b) Ausschluß von Subventionen für das Handwerk nach Landesrecht durch spezielle Subventionsgesetze des Bundes

Im Bereich der Subventionen dürfen die Länder Subventionsvorschriften nur dann erlassen, wenn der Bund von seinen Rechtsetzungszuständigkeiten, die für den Bereich der Subventionen sich vor allem aus Art. 74 Nr. 11 GG ergeben[29], keinen Gebrauch gemacht hat[30].

Das MGPG-L könnte aber durch Gesetze des Bundes ausgeschlossen sein, die sich mit der Förderung der Wirtschaft, speziell mit der Förderung des Handwerks befassen. Dies ist dann der Fall, wenn der Bund für die konkrete Förderung die Rechtsetzungszuständigkeit besitzt und die jeweilige Förderung nach ihrem Regelungsgehalt und Regelungsziel mit dem MGPG-L übereinstimmt.

aa) Ausschluß des MGPG-L durch das Subventionsgesetz

Fraglich ist, ob das auf der Grundlage des Art. 74 Nr. 1 GG erlassene Gesetz gegen mißbräuchliche Inanspruchnahme von Subventionen (Subventionsgesetz-SubvG) die Förderung des Handwerks durch landesrechtliche Regelungen ausschließt. Wie der Name des Gesetzes aber bereits andeutet, enthält dieses Gesetz keine Entscheidung über die Subventionierung bestimmter Wirtschaftszweige, sondern es beschäftigt sich mit der Abwehr rechtswidriger Erschleichung von Subventionen. Zu diesem Zweck regelt es – unabhängig von einer konkreten Branche oder eines bestimmten Wirtschaftszweigs - Anforderungen für das Verhalten eines Subventionsnehmers im Subventionsvergabeverfahren[31], deren Mißachtung zur Ahndung nach § 264 StGB führen kann. Mithin entfaltet das SubvG keine Sperrwirkung für das MGPG-L.

bb) Ausschluß von Subventionen für das Handwerk nach Landesrecht durch das Investitionszulagengesetz

Zu prüfen ist ferner, ob das auf der Grundlage von Art. 74 Nr. 11 GG erlassene[32] Investitionszulagengesetz 1999 (InvZulG) eine landesrechtliche Förderung des Handwerks ausschließt. Dies ist zum einen dann der Fall, wenn der Regelungsgehalt und das Regelungsziel des InvZulG mit dem MGPG-L übereinstimmt. Das InvZulG gewährt Finanzhilfen für Steuerpflichtige, die bestimmte Investitionen im Fördergebiet vornehmen. Investitionen im Sinne des Geset-

---

[29] Dazu ausführlich *Rengeling*, in: *Dolzer/Vogel/Graßhof*, BK-GG, Art. 74 Nr. 11 Rn. 29.
[30] Näher *Rodi*, S. 328 ff.; *Stober*, Besonderes Wirtschaftsverwaltungsrecht, S. 363.
[31] Vgl. *Stober*, Besonderes Wirtschaftsverwaltungsrecht, S. 363.
[32] Vgl. *Rodi*, S. 330 f.

zes sind vor allem die Anschaffung von Wirtschaftsgütern wie Betriebsgebäude und sonstige Betriebsmittel[33]. Das InvZulG gewährt somit keine persönliche Prämie für eine Existenzgründung, sondern unterstützt die Anschaffung von Sachgütern. Zudem ist mit diesem Gesetz trotz der Regelung des § 2 Abs. 3 InvZulG eine spezielle Förderung des Handwerks nicht verbunden, da auch Unternehmen der Industrie in den Genuß der Förderung nach dem InvZulG kommen können. Regelungsgehalt und Regelungsziel des InvZulG und des MGPG-L stimmen somit nicht überein. Folglich liegt insoweit kein Ausschluß des MGPG-L vor.

Eine Subventionierung durch landesrechtliche Meistergründungsprämien im Handwerk ist aber dann ausgeschlossen, wenn das InvZulG durch § 2 Abs. 3 InvZulG die Subventionierung des Handwerks abschließend regeln wollte. Dem steht aber entgegen, daß neben dem InvZulG weitere Bundesgesetze mit Subventionscharakter auch für das Handwerk existieren, die aber für ihre Förderung andere Anknüpfungspunkte wählen. Diese Tatsache stützt zugleich die aus der Fülle verschiedener Subventionstatbestände abgeleitete Annahme, daß spezialgesetzliche Regelungen der Subventionierung in der Regel eine Förderung durch andere Gesetze nicht ausschließen wollen[34]. Auch das InvZulG will dementsprechend zwar das Handwerk fördern, aber andere Möglichkeiten der Subventionierung nicht ausschließen. Folglich hat das MGPG-L neben dem InvZulG Bestand.

cc) Ausschluß von Subventionen für das Handwerk durch Landesrecht durch sonstige Gesetze des Bundes mit Subventionscharakter

Abschließend bleibt zu erwägen, ob sonstige Förderungsregelungen des Bundes aufgrund der Kompetenztitel, insbesondere aufgrund von Art. 74 Nr. 11 GG (Recht der Wirtschaft), Art. 74 Nr. 13 GG (Förderung der Wissenschaft) oder Art. 74 Nr. 17 GG (Förderung der land- und forstwirtschaftlichen Erzeugung) dem MGPG-L entgegenstehen. Gesetze wie z.B. das Filmförderungsgesetz oder das Gesetz zur Förderung der regionalen Wirtschaftsstruktur[35] haben

---

[33] Näher zum Regelungsgehalt des InvZulG *Frotscher*, Rn. 383 ff.
[34] Vgl. *Stober*, Besonderes Wirtschaftsverwaltungsrecht, S. 363.
[35] Beispiele bei *Stober*, Besonderes Wirtschaftsverwaltungsrecht, S. 363.

jedoch einen branchenspezifischen oder regionalen Charakter, der nicht oder jedenfalls nicht abschließend in das Handwerksrecht übergreift. Damit können sie dem MGPG-L nicht als Kompetenzsperre entgegengehalten werden.

dd) Zwischenergebnis

Spezielle Subventionsgesetze des Bundes entfalten gegenüber dem MGPG-L keine Sperrwirkung.

c) Ergebnis der Prüfung des Art. 72 Abs. 1 GG

Die finanzielle Förderung von Existenzgründungen auf dem Gebiet des Handwerks mittels des MGPG-L wird nicht durch existierende bundesrechtliche Regelungen ausgeschlossen, ein Verstoß gegen Art. 72 Abs. 1 GG ist nicht gegeben.

2. Verstoß gegen Art. 3 Abs. 3 S. 1 Var. 1 GG

Nach der neueren Rechtsprechung des Bundesverfassungsgerichts soll in Gleichberechtigungsfragen allein Art. 3 Abs. 3 S. 1 Var. 1 GG als lex specialis gegenüber Art. 3 Abs. 2 S. 1 GG einschlägig sein[36]. Es ist aber auch vertretbar, Art. 3 Abs. 2 S. 1 GG als Einstiegsnorm (entweder allein[37] oder in Verbindung mit Art. 3 Abs. 3 S. 1 Var. 1 GG[38]) heranzuziehen, da die Prüfungsmaßstäbe der beiden Normen identisch sind[39].

Das MGPG-L könnte aber gegen das nach Art. 3 Abs. 3 S. 1 Var. 1 GG bestehende absolute Differenzierungsverbot des „Geschlechtes" verstoßen. Ein Verstoß ist dann gegeben, wenn das nach dieser Vorschrift verbotene Unterscheidungskriterium des Geschlechts bei der Vergabe der Prämie nach dem MGPG-L als maßgebliches Differenzierungskriterium zur Anwendung gelangt ist und keine verfassungsrechtliche Rechtfertigung für die unterschiedliche Behandlung von Männern und Frauen in Betracht kommt.

a) Rückgriff auf das verbotene Differenzierungsmerkmal „Geschlecht"

Erste Voraussetzung für den Fall einer nach Art. 3 Abs. 3 S. 1 Var. 1 GG unzulässigen unmittelbaren rechtlichen Diskri-

---

[36] Vgl. BVerfGE 92, 91 (109); zustimmend *Schwerdtfeger*, Rn. 496a.; differenzierend *Osterloh*, in: *Sachs*, GG, Art. 3 Rn. 259: Vorrang des Art. 3 Abs. 3 S. 1 Var. 1 GG jedenfalls bei direkten rechtlichen Diskrimierungen; ausdrücklich gegenteiliger Auffassung *Ipsen*, Staatsrecht II, Rn. 789.
[37] So explizit *Ipsen*, Staatsrecht II, Rn. 786; im Ergebnis auch *Gubelt*, in: *von Münch/Kunig*, GG, Bd. 1, Art. 3 Rn. 95.
[38] Vgl. *Sachs*, Grundrechte, B 3 Rn. 103 u. 105.
[39] Vgl. zur Identität der Prüfungsmaßstäbe BVerfGE 74, 163 (179); auf gleicher Linie *Jarass*, in: *Jarass/Pieroth*, GG, Art. 3 Rn. 80.

minierung ist, daß Regelungen des MGPG-L direkt an das jeweilige Geschlecht anknüpfen[40]. Als diskriminierende Regelung, die eine unterschiedliche Behandlung in direkter Abhängigkeit vom Geschlecht vornimmt, könnte sich § 4 MGPG-L erweisen. Diese Vorschrift sieht nach Maßgabe von § 4 Abs. 1 MGPG-L und § 4 Abs. 2 MGPG-L unterschiedliche Fristen für den Antrag auf Gewährung der Existenzgründungsprämie vor. Die nach § 4 Abs. 2 MGPG-L längere Frist von fünf Jahren aufgrund besonderer Umstände, insbesondere durch Familiengründung, wird allein Jungmeisterinnen gewährt; hingegen wird Jungmeistern auch bei potentiell vergleichbaren Lebensumständen in keinem Fall eine Fristverlängerung über die übliche Frist von zwei Jahren zugestanden. Der unterschiedlichen Länge der maximalen Existenzgründungsfrist liegt somit nicht eine Berücksichtigung unterschiedlicher Lebenssituationen bei im übrigen geschlechtsneutraler Betrachtung, sondern ausschließlich das Kriterium des Mann-Seins (Jungmeister) bzw. Frau-Seins (Jungmeisterin) zugrunde, so daß hier das Geschlecht als Anknüpfungspunkt für eine rechtliche Ungleichbehandlung herangezogen wird. Mithin liegt in § 4 MGPG-L eine unmittelbare rechtliche Diskriminierung der Jungmeister vor[41].

b) Verfassungsrechtliche Rechtfertigung der Ungleichbehandlung

aa) Zwingende Erforderlichkeit der differenzierenden Regelung zur Lösung von Problemen, die ihrer Natur nach nur entweder bei Männern oder Frauen auftreten können

Die nach § 4 MGPG-L bestehende unmittelbare Diskriminierung im Sinne des Art. 3 Abs. 3 S. 1 Var. 1 GG ist nach der Rechtsprechung des Bundesverfassungsgerichts ausnahmsweise dann zulässig, wenn diese differenzierende Regelung zu Lösung von Problemen, die ihrer Natur nach nur entweder bei Männern oder Frauen auftreten können, zwingend erforderlich ist[42]. Voraussetzung ist somit eine aufgrund biologischer Verschiedenheit *notwendige* Ungleich-

---

[40] Vgl. zu den Merkmalen direkter Ungleichbehandlung *Jarass*, in: *Jarass/Pieroth*, GG, Art. 3 Rn. 85.
[41] So im Ergebnis auch BVerwG, NVwZ 2002, 92 (93).
[42] Vgl. BVerfGE 85, 191 (207); 92, 91 (109).

behandlung[43]; dagegen vermögen funktional-arbeitsteilige Unterschiede, die sich in einer bestimmten Rollenverteilung ausdrücken können, eine Differenzierung nicht zu begründen[44]. Es fragt sich daher, ob die in § 4 Abs. 2 MGPG-L erwähnten wichtigen Gründe, insbesondere die mit einer Familiengründung zusammenhängenden Probleme, allein bei Jungmeisterinnen aufgrund biologischer Verschiedenheit auftreten können oder ob es sich bei der Regelung in § 4 MGPG-L um eine unzulässige Anknüpfung an ein gesellschaftlich tradiertes Rollenverständnis handelt. Gegen eine biologisch zwingende Notwendigkeit der in § 4 MGPG-L getroffenen Unterscheidung spricht, daß eine Familiengründung kein geschlechtsspezifischer Tatbestand ist. Unabhängig davon, ob die Familiengründung mit der Eheschließung (oder vergleichbaren Formen des Zusammenlebens) oder der Geburt eines Kindes angesetzt wird, erweist sich die mit einer Familiengründung verbundene zeitliche Inanspruchnahme, vor allem nach der Geburt eines Kindes, nicht als geschlechts-, sondern eher rollenspezifisch. Um die Pflege und Versorgung eines Kindes kann sich – jedenfalls in weiten Teilen – auch der Vater kümmern; diesem Umstand hat der Gesetzgeber durch die Gewährung von Kindererziehungszeiten auch für Männer Rechnung getragen. Mit einem Hinweis auf Probleme, die ihrer Natur nach nur entweder bei Männern oder Frauen auftreten können, kann die differenzierende Regelung des § 4 MGPG-L daher nicht gerechtfertigt werden.

bb) Rechtfertigung aus Art. 3 Abs. 2 S. 2 GG

Eine verfassungsrechtliche Rechtfertigung für die unterschiedliche Frist nach § 4 MGPG-L könnte sich aber aus der mit Art. 3 Abs. 3 S. 1 Var. 1 GG kollidierenden Verfas-

---

[43] Vgl. am Beispiel der Feuerwehrabgabe BVerfGE 92, 91 (111): Der Hinweis auf die körperliche Konstitution der Frau an sich sei kein verfassungsrechtlicher tragfähiges Argument, sie vom Feuerwehrdienst und damit auch von der die Pflicht kompensierenden Feuerwehrabgabe auszunehmen. Zur Forderung einer zwingenden Notwendigkeit der Ungleichbehandlung auch bei biologischer Verschiedenheit *Gubelt*, in: *von Münch/Kunig*, GG, Bd. 1, Art. 3 Rn. 89; *Sachs*, Grundrechte, B 3 Rn. 112 ff.

[44] Vgl. *Gubelt*, in: *von Münch/Kunig*, GG, Bd. 1, Art. 3 Rn. 90; *Jarass*, in: *Jarass/Pieroth*, GG, Art. 3 Rn. 94; *Sachs*, Grundrechte, B 3 Rn. 111; die noch bis BVerfGE 68, 384 (390) vertretene, anderslautende Rechtsprechung ist vom Bundesverfassungsgericht inzwischen aufgegeben worden und somit überholt, so *Osterloh*, in: *Sachs*, GG, Art. 3 Rn. 273.

sungsnorm des Art. 3 Abs. 2 S. 2 GG ergeben⁴⁵. Nach dieser Vorschrift fördert der Staat die tatsächliche Durchsetzung der Gleichberechtigung von Frauen und Männern und wirkt auf die Beseitigung bestehender Nachteile hin.

Die differenzierende Regelung der Existenzgründungsfrist könnte als *Maßnahme zur Beseitigung von Nachteilen* zulässig sein. Voraussetzung hierfür ist, daß durch die Fristenregelung des § 4 MGPG-L faktische Nachteile, die typischerweise Frauen treffen, ausgeglichen werden sollen. Erforderlich ist des weiteren, daß zwischen der Maßnahme und dem Nachteil, dem Frauen ausgesetzt sind, ein Zusammenhang besteht. Gegen § 4 MGPG-L als begünstigende Regelung mit Ausgleichswirkung im Sinne des Art. 3 Abs. 2 S. 2 Var. 2 GG spricht schon, daß mit der bevorzugenden Vergabepraxis nicht nur die Belastungen durch Schwangerschaft und Geburt, sondern vor allem eine zeitliche Beanspruchung durch Familiengründung kompensiert werden soll. Diese aber ist, wie oben dargestellt, gerade nicht frauenspezifisch.

Art. 3 Abs. 2 S. 2 GG als Staatszielbestimmung⁴⁶ enthält zwei Gebote: ein Förderungsgebot und ein Gebot zur Nachteilsbeseitigung⁴⁷. Das Gebot zur Nachteilsbeseitigung zielt nach verbreiteter Vorstellung in der Literatur auf eine Ausgleichswirkung, deren Notwendigkeit sich aus einer zurückblickenden Betrachtung ergibt. In Kontrast zu dieser vergangenheitsorientierten Perspektive meint „fördern" eine in die Zukunft gerichtete Wirkung⁴⁸.

Die unterschiedliche Existenzgründungsfrist könnte jedoch als *Maßnahme zur Förderung der tatsächlichen Durchsetzung der Gleichberechtigung* zu rechtfertigen sein. Dies ist dann der Fall, wenn das mit § 4 MGPG-L verfolgte Ziel verfassungsrechtlich legitim ist und das zur Erreichung des Ziels eingesetzte Mittel geeignet, erforderlich und verhältnismäßig ist⁴⁹. Ziel der Maßnahme ist nach der Gesetzesbegründung, die gravierende Unterrepräsentanz der Frauen in gehobenen Berufen der Wirtschaft insgesamt und konkret im Bereich des Handwerks abzubauen. Gegen diese verlautbarte Absicht bestehen keine verfassungsrechtlichen Bedenken. Fraglich aber ist, ob das eingesetzte Mittel zur

---

⁴⁵ Vgl. BVerfGE 92, 91 (109); *Osterloh*, in: *Sachs, GG*, Art. 3 Rn. 264 ff.; *Jarass*, in: *Jarass/Pieroth, GG*, Art. 3 Rn. 92, 98.
⁴⁶ Zum Charakter des Art. 3 Abs. 2 S. 2 GG als einer Staatszielbestimmung ausführlich *Scholz*, in: *Maunz/Dürig, GG*, Art. 3 Abs. 2 Rn. 60 f.
⁴⁷ Vgl. *Gubelt*, in: *von Münch/Kunig, GG*, Bd. 1, Art. 3 Rn. 93 c und 93 e.
⁴⁸ Näher zu den beiden Geboten *Gubelt*, in: *von Münch/Kunig, GG*, Bd. 1, Art. 3 Rn. 93 c – 93 e; *Scholz*, in: *Maunz/Dürig, GG*, Art. 3 Abs. 2 Rn. 66 f.
⁴⁹ Zum Erfordernis einer Prüfung der Verhältnismäßigkeit bei Anwendung des Art. 3 Abs. 2 S. 2 GG als verfassungsrechtlicher Rechtfertigung von Ungleichbehandlungen nach Art. 3 Abs. 3 S. 1 Var. 1 GG vgl. *Osterloh*, in: *Sachs, GG*, Art. 3 Rn. 266; BVerwG, NVwZ 2003, 92 (94).

Erreichung dieses Ziels (Abbau der Unterrepräsentanz) geeignet ist. Nach der Rechtsprechung des BVerfG setzt das Kriterium der Geeignetheit in diesem Zusammenhang zum einen voraus, daß mit dem eingesetzten Mittel die Gleichberechtigung der Geschlechter in die gesellschaftliche Wirklichkeit überhaupt durchgesetzt werden kann[50]. Fristenregelungen wie § 4 MGPG-L erscheinen aufgrund ihrer Anreizwirkung prinzipiell als ein taugliches Mittel, etwaige bei dem bislang unterrepräsentierten Geschlecht bestehende Hemmnisse wirtschaftlicher und psychologischer Art zu überwinden und das bisher gezeigte Verhalten zu ändern[51]. In dieser Hinsicht ist § 4 MGPG-L – unabhängig von der empirischen Nachweisbarkeit der behaupteten Anreizwirkung – mithin die Geeignetheit nicht abzusprechen.

Geeignetheit im Rahmen der erforderlichen strengen Verhältnismäßigkeitsprüfung bei Maßnahmen der Geschlechterdiskriminierung setzt aber des weiteren voraus, daß mit dem auf Art. 3 Abs. 2 S. 2 GG gestützten Mittel der Bevorzugung der Frauen überkommene Rollenverteilungen überwunden werden können[52]. Die Erfüllung dieses zweiten Erfordernisses ist indes fragwürdig, da § 4 Abs. 2 MGPG-L implizit von dem Bild ausgeht, daß sich Jungmeister prinzipiell nicht, aber Jungmeisterinnen und damit typischerweise Frauen um die Kindererziehung kümmern. Von ihrem Grundgedanken her weist die Vorschrift damit große Ähnlichkeit mit der verfassungswidrigen Hausarbeitstagsregelung des § 1 des Gesetzes des Landes NW über Freizeitgewährung für Frauen mit eigenem Hausstand[53] auf, die mit der Gewährung eines Hausarbeitstages nur für alleinstehende Frauen davon ausging, daß ausschließlich Frauen sich um die Arbeit im Haus selbst kümmern, alleinstehende Männer aber nicht. Die unterschiedliche Fristenregelung für Männer und Frauen des § 4 MGPG-L zugunsten der Jungmeisterinnen honoriert in vergleichbarer Weise traditionelle Verhaltensformen bei Familiengründung und Kindererziehung. Zugleich erschwert sie durch den Zwang zur alsbaldigen Existenzgründung es den Jungmeistern, ihrerseits von

---

[50] Vgl. BVerfGE 92, 91 (112).
[51] So BVerwG, NVwZ 2003, 92 (94).
[52] Vgl. zu dieser Anforderung BVerfGE 92, 91 (112). Grundsätzlich skeptisch gegenüber auf Art. 3 Abs. 2 S. 2 GG gestützten direkten Diskriminierungen von Männern mit der Absicht, Frauen zu bevorzugen *Sachs,* Grundrechte, B 3 Rn. 124.
[53] Zur Verfassungswidrigkeit dieses Gesetzes BVerfGE 52, 369 (377 f.).

der traditionellen Aufgabenverteilung im Falle der Familiengründung abzurücken. Die Vorschrift trägt deshalb eher dazu bei, überkommene Rollenvorstellungen zu verfestigen, als zu einer Veränderung tradierter Aufgabenverteilungen zwischen Männern und Frauen zu motivieren[54]. Folglich ist dem zweiten Aspekt der Geeignetheitsprüfung nicht Genüge getan. Mithin erfüllt die differenzierende Regelung der Existenzgründungsfristen nicht die Vorgaben der strengen Verhältnismäßigkeitsprüfung[55], so daß auch der Aspekt der Förderung nach Art. 3 Abs. 2 S. 2 Var. 1 GG die Ungleichbehandlung nicht zu rechtfertigen vermag. Folglich scheidet Art. 3 Abs. 2 S. 2 GG zur Rechtfertigung einer Diskriminierung nach Art. 3 Abs. 3 S. 1 Var. 1 GG aus.

Da weitere verfassungsrechtliche Rechtfertigungen nicht ersichtlich sind, mißachtet die differenzierende Regelung von Existenzgründungsfristen in § 4 MGPG-L das absolute Diskriminierungsverbot des Art. 3 Abs. 3 S. 1 Var. 1 GG und ist mithin verfassungswidrig[56].

II. Unvereinbarkeit des Meistergründungsprämiengesetzes des Landes L mit dem sonstigen Bundesrecht

Ein Verstoß der Bestimmungen des MGPG-L mit sonstigem Bundesrecht ist nicht ersichtlich.

---

[54] Vgl. auch *Wernsmann*, JuS 2002, 959 (963); a.A. BVerwG, NVwZ 2003, 92 (94).
[55] So im Ergebnis auch OVG Münster, GewArch. 2002, 192 (194 f.).
[56] Im Ergebnis wie hier auch OVG Münster, GewArch. 2002, 192 (194 f.); a.A. BVerwG, NVwZ 2003, 92 (93 f).

III. Ergebnis

Bei gesetzlich vorenthaltenen Vergünstigungen stellt sich das Problem, wie das entscheidende Verfassungsgericht mit der gleichheitswidrigen Norm umzugehen hat. Hier ist weithin – allerdings mit divergierenden Begründungen – anerkannt, daß der Gesetzgeber es selbst in der Hand haben muß, wie er die vom Verfassungsgericht festgestellte Verfassungswidrigkeit korrigiert[57]. So kann der Gesetzgeber beispielsweise die Begünstigung auf die bislang ausgeschlossene Gruppe ausdehnen oder sich dazu entschließen, die Begünstigung ganz zu streichen. Das kontrollierende Gericht darf lediglich die Nichtigkeit der Norm bzw. die Unvereinbarkeit mit der Verfassung feststellen[58].

Da das Bundesverfassungsgericht im Falle gleichheitswidrigen Begünstigungsausschlusses dem (Landes)Gesetzgeber nicht vorschreiben kann, wie er konkret die Frage der Behandlung der bislang ausgeschlossenen bzw. benachteiligten Gruppe (hier der Jungmeister) zu regeln hat[59], darf es auch keine Entscheidung aussprechen, wie die Existenzgründungsfristen nach dem MGPG-L künftig zu gestalten sind. Das Gericht ist daher ausschließlich darauf verwiesen, die Nichtigkeit von § 4 MGPG-L bzw. die Unvereinbarkeit dieser Vorschrift in der derzeitigen Fassung mit dem Grundgesetz wegen Verstoßes gegen Art. 3 Abs. 3 S. 1 Var. 1 GG festzustellen. Im übrigen ist das MGPG-L nicht zu beanstanden.

Anmerkung:

Der Fall ist angelehnt an die Entscheidungen BVerwG, NVwZ 2003, 92 ff.; OVG Münster, NWVBl. 2002, = GewArch. 2002, 192 ff., VG Düsseldorf, NWVBl. 1999, 66 ff.

Vertiefungshinweise:

Zum Verfahren nach Art. 93 Abs. 1 Nr. 2 GG, §§ 13 Nr. 6, 76 ff. BVerfGG:
Schlaich/Korioth, Rn. 115 ff.; 366 ff.

Zur Sperrwirkung der Bundesgesetzgebung im Bereich der konkurrierenden Gesetzgebung:
Jarass, Regelungsspielräume des Landesgesetzgebers im Bereich der konkurrierenden Gesetzgebung und in anderen Bereichen, NVwZ 1996, 1041 ff.

---

[57] Vgl. BVerfGE 22, 349 (361); 30, 292 (333); *Gubelt,* in: von *Münch/Kunig,* GG, Bd. 1, Art. 3 Rn. 47; *Osterloh,* in: *Sachs,* GG, Art. 3 Rn. 131.
[58] Zur Problematik des Entscheidungsausspruchs bei gleichheitswidrigen Begünstigungsausschlüssen *Schlaich/Korioth,* Rn. 389 ff.; *Benda/Klein,* Rn. 855 ff.; allgemein zur Skala von Entscheidungsaussprüchen bei Normenkontrollverfahren *Meyer,* in: *von Münch/Kunig,* GG, Bd. 3, Art. 93 Rn. 18.
[59] Vgl. dazu die in Fn. 58 zitierten Autoren.

Zu Art. 3 Abs. 3 S. 1 Var. 1 GG, Art. 3 Abs. 2 S. 2 GG nach der Grundgesetzänderung von 1994:
Rüfner, Die tatsächliche Durchsetzung der Gleichberechtigung von Männern und Frauen im Zielkonflikt, in: *Ruland/ von Maydell/Papier* (Hrsg.), Verfassung, Theorie und Praxis des Sozialstaats. Festschrift für Hans F. Zacher zum 70. Geburtstag, 1998, S. 821 ff.; *Di Fabio,* Die Gleichberechtigung von Mann und Frau, AöR 1997, 404 ff.

Klausur 3

Muezzinruf

Sachverhalt

In der sächsischen Stadt L besteht ein Moscheeverein e.V., der sich religiösen Aktivitäten, insbesondere der Pflege der islamischen Religion und Weltanschauung, widmet und eine, in einem gemieteten Haus eingerichtete Moschee betreibt. Die Vereinsziele sind in der Satzung folgendermaßen niedergelegt:

> *„Der islamische Verein in L hat die Aufgabe, allen in L lebenden Muslimen, die den Koran und die Sunna des Propheten Mohammed als gemeinsame Grundlage des Islam anerkennen, ihr religiöses Leben in der deutschen Gesellschaft zu ermöglichen und die Beziehungen zu den Andersdenkenden herzustellen und zu verbessern, um ein friedliches Zusammenleben aller Menschen in unserer Zeit zu fördern. Zu den Aufgaben des Vereins in L gehören insbesondere : (...) Das Wissen über den Islam zu vertiefen und zu verbreiten; (...) auf die gesellschaftlichen Gruppen der Stadt L einzuwirken, so dass im Zuge der Integration hier lebenden Muslime auch ihre Gleichstellung tatsächlich erfolgt; (...) Errichtung von Gebetsräumen und Moscheen für die Betreuung der Muslime in L und auch als Stätten der Begegnung mit den Andersdenkenden; (...) oberstes Ziel ist die Erreichung der religiösen Gleichstellung der Weltreligion Islam mit den anderen Religionen (...).“*

Bedingt durch den raschen Mitgliederanstieg der vornehmlich aus der Türkei stammenden und nunmehr dauerhaft in Deutschland lebenden Personen kaufte sich der Moscheeverein anfangs 2002 ein Haus in einem dicht besiedelten Wohngebiet der Stadt L. Das Haus wurde mit Genehmigung der zuständigen Behörde zur Gebetsstätte umgebaut und wurde schnell ein Zentrum der gemeinschaftlichen Glaubensbetätigung des Moscheevereines e.V., wo sich die Moslems der Stadt L fünfmal täglich zum gemeinsamen Gebet sammelten.

Nachdem der Moscheeverein von seinem Mitglied, dem Jurastudenten Mustafa Malik, informiert wurde, dass die Lautsprecheranlage eine nicht genehmigungsbedürftige Anlage i. S. d. BImSchG darstellt und dass sich bauordnungsrechtlich durch das Anbringen der Lautsprecheranlage die Nutzung des Gebäudes nicht ändert, installierte der Verein an der Außenwand des als Moschee genutzten Gebäudes die Lautsprecheranlage. Die Anlage soll, islamischem Brauch entsprechend, den vom Gebetsrufer („Muezzin") in arabischer Sprache fünfmal täglich gesungenen Gebetsruf verstärken, so dass der Gebetsruf außerhalb des als Moschee genutzten Gebäudes tagsüber nicht im allgemeinen Großstadtlärm untergeht.

Die erforderliche Erlaubnis für die Nutzung der Anlage wurde beantragt. Die zuständige Behörde reagierte schnell: Die auf eine Lautstärke von 59 Dezibel begrenzten Verstärker wurden verplombt. Damit galt der vom Band abgespielte Gebetsruf nach amtlichen Maßstäben nicht als Lärmbelästigung. Eine Erlaubnis für den Gebetsruf wurde gleichzeitig erteilt.

Am nächsten Tag begann der Muezzin mit dem Gebetsruf. Als eine Woche danach der Bürgermeister der Stadt L wegen der offensichtlichen Beunruhigung und Proteste der - wie sich herausstellte - fast ausschließlich christlich geprägten Nachbarschaft sowie aus Gründen der Verkehrssicherheit den Muezzinruf verbot, verursachte dies Empörung im Moscheeverein: „Obwohl unser Gebet nicht ungültig wird, wenn zuvor der Muezzin nicht gerufen hat, ist der Ruf ein Teil unseres Gebetes und besitzt einen hohen Stellenwert für uns, außerdem rufen die Muezzine seit einem Jahr in anderen Städten lautstark zum Gebet", argumentierten die Muslime. Der Moscheeverein will nach seinen Worten niemanden belästigen, wünsche sich aber mehr Respekt vor der islamischen Religion und größere Toleranz. Schließlich würden auch die Kirchenglocken zum Gottesdienst rufen.

Dagegen bleibt der Bürgermeister bei seiner Entscheidung, weil sich die Christen fragten, ob sie noch immer in Deutschland leben: Der Ruf des Muezzins habe „antichristlichen Charakter", es sei ein „Affront gegen glaubende Christen" und stelle „die Schlüsselübergabe einer lange belagerten Stadt" dar. Außerdem, so der Bürgermeister, verbiete § 33 Abs. 1 S. 1 Nr. 1 StVO den Betrieb von Lautsprechern, wenn dadurch Verkehrsteilnehmer in einer gefährdenden oder erschwerenden Weise abgelenkt oder belästigt werden können. Schon aus diesen Gründen könne der Gebetsruf der Muslime nicht lautstark von der Außenwand des Gebäudes ertönen. Wenn dem Moscheeverein dies nicht recht sei, solle er sich ein anderes, außerhalb der Stadt liegendes Gebäude suchen und dort den Gebetsruf lautstark vortragen.

Der Moscheeverein klagt dagegen und unterliegt sowohl vor dem Verwaltungs- als auch vor dem Oberverwaltungsgericht. Die Revision wird nicht zugelassen; die Nichtzulassungsbeschwerde bleibt erfolglos. Daraufhin wendet sich der Verein an das Bundesverfassungsgericht. Er legt durch den Rechtsanwalt Rudi Eifer dar, das Urteil des Verwaltungsgerichts, gegen das keine weiteren Rechtsmittel mehr gegeben sind, verletze ihn in seinen verfassungsmäßig garantierten Rechten aus Art. 4 GG.

Wie wird das Verfassungsgericht entscheiden?

Lösungsvorschlag

Die Lösung ist vornehmlich auf die verfassungsrechtliche und einfachgesetzliche Einschränkung des Grundrechts auf Religions- und Bekenntnisfreiheit und auf freie Religionsausübung konzentriert. Der Fall ist grundsätzlich für die Anfängerübung vorgesehen. Wegen der komplexen Problematik ist er auch für die Vorbereitung zur Examensprüfung geeignet.

Vorbemerkung: Der Sachverhalt greift in vereinfachter Weise die Problematik auf, die seit geraumer Zeit für beträchtliches Aufsehen sorgt und in der Literatur eine uneinheitliche rechtliche Bewertung erfahren hat.[1] Die Fallbearbeitung ist einer typischen Herausforderung ausgesetzt: Das einschlägige Grundrecht (Art. 4 Abs. 1 und 2 GG) ist knapp und generalklauselartig formuliert und darüber hinaus vorbehaltlos gewährleistet. Gerade daraus ergibt sich die hohe didaktische Bedeutung der Fallbearbeitung: Es wird dargestellt, wie man mit einem vorbehaltlos gewährleisteten Grundrecht dogmatisch umgehen muss. Dieser Fall existiert auch – verwaltungsrechtlich eingekleidet – in der umgekehrten Fallkonstellation, wobei der Schwerpunkt der Thematik wiederum auf den Grundrechten liegt: Der Kläger will erreichen, dass die Stadt als Ordnungsbehörde gegen den Moscheeverein einschreitet, so dass ein solcher Anspruch vornehmlich aus Grundrechten abzuleiten ist.[2]

Der richtige Einstieg in die Fallbearbeitung nimmt die Fallfrage direkt auf und formuliert in Form einer Hypothese die generelle Antwort. Der Einleitungssatz muss deshalb stets die Antwort auf die Frage darstellen; dieser sollte am Anfang jeder Fallbearbeitung stehen.

Das BVerfG wird der vom Moscheeverein erhobenen Verfassungsbeschwerde stattgeben, wenn diese zulässig und begründet ist.

A) Zulässigkeit der Verfassungsbeschwerde

Der nachfolgend vorgeschlagene Aufbau der Zulässigkeitsprüfung ist nicht zwingend; möglich ist jede andere zweckmäßige Prüfungsreihenfolge.[3]

Die Verfassungsbeschwerde ist zulässig, wenn die Voraussetzungen des Art. 93 Abs. 1 Nr. 4a GG i.V.m. §§ 13 Nr. 8a, 23, 90 ff. BVerfGG vorliegen.

---

[1] Zum Diskussionsstand vgl.: *E. Šarčević*, Religionsfreiheit und der Streit um den Ruf des Muezzins, 2000; *S. Muckel*, NWVBl. 1998, S. 1 f.; *M. Völpel*, Streitpunkt Gebetsruf: Zu rechtlichen Aspekten im Zusammenhang mit dem lautsprecherunterstützten Ruf des Muezzins, Mitteilungen der Beauftr. der Bundesregierung für die Belange der Ausländer; *B. Guntau*, ZevKR 1998, S. 368 ff.; *O. Otting*, Wenn der Muezzin ruft, Städte und Gemeinderat, 1997, S. 65ff.; *N. Janz/S. Rademacher*, Islam und Religionsfreiheit, NVwZ 1997, S. 706 ff.

[2] Vgl. *Degenhart*, Klausurenkurs, Rn. 532 ff.; *S. Rademacher/N. Janz*, JuS 2002, S. 58 ff.

[3] Vgl. z. B. *Lahme*, SächsVBl. 1993, S. 91 ff.; *Brauner/Stollmann/Weiß*, Fälle und Lösungen zum Staatsrecht, 4. Aufl. 1994; *Fleury*, Rn. 244 ff.; *Schlaich/Korioth*, Rn. 188 ff.

I. Zuständigkeit

Die Verfassungsbeschwerde müsste beim zuständigen Gericht eingelegt werden. Gem. Art. 93 Abs. 1 Nr. 4a GG i.V.m. § 13 Nr. 8a BVerfGG ist das BVerfG für Entscheidungen über Verfassungsbeschwerden zuständig.

II. Geeigneter Beschwerdegegenstand – Akt der öffentlichen Gewalt

Nach dem Wortlaut des § 90 BVerfGG richtet sich der Rechtsbehelf der Verfassungsbeschwerde gegen die deutsche „*öffentliche Gewalt*". Verwaltungsmaßnahmen stellen „öffentliche Gewalt" i.S.d. § 90 Abs. 1 BVerfGG und daher einen statthaften Gegenstand einer Verfassungsbeschwerde dar.[5] Da es sich hier um ein Urteil des OVG und die ihm vorausgehende Entscheidung des Verwaltungsgerichts als Akte der rechtsprechenden Gewalt handelt, könnte es fraglich sein, ob die Gerichtsentscheidungen einen geeigneten Beschwerdegegenstand darstellen.

Diese Fragestellung greift auf die dogmatisch umstrittene Frage zurück, ob der Begriff „*öffentliche Gewalt*" aus § 90 Abs. 1 BVerfGG analog Art. 19 Abs. 4 Satz 1 GG auch die Rechtsprechung umfasst.[4] Sollte dem § 90 Abs. 1 BVerfGG der gleiche Begriffsinhalt wie dem Art. 19 Abs. 4 Satz 1 GG zugrunde gelegt werden, würden Rechtsprechungsakte nicht unter dem Begriff „öffentliche Gewalt" fallen.

Ein Rechtsbegriff wie „öffentliche Gewalt" kann in verschiedenen Bestimmungen unterschiedliche Inhalte haben.[6] Selbst der Wortlaut des § 90 Abs. 1 BVerfGG lässt keine zwingende Schlussfolgerung zu, dass „öffentliche Gewalt" i.S.v. § 90 Abs. 1 BVerfGG, die sich auch auf die Rechtsprechung erstrecken kann, keine Akte der Judikative umfasst.[7] Dagegen sprechen *systematische* und *teleologische* Auslegungsargumente: *Gesetzessystematisch* treffen §§ 93

---

[4] Nach herrschender Auffassung umfasst der Begriff „öffentliche Gewalt" in Art. 19 IV 1 GG keine Rechtsprechungsakte, vgl.: BVerfGE 15, 275, 280; 22, 106, 110; 25, 352, 365; 49 329, 340; 65, 75, 90; 76, 93, 98; *Schmidt-Aßmann*, in: *Maunz/Dürig*, GG, Art. 19 IV, Rn., 96; *Jarass*, in: *Jarass/Pieroth*, Art. 19, Rn. 31. Erfasst sind dagegen Justizverwaltungsakte, die nicht in richterlicher Unabhängigkeit, sondern administrativ getroffen werden (BVerfGE 28, 10, 14 f.).

[5] Vgl. *Meyer*, in: *von Münch/Kunig*, GG, Bd. 3, Art. 93, Rn. 57.

[6] BVerfGE 6, 32, 38; *Erichsen*, S. 5; *Schoch*, S. 165 f.

[7] S.a. *Schoch*, S. 166; *R. Zuck*, S. 5.

Abs. 1, 94 Abs. 3, 95 Abs. 2 BVerfGG die Einzelregelungen zur Verfassungsbeschwerde gegen gerichtliche Entscheidungen. Sie setzen folglich ihre Zulässigkeit voraus. Auch *Sinn und Zweck* der Verfassungsbeschwerde sprechen für das gleiche Ergebnis. Der Rechtsbehelf dient dem Schutz sowie der Durchsetzung der Grundrechte durch Anrufung des BVerfG.[8] Die Grundrechtsverletzungen sind sowohl in Ausübung der gesetzgebenden und der vollziehenden Gewalt möglich, wobei Art. 1 Abs. 3 GG alle drei Staatsgewalten an Grundrechte bindet. Die Erfüllung der Funktion der Verfassungsbeschwerde hängt damit vom materiellem Verfassungsrecht ab,[9] und der Umfang der möglichen Beschwerdegegenstände muss sich nach Art. 1 Abs. 3 GG mit der Grundrechtsbindung decken.[10] Daraus folgt, dass sich § 90 Abs. 1 BVerfGG auch auf Akte der Rechtsprechung erstreckt.[11]

Die obige Ableitung ist kein Bearbeitungsmaßstab: In einer Klausur darf der Prüfungspunkt „Beschwerdegegenstand" keinesfalls so breit behandelt werden. Es ist in aller Regel knapp festzustellen, dass Gerichtsurteile Hoheitsakte der deutschen öffentlichen Gewalt darstellen und damit tauglicher Beschwerdegegenstand sind.

Der Moscheverein kann also mit der Verfassungsbeschwerde zulässigerweise das Urteil des Oberverwaltungsgerichts angreifen, da gerichtliche Entscheidungen der „öffentlichen Gewalt" i.S. des § 90 Abs. 1 BVerfGG unterfallen.[12]

Die Verfassungsbeschwerde ist folglich statthaft.

In anderen Prozessordnungen (§ 61 VwGO) ist die Beteiligtenfähigkeit ausdrücklich geregelt. Im Verfassungsprozessrecht werden ihre Voraussetzungen indirekt dem § 90 Abs. 1 BVerfGG entnommen. „*Jedermann*" heißt, jedermann, der grundrechtsfähig sein kann, kann Verfassungsbeschwerde zum BVerfG erheben.

III. Beteiligtenfähigkeit/Grundrechtsfähigkeit

Gem. Art. 90 Abs. 1 Nr. 4a GG i.V.m. § 90 Abs. 1 BVerfGG ist *jedermann* beteiligtenfähig, der in Grundrechten verletzt sein kann.[13] Der Beschwerdeführer muss also Zuordnungssubjekt des als verletzt gerügten Grundrechts sein.

---

[8] *Schlaich/Korioth*, Rn. 195 f.; *Schoch*, S. 166.
[9] *Pestalozza*, § 12, Rn. 23.
[10] Vgl. *Pieroth*, in: *Jarass/Pieroth*, Art. 93, Rn. 50; *Pieroth/Schlink*, Rn. 1125.
[11] BVerfGE 7, 198, 207; *Zuck*, Rn. 391; *Robbers*, S. 16
[12] BVerfGE 47, 1, 17; 49, 220, 225; 52, 131, 143; *Zuck*, Rn. 446; *Gusy*, Verfassungsbeschwerde, Rn. 37.
[13] Art. 4 GG ist ein Menschenrecht, vgl. *Kokott*, in: *Sachs*, GG, Art. 4, Rn. 4.

Träger der Grundrechte aus Art. 4 GG ist jede natürliche Person ohne personale Eingrenzung (auch Kinder und Ausländer).[14] Da der Moscheeverein keine natürliche Person ist, richtet sich die Grundrechtsträgerschaft nach Art. 19 Abs. 3 GG, wonach auch inländische juristische Personen des Privatrechts und andere inländische Personenvereinigungen Grundrechtsträger sein können. Dabei kommt es hier nicht auf ihre volle Rechtsfähigkeit im zivilrechtlichen Sinne an.[15]

Laut Sachverhalt ist der Moscheeverein ein deutscher eingetragener Verein und damit eine inländische juristische Person. Diese können Grundrechtsträger sein, soweit das betroffene Grundrecht (hier Art. 4 Abs. 1 und 2 GG) seinem Wesen nach auf die juristische Person angewandt werden kann. Dies ist der Fall, wenn das Grundrecht nicht nur individuell, sondern auch korporativ betätigt werden kann.[16]

Beachte die Argumentation!

Dies ist hier unproblematisch – Religionsfreiheit aus Art. 4 GG kann korporativ wahrgenommen werden. Ein spezieller Aspekt der kollektiven Freiheit ist durch Art. 137 Abs. 2 Satz 2 WRV i.V.m. Art. 140 GG positivrechtlich abgesichert. Bei dem Moscheeverein handelt es sich nämlich um eine privatrechtlich organisierte Personenvereinigung, die sich zur Aufgabe gemacht hat, die islamische Religion und Weltanschauung zu pflegen. Dies ergibt sich unmittelbar aus der Satzung, wobei auch dem Zusammenhang von Art. 9 Abs. 1 und Art. 4 GG entnommen werden kann, dass solche Vereinigungen grundsätzlich geschützt sind, soweit sie Handlungen vornehmen, die dem Grundrechtsschutz des Art. 4 GG unterliegen.[17]

Damit ist der Moscheeverein beteiligtenfähig i.S. von Art. 93 Abs. 1 Nr. 4a GG i.V.m. § 90 Abs. 1 BVerfGG.

Auch hier gilt als Faustregel folgendes: In einer Klausur ist dieser Prüfungspunkt keinesfalls so umfangreich zu erörtern. In gebotener Kürze ist zum Ausdruck zu bringen, dass die Formel, inwieweit sich die juristische Person als „jedermann" auf Verletzung eines Grundrechts berufen kann, beherrscht wird.

---

[14] *Ipsen*, Staatsrecht II, Rn. 351; *Jarass*, in: *Jarass/Pieroth*, GG, Art. 4, Rn. 18
[15] Vgl. *Jarass* in: *Jarass/Pieroth*, GG, Art. 19, Rn. 14; BVerfGE 83, 341, 351.
[16] BVerfGE 19, 129, 132; 83 341, 351.
[17] *Starck*, in: *von Mangoldt/Klein/Starck*, GG Bd. 1, Art. 4 I, II, Rn. 68.

IV. Prozessfähigkeit

Von der Beteiligtenfähigkeit ist die Prozessfähigkeit zu unterscheiden, d.h. die Fähigkeit, Verfahrenshandlungen selbst oder durch einen Bevollmächtigten vorzunehmen. Da das BVerfGG hierzu keine Regelung enthält, kommt es konkret auf das jeweils geltend gemachte Recht und den Schutzzweck der Verfassungsbeschwerde im konkreten Zusammenhang an. *Wichtig*: Prozessunfähige werden durch ihre (gesetzlichen) Vertreter vertreten: Minderjährige in der Regel durch ihre Eltern, juristische Personen durch ihre Organe oder Vertreter.

Wer im Verfassungsbeschwerdeverfahren prozessfähig ist, ist im BVerfGG selbst nicht geregelt. Der Verfassungsbeschwerde des Moscheevereines ging vorher ein Rechtsstreit vor einem Fachgericht, nämlich dem Verwaltungs- bzw. Oberverwaltungsgericht voraus. Somit liegt eine Anknüpfung an die dort geltende Verfahrensordnung nahe.[18]

Das BVerfG verweist insoweit auf eine Teilanalogie zum sonstigen Verfahrensrecht (etwa auf §§ 51 ff. ZPO, 62 VwGO).[19]

Die Prozessfähigkeit ist somit vorliegend als unproblematisch anzusehen. Der Moscheeverein ist prozessfähig, sonst hätte er nicht vor den Verwaltungsgerichten, klagen können. Des weiteren wird er von dem Rechtsanwalt *Rudi Eifer* vertreten (§ 26 Abs. 2 Satz 1 BGB), so dass der Moscheeverein auch im Verfassungsbeschwerdeverfahren prozessfähig ist.

V. Beschwerdebefugnis

Der Beschwerdeführer muss behaupten und mit einer gewissen Plausibilität behaupten können, in seinen Grundrechten verletzt zu sein. Diese Behauptung muss – und dieses Erfordernis geht über den Wortlaut des § 90 Abs. 1 BVerfGG hinaus – ausreichend substantiiert sein.

Beschwerdebefugt ist, wer (prozesual) berechtigt ist, den fraglichen Anspruch im eigenen Namen geltend zu machen. Nach dem Wortlaut von Art. 93 Abs. 1 Nr. 4a GG, § 90 Abs. 1 BVerfGG setzt die Zulässigkeit einer Verfassungsbeschwerde die Behauptung einer Verletzung in eigenen Grundrechten oder in den grundrechtsgleichen Rechten voraus.[20] Die bloße Behauptung genügt aber unstreitig nicht. Die behauptete Verletzung muss – *durch den Beschwerdegegenstand* selbst – vielmehr möglich sein.[21] Der Antragsteller muss zunächst darlegen und darlegen können, dass er in seinem Grundrecht möglicherweise verletzt oder gefährdet ist, dass also ein Eingriff vorliegt.

1. *Plausible Geltendmachung einer Grundrechtsverletzung.* Die angegriffene Maßnahme der öffentlichen Gewalt muss Rechtswirkungen äußern und geeignet sein, Rechts-

---

[18] BVerfGE 72, 122, 132-137.
[19] Vgl. BVerfGE 28, 243, 254 f.
[20] BVerfGE 53, 30, 48 und 51; 60, 360, 370; 88, 384, 399 f.
[21] Hierzu *Schlaich/Korioth*, Rn. 207 ff.

positionen des Beschwerdeführers zu seinem Nachteil zu verändern.

Diesem Erfordernis ist genüge getan, wenn sich aus dem Vorbringen der behaupteten Tatsachen durch den Beschwerdeführer mit hinreichender Deutlichkeit die *Möglichkeit* einer Verletzung von Grundrechten ergibt, es also nicht von vorneherein ausgeschlossen ist, dass Grundrechte verletzt sind. Vorliegend könnten der Bürgermeister sowie die Verwaltungsgerichte die Bedeutung eines Grundrechts insofern verkannt haben, als sie bei ihren Entscheidungen Art. 4 Abs. 1 und 2 GG (als einheitliches Grundrecht = Freiheit des Glaubens und des religiösen Bekenntnisses – Art. 4 Abs. 1 GG + Recht der ungestörten Religionsausübung – Art. 4 Abs. 2 GG) nicht hinreichend beachtet und gewichtet haben. Somit ist die Möglichkeit einer Grundrechtsverletzung zu bejahen, da der Ruf des Muezzins dem Schutzbereich zuzuordnen ist: Der Ruf des Muezzins hat hier bekenntnishaften Charakter – die Muslime (der Moscheeverein), die den Gebetsruf vom Tonband abspielen, bekennen durch den Ruf ihren Glauben. Daneben unterfällt der Gebetsruf der Religionsausübungsfreiheit, soweit der Ruf des Muezzins als notwendiger Teil der religiös motivierten Kultushandlung des Islams betrachtet wird. Der Moscheeverein könnte daher in der Ausübung seiner Religionsfreiheit beschränkt sein, so dass eine spezifische Grundrechtsverletzung nicht auszuschließen ist.

2. *Eigene, gegenwärtige, unmittelbare Beschwer.* Der Beschwerdeführer muss behaupten und behaupten können, selbst, gegenwärtig und unmittelbar in seinen grundrechtlich geschützten Positionen verletzt zu sein.

Die Frage, ob der Verein selbst, gegenwärtig und unmittelbar betroffen ist, hat bei Verfassungsbeschwerden gegen belastende Gerichtsurteile keine eigenständige Bedeutung. Der Beschwerdeführer ist problemlos von Verwaltungshandeln (wenn die Maßnahme unmittelbar gegen ihn gerichtet ist) und von Gerichtsentscheidungen (wenn er Partei des Rechtsstreites war) betroffen. Obwohl der Adressat eines Urteils stets selbst, gegenwärtig und unmittelbar betroffen ist, sollte in der Klausur demonstriert werden, dass diese Formel beherrscht wird.

Diese Ausführung soll lediglich die einzelnen Elemente konkretisierend darstellen und den Argumentationsweg dokumentieren. Sie ist kein notwendiger Teil einer Lösung.	Der Verein kann geltend machen, in eigenen Grundrechten betroffen zu sein, da er vorliegend der Adressat der angegriffenen Maßnahme und eine Partei des Rechtsstreites war.[22] Er ist gegenwärtig betroffen, da durch den Akt der öffentlichen Gewalt, der den Beschwerdegegenstand bildet, die Beeinträchtigung bereits eingetreten ist („*schon betroffen*") und der Verein ein schutzwürdiges Interesse an der Feststellung der Verfassungswidrigkeit hat („*noch betroffen*"), weil das Gerichtsurteil belastende Nachwirkungen für die Glaubensbetätigung des Vereins hat. Der Verein ist unmittelbar betroffen, da kein weiterer Vollzugsakt für den Eingriff erforderlich ist – dies ist hier unproblematisch.
	Folglich liegt die Beschwerdebefugnis vor.
	VI. Rechtswegerschöpfung/Subsidiarität
Diese Regelung dient der Entlastung des BVerfG, der Beschwerdeführer braucht nur ausnahmsweise den Rechtsweg nicht zu erschöpfen: wenn das zulässige Rechtsmittel im Hinblick auf die ständige Rspr. völlig aussichtslos ist, wenn die Verfassungsbeschwerde von allgemeiner Bedeutung ist oder wenn dem Beschwerdeführer bei Verweisung auf den Rechtsweg ein schwerer und unabdingbarer Nachteil entstünde. Hierzu ist eine Klarstellung angebracht, nur wenn der Sachverhalt dafür einen Anlass gibt.	Nach § 90 Abs. 2 Satz 1 BVerfGG – gestützt auf Art. 94 Abs. 2 Satz 2 GG – ist Verfassungsbeschwerde erst nach Erschöpfung des Rechtsweges zulässig. Laut Sachverhalt waren die Klagen vor den Verwaltungsgerichten erfolglos.
Hierzu ist nur dann etwas zu sagen, wenn es Anlass für die Annahme gibt, der Beschwerdeführer habe sich nicht früh genug auf die Grundrechtsverletzung berufen.	Der Moscheeverein muss dabei alle ihm zu Gebote stehenden Rechtsmittel ergreifen – er darf also nicht erst im Verfassungsbeschwerdeverfahren grundrechtliche Gesichtspunkte ins Spiel bringen. Laut Sachverhalt hat der Moscheeverein e.V. gegen die Maßnahme des Bürgermeisters den Rechtsweg beschritten und damit dem sich aus der Subsidiarität[23] der Verfassungsbeschwerde ergebenden Erfordernis der Rechtswegerschöpfung (§ 90 Abs. 2 Satz 1 BVerfGG) genügt.

---

[22] BVerfGE 97, 157, 164.
[23] Vgl. BVerfGE 68, 384, 389; 70, 180, 185; 73, 322, 325; 86, 382, 386; 95, 193, 207.

VII. Form und Frist

Der Moscheeverein muss seine Verfassungsbeschwerde nach § 93 Abs. 1 BVerfGG innerhalb eines Monates nach Zustellung der letztinstanzlichen Entscheidung beim Bundesverfassungsgericht erheben. Die Verfassungsbeschwerde muss gemäß §§ 23 Abs. 1, 92 BVerfGG schriftlich und mit substantiierter Begründung versehen beim Bundesverfassungsgericht eingereicht werden.

Die Frage, ob ein *Rechtsschutzbedürfnis* des Beschwerdeführers vorliegt, ist nur ausnahmsweise zu prüfen – wenn begründete Zweifel hieran bestehen. Dies ist etwa der Fall, wenn der Beschwerdeführer schon bekommen hat, was er will.

Die Einhaltung der Schriftform und der Monatsfrist für die Einlegung der Verfassungsbeschwerde können mangels gegenteiliger Hinweise im Sachverhalt unterstellt werden

Ergebnis: Die Verfassungsbeschwerde des Moschevereins ist zulässig.

Auf das Annahmeverfahren nach § 93a ff. BVerfGG ist im Rahmen der Zulässigkeitsprüfung nicht einzugehen

B) Begründetheit der Verfassungsbeschwerde

Die Verfassungsbeschwerde des Moscheevereins ist begründet, wenn die von ihm angegriffenen Entscheidungen des Bürgermeisters und die diese bestätigenden Entscheidungen der Verwaltungsgerichte in den Schutzbereich des Art. 4 Abs. 1 und 2 GG eingreifen und der Eingriff verfassungsrechtlich nicht gerechtfertigt werden kann.

Auch zu Beginn der Begründetheitsprüfung sollte stets ein solcher Einleitungssatz stehen!

Eingriff in das Grundrecht aus Art. 4 Abs. 1 und 2 GG

I. Eröffnung des Schutzbereiches des Art. 4 Abs. 1 und 2 GG

Das Verhalten des Moscheevereins, nämlich der Betrieb von Lautsprechern zur Verbreitung des Gebetrufes des Muezzins, müsste vom Schutzbereich des Art. 4 Abs. 1 und 2 GG erfasst sein.

Die Darstellung hat sich auf die inhaltliche Lösung des Falles zu beschränken. Die Prüfung des Schutzbereiches hat somit mit der Frage anzufangen, ob der Grundrechtstatbestand aus Art. 4 Abs. 1 und 2 GG bezüglich der Verhaltensweise des Bürgermeisters überhaupt einschlägig ist.

Beide Absätze können gemeinsam angeführt werden.

(1) Die Glaubensfreiheit aus Art. 4 Abs. 1 und 2 GG gewährt nicht nur die Freiheit, einen Glauben oder eine Weltanschauung zu bilden und zu haben (*forum internum*), sondern auch das Recht, entsprechend dem Glauben oder der Weltanschauung zu handeln (*forum externum*).[24] Es ist im Einklang mit der Rechtsprechung davon auszugehen, dass die in Art. 4 Abs. 1 GG angesprochene Freiheit des Glaubens und des religiösen und weltanschaulichen Bekenntnisses und das in Abs. 2 angesprochene Recht der ungestörten Religionsausübung ein *einheitliches* Grundrecht bilden:[25] Es umfasst die *innere Freiheit* zu glauben sowie auch die *äußere Freiheit*, den Glauben zu manifestieren, zu bekennen und zu verbreiten.[26]

Gegen den Versuch, den Schutz der Religionsfreiheit auf einen eurozentrischen, christlich geprägten Religionsbegriff bzw. auf typisch christliche Kultushandlungen zu verengen, spricht die *religiös-weltanschauliche Neutralität* der grundgesetzlichen Staatsordnung (Verbot der Staatskirche in Art. 140 GG i.V.m. Art. 137 Abs. 1 WRV, Verbot der Benachteiligung aus religiösen Gründen - Art. 3 Abs. 3 und Art. 33 Abs. 3 GG). Das verfassungsrechtliche Gebot der religiös-weltanschaulichen Neutralität steht also allen Bemühungen entgegen, die Garantien religiöser Freiheit aus der Perspektive eines spezifisch christlichen Verständnisses auszulegen.

Es kann vorliegend offen bleiben, ob sich der Schutz von Art. 4 Abs. 1 und 2 GG auf eine Glaubenshaltung einschränken lässt, die sich bei den heutigen Völkern auf dem Boden gewisser gemeinsamer sittlicher Grundanschauungen herausgebildet hat.[27] Es genügt festzustellen, dass der Islam als eine der großen Weltreligionen in den Schutzbereich des Grundrechts fällt.

(2) Der Moscheeverein müsste sich auf das Grundrecht aus Art. 4 Abs. 1 und 2 GG berufen können. Das ist hier zu bejahen.

---

[24] BVerfGE 32, 98, 106; 93, 1, 15.
[25] Im Einzelnen *Kokott*, in: *Sachs*, GG, Art. 4, Rn. 10 f.; *Mager*, in: *von Münch/Kunig*, GG, Bd. 1, Art. 4, Rn 9; *Wenckstein*, in: *Umbach/Clemens*, GG, Bd. 1, Art. 4, Rn. 23 f.
[26] *Šarčević* (Anm. 1) passim; *Jarass*, in: *Jarass/Pieroth*, GG, Art. 4 Rn. 7 ff.; *Ipsen*, Staatsrecht II, Rn. 354 f. jeweils m.w. Hinw.
[27] Vgl. hierzu *Pieroth/Schlink*, Rn. 511; *Ipsen*, Staatsrecht II, Rn. 361 ff.

Einerseits schützt Art. 4 Abs. 1 und 2 GG die Glaubensfreiheit religiöser und weltanschaulicher Vereinigungen (*kollektive Glaubensfreiheit*): Geschützt sind also die Tätigkeiten der religiösen oder weltanschaulichen Vereinigungen, soweit sie für die einzelnen Beteiligten unter die individuelle Glaubensfreiheit fallen, sowie die religiöse Vereinigungsfreiheit.[28]

Andererseits erfüllt der Beschwerdeführer alle *Merkmale einer Religionsgemeinschaft*.[29] Der Begriff ist identisch mit demjenigen der Religionsgemeinschaft in Art. 7 Abs. 3 GG und dem Begriff der Religionsgesellschaft nach Art. 136 ff. WRV i.V.m. Art. 140 GG. Er erfasst alle nicht als Kirche organisierten Zusammenschlüsse zum Zweck des gemeinschaftlichen Religionsbekenntnisses nach innen und nach außen.[30] Religionsgemeinschaft ist folglich ein dauerhafter Zusammenschluss von Personen aufgrund übereinstimmender Auffassung in religiöser Hinsicht (*religiöser Konsens*), die durch eine Beziehung (ein *Bekenntnis*) nach außen kundgegeben werden.[31]

Zum *Begriff* der Religionsgemeinschaft erwartet man an dieser Stelle eine klare Stellungnahme. Folgendes ist zum Ausdruck zu bringen: Der Moscheeverein beruht auf einem religiösen Konsens seiner Mitglieder – der Verein hat sich aufgrund des islamischen Glaubens zusammengeschlossen. Der auf Koran und Sunna beruhende Glaube begründet diesen Konsens.

Vorliegend handelt es sich um eine religiöse Vereinigung, deren Zweck auf die Pflege des religiösen oder weltanschaulichen Lebens ihrer Mitglieder gerichtet ist. Der Moscheeverein gründet sich darüber hinaus auf die Lehren des Korans und die Sunna des Propheten Mohammed – vorgeschrieben ist hiermit das Bekenntnis zur „Einheit des Gottes" (Allahs) und das fünfmalige tägliche Gebet. All dies ergibt sich aus den zitierten Satzungsbestimmungen. Der Verein ist also Träger des Grundrechts aus Art. 4 Abs. 1 und 2 GG und kann sich auf die Freiheit der kollektiven Religionsausübung berufen.

Eine strikte Orientierung am Sachverhalt scheint hier angebracht.

---

[28] BVerfGE 42, 313, 332; 83, 341, 355; *Pieroth/Schlink*, Rn. 517 ff.
[29] Der religiös neutrale Staat hat dabei von einem staatlichen Rahmenbegriff der Religion bzw. Weltanschauung auszugehen. Er darf also nur an neutrale Merkmale, wie an ein geschlossenes Gedankengebäude über die Welt als ganzes oder an den personellen Mindestzusammenhalt durch Organisation und Mindestkonsens, anknüpfen – eine Beurteilung nach dem sozialen Wert oder gar der theologischen Qualität der konkreten religiösen Weltanschauung ist unzulässig. Vgl. *Starck*, in *von Mangoldt/Klein/Starck*, GG, Bd. 1, Art. 4, Rn. 48; *Wenckstein*, in: *Umbach/Clemens*, GG, Bd. 1, Art. 4, Rn. 23 f.
[30] OVG Berlin, DVBl. 1999, S. 555.
[31] Vgl. OVG Berlin (Anm. 30); *Maunz*, in: *Maunz/Dürig*, GG, Art. 140, Rn. 19.

(3) Fraglich ist nunmehr, ob das durch den Gebetsruf geprägte Verhalten des Moscheevereins in den Schutzbereich der Glaubensfreiheit aus Art. 4 Abs. 1 und 2 GG fällt.

Abzustellen ist hier auf das Selbstverständnis der Glaubensgemeinschaft und auf den Stellenwert des Gebetsaufrufs für diese Gemeinschaft. Dass der Gebetsruf keine zwingende Voraussetzung für die Gültigkeit des Gebetes darstellt, führt zu keiner anderen Betrachtungsweise, zumal er wesentlicher Teil des religiösen Bekenntnisses ist und für die religiöse Gemeinschaft einen hohen Stellenwert besitzt.

Dieses Grundrecht umfasst die Freiheit, den Glauben nach außen hin zu manifestieren, zu bekennen und zu verbreiten. Der Ruf des Muezzins wird somit vom Schutzbereich der Bekenntnisfreiheit erfasst, da dieser bekenntnishaften Charakter hat: Er ist als ein Teil der islamischen Religionsausübung und des damit verbundenen Ablaufs des islamischen Gebetes ausschließlich religiös motiviert.

Der Moscheeverein legt glaubhaft dar, dass er durch diesen Ruf seinen Glauben zum Islam bekennt und die islamische Religion, eben über dessen Betätigung, gleichzeitig ausübt. Der Gebetsruf durch den Muezzin ist folglich durch Art. 4 Abs. 1 und 2 GG geschützt. Gleichzeitig fällt die Art und Weise, wie dieser Gebetsruf verbreitet wird, in die Freiheit der religiösen Betätigung und muss von der Rechtsordnung respektiert werden. Dass hierzu eine Lautsprecheranlage betrieben wird, steht dem Grundrechtsschutz nicht entgegen.

Demnach fällt das Verhalten des Moscheevereins in den Schutzbereich des Art. 4 Abs. 1 und 2 GG – der Schutzbereich ist somit eröffnet.

II. Eingriff in den Schutzbereich

Die Prüfung des Eingriffs beantwortet die Frage, ob eine konkrete staatliche Maßnahme als *„Eingriff"* (*Beeinträchtigung, Beschränkung, Einschränkung* – alle diese Begriffe werden synonym benutzt) qualifiziert werden kann.

In diesen Schutzbereich müsste auch eingegriffen worden sein. Ein Eingriff ist jedes staatliche Handeln oder Unterlassen, das dem einzelnen Grundrechtsträger ein Verhalten, das in den Schutzbereich eines Grundrechts fällt, einschränkt oder unmöglich macht, gleichgültig ob es final oder unbeabsichtigt, unmittelbar oder mittelbar, rechtlich oder tatsächlich, mit oder ohne Befehl und Zwang erfolgt. Demnach liegen Eingriffe in das Grundrecht aus Art. 4 Abs. 1 und 2 GG in der Beeinträchtigung eines bestimmten Denkens oder Handelns, das vom Schutzbereich umfasst wird.

Vorliegend haben die Entscheidungen des Bürgermeisters und der Verwaltungsgerichte zur Folge, dass der Moscheeverein den Ruf des Muezzins nicht mehr über Lautsprecher verstärken darf. Damit wird dem Moscheeverein ein Verhalten verboten, welches grundsätzlich unter den Schutzbereich des Art. 4 Abs. 1 und 2 GG fällt.[32] Ein Eingriff liegt also folglich vor.

---

[32] Vgl. a. *Šarčević*, DVBl. 2000, S. 523; *Muckel* (Anm. 1), S. 3.

III. Verfassungsrechtliche Rechtfertigung

Dieser Eingriff in die Religionsfreiheit des Vereins könnte aber verfassungsrechtlich gerechtfertigt sein. Denn nur wenn der Eingriff in die Religionsfreiheit aus den Schranken des Grundrechts gerechtfertigt werden kann, hat die Behörde eine Befugnis zum Einschreiten.

Achtung: Wird ein Grundrechtseingriff bejaht, ist noch nichts zur Grundrechtsverletzung (Grundrechtsverstoß) gesagt. Die verfassungsrechtliche Rechtfertigung des Grundrechtseingriffs stellt eine unabdingbare, selbständig zu untersuchende Prüfungsstufe dar.

1. Grundrechtsschranken

Art. 4 Abs. 1 und 2 GG ist ein vorbehaltlos gewährleistetes Grundrecht und enthält keine ausdrückliche Schranke.

Beachten: Ein Grundrechtseingriff ist generell verfassungsrechtlich gerechtfertigt, wenn er sich im Rahmen der für das Grundrecht geltenden Schrankenregelung hält. Vorliegend ist folgendes zu prüfen: (a) welche Schrankenregelungen sich ermitteln lassen und (b) ob diese konkret verfassungsgemäß angewendet sind.

Strittig ist dabei, welche Anforderungen das Grundgesetz an die Rechtfertigung eines Eingriffs in die Religionsausübungsfreiheit stellt. Denn ein Gesetzesvorbehalt könnte sich aus den in das Grundgesetz inkorporierten Bestimmungen der WRV (Art. 140 GG) ergeben. Als Schranke wäre danach an Art. 136 Abs. 1 WRV zu denken, dessen Wortlaut zufolge die bürgerlichen und staatsbürgerlichen Pflichten durch die Ausübung der Religionsfreiheit nicht beschränkt werden. Die Inkorporierung des Art. 136 Abs. 1 WRV als vollgültiges Verfassungsrecht[34] könnte somit für einen Gesetzesvorbehalt sprechen. Dies würde allerdings der vorbehaltlosen Gewährleistung des Art. 4 Abs. 1 und 2 GG widersprechen. Seine Stellung in dem an der Spitze der Verfassung stehenden Grundrechtsteil des Grundgesetzes

Der Streit dreht sich um die Frage, ob die Grundrechte aus Art. 4 Abs.1 u. 2 GG vorbehaltlos gewährleistet sind oder ob die Vorschrift des Art. 140 GG i.V.m. Art. 136 Abs. 1 WRV als Gesetzesvorbehalt anzusehen ist. Die h. M. geht davon aus, dass Art. 140 i.V.m. Art. 136 nach Bedeutung und innerem Gewicht im Zusammenhang der grundgesetzlichen Ordnung von Art. 4 Abs. 1 u. 2 GG überlagert werde.[33]

---

[33] BVerfGE, 33, 23, 30f; Šarčević, DVBl. 2000, S. 523 f.; Muckel (Anm 1), S. 3.

[34] Art. 140 GG i.V.m. Art. 136 I WRV gilt als vollgültiges Verfassungsrecht: Zu den staatsbürgerlichen Pflichten i.S.d. Art. 136 Abs. 1 WRV gehört insbesondere die Befolgung derjenigen Gesetze, die sich nicht gegen Glauben, Bekenntnis und Religionsausübung als solche wenden, die also keine Sonderrechte gegen die Religionsfreiheit enthalten und deshalb *allgemein* sind. Dieser Punkt ist bei der Prüfung der straßenverkehrsrechtlichen Schranken (aus § 33 I 1 Nr. 1 StVO) zu berücksichtigen und eventuell dort zu erörtern.

macht deutlich, dass dieses Grundrecht keinem einfachen Gesetzesvorbehalt unterliegen soll.[35]

Auf der Grundlage dieser Auffassung kann Art. 4 Abs. 1 und 2 GG nur durch verfassungsimmanente („verfassungsunmittelbare") Schranken begrenzt werden. Da die grundrechtliche Freiheit dort enden muss, wo ihre Ausübung andere gleichrangige Rechte verletzt, wird die Religionsfreiheit durch kollidierende Grundrechte Dritter sowie durch andere mit Verfassungsrang ausgestattete Rechtsgüter begrenzt.[37]

Achtung: Das sind die sogenannten *immanenten Schranken* des Grundrechts – die Prüfung dieser Schranken ist verbindlich.[36]

Beachten: Die verfassungsimmanenten Schranken allein sind noch keine Grundlage für ein Einschreiten. Erforderlich ist ein Gesetz (*Gesetzesvorbehalt!*), das seinerseits die verfassungsimmanenten Schranken verwirklicht und dem Schutz hochrangiger Rechtsgüter dient.

2. Eingriff durch die Schranke gedeckt?

Wegen des Grundsatzes des Vorbehalts des Gesetzes besteht die Notwendigkeit einer gesetzlichen Grundlage für Grundrechtseingriffe. Eine solche gesetzliche Grundlage könnte sich aus straßenverkehrsrechtlichen Vorgaben (hier § 33 Abs. 1 Satz. 1 Nr. 1 StVO) ergeben. Die angegriffene Maßnahme ist darüber hinaus unter jedem möglichen verfassungsrechtlichen Gesichtspunkt zu prüfen.[38] Dies verlangt eine Identifizierung der mit der Religionsfreiheit kollidierenden Positionen. Im Falle des muslimischen Gebetsrufes kommen folgende Grundrechte im Betracht: das nachbarliche Eigentumsrecht aus Art. 14 Abs. 1 und 2 GG, das Grundrecht auf körperliche Unversehrtheit aus Art. 2 Abs. 2 Satz 1 GG, die Unverletzlichkeit der Wohnung aus Art. 13 GG sowie negative Glaubensfreiheit aus Art. 4 Abs. 1 und 2 GG.

---

[35] Das BVerfG erachtet Art. 136 Abs. 1 WRV einerseits als vollgültiges, von Art. 140 GG in das Grundgesetz übernommenes und gegenüber den anderen Bestimmungen des Grundgesetzes nicht auf einer Stufe minderen Ranges stehendes Verfassungsrecht (BVerfGE 19, 206, 219). Andererseits sieht es den allgemeinen Gesetzesvorbehalt als durch Art. 4 Abs. 1 und 2 GG „überlagert" an, zumal das Grundgesetz die Religionsfreiheit ohne jeden Gesetzesvorbehalt in den Grundrechtskatalog aufgenomen habe (BVerfGE 33, 23, 30 f.).
[36] BVerfGE 28, 243, 260; 52, 223, 246.
[37] Vgl. BVerfGE 12, 1, 4; 33, 23, 30; 44, 37, 49; 93, 1, 21; BVerwGE 90, 112, 122 f.; *Šarčević*, DVBl. 2000, S. 519 f. m. w. Hinw.; zum Problem *Goerlich*, JZ 1995, S. 955 ff.; *v. Campenhausen*, in: *Isensee/Kirchhof*, Bd VI, S. 418 ff.
[38] *Schlaich/Korioth*, Rn. 270; ausführlich zur Begründungsprüfung *Erichsen*, Jura 1992, S. 142 ff.

a) Straßenverkehrsrecht als Schranke

(1) Das Grundrecht aus Art. 4 Abs. 1 und 2 GG kann durch straßenverkehrsrechtliche Vorgaben eingeschränkt werden – hier durch § 33 Abs. 1 Satz 1 Nr. 1 StVO. Die Eingriffsrechtfertigung darf nur durch Gesetz erfolgen und steht unter der weiteren Schranke des Übermaßverbots.[39]

Hier ist die einfachgesetzliche Einschränkung der Religionsfreiheit zu erörtern. Soweit die Bearbeiter der Auffassung folgen, dass Art. 140 GG i.V.m. Art. 136 Abs. 1 WRV von Art. 4 Abs. 1 und 2 GG überlagert ist, muss die Anwendung des § 33 Abs. 1 Satz 1 Nr. 1 StVO in Betracht gezogen werden, als die Norm, die der Konkretisierung des Art. 2 Abs. 2 Satz 1 GG oder des Art. 14 Abs. 1 GG dient, beispielsweise wenn der Verkehr durch den Gebetsruf derartig gestört wird, dass eine Unfallgefahr (Gefahr für Leben und Gesundheit, Art. 2 Abs. 2 Satz 1 GG) besteht und dies durch Art. 33 Abs. 1 Satz 1 Nr. 1 StVO verhindert werden soll.

Fraglich ist zuerst, ob die StVO überhaupt anwendbar ist, weil sie kein förmliches Gesetz darstellt und deshalb die Religionsfreiheit nicht einschränken kann. Dies ist zu bejahen, da sich diese Norm auf die Verordnungsermächtigung des § 6 Abs. 1 Nr. 3 StVG stützt: Die StVO konkretisiert lediglich die Maßnahmen zur Erhaltung der Sicherheit des Straßenverkehrs und zur Verhütung von Belästigungen.[41]

Es wäre hier nicht als Fehler zu werten, wenn die StVO als Verordnung angesehen wird, so dass es am Erfordernis eines formellen Gesetzes fehlt. In solchen Fällen scheint die Argumentation mit der „Wesentlichkeitstheorie" angebracht. Der Gesetzgeber muss danach in grundlegenden normativen Bereichen, zumal im Bereich der Grundrechtsausübung, soweit diese staatlicher Regelung zugänglich ist, alle wesentlichen Entscheidungen selbst treffen.[40] Dies bedeutet unter anderem, dass die wesentlichen Entscheidungen über Eingriffe vom Gesetzgeber selbst getroffen werden müssen und nicht an die Verwaltung delegiert werden dürfen. Von diesem Standpunkt kann die StVO als Rechtsverordnung schwerlich diesen Anforderungen genügen; von ihrer Anwendung wäre somit abzusehen.

---

[39] BVerfGE 90, 112, 122 f.
[40] BVerfGE 61, 260, 275.
[41] Vgl. a. *Muckel* (Anm. 1), S. 5; a. A. *M. Völpel* (Anm. 1), S. 10.

Die Verfassungsmäßigkeit der StVO kann hier unterstellt werden, da keine gegenteiligen Hinweise dem Sachverhalt zu entnehmen sind. In einer Klausur ist in aller Regel auf die Verfassungsmäßigkeit hinzuweisen.

Beachten: Der Grundrechtsträger muss nur verfassungsmäßige Grundrechtsbeeinträchtigungen hinnehmen. Infolgedessen muss die grundrechtsbeschränkende Maßnahme des Staates (Gesetz oder die aufgrund eines Gesetzes erlassene Verordnung) in jeder Hinsicht formell und materiell den verfassungsrechtlichen Vorgaben entsprechen.

Beachten: Wichtig ist in der Fallbearbeitung die Prüfung des verfassungslegitimen Zieles, weil nur so der notwendige Bezugspunkt vorhanden ist, um die Geeignetheit, Erforderlichkeit und Verhältnismäßigkeit einer grundrechtsbeeinträchtigenden Maßnahme inhaltlich untersuchen zu können. Um die Legitimität eines Gesetzeszweckes zu prüfen, kann man im Grundgesetz nach Anknüpfungen und Wertungen suchen.

(2) Die Einschränkung der Religionsfreiheit muss dann den Anforderungen der *Schranken-Schranken-Prüfung* genügen. Das „Gesetz" (StVO), auf dem die grundrechtseinschränkenden Entscheidungen beruhen, müsste in formeller und materieller Hinsicht verfassungsgemäß sein.

Es bestehen keine Bedenken dagegen, dass die genannten Regelungen des Straßenverkehrsrechts den Anforderungen der Schranken-Schranken-Prüfung, allen voran der Verhältnismäßigkeit der gesetzlichen Bestimmung einerseits und der auf sie gestützten Verwaltungsmaßnahmen andererseits, genügen. Die *formelle* Verfassungsmäßigkeit der StVO ist zu bejahen, da es sich hier um eine Verordnung handelt, die sich auf die Verordnungsermächtigung des § 6 Abs. 1 Nr. 3 StVG stützt. Beim StVG handelt es sich um ein formelles Gesetz, an dessen verfassungsmäßigem Zustandekommen keine Zweifel bestehen.

Die StVO ist materiell verfassungsmäßig, wenn sie auch im übrigen mit den Vorschriften der Verfassung im Einklang steht, also wenn sie verhältnismäßig ist. Sie muss dementsprechend *einerseits* dem Schutz eines Verfassungsgutes dienen – vorliegend dient sie der Sicherheit des Straßenverkehrs. Durch die StVO ist das Verbot zum Betrieb von Lautsprechern im Straßenverkehr statuiert. Dieses Verbot wird von der Pflicht des Staates zur Gefahrenvorsorge durch Rechtssetzung und weitere Maßnahmen staatlicher Steuerung umfasst. Diese ist durch Art. 2 Abs. 2 Satz 1 GG gewährleistet.[42] Ein legitimes Verfassungsgut wird hiermit verfolgt.

Die StVO muss *andererseits* verhältnismäßig sein, bzw. den Ausgleich des Grundrechts der Religionsfreiheit (Art. 4 Abs. 1 und 2 GG) mit der Verkehrssicherheit und dem staatlichen Schutzauftrag für die Gefahrenvermeidung (Art. 2 Abs. 2 Satz 1 GG) ermöglichen. Das ist der Fall, wenn sie geeignet, erforderlich und angemessen (verhältnismäßig i. e. S.) ist.

Es ist davon auszugehen, dass diese Verordnung *geeignet* ist, dem Ziel der Sicherheit des Straßenverkehrs sowie der

---

[42] Vgl. hierzu *Kunig*, in: *von Münch/Kunig*, GG, Bd. 1, Art. 2, Rn. 61 u. 68; *Pieroth/Schlink*, Rn. 88 f.

Gefahrenvorsorge zu dienen; sie ist *erforderlich*, da mildere Mittel als die vorgesehenen Restriktionen nicht ersichtlich sind.

Die Bestimmung der StVO muss auch *verhältnismäßig i.e.S.* sein, d.h. einen sachgemäßen Ausgleich zwischen den kollidierenden Verfassungsgütern also Verkehrssicherheit bzw. staatliche Gefahrenvorsorge und Religionsfreiheit des Moscheevereins, durch die zuständige Behörde, hier der Bürgermeister, ermöglichen. Dies trifft auf die StVO zu, da § 46 Abs. 1 Satz 1 Nr. 9 StVO im Gegensatz zu § 33 Abs. 1 Satz 1 Nr. 1 StVO die Möglichkeit einer Ausnahmegenehmigung zum Betrieb von Lautsprechern in Einzelfällen vorsieht. Schließlich erscheint diese Beschränkung auch im Verhältnis zu dem Grundrecht der Religionsfreiheit nicht als unangemessen, da beide Belange, Religionsfreiheit und Verkehrssicherheit bzw. staatliche Gefahrenvorsorge, verfassungsrechtlich den gleichen Rang haben. Nämlich die Belange des Moscheevereines, geschützt durch die Grundrechte aus Art. 4 Abs. 1 und 2 GG, sind gegenüber den Belangen der Verkehrsteilnehmer, soweit sie vom Schutzbereich des Grundrechts aus Art. 2 Abs. 2 Satz 1 GG erfasst sind, gleichwertig. Auch wenn diese nicht vom Schutz des Art. 2 Abs. 2 Satz 1 GG erfasst sind, werden sie durch den Gesetzesvorbehalt des Art. 140 GG i.V.m. Art. 136 Abs. 1 VRV auf die verfassungsrechtliche Ebene des eingeschränkten Grundrechts gehoben: Diese Vorschriften regeln, dass die Belange, denen die allgemeinen Gesetze dienen, im Ansatz den gleichen Rang haben wie das Grundrecht.[43] Folglich ermöglicht im konkreten Fall die StVO einen verfassungsgemäßen Ausgleich der kollidierenden Verfassungsgüter. Damit ist sie materiell verfassungsmäßig.

Wichtig: Die Verhältnismäßigkeit ist (fast) immer zu prüfen. Nur ausnahmsweise kann die Prüfung unterbleiben, soweit es sich um unstrittig gültige Gesetze handelt.

Die Einhaltung des *Verbotes von Einzelfallgesetzen* (Art. 19 Abs. 1 Satz 1 GG), des *Zitiergebotes* (Art. 19 Abs. 1 Satz 2 GG) und des *Bestimmtheitsgebotes* (abgeleitet aus Art. 20 Abs. 3 GG) ist nur dann zu prüfen, wenn der Sachverhalt Zweifel hieran aufkommen lässt. In der Fallbearbeitung spielen jedoch Art. 19 Abs. 1 und 2 GG kaum eine Rolle.

---

[43] *Muckel* (Anm. 1), S. 5.

b) Verfassungsmäßigkeit der Einzelmaßnahme

Die Verfassungsmäßigkeit der Gesetzesgrundlage und die Verfassungsmäßigkeit der hierauf beruhenden Einzelmaßnahme sind stets getrennt zu prüfen!

(1) Zu unterscheiden ist jedoch die Verfassungsmäßigkeit der gesetzlichen Bestimmung von der Verfassungsmäßigkeit der auf sie gestützten Verwaltungsmaßnahme. Die Einzelmaßnahme des Bürgermeisters – das Verbot des weiteren Betriebs der Lautsprecheranlage – muss ebenfalls in verfassungsmäßiger Weise getroffen sein. Dies setzt eine Güter- und Interessenabwägung der kollidierenden Verfassungsgüter im konkreten Fall voraus, insbesondere muss dem Grundsatz der Verhältnismäßigkeit genügt werden.

Entscheidend ist dabei, dass der durch den Lautsprecher entstehende Lärm mit gewisser Wahrscheinlichkeit den Verkehr stören und die Verkehrssicherheit beeinträchtigen kann.

(2) Es ist folglich davon auszugehen, dass die vom Bürgermeister getroffene Einzelmaßnahme geeignet ist, dem Ziel der Sicherheit des Straßenverkehrs zu dienen. Sie war hierfür auch erforderlich, da keine milderen Mittel ersichtlich sind.

Fraglich bleibt, ob sie *angemessen* (verhältnismäßig i.e.S.) ist. Abzuwägen ist hier zwischen

- grundrechtlich geschützten Interessen der Muslime (des Vereins) und
- dem Schutz des Straßenverkehrs als vom einfachen Recht verfolgter Zweck.

Die Verkehrstörung wird sicherlich von der Lautstärke des Gebetsrufes abhängig sein. Es ist wohl von einer, wenn auch nicht sehr intensiven, Ablenkung der Verkehrsteilnehmer auszugehen. Dass diese Auswirkung durch das Verbot des Bürgermeisters zumindest weitgehend vermieden wird, ist unstrittig. Eine verkehrsstörende Ablenkung muss den Verkehr zumindest erschweren; soll dies bejaht werden, ist dabei allerdings wohl nicht die Sicherheit, sondern bloß die Leichtigkeit des Straßenverkehrs berührt.

Soweit hier von Geräuschen in einer erträglichen Lautstärke (von 59 dB) ausgegangen wird und eventuell konkrete Beispiele aus dem Ausland, wo der Gebetsruf zum Alltag gehört und keine verkehrsstörenden Wirkungen ersichtlich sind, miteinbezogen werden, würde das jedoch für den Vorrang des Gebetsrufes sprechen. Vorliegend kann unterstellt werden, dass die auf 59 dB begrenzte Verstärkung im Innenraum fahrender KFZ nicht immer hörbar ist, da sie durch geschlossene Fenster zumindest gedämpft und durch den normalen Innengeräuschpegel z.T. überdeckt werden.

In der Abwägung spricht dann für den Verein die religiöse Bedeutung des Muezzinrufs: Da der Religionsfreiheit des Moscheevereins Rechnung zu tragen ist, könnte ein gänzliches Verbot unverhältnismäßig sein. Denn die Untersagung des lautsprecherverstärkten Gebetsrufes verkennt die besondere Bedeutung, die dem Muezzinruf aus der Perspektive des Moscheevereins zukommt und die gleichzeitig durch Art. 4 Abs. 1 und 2 GG als Teil der Religionsausübung geschützt ist: Der lautsprecherverstärkte Muezzinruf wird zwar nicht als Ausdruck einer zwingenden religiösen Vorschrift verstanden werden können (dem Sachverhalt sind hier keine Anhaltspunkte zu entnehmen, die die Gültigkeit des Gebetes von der Lautsprecherverstärkung des Rufs abhängig machen), doch wird man von dem Selbstverständnis des Grundrechtsträgers, das von maßgeblicher Bedeutung ist, ausgehen müssen.[45] Somit darf nur das von dem Moscheeverein selbst eingeschätzte Gewicht seiner grundrechtlich geschützten Position relevant sein. Die religiöse Funktion des Gebetrufes ist folglich in der Perspektive seines hohen Stellenwerts für den Moscheeverein zu betrachten. Vor diesem Hintergrund muss in einer Gesamtwertung zugunsten der verfassungsrechtlich geschützten Position des Moschevereines argumentiert werden. Dabei ist zu berücksichtigen, dass der Moscheeverein diese Geräuschimmissionen auf ein verträgliches Maß gesenkt hat. Denkt man gleichwohl an die Ausübung des Gebetsrufes durch die menschliche Stimme, lässt sich diese Möglichkeit in den Städten und Siedlungen heutigen Ausmaßes (insbesondere im Lärm der Stadt L) dem Verein kaum zumuten.

Beachten: Die Religionsausübung wird sehr weit ausgelegt – die Glaubensüberzeugung muss nicht notwendigerweise auf imperativen Glaubenssätzen beruhen. Vielmehr genügt es, wenn der Gläubige in einer konkreten Lebenssituation eine religiöse Verhaltensweise für das richtige Mittel hält um die Lebenslage nach den Glaubenslehren zu bewältigen.[44]

Auch nicht überzeugen kann die Argumentation des Bürgermeisters, der Ruf des Muezzins habe „antichristlichen Charakter" und sei ein „Affront gegen glaubende Christen". Denn die Fremdartigkeit des Rufes erscheint im Lichte der Gebote *zur religiösen Toleranz* und zur *religiös-weltanschaulichen* Neutralität des Staates[46] völlig irrelevant. Gerade der Staat des Grundgesetzes muss in seiner Offenheit gegenüber dem Religiösen eine religionsfeindliche Verschlossenheit des Rechtssystems ausschließen.[47] Der Einfluss von Art. 4 GG zusammen mit den verfassungsrechtlichen Geboten zur religiösen Toleranz und Neutralität schränkt daher

---

[44] BVerfGE 33, 23, 28 f.
[45] Hierzu Šarčević, DVBl. 2000, S. 526 f.; *Morlok*, in: *Dreier*, GG, Bd. 1, Art. 4, S. 303.
[46] Im Einzelnen Šarčević, DVBl. 2000, S. 520 ff m.w.Hinw.
[47] Ebda.

die Tragfähigkeit der Argumentation des Bürgermeisters mit der Fremdartigkeit sehr stark ein.

c) Zwischenergebnis

Das Grundrecht der Religionsfreiheit hat daher im konkreten Fall ein stärkeres Gewicht als die straßenverkehrsrechtlichen Belange. Die Versagung des Gebetsrufes war insofern nicht zumutbar (angemessen, verhältnismäßig i.e.S.) und verletzt im Ergebnis den Moscheeverein in seinem Grundrecht der Religionsfreiheit in der Form freier Religionsausübung aus Art. 4 Abs. 1 und 2 GG, soweit es sich auf Belange des Straßenverkehrsrechts stützt.

Die abweichende Auffassung ist gut vertretbar und sollte nicht als Fehler gewertet werden, wenn die religiöse Bedeutung des lautsprecherverstärkten Gebetrufes dadurch relativiert wird, dass dieser nicht in einer ausschließlich religiösen Funktion gesehen wird. Danach hat vor dem Hintergrund der Anhaltspunkte, die die religiöse Bedeutung des Muezzinrufes relativieren,[48] das Interesse des Moscheevereins in der Abwägung mit dem staatlichen Schutzinteresse gegenüber seinen Bürger ein weniger großes Gewicht. Die Ausübung der Glaubensfreiheit wird damit durch die Sicherheit im Straßenverkehr beschränkt und das Verbot des Betriebes der Lautsprecheranlage wäre verhältnismäßig in engeren Sinn.

3. Verfassungsimmanente Schranken

Vgl. oben die Ausführungen unter Punkt 2 („Eingriff durch die Schranken gedeckt?").

Weiterhin ist zu prüfen, ob der Eingriff in das vorbehaltlos gewährleistete Grundrecht der Religionsfreiheit durch *sonstige* kollidierende Grundrechte und anderweitige Verfassungsgüter gerechtfertigt werden kann.

Konflikte zwischen Grundrechtspositionen und anderen verfassungsrechtlich geschützten Gütern sind dabei nach dem Grundsatz praktischer Konkordanz zu lösen: Mittels Abwägung ist nach einem schonenden Ausgleich zu suchen, der die schwächere Norm nur so weit zurückdrängt, wie es logisch und systematisch zwingend erscheint und der ihren sachlichen Grundwertgehalt in jedem Fall respektiert. Da sonstige Verfassungsgüter vorliegend nicht ersichtlich sind, können sich Schranken möglicherweise aus kollidierenden Grundrechte Dritter ergeben.

---

[48] Exemplarisch hierzu *Muckel* (Anm 1).

a) Eigentum der Nachbarschaft – Art. 14 Abs. 1 und 2 GG

Gefährdete Schutzgüter im Sinne verfassungsimmanenter Schranken können hier die Grundrechte der Nachbarschaft aus Art. 14 Abs. 1 und 2 GG sein. Dass der Schutzbereich dieses Grundrechts berührt sein könnte, erscheint nicht von voneherein ausgeschlossen, zumal eine Minderung in der Nutzbarkeit des Eigentums in der unmittelbaren Moscheeumgebung nicht ausgeschlossen werden kann.

Abzuwägen ist hier zwischen dem Grundrecht des Vereins aus Art. 4 Abs. 1 und 2 GG und den durch Art. 14 Abs. 1 GG geschützten Eigentumsinteressen der Nachbarschaft.

Dabei spricht *für die Nachbarschaft*, dass nicht nur der Bestand der Eigentumsposition als solcher, sondern auch deren *Nutzung* geschützt ist.[49] Auch die Nutzung von Wohnungen oder Gärten – gleichgültig, ob Eigentum im zivilrechtlichen Sinne oder nur gemietet – unterfällt dem Schutzbereich des Art. 14 Abs. 1 GG.[50] Sollten beispielsweise Gespräche, Telefonate oder ähnliches (Radio hören, Instrumente üben, Ruhe finden etc.) während der Durchführung des Gebetsrufes unmöglich werden,[51] wird hier in der Abwägung des schutzwürdigen Interesses die Nachbarschaft Vorrang genießen. Wenn der Gebetsruf in einem dicht besiedelten Wohngebiet fünfmal täglich (auch in der Morgendämmerung) stattfindet, ist das Eigentumsgrundrecht in seiner zentralen Funktion betroffen, seinem Träger einen Freiraum für individuelle Daseinsgestaltung zu sichern.[52]

---

[49] BVerfGE 24, 367, 389; 83, 201, 208 f.; 89, 1, 6.
[50] Art. 14 GG schützt grundsätzlich das freie „Ausnutzendürfen" der Eigentumsposition, vgl. *Wendt*, in: *Sachs*, GG, Art. 14, Rn. 41.
[51] Der Umfang des Eigentumsschutzes bestimmt sich nach der Funktion der Eigentumsgarantie. Diese soll dem Grundrechtsträger einen Freiraum im vermögensrechtlichen Bereich erhalten und dem einzelnen damit die Entfaltung und eigenverantwortliche Gestaltung seines Lebens ermöglichen (BVerfGE 68, 193, 222; 68, 361 375; 69, 272, 300; 89, 1, 6; 97, 350, 371; BVerfG, NJW 1999, 414). Die enge Beziehung einer solchen Nutzung des Eigentumsobjektes zur persönlichen Freiheit führt dazu, dass die Nutzung des Eigentumsobjekts nicht immer nur als Eigentumsnutzuung erscheint, sondern auch als Freiheitsausübung schlechthin. Sie fällt daher nicht notwendigerweise unter den Schutzbereich des Art. 14 GG, sondern wird auch dem des Art. 2 Abs. 1 GG zugeordnet. Diese Abgrenzung kann vorliegend als problematisch erscheinen.
[52] Diese (typische) Argumentatinsfigur vgl. bei *Pieroth/Schlink*, Rn. 932 f., BVerfGE 101, 54, 75.

Eine abweichende Auffassung scheint bei entsprechender Abwägung vertretbar, etwa unter dem Gesichtspunkt, dass hier ein begrenzter Verstärker zulässigen und damit auch sozialverträglichen „Lärm" erzeugt. Hier kann vorgetragen werden, dass der Eigentumsschutz aus Art. 14 GG einschränkbar ist und demnach ein „minderwertiges" Grundrecht gegenüber der vorbehaltlos garantierten Religionsfreiheit darstellt – dies können aber nur diejenigen Bearb. behaupten, die den Gesetzesvorbehalt in Art. 140 GG i.V.m. Art. 136 Abs. 1 WRV ablehnen. Da Art. 4 GG nicht nach der zahlenmäßigen Stärke oder sozialen Relevanz einer religiösen Vereinigung differenziert,[53] kann i.E. davon ausgegangen werden, dass das Eigentumsinteresse der Nachbarschaft nicht höher gewichtet werden soll als die Freiheit der Religion. Bezüglich des Grundsatzes der Neutralität des Staates kann hier eine Parallele zum religiösen Glockengeläut zum Ausdruck gebracht und vor diesem Hintergrund eine Gleichbehandlung des Muezzinrufs und des Glockengeläutes verlangt werden. Dabei wird hier in der Abwägung die Religionsfreiheit Vorrang genießen als Grundrecht von hoher verfassungsrechtlicher Relevanz.

Bei der Wertung ist auf das Empfingen eines verständigen Menschen abzustellen. Insbesondere ist zu berücksichtigen, dass der Gebetsruf in einem dicht besiedelten Wohngebiet und zwar fünfmal täglich (auch in der Morgendämmerung) stattfindet; andererseits sichert Eigentum die Realisierung der persönlichen Freiheit, da seine Gewährleistung dem Eigentumsträger eine eigenverantwortliche Gestaltung seines Lebens ermöglicht. Dabei ist zu berücksichtigen, dass das Eigentum bewahrende Funktion hat und das Vertrauen des Bürgers in den Bestand seiner Rechte schützt.

Daher wird hier in der Abwägung der Eigentumsschutz der Nachbarschaft Vorrang genießen, vor allem unter dem Gesichtspunkt, dass das muslimische Gebet auch ohne lautsprecherverstärkten Ruf seine Gültigkeit behält.

b) Körperliche Unversehrtheit – Art. 2 Abs. 2 Satz 1 GG

Als verfassungsimmanente Schranke könnte beim Gebetsruf das Grundrecht auf körperliche Unversehrtheit des Art. 2 Abs. 2 Satz 1 GG wirken.

---

[53] BVerfGE 32, 98, 106

Das GR beinhaltet die Verpflichtung des Staates zum Schutz vor Beeinträchtigungen der Gesundheit im biologisch-physiologischen und psychologischen Sinne durch andere, also nicht grundrechtsgebundene Privatpersonen. Neben der Abwehr konkreter und abstrakter Gefahren verlangt Art. 2 Abs. 2 Satz 1 GG auch, der Entstehung von Gefahren für die körperliche Unversehrtheit vorzubeugen.

Abzuwägen ist hier, ob der Gebetsruf eine solche Qualität erreicht, dass er eine Gefahr für die körperliche Unversehrtheit anderer darstellt, d.h. ob der Gebetsruf bezüglich Lautstärke, Häufigkeit und Dauer eine solche Gefahr auslösen kann.

Beachten: Hier ist von einer grundsätzlichen Verpflichtung des Staates zum Schutz vor Gefährdungen auch durch Dritte auszugehen. Denn die hochrangigen Rechtsgüter des Art. 2 Abs. 2 GG sind in besonderem Maße darauf angelegt, auch derartige positive staatliche Schutzpflichten zu begründen.[54]

Es ist nicht ersichtlich, dass der Gebetsruf in einer Form durchgeführt wird, dass die Gesundheit sogar in einem weitreichenden Sinne, etwa als „Zustand des vollständigen körperlichen, geistigen und sozialen Wohlbefindens" (Präambel der Weltgesundheitsorganisation) gefährdet wird. Deshalb scheint hier eine Beschränkung der Religionsfreiheit aus den Gründen der Gewährleistung der körperlichen Unversehrtheit der Nachbarschaft unverhältnismäßig zu sein; i. E. wird die Religionsfreiheit des Vereins Vorrang genießen müssen.

Es kann im Einzelfall anders zu entschieden sein, wenn konkrete Gesundheitsstörungen nachgewiesen werden können.

c) Unverletzlichkeit der Wohnung - Art. 13 Abs. 1 GG

Das Grundrecht aus Art. 13 Abs. 1 GG will der räumlichen Privatsphäre Schutz garantieren: Hiernach soll der einzelne sein Recht „in Ruhe gelassen zu werden", „sich selbst zu besitzen" und sein „Recht auf Einsamkeit" genießen[55]. Die Verletzungshandlung besteht in einem körperlichen oder sich technischer Hilfsmittel bedienenden unkörperlichen Eindringen in die Wohnung durch die staatliche Gewalt. Abs. 5-7 differenzieren dabei nach den für die Unverletzlichkeit der Wohnung typischen Gefährdungslagen. Somit ist jedes Eindringen oder Verweilen *staatlicher Stellen* in der Wohnung gegen den Willen des Grundrechtsträgers als Eingriff in das Grundrecht anzusehen.

Geräusche (Immissionen wie Luftverunreinigungen, Licht und Erschütterungen), die auf die Wohnung einwirken, betreffen nicht das spezifische Schutzgut des Art. 13 GG,[56]

---

[54] Ähnlich *Pieroth/Schlink*, Rn. 92.
[55] BVerfGE 27,1,6; 32, 54, 75; 65, 1, 40; 75, 318, 328.
[56] *Kunig*, in: *von Münch/Kunig*, GG, Bd. 1, Art. 13, Rn. 18; *Herdegen*, in: *Dolzer/Vogel/Graßhof*, BK-GG, Art. 13, Rn. 43; *Hermes*, in: Dreier, GG, Art. 13, Rn. 42; *Gornig*, in: *von Mangoldt/Klein/Starck*, GG, Bd. 1, Art. 13, Rn. 43.

sondern sind eine Beeinträchtigung des Gebrauchs.⁵⁷ Somit berührt der Ruf des Muezzins als Geräusch nicht die durch Art. 13 GG geschützte Privatsphäre. Er liegt außerhalb des grundrechtlichen Schutzbereiches des Art. 13 GG – das Grundrecht aus Art. 13 Abs. 1 GG kann folglich dem Muezzinruf keine Schranke ziehen.

Eine andere Bewertung ergibt sich auch nicht anhand der wohl noch vertretbaren Auffassung⁵⁸, wonach sich Privatsphärenschutz auch auf die Beherrschung von Informationen richte. Danach müssen fremde Informationen nicht hineingelassen werden. Als maßgebl. Aspekt kommt hier der Informationsgehalt des Gebetsrufes in Betracht. Laut Sachverhalt ist der in arabischer Sprache gesungene Ruf nicht als „Werbung" oder als ein besonderes „Werbematerial" zu verstehen. Dieser spezifische Aspekt wird hier nicht tangiert, so dass insoweit Art. 4 auf Seiten des Vereins Vorrang genießt.

d) Negative Religionsfreiheit – Art. 4 Abs. 1 GG

(1) Auch die negative Glaubensfreiheit der Anwohner kann durch den Gebetsruf berührt werden. Sie kann demnach als Abwehrakt gegenüber jeglicher Konfrontation mit Religion für die Religionsausübungsfreiheit eine Schranke bilden.

Die negative Religionsfreiheit ist ausdrücklich in Art. 140 GG i.V.m. Art. 136 Abs. 4 WRV gewährleistet. Danach darf niemand zu einer kirchlichen Handlung oder Feierlichkeit oder zur Teilnahme an religiösen Übungen gezwungen werden. Als Konsequenz der Freiheit, einen Glauben zu bilden, einer Religionsgemeinschaft anzugehören oder nicht anzugehören, ist die negative Religionsfreiheit auch in Art. 4 GG verbürgt. Unerheblich ist, ob diese dem Abs. 1 oder dem Abs. 2 zuzuordnen ist. Entscheidend ist, dass die Inhalte des Art. 136 Abs. 4 WRV über Art. 4 Abs. 1 und 2 GG verfassungsbeschwerdefähig sind⁵⁹ und in einer Klausur unter dem Stichwort „negative Glaubensfreiheit" zum Ausdruck gebracht werden müssen.

---

[57] Insoweit können vielmehr Art. 2 Abs. 2 Satz 1 bzw. Art. 14 GG einschlägigi sein.
[58] *Heckmann*, JZ 1996, S. 887.
[59] Vgl. hierzu *Mager*, in: *von Münch/Kunig*, GG, Bd. 1 Art. 4, Rn. 48.

Da die Anwohner keine Muslime sind und einige Male täglich für einige Minuten mit dem Gebetsruf beschallt werden, kann ihr Recht, nicht religiösen Suggestionen ausgesetzt zu sein, die positive Religionsfreiheit des muslimischen Vereins beschränken.[60] Abzuwägen ist hier also zwischen

- negativer Glaubensfreiheit der Nachbarschaft aus Art. 4 Abs. 1 GG und
- der positiven Glaubensfreiheit des Vereins aus Art. 4 Abs. 1 und 2 GG.

Im Rahmen der negativen Glaubensfreiheit umfasst Art. 4 Abs. 1 GG das Recht, den kultischen Handlungen eines nicht geteilten Glaubens fernzubleiben[61]. Weder die christliche Prägung Deutschlands noch die nationale Identität sind konfligierende Verfassungsgüter. Denn der Staat ist zur Neutralität gegenüber den Weltanschauungen und zur Gleichbehandlung in religiösen Angelegenheiten verpflichtet.[62] Entscheidend sind Lautstärke, Dauer, Häufigkeit und die Wichtigkeit des Rufes für die islamische Gemeinschaft sowie Gültigkeit des Gebetes ohne lautstarke Übertragung des Rufes.[63]

Dabei spricht *für Nachbarschaft*, dass sie keinen religiösen Glauben bilden und deshalb auch nicht religiösen Suggestionen ausgesetzt sein muss; auch die Gültigkeit des muslimischen Gebetes ohne lautsprecherverstärkten Ruf spricht für den Vorrang der negativen Glaubensfreiheit der Nachbarschaft. Zu berücksichtigen ist auch, dass die vom Moscheeverein ausgehenden Geräuschimmissionen als besonders störend empfunden werden.

Für den Verein spricht dagegen die maßgebliche Bedeutung des Muezzinrufs. Dem Sachverhalt lassen sich jedoch keine Anhaltspunkte dafür entnehmen, dass die Gültigkeit des Gebetes von der öffentlichen, lautsprecherverstärkten Übertragung des Gebetsrufes abhängig ist. Die Nachbarschaft wendet sich nicht gegen den Gebetsruf als solchen, sondern gegen seine lautsprecherverstärkte Übertragung. Hier ist demzufolge ein Verzicht auf die lautstarke Ertönung des Gebetrufes insbesondere zur frühen Morgenstunde erforder-

---

[60] Vgl. *Muckel* (Anm. 1), S. 3; *Šarčević*, DVBl., 2000, S. 523; *Völpel* (Anm. 1); S. 17 ff.; *Guntau* (Anm. 1), S. 382.
[61] BVerfGE 44, 37,49; 93, 1, 15; vgl. a. *Wenckstein*, in: *Umbach/Clemens*, GG, Bd. 1, Art. 4, Rn. 91 f.
[62] *Šarčević*, DVBl. 2000, S. 520 f.; BVerfGE 93, 1, 16 f.
[63] Weitere Gesichtspunkte *Šarčević*, DVBl. 2000, S. 519 ff. passim.

lich, damit jedenfalls die Erscheinungsformen des Gebetrufes unterbleiben, die hier als oktroyierte Glaubensäußerungen empfunden werden können.

In der Abwägung wird folglich die negative Glaubensfreiheit aus Art. 4 Abs. 1 GG Vorrang genießen müssen, so dass die Entscheidung des Bürgermeisters, die positive Religionsfreiheit des Vereins einzuschränken, durch die negative Religionsfreiheit der Nachbarschaft gedeckt ist.

Dieser Punkt kann jedoch systematisch getrennt geprüft werden und zwar als die Frage, ob hier auch ein Verstoß gegen den Gleichbehandlungsgrundsatz aus Art. 3 Abs. 1 GG in Betracht kommt. Dies ergibt sich daraus, dass die angegriffene Maßnahme unter jedem möglichen verfassungsrechtlichen Gesichtspunkt zu prüfen ist. Aus diesem Blickwinkel wäre also zu prüfen, ob der Moscheeverein gegenüber dem Einschreiten des Bürgermeisters ein Recht auf Gleichbehandlung im Verhältnis zu anderen Grundrechtsträgern hat und möglicherweise als Träger des Grundrechts aus Art. 3 Abs. 1 GG – da der Gleichheitssatz nach Art. 19 Abs. 3 GG seinem Wesen nach auf den Moscheeverein angewandt werden kann[64] – verletzt worden ist. In einer Klausur empfiehlt sich jedoch vielmehr aufgrund des korrekt zur Kenntnis genommenen Sachverhaltes und nach Maßgabe der richtig verstandenen Fallfrage von der konkreten Fragestellung auszugehen und die vom Beschwerdeführer gerügten Grundrechtsverletzungen zu prüfen. Hier ist somit die mögliche Verletzung des Grundrechts aus Art. 4 Abs. 1 und 2 GG in den Mittelpunkt der Prüfung zu stellen und in diesem Rahmen die Verletzung des Gleichheitssatzes zu erörtern.

(2) Eine *abweichende Auffassung* ist wohl in Bezug auf die Gleichbehandlung des Gebetsrufes mit sakralem Glockengeläut gut vertretbar. Wird dieser Auffassung gefolgt, ist die Analogieproblematik zu prüfen: Es ist zu fragen, ob der muslimische Gebetsruf einer eigenständigen, vom kirchlichen Glockengeläut losgelösten rechtlichen Prüfung unterzogen werden darf, zumal der Moscheeverein zu bedenken gegeben hat, dass auch die Kirchenglocken zum Gebet rufen und dass zudem seit einem Jahr in anderen Städten der Gebetsruf des Muezzins auch lautsprecherverstärkt übertragen wird.

---

[64] Vgl. bereits BVerfGE 4, 7, 12.

Für eine Verpflichtung zur Gleichbehandlung könnte sprechen, dass die kirchlichen Glocken und der Lautsprecher akustisch-technische Mittel sind, mit denen die Gläubigen zum Gebet veranlasst bzw. zum Gottesdienst gerufen werden sollen. Sie erzeugen „Geräusche", die primär in ihrer religiösen Funktion anzusehen und zu bewerten sind.[65] Geboten ist[66], beide „Geräusche" in ihrer spezifisch religiösen Funktion zu betrachten und den Ruf des Muezzins durch den Lautsprecher analog dem liturgischen Glockengeläut zu behandeln. Soweit das nichtsakrale vom sakralen Glockenschlagen unterschieden wird[67], wird dem kultischen ein höherer verfassungsrechtlicher Schutzwert als dem nichtsakralen Glockengeläut beigemessen: Nur in seiner religiösen Funktion ist das Glockengeläut privilegiert. Festzuhalten ist deshalb, dass der rein religiösen Bedeutung des muslimischen Gebetsrufs die jeweilige religiöse Funktion des kirchlichen Glockengeläuts entsprechen soll.

Da hier eine Ungleichbehandlung vorliegt, wird hier nicht das übliche Schema Ungleichbehandlung – Vergleichsgruppen – verfassungsrechtliche Rechtfertigung (keine Willkür, Verhältnismäßigkeit) abgewickelt.

Daraus folgt: Der Zwang, kirchliches Glockengeläut anhören zu müssen, ist nicht mit der eigenen Teilnahme wider Willen an kultischen Handlungen vergleichbar. Während die negative Glaubensfreiheit das Recht umfasst, nicht entgegen seiner inneren Überzeugung eine religiöse Handlung vornehmen zu müssen, geht es im Falle des Glockengeläutes nur um die Freiheit vor der Begegnung mit der Religionsausübung anderer. Dies wird jedoch nicht von der negativen Glaubensfreiheit geschützt, vielmehr ist eine weltanschauliche Ablehnung des Glockengeläuts unbeachtlich.[68] Das müsste analog für den muslimischen Gebetsruf gelten, sonst kann die Verletzung des Gleichbehandlungsgebots aus Art. 3 Abs. 3 GG gerügt werden.

---

[65] Im Einzelnen *Šarčević*, DVBl. 2000, S. 522 f.
[66] Stichwort: *Neutralitätsgebot des GG und Gleichbehandlungsgebot in religiösen Angelegenheiten*, BVerfGE 93, 1, 16 f.
[67] Vgl. BVerwGE 90, 163, 166 ff.
[68] Vgl. *v. Campenhausen*, DVBl 1972, S. 316f.; *Stolleis*, ZevKR 1972, S. 150, 156.

Die abweichende Auffassung sollte nicht als Fehler gewertet werden, wenn nicht der gesellschaftlichen (nachbarschaftlichen) Akzeptanz und dem sprachlichen Sinn des arabisch gesungenen Gebetsrufes entscheidende Bedeutung zugeschrieben wird. Der Gebetsruf kann insoweit nicht nach den Maßstäben der sozialen Akzeptanz bewertet werden – hier ist eine Analogie zum sakralen Glockengeläut angebracht. Soweit die Gleichbehandlung anerkannt wird, besteht die einschränkende Wirkung der negativen Glaubensfreiheit wegen des speziellen Differenzierungsverbots in Art. 3 Abs. 3 GG nicht.

Vor diesem Hintergrund wirkt die negative Glaubensfreiheit der Nachbarschaft nicht als verfassungsimmanente Schranke des Art. 4 Abs. 2 GG.

e) Zwischenergebnis

Der Eingriff in das Grundrecht der Religionsfreiheit des Moscheevereines ist also durch das Eigentum (Art. 14 Abs. 1 und 2 GG) und durch die negative Religionsfreiheit (Art. 4 Abs. 2 GG) der Nachbarschaft gedeckt.

Beachten: Es wurde nicht nach Erfolgsaussichten der Verfassungsbeschwerde gefragt. Da der letzte Schritt die Formulierung des Ergebnisses darstellt, empfiehlt es sich, das Ergebnis eindeutig zum Ausdruck zu bringen und eine direkte Antwort auf die gestellte Frage zu geben.

C) Ergebnis

Die Verfassungsbeschwerde des Moscheevereins ist zwar zulässig, aber unbegründet. Das BVerfG wird den Antrag des Moscheevereins als unbegründet zurückweisen.[69]

Literatur: E. *Šarčević*, Religionsfreiheit und der Ruf des Muezzins, DVBl 2000, S. 619 ff.; S. *Muckel*, Streit um Gebetsruf, NWVBl 1998, S. 1 f.; B. *Pieroth/C. Görisch*, Was ist eine „Religionsgemeinschaft"?, JuS 2002, S. 937 ff.

Rechtsprechung: BVerfGE 12, 1 – (Glaubensabwerbung); E, 23,191 – (Zivildienstverweigerung); E 24, 236 – (Aktion Rumpelkammer); E 32, 98 – (Gesundbeter, unterlassene Hilfeleis-

---

[69] Unbegründete Anträge werden vom BVerfG „zurückgewiesen", vgl. BVerfGE 62, 1, 3; 63, 45; 66, 66; 87, 1, 4. Einzelheiten zur Tenorierung *Clemens*, in: *Umbach/Clemens*, BVerfGG, S. 143, *Schlaich/Korioth*, Rn 360.

tung); E 33, 23 (Eidesverweigerung aus Glaubensgründen); E 35, 366 (Kreuz im Gerichtssaal); E 41, 29; 65, 88 (Christliche Gemeinschaftsschule); E 52, 223 (Schulgebet); E 67, 26 (Beitragsverweigerung); E 83, 341 (Bahá í); E 85, 94 (Kreuz im Klassenzimmer, einstw. Anordnung); E 93, 1 (Kreuz im Klassenzimmer); E 102, 370 (Zeugen Jehovas – Körperschaftsstatus von Religionsgemeinschaften); E 104, 337 (Schächterlaubnis für muslimische Metzger).

BVerwGE 68, 62 (Liturgisches Glockengeläut); E 90, 163 (Zeitschlagen); E 99, 1 (Ausnahme vom Schächtverbot); E 109, 40 (Kreuz im Klassenzimmer).

Kleines Glossar des Islam:

ALLAH – Gott als der alleinige Schöpfer und Erhalter des Weltalls und das erste und letzte Prinzip im Weltgeschehen. Unveränderlich in seinem Wesen und unüberbietbar in seiner Vollkommenheit, gilt er als Ausgangspunkt der islamischen Ethik und des humanen Verhaltens. Die ersten Worte aller Korankapitel deuten darauf hin: „Im Nahmen Gottes, des gnadenvollen Erbarmers."

HADITH – Mitteilung: Entscheidungen, Handlungen und Aussagen Mohammeds und anderer frühislamischer Autoritäten. Muslime ziehen ein Hadith heran, wenn eine Handlungsweise gerechtfertigt werden soll. Ein hadith kann rechtliche Anweisungen, Empfehlungen oder einfach Polemiken enthalten. Es gibt verschiedene Hadithsammlungen, deren Einzelüberlieferungen sich in ihrer Glaubwürdigkeit unterscheiden.

ISLAM – Neben dem Christentum größte der Weltreligionen mit weit über einer Milliarde Gläubigen. Der Begriff Islam (vom Verb *aslama*) bedeutet „sich hingeben", „sich Gott ergeben", „den Islam annehmen". Die Gläubigen heißen Muslime bzw. Moslems. Die Konsonanten (s- l- m-) verweisen auf dieselbe Wurzel der Begriffe Islam/Muslim. Das arabische Wort Muslim ist die Partizipalform von Aslama: „derjenige, der sich Gott hingibt". Der Islam versteht sich als „Religion der Schöpfung", als die eine und wahre, ewige, von der Schöpfung an existierende Menschheitsreligion. Inhalt der Uroffenbarung ist der als natürliche Religion allen Menschen, die damit zum „großen Bund" gehören, eingepflanzte Monotheismus. Das Glaubensbekenntnis enthält fünf „Artikel": Glaube an den einen Gott; Glaube an Gottes Engel; Glaube an Gottes Bücher, Glaube an Gottes Gesandte (u.a. Adam, Abraham, Jusuf, Jesus); Glaube an den Jüngsten Tag.

KORAN – Gottes Wort, das Muhammed offenbart und in einem Buch aufgezeichnet wurde. Diese Sammlung von Offenbarungsteilen ist in einem Zeitraum von 23 Jahren dem Propheten eingegeben worden. Die packende Sprache des Koran und sein Stil, bestehend aus einer Mischung von Prosa und Poesie, hat diesem

Buch bei den Arabern den Ruf eines unnachahmlichen Werkes eingebracht.

LA ILAHA ILLA'LLAH – der erste Teil der islamischen Bekenntnisformel: „Es gibt keinen Gott außer Allah."

MINARETT – Turm bei der Mosche, von dem aus der Muezzin (heutzutage oft ein Tonband) zum rituellen Pflichtgebet ruft.

MOSCHEE – „Ort an dem man zum Gebet niederfällt": Die Bauten, wo man Gott verehrte, sich zum öffentlichen und privaten Gebet zusammenfand. Jede größere Moschee hat einen in ichtung Mekka weisenden Mihrab (Gebetsnische"), einen Minbar (Kannzel), eine Rahla (Koranständer) sowie einen Brunnen oder eine andere Waschanlage für die rituelle Reinigung der Gläubigen.

MUEZZIN – Gebetsrufer. Er ruft die Gläubigen vom Minarett der Moschee zum Gebet.

MUHAMMED – Der Letzte in der langen Reihe der biblischen Propheten. Zum Unterschied von seinen Vorgängern ist er eine zur Gänze historische Persönlichkeit. In seiner Haltung lebensnah, war er in seinem Denken vorwiegend bibelorientiert. Muhammed verstand sich als Knecht Gottes. Nicht er steht im Zentrum des Glaubens, sondern Gott. Daher ist es falsch, den Islam als „Mohammedanismus" zu sehen.

SHARI'A – Gesamtkomplex der islamischen Lebensregeln, die sich auf das ganze Leben, darunter auch auf das Recht, beziehen. Ein Großteil der Scheri'a ist ein auf Basis des Koran und der Sunna abgeleiteter Überbau des Islam. Sie trägt daher nicht unwesentliche Merkmale der Zeit und ihrer unmittelbaren Urheber. Sie ist in ihrem rechtlichen Teil, besonders auf dem gebiet der Strafbestimmungen, aufgebbar. In multikulturellen Gesellschaften entfällt diese Wirkungsseite der Schari'a von selbst.

SUNNA – „gewohnte Handlungsweise": Sammlung der Aussprüche und Handlungen Mohammeds und seiner früheren Gefährten, die im Hadith überliefert ist. Diese Sunna stellt die zweite Quelle der Sharia, des islamischen Rechts, dar.

Klausur 4

Beuteteilungsvertrag

Sachverhalt

Der Rechtsanwalt R betätigt sich unter anderem auf dem Gebiet des Kapitalanlagerechts. Er ist zusammen mit dem Journalisten J und dem Rechtsanwalt RA Herausgeber einer periodisch erscheinenden Publikation „Recht und Praxis des Kapitalanlagerechts" (RPK). Der Journalist J ist zugleich Geschäftsführer der Firma „Kapitalanlage und Zukunft" (KuZ), die Seminare veranstaltet und einige regelmäßig publizierte Informationsdienste verlegt und herausgibt.

R vertritt als Anwalt die Firma KuZ und den Journalisten J in Rechtsstreitigkeiten mit Dritten und tritt des öfteren in den Seminaren der KuZ als Referent auf.

Das Konkurrenzblatt „Kapital und Risiko" (KuR) erscheint wöchentlich bei der KuR-Verlags-GmbH und beschäftigt sich schwerpunktmäßig mit den brancheninteressanten Informationen. Im April 2001 erscheint in Ausgabe 13/2001 ein von dem Geschäftsführer und leitenden Redakteur G unterschriebener Artikel folgenden Inhalts:

> *„Seit dem 03. 02. 2001 soll gegen J, RA und R unter anderem wegen des Verdachts des Parteiverrats und der Erpressung ein staatsanwaltschaftliches Ermittlungsverfahren anhängig sein. Die Anklageschrift liegt uns vor. Das allein besagt allerdings noch nichts, da vor einer rechtskräftigen Verurteilung jeder Beteiligte als unschuldig zu gelten hat."*

Dieser Bericht bildet den Anlass des Rechtsstreites zwischen der KuR und dem R, in dessen Ergebnis die KuR zur Unterlassung weiterer Veröffentlichungen diesen Inhalts und zum Schadenersatz auf der Grundlage der §§ 1004 Abs. 1 analog, 823 Abs. 1 bzw. Abs. 2 BGB i.V.m. § 186 StGB verpflichtet wurde. Im Rahmen der Prozesse vor dem Landgericht sowie dem Oberlandesgericht wurde geklärt, dass zum Zeitpunkt der Veröffentlichung noch gar kein Ermittlungsverfahren eingeleitet, sondern vielmehr erst Strafanzeige eingerichtet worden war. Zum anderen wurde der verwendete Begriff der „Anklageschrift" (statt „Strafanzeige") als „irreführend" gerügt.

In derselben Ausgabe der KuR wurde außerdem eine Vereinbarung geschildert und in der Beilage zu Nr. 13/2001 ausführlich wiedergegeben, die die Redaktion der KuR in „Kopie erreichte". Dieser Vereinbarung zufolge einigten sich J, RA und R im Oktober 1999 über folgendes:

> „R und RA haben den J über abgeschlossene Beratungsverträge mit Unternehmen, über die J in seinen Publikationen berichtet, zu informieren und ihm 25 % des Beratungshonorars zu entrichten. Als unmittelbare Folge der nunmehr bestehenden beraterischen Tätigkeiten von R oder RA weist der J verstärkt auf positive Entwicklung in den Unternehmen hin."

Der „Beuteteilungsvertrag" wurde i.Ü. unter der Überschrift „Original oder Fälschung" abgedruckt und im Anschluss mit der Bemerkung versehen:

> „(...) Jedenfalls sind wir der Meinung, dass die Authentizität nicht so außer Frage steht, dass die Existenz dieses Vertrages (ob gefälscht oder nicht) verschwiegen werden kann."

Im Fachgerichtsverfahren konnte über die Existenz eines solchen Vertrages und einer entsprechenden Rechtsbeziehung zwischen RA, R und J nicht abschließend entschieden werden.

Die KuR möchte sich gegen das letztinstanzliche Urteil des OLG, das ihr die weitere Veröffentlichung von Äußerungen über das „Ermittlungsverfahren" gegen den R und den „Beuteteilungsvertrag" untersagt und sie zur Zahlung von 30.000 € Schadensersatz an R verpflichtet, mit einer Verfassungsbeschwerde wegen Verletzung ihrer Rechte aus Art. 5 Abs. 1 GG wehren. Sie legt insbesondere dar, dass es gerade in ihrer Branche notwendig sei, auch jeder Art von Gerüchten nachzugehen und das Urteil des OLG eine legitime Verdachtsberichterstattung – wie sie Aufgabe der Presse sei – vereitele.

Erstellen Sie ein Gutachten über die Frage, ob eine solche Beschwerde Aussicht auf Erfolg hat.

Lösungsvorschlag

Der Fall behandelt – in ungewohnter Einkleidung – die Grundprobleme des Art. 5 GG. Die vorgeschlagene Lösung hat nur Mustercharakter und ist für die Fallbearbeitung nicht zwingend. Umfang und Tragweite des Grundrechts der Meinungsfreiheit müssen allerdings herausgearbeitet werden. Darüber hinaus sind auch die hierzu geltenden Abgrenzungskriterien kritisch zu betrachten. Die Ausstrahlungswirkung der Grundrechte in das Privatrecht soll zur Sprache kommen. Die Besonderheiten der Urteilsverfassungsbeschwerde sind zu berücksichtigen.

Es ergibt sich die Frage, ob die Verfassungsbeschwerde des Beschwerdeführers KuR Aussicht auf Erfolg hat. Sie hätte Aussicht auf Erfolg, wenn sie zulässig und begründet wäre.

Die geforderte Falllösung ist in Form eines *Rechtsgutachtens* anzufertigen. Kennzeichen des Rechtsgutachtens ist das schrittweise Hintasten von der aufgeworfenen Fragestellung zum Ergebnis. Der Ausgangspunkt der gutachterlichen Überlegung wird mit einer Fragestellung formuliert, die das mögliche Ergebnis hypothetisch enthält. Ein solcher Satz soll stets am Anfang der Fallbearbeitung stehen.

A) Zulässigkeit der Verfassungsbeschwerde

Der nachfolgende Prüfungsaufbau ist nicht zwingend, möglich ist auch eine andere zweckmäßige Prüfungsreihenfolge.[1]

Eine Verfassungsbeschwerde wäre zulässig, wenn die in Art. 93 Abs. 1 Nr. 4a GG, § 13 Nr. 8a und §§ 90 ff. BVerfGG normierten Sachentscheidungsvoraussetzungen gegeben sind.

I. Zuständigkeit

Die Zuständigkeit des BVerfG für das Verfassungsbeschwerdeverfahren ergibt sich aus Art. 93 Abs. 1 Nr. 4a

---

[1] Vgl. hierzu etwa *Degenhart*, Klausurenkurs, Rn. 45 ff.; *Schoch*, S. 104; *Pieroth/Schlink*, § 35; *Lahme*, SächsVBl. 1993, S. 91 ff.; *Brauner/Stollmann/Weiß*, Fälle und Lösungen zum Staatsrecht, 6. Aufl., 1999; *Fleury*, Rn. 247 ff., 372.

GG, § 13 Nr. 8a, 90 Abs. 1 BVerfGG. Damit ist das BVerfG für Verfassungsbeschwerden zuständig.

II. Ordnungsgemäßer Antrag

Die KuR müsste das Verfassungsbeschwerdeverfahren durch einen schriftlichen Antrag, der zudem begründet werden muss (§§ 23 Abs. 1, 92 BVerfGG), einleiten. Mangels gegenteiliger Hinweise im Sachverhalt kann von einer ordnungsgemäßen Beantragung ausgegangen werden.

III. Geeigneter Beschwerdegegenstand – Akt der öffentlichen Gewalt

Zum Aufbau ist folgendes zu beachten: Die Drittwirkungsproblematik sollte an dieser Stelle noch nicht erörtert werden, da Gerichtsurteile als Akte öffentlicher Gewalt an sich unproblematisch sind; fehlerhaft wäre dies jedoch nicht!

Nach Art. 93 Abs. 1 Nr. 4a GG und § 90 Abs. 1 BVerfGG müsste sich die Verfassungsbeschwerde gegen einen Akt der deutschen öffentlichen Gewalt richten. Bei den Urteilen handelt es sich um Akte öffentlicher Gewalt und damit um einen tauglichen Gegenstand der Verfassungsbeschwerde.

IV. Beteiligtenfähigkeit

Synonym für „Beteiligtenfähigkeit": „Grundrechtsfähigkeit" „Grundrechtsberechtigung" bzw. „Grundrechtsträgerschaft".

Die KuR müsste fähig sein, Beteiligte in einem Verfassungsbeschwerdeverfahren zu sein. Das ist gem. Art. 93 Abs. 1 Nr. 4a GG, § 90 Abs. 1 BVerfGG „jedermann", der Träger von Grundrechten bzw. grundrechtsgleichen Rechten sein kann. Die Beteiligtenfähigkeit entspricht der Grundrechtsfähigkeit. Grundrechtsfähig ist grundsätzlich jede natürliche Person. Aber auch juristische Personen des Privatrechts können nach Art. 19 Abs. 3 GG grundrechtsfähig sein, wenn die als verletzt gerügten Grundrechte ihrem Wesen nach auf die GmbH anwendbar sind.[2]

Beachten: Die Grundrechtsfähigkeit juristischer Personen ist nicht von vorneherein ausgeschlossen. Ihre Grundrechtsfähigkeit ist über Art. 19 Abs. 3 GG zu erschließen.

Dies ist der Fall, wenn die von dem Grundrecht geschützte Tätigkeit nicht nur individuell, sondern auch kooperativ von juristischen Personen ausgeübt,[3] das Grundrecht auch im arbeitsteiligen Verbund einer juristischen Person ver-

---

[2] Unter GmbH ist die Zeitung als solche bzw. als Redaktion gemeint. Juristische Personen kommen darüber hinaus als Herausgeber von Presseerzeugnissen in Betracht; die Pressefreiheit wird regelmäßig im arbeitsteiligen Verbund einer juristischen Person oder Personengesellschaft verwirklicht. Aber auch die Meinungsfreiheit ist ihrem Wesen nach auf juristische Personen anwendbar, da auch diese sich am Prozess der öffentlichen Auseinandersetzungen, wie er durch die Meinungsfreiheit geschützt wird, beteiligen können. KuR ist also grundrechts- und damit im Verfahren der Verfassungsbeschwerde beteiligten- oder beschwerdefähig.

[3] BVerfGE 42, 212, 219.

wirklicht werden kann. Eine juristische Person kann sich jedenfalls auch auf die Meinungsfreiheit bzw. Pressefreiheit berufen. Art. 5 Abs. 1 GG ist demnach in seinem Wesen auf juristische Personen anwendbar.[4]

Die KuR ist demnach Trägerin der Grundrechte aus Art. 5 Abs. 1 GG und insoweit beteiligtenfähig.

> Möglich ist auch eine andere Aufbauvariante: Zur Beschwerdefähigkeit wird ausschließlich auf die prinzipielle Grundrechtsfähigkeit abgestellt; hiernach ist die (inländische) juristische Person wie die natürliche Person beschwerdefähig. Ob sie Trägerin der konkret gerügten Grundrechte sein kann, wird dann im Rahmen der Beschwerdebefugnis geprüft.

V. Prozessfähigkeit

Die Beschwerdeführerin müsste prozessfähig sein. D.h., sie muss zur selbständigen Durchführung der Verfassungsbeschwerde befugt sein oder wirksam vertreten sein. Das BVerfGG enthält keine Regelung zur Prozessfähigkeit. Insoweit wird auf den Rechtsgedanken in anderen Verfahrensordnungen zurückgegriffen, § 52 ZPO, § 62 VwGO, wonach unter Prozessfähigkeit die Fähigkeit verstanden wird, Prozesshandlungen selbst oder durch einen selbst bestimmten Vertreter vor Gericht vornehmen zu können und die Prozessfähigkeit an die Geschäftsfähigkeit anknüpft bzw. auf die einzelnen in Anspruch genommenen Grundrechte abgestellt wird.[5]

Somit ist die KuR – vertreten durch ihren Geschäftsführer (§ 35 Abs. 1 GmbHG) – prozessfähig.

VI. Beschwerdebefugnis

Die KuR muss weiterhin beschwerdebefugt sein. Die Beschwerdebefugnis setzt voraus, dass der Beschwerdeführer mit einer gewissen Plausibilität behaupten kann, durch den angegriffenen Akt öffentlicher Gewalt in einem seiner Grundrechte verletzt zu sein.

---

[4] Grundlegend *Degenhart*, in: *Dolzer/Vogel/Graßhof*, BK-GG, Art. 5, Rn. 155; *Bethge*, in: *Sachs*, GG, Art. 5, Rn. 25 und 78; BVerfGE 52, 208, 219; 61, 1, 8; 85, 1, 15.
[5] *Pestalozza*, S. 172, Rn. 21

> Beachten: Hier ist die Möglichkeit der Grundrechtsverletzung zu problematisieren, weil die KuR ein zivilrechtliches Urteil angreift.
>
> Systematisch korrekt ist die *Drittwirkungsproblematik* an dieser Stelle zu erörtern; es ist jedoch auch zu akzeptieren, wenn die Thematik als Frage der Begründetheit gesehen wird. Zur Drittwirkungsproblematik vgl. die detaillierten Randhinweise zusammen mit dem Haupttext im Fall Nr. 7 „gekündigte Mietwohnung".

1. *Plausible Geltendmachung der Grundrechtsverletzung.* Die KuR muss plausibel geltend machen, durch das letztinstanzliche Urteil verletzt zu sein. Dies ist anzunehmen, wenn nach ihrem Vortrag eine Grundrechtsverletzung bzw. eine Verletzung eines grundrechtsgleichen Rechts möglich erscheint; diese darf nicht offensichtlich ausgeschlossen sein.[6] D.h., sie muss nach Art. 93 Abs. 1 Nr. 4a GG, § 90 Abs. 1 BVerfGG die Möglichkeit einer Grundrechtsverletzung darlegen. Es kommt Art. 5 Abs. 1 Satz 2 GG (Pressefreiheit) in Betracht. Die Möglichkeit einer Grundrechtsverletzung könnte allerdings deshalb fraglich sein, weil es sich hier um eine Streitigkeit unter Privaten handelt.

Drittwirkung der Grundrechte: Grundsätzlich und in erster Linie sind die Grundrechte Abwehrrechte des Bürgers gegenüber dem Staat. Die Grundrechte enthalten darüber hinaus aber auch objektive Wertentscheidungen für die gesamte Rechtsordnung und wirken als solche mittelbar auch auf die Zivilrechtsordnung ein. Sie sind insbesondere dort zu beachten, wo das Zivilrecht wertungsoffene Begriffe, ausfüllungsbedürftige Generalklauseln enthält.[7]

Dass im Rahmen dieser *mittelbaren* Drittwirkung die Gerichte hier in Anwendung der §§ 1004 Abs. 1 analog, 823 Abs. 1 bzw. 2 BGB i.V.m. § 186 StGB und hier insbesondere bei der Auslegung des Begriffes „Rechtswidrigkeit" Grundrechte der KuR nicht hinreichend berücksichtigt haben, erscheint jedenfalls nicht von vorneherein ausgeschlossen. Damit ist die Möglichkeit einer Grundrechtsverletzung im Ergebnis zu bejahen.

---

[6] BVerfGE 74, 358, 369; 78, 320, 329; *Pieroth/Schlink*, Rn. 1129 m.w. Nachw.
[7] BVerfGE 7, 198, 204 ff., 208 – st. Rspr., z.B. BVerfGE 85, 1, 13 (kritische Bayer-Aktionäre); 34, 269, 280 (Soraya).

2. *Eigene, gegenwärtige und unmittelbare Beschwer.* Die KuR muss behaupten und behaupten können, *selbst*, *gegenwärtig* und *unmittelbar* in ihren grundrechtlich geschützten Positionen verletzt zu sein.

Bei einer Urteilsverfassungsbeschwerde hat diese Frage keine selbständige Bedeutung, da der Adressat eines belastenden Gerichtsurteils stets selbst, gegenwärtig und unmittelbar betroffen ist. In einer Klausur sind unter diesem Punkt lediglich die einzelnen Elemente zum Ausdruck zu bringen und zu bejahen. Wichtig ist lediglich, dass ersichtlich wird, ob diese Formel beherrscht worden ist.

Sie ist *selbst* betroffen, da sie Partei eines Rechtsstreites war; sie ist *gegenwärtig* betroffen, weil das angegriffene Urteil auf Rechtsstellung aktuell und nicht virtuell einwirkt; sie ist auch *unmittelbar* betroffen, da kein weiterer Vollzugsakt für den Eingriff erforderlich ist.

Im Hinblick auf die mögliche Verletzung des Grundrechts aus Art. 5 Abs. 1 Satz 2 GG ist die KuR beschwerdebefugt.

VII. Rechtswegerschöpfung/Subsidiarität

Gem. § 90 Abs. 2 BVerfGG kann die Verfassungsbeschwerde – soweit gegen den Akt der öffentlichen Gewalt der Rechtsweg eröffnet ist – erst nach Erschöpfung des Rechtsweges erhoben werden.

Diese Regelung dient der Entlastung des BVerfG, der Beschwerdeführer braucht nur ausnahmsweise den Rechtsweg nicht zu erschöpfen: wenn das zulässige Rechtsmittel im Hinblick auf die ständige Rspr. völlig aussichtslos ist, wenn die Verfassungsbeschwerde von allgemeiner Bedeutung ist oder wenn dem Beschwerdeführer bei Verweisung auf den Rechtsweg ein schwerer und unabdingbarer Nachteil entstünde. Hierzu ist eine Klarstellung angebracht, nur wenn der Sachverhalt dafür einen Anlass gibt.

Vorliegend hat die Beschwerdeführerin den Rechtszug voll ausgeschöpft, da sich die KuR gegen das letztinstanzliche Urteil wendet.

Hierzu ist nur dann etwas zu sagen, wenn es Anlass für die Annahme gibt, der Beschwerdeführer habe sich nicht früh genug auf die Grundrechtsverletzung berufen. Ob ein Rechtsschutzbedürfnis des Beschwerdeführers vorliegt, ist nur ausnahmsweise zu prüfen, wenn z.B. begründete Zweifel hieran bestehen – der Beschwerdeführer hat z.B. schon bekommen, was er will.

VIII. Form und Frist

Die Verfassungsbeschwerde ist gem. § 93 Abs. 1 BVerfGG binnen eines Monats nach Zustellung des letztinstanzlichen Urteils zu erheben. Die Verfassungsbeschwerde muss gemäß §§ 23 Abs. 1, 92 BVerfGG schriftlich und mit substantiierter Begründung versehen beim Bundesverfassungsgericht eingereicht werden.

Die Voraussetzungen sind im übrigen mangels gegenteiliger Angaben im Sachverhalt anzunehmen.

> Auf das Annahmeverfahren nach §§ 93a ff. BVerfGG ist im Rahmen der Zulässigkeitsprüfung nicht einzugehen.

Ergebnis: Die Verfassungsbeschwerde ist zulässig.

B) Begründetheit der Verfassungsbeschwerde

> Zu Beginn der Begründetheitsprüfung sollte stets ein solcher Einleitungssatz stehen, der gleich den Akt der öffentlichen Gewalt und mögliche verletzte Grundrechte nennt!

Die Verfassungsbeschwerde der KuR wäre begründet, wenn das von ihr angegriffene Urteil des OLG rechtswidrig und die KuR dadurch in ihren Grundrechten tatsächlich verletzt wäre. In Betracht kommt hier ein Verstoß gegen Art. 5 Abs. 1 GG und Art. 2 Abs. 1 Satz 1 GG.

I. Prüfungsmaßstab

> Bei Urteilsverfassungsbeschwerden empfiehlt es sich, vor Einstieg in die Begründetheitsprüfung eine kurze Vorbemerkung zum Prüfungsumfang durch das BVerfG zu bringen, wie dies auch das BVerfG selbst häufig tut. Die entsprechenden Ausführungen können aber auch im Rahmen der verfassungsrechtlichen Rechtfertigung der Prüfung des Einzelaktes – also des Urteils – vorangestellt werden. Vgl. z.B. den Fall Nr. 7 „Gekündigte Mietwohnung", unter A) III. 3.

Bei der Auslegung und Anwendung des einfachen Rechts müssen die Gerichte den in den Grundrechten zum Ausdruck gebrachten Wertmaßstäben Rechnung tragen. Gerade in der Nichtbeachtung aber muss die Verletzung liegen; objektive Rechtsfehlerhaftigkeit bedeutet nicht immer auch eine Verletzung *spezifischen Verfassungsrechts*.[8] Insbesondere bei Verfassungsbeschwerden gegen Urteile muss beachtet werden, dass das BVerfG keine „Superrevisionsinstanz" ist. Es überprüft daher nicht, ob die angefochtene Entscheidung nach Maßgabe des einfachen Rechts rechtmäßig ergangen ist, sondern es prüft nur, ob eine spezifische Verfassungsverletzung vorliegt. Das ist dann der Fall, wenn Fehler erkennbar werden, die auf einer grundsätzlich unrichtigen Anschauung von der Bedeutung eines Grundrechts, insbesondere vom Umfang seines Schutzbereiches, beruhen und auch in ihrer materiellen Bedeutung für den konkreten Rechtsfall von einigem Gewicht sind oder die Entscheidung willkürlich getroffen wurde.[9]

Für die Begründetheit der Verfassungsbeschwerde kommt es also entscheidend darauf an, ob die Gerichte in den angegriffenen Entscheidungen bei Anwendung der §§ 1004 Abs. 1 analog, 823 Abs. 1 bzw. 2 BGB i.V.m. § 186 StGB die Grundrechte der Beschwerdeführerin hinreichend beachtet haben. Denn wenn die Gerichte einer Äußerung eine Bedeutung beigemessen haben, in der sie unzulässig ist, aber eine andere Deutungsmöglichkeit übersehen haben, ist spezifisches Verfassungsrecht verletzt.

Die Verfassungsbeschwerde ist also nur dann begründet, wenn das Gericht Grundrechte der Beschwerdeführerin generell verkannt hat, wenn es falsche Bewertungsmaßstäbe zugrundegelegt hat oder von unzutreffenden Voraussetzungen ausgegangen ist, wie auch dann, wenn es die Bedeutung der Grundrechte der Beschwerdeführerin im Verhältnis zu den Belangen der Gegenseite falsch gewichtet hat.[10]

II. Verletzung von Art. 5 Abs. 1 Satz 1 GG – Meinungsfreiheit

Vorab ist zu überlegen, gegen welches Grundrecht des Art. 5 Abs. 1 GG verstoßen worden ist. In Betracht kommt die Meinungsäußerungsfreiheit aus Art. 5 Abs. 1 Satz 1 1. Alt. GG und die Pressefreiheit aus Art. 5 Abs. 1 Satz 2 1. Alt. GG. Die Frage, welches Grundrecht hier einschlägig ist, ist umstritten.

Hier liegt ein Schwerpunkt der Lösung.

---

[8] *Pieroth/Schlink*, Rn. 1172 ff.
[9] St. Rspr., konkretisiert in BVerfGE 18, 85, 92 f.
[10] BVerfGE 7, 198, 204 ff.; 61, 1, 6; 54, 208, 217.

Die Kriterien, anhand derer die Einschlägigkeit der verschiedenen Grundrechte beurteilt wurde, werden besonders bei einem Urteil deutlich, bei dem wegen desselben Zeitungsartikels dem Autor der Schutz der Meinungsfreiheit zukam, dem Herausgeber jedoch der Schutz der Pressefreiheit zuerkannt wurde.[11] Das Problem soll gesehen und erörtert werden.

1. Verhältnis Meinungsfreiheit zu Pressefreiheit

Es kommt darauf an, ob der Beschwerdeführer im Pressewesen tätig ist: Der Schutzbereich der Pressefreiheit ist daher berührt, wenn es um die im Pressewesen tätigen Personen in Ausübung ihrer Funktion, um ein Presseerzeugnis selbst, um seine institutionell-organisatorischen Voraussetzungen und Rahmenbedingungen sowie um die Institution der freien Presse geht. Nach dieser Ansicht schützt das Grundrecht der Pressefreiheit auch die Meinungsäußerung sowie das Beschaffen von Informationen und verdrängt insoweit die Freiheiten aus Art. 5 Abs. 1 Satz 1 GG.[12]

Unter *Presse* i.S.v. Art. 5 Abs. 1 Satz 2 GG versteht man alle zur Verbreitung geeigneten und bestimmten Druckerzeugnisse,[13] somit auch prinzipiell die KuR als wöchentlich erscheinende Zeitschrift. Die Verbreitung muss durch Vervielfältigung mittels mechanischer oder chemischer Mittel erfolgen.[14] Auch dies ist bei der KuR der Fall. Auf die Pressefreiheit ist immer dann abzustellen, wenn es um die Institution der freien Presse, um die spezifische Wirkungsmöglichkeit der Presse geht.[15] Insbesondere die Gestaltungsfreiheit der Presse, also die Freiheit der inhaltlichen und formalen Gestaltung in der äußeren Aufmachung und der Platzierung der einzelnen Beiträge,[16] fällt unter den Schutzbereich der Pressefreiheit.

---

[11] BVerfGE 82, 272; NJW 1991, S. 95.
[12] *Jarass/Pieroth*, GG, Art. 5, Rn. 24; *Bethge*, in: *Sachs*, GG, Art. 5, Rn. 89.
[13] *Degenhart*, in: *Dolzer/Vogel/Graßhof*, BK-GG, Art. 5, Rn. 397; *Bethge*, in: *Sachs*, GG, Art. 5 Rn. 68; *Jarass/Pieroth*, GG, Art. 5, Rn. 25; BVerfGE 95, 28, 35.
[14] BVerfGE 39, 159, 164.
[15] Grundlegend BVerfGE 95, 28, 35; dazu *Dörr*, JuS 1997, S. 1036 ff.; vgl. z.B. Durchsuchung von Presseräumen und Beschlagnahme von Pressematerial BVerfGE 85, 1.
[16] Vgl. BVerfG, NJW 1998, S. 1382.

Vorliegend handelt es sich jedoch im Schwerpunkt um die *Meinungsäußerung in der Presse*. Allein dadurch, dass die gedruckte Meinungsäußerung durch die Presse erfolgte, besteht kein Anlass, diese der Pressefreiheit zuzuordnen und dadurch den Schutz der Äußerung zu wiederholen oder gar zu verstärken.[17] Denn die Meinungsfreiheit des Art. 5 Abs. 1 Satz 1 GG schützt die Freiheit, eine Meinung über jedes beliebige Medium zu äußern. Die Pressefreiheit ist somit weder Sonderrecht für drucktechnisch verbreitete Meinungen, noch Wiederholung der Meinungsfreiheit.[18] Die Auffassung, dass bei Meinungsäußerungen in der Presse primär die Meinungsfreiheit einschlägig ist, findet zumindest in der Entstehungsgeschichte des Art. 5 Abs. 1 GG eine Stütze. Art. 118 WRV enthielt keine eigenständige Garantie der Pressefreiheit, sondern führte sie bei der Meinungsfreiheit unter der Verbreitungsmöglichkeit „Druck" mit auf. Der Parlamentarische Rat verzichtete auf den Begriff „Druck", da er durch „Schrift" mit inbegriffen ist.[19] Hätte der Verfassunggeber das gewollt, hätte er nur den Begriff „Druck", der schon in der Paulskirchenverfassung und in der WRV neben den Wörtern „Schrift" und „Bild" stand, beibehalten müssen. Es hätte dann keiner eigenständigen Garantie der Pressefreiheit bedurft.

Allerdings muss dann den Besonderheiten einer Meinungsäußerung in der Presse bei der Abwägung ausreichend Rechnung getragen werden. Unter dieser Voraussetzung ist hier primär die Meinungsfreiheit aus Art. 5 Abs. 1 Satz 1 1. Alt. GG einschlägig.

Da die Zulässigkeit einer bestimmten Äußerung in Frage steht, ist hier auf Art. 5 Abs. 1 Satz 1 GG abzustellen. Dass die Äußerung über das Medium der Presse erfolgt, ist insoweit unerheblich – das BVerfG lässt allerdings offen, ob daneben die Pressefreiheit anwendbar sein kann. Hier scheint jedoch denkbar, dass die Pressefreiheit zur Anwendung kommt, da die pressespezifische Berichterstattungsfunktion betroffen ist. An dieser Stelle empfiehlt sich eine sorgfältige Erörterung der Abgrenzung, da hier ein Schwerpunkt der Arbeit liegt.

Wie schon oben erwähnt, ist eine abweichende Meinung vertretbar. Dann ist aber entgegen der Auffassung des BVerfG zu argumentieren, dass die Pressefreiheit in erster Linie die Freiheit der Meinungsäußerung in der Presse gewährleistet. Danach macht es einen prinzipiellen Unterschied aus, ob eine Meinung innerhalb oder außerhalb des Mediums Presse vertreten wird.

2. Schutzbereich der Meinungsfreiheit

a) Sachlicher Schutzbereich: Durch das Urteil, in dem die KuR wegen der Veröffentlichung des „Beuteilungsvertrages" zu Schadenersatz und zur Untersagung weiterer Veröf-

---

[17] BVerfG NJW 1992, 1439; a. Auffassung *Ipsen*, Staatsrecht II, Rn. 417.
[18] Das BVerfG sieht in der Pressefreiheit den Schutz der die einzelne Meinungsäußerung übersteigenden Bedeutung der Presse für die freie individuelle und öffentliche Meinungsbildung, die Art. 5 Abs. 1 Satz 1 GG gewährleisten will; BVerfGE 20, 162.
[19] BVerfGE 85, 1; *Fehling*, JuS 1996, S. 434; *Clemens*, in: *Umbach/Clemens*, GG, Bd. 1, Art. 5, Rn. 24.

fentlichungen von Äußerungen über das „Ermittlungsverfahren" und den „Beuteteilungsvertrag" verurteilt wird, könnte sie in ihrem Grundrecht auf freie Meinungsäußerung nach Art. 5 Abs. 1 Satz 1 GG berührt sein.

Der Begriff „Meinung" ist weit zu verstehen – entscheidend ist dabei die „wertende Stellungnahme", „Meinen im Rahmen einer geistigen Auseinandersetzung".[20]

Voraussetzung dafür ist zunächst, dass es sich bei der Veröffentlichung um eine Meinung i.S.d. Art. 5 Abs. 1 Satz 1 GG handelt. Bestimmend für den Begriff „Meinung" ist „das Element der Stellungnahme, des Dafürhaltens, des Meinens im Rahmen einer geistigen Auseinandersetzung; auf den Wert, die Richtigkeit und die Vernünftigkeit der Äußerung kommt es nicht an"[21].

Die KuR berichtet über das *„eingeleitete Ermittlungsverfahren"* (in der Veröffentlichung über R geht es um die Berichterstattung über das gegen ihn angestrengte „Ermittlungsverfahren") und den *„Beuteteilungsvertrag"* (um den Abdruck des Inhalts des vermeintlichen „Beuteteilungsvertrags"). In beiden Fällen wurde eine wertende Stellungnahme hinzugefügt.

In diesem Zusammenhang ist fraglich, ob durch die Meinungsfreiheit auch unwahre bzw. nicht bewiesen wahre Tatsachenbehauptungen geschützt werden,[22] da sich im Verfahren vor dem OLG herausstellte, dass zum Zeitpunkt des Artikels durch die KuR noch gar kein Ermittlungsverfahren eingeleitet war, sondern erst Strafanzeige gestellt wurde. Ob der „Beuteteilungsvertrag" existiert, konnte jedoch gar nicht geklärt werden. Außerdem soll grobe Fahrlässigkeit im Umgang mit der Wahrheit ebenfalls die Anwendung der Meinungsfreiheit ausschließen.[23]

Hier müsste also geklärt werden, ob es sich bei der Berichterstattung um eine Meinungsäußerung oder um eine Tatsachenbehauptung handelt. Danach ist ihr Wahrheitsgehalt zu prüfen. Beide Begriffe sollen sich dahingehend unterscheiden, dass sich der Bericht ausschließlich auf Tatsachenbehauptungen bezieht, während die Meinung die Äußerung eines Werturteils voraussetzt.[24]

---

[20] *Degenhart*, in: *Dolzer/Vogel/Graßhof*, BK-GG, Art. 5 Rn. 93; *Wendt*, in: *von Münch/Kunig*, GG, Bd. 1, Art. 5, Rn. 8.
[21] BVerfGE 61, 1, 8; 65, 1, 41.
[22] Nach den Entscheidungen des BVerfG werden vom Schutzbereich der Meinungsfreiheit erwiesen oder bewußt unwahre Tatsachenbehauptungen nicht geschützt (vgl. BVerfGE 85, 1; 54, 208; BGHZ 90, 113).
[23] BVerfGE 54, 208.
[24] Vgl. *Wendt*, in: *von Münch/Kunig*, GG, Bd. 1, Art. 5, Rn. 8.

Es ist zunächst davon auszugehen, dass sowohl Tatsachenbehauptungen als auch Meinungsäußerungen vom Schutzbereich der Meinungsfreiheit erfasst sind; erstere jedenfalls dann, wenn sie Voraussetzung für Meinungsbildung sind.[27] Die vorliegende Textpassage über das „Ermittlungsverfahren" müsste vom Schutzbereich erfasst sein. Die Voraussetzung wäre zunächst, dass es sich bei der in Frage stehenden Äußerung überhaupt um eine Meinungskundgabe im Sinne des Art. 5 Abs. 1 Satz 1 GG handelt.

Eine Trennung von Tatsachen und Meinungen – was hier zum Ausdruck kommt – ist im Regelfall nicht einfach.[25] Wo eine Trennung der Bestandteile nicht möglich ist, ist im Interesse eines wirksamen Grundrechtsschutzes der Begriff Meinung weit auszulegen, um eine wesentliche Verkürzung des Grundrechtsschutzes zu verhindern. Das gilt insbesondere, wenn der tatsächliche Gehalt einer einzelnen Äußerung substanzarm ist und gegenüber dem Wertungscharakter in den Hintergrund tritt.[26]

In der KuR-Ausgabe vom April 2001 wird berichtet, dass gegen RA, J und R seit dem 3. Februar 2001 ein staatsanwaltliches Ermittlungsverfahren anhängig und die Anklage erhoben sein soll. Diese Aussage bezog sich auf einen bestimmten historisch-chronologischen Vorgang, der als behauptetes, tatsächliches Geschehen dem Beweis zugänglich ist. Somit kann diese, vom übrigen Text losgelöste Äußerung, als *Tatsachenbehauptung* und nicht als Werturteil eingestuft werden.

Im Falle des „Beuteteilungsvertrages" handelt es sich einerseits um ein Schriftstück, andererseits um Rechtsbeziehungen, deren Existenz und damit Wahrheitsgehalt im Unklaren liegt. In ihrem Bericht druckt die KuR eine ihr vorliegende Kopie des Beuteteilungsvertrages ab, und stellt sie unter die Überschrift „Original oder Fälschung". Bei dem bloßen Abdruck des Vertrages, handelt es sich wohl lediglich um eine Tatsachendarstellung, wobei im Gerichtsverfahren nicht festgestellt werden konnte, ob sie wahr oder unwahr ist. Liegen wie hier, sowohl Tatsachenbehauptungen als auch Stellungnahmen vor, kann im Bezug auf den Beuteteilungsvertrag von einer *Tatsachenbehauptung* ausgegangen werden.

Vorliegend ist von einer Tatsachenbehauptung auszugehen – einschlägig ist der Schwerpunkt der Äußerung. Somit ist die Berichterstattung über den Vertrag ohne weiteres als Tatsachenbehauptung einzustufen.

---

[25] BVerfGE 61, 8 f.
[26] *Degenhart*, in: *Dolzer/Vogel/Graßhof*, BK-GG, Art. 5, insb. Rn. 102.
[27] BVerfGE 45, 208, 219; 61, 1, 8; 65, 1, 41; 85, 1, 13 ff.; 94, 1, 7; *Degenhart*, in: *Dolzer/Vogel/Graßhof*, BK-GG, Art. 5, Rn. 98 f. m.w. Hinw.

Es stellt sich zunächst die Frage, welche Kriterien zur Abgrenzung der wahren von den unwahren Tatsachen einschlägig sind.[28] Die Unwahrheit soll keinen Grundrechtsschutz genießen, da sie keinen schutzwürdigen Beitrag zur Meinungsbildung leisten kann. Da aber Unwahrheit meist erst nachträglich feststellbar wird, gilt dies nur für die *evident* unwahre Tatsachenbehauptungen oder die *bewusste* Lüge.

Zu klären wäre nun, ob es sich um eine unwahre Tatsachenbehauptung handelt, da es für den verfassungsrechtlichen Schutz einer Tatsachenmitteilung auf deren Richtigkeit ankommt.[29] Ansonsten könnte der Meinungsprozess verfälscht werden, der nach der Vorstellung des Gesetzgebers gefördert werden soll.[30] Nur die Mitteilung wahrer Tatsachen wird vom Schutzbereich der Meinungsäußerungsfreiheit geschützt.

Hinsichtlich der Äußerungen im ersten Artikel ist zu bedenken, dass zum Zeitpunkt seiner Veröffentlichung noch gar kein Ermittlungsverfahren eingeleitet, sondern lediglich eine Strafanzeige eingerichtet worden war.[31] Mithin kann dieser Artikel als unwahre Tatsachenmitteilung angesehen werden. Es wäre der KuR bzw. dem Redakteur des Artikels zumutbar gewesen, der ihnen obliegenden journalistischen Sorgfaltspflicht nachzukommen und nur die entsprechenden Informationen mit größerem Wahrheitsgehalt zu bringen. Die KuR hat folglich grob fahrlässig eine unwahre Tatsache behauptet, die angesichts des Umgangs mit der Wahrheit die Anwendung der Meinungsfreiheit ausschließt.

---

[28] Abgrenzungsproblematik prinzipiell: Die Anforderung an die Wahrheit der Presse, BVerfGE 12, 113; 61, 8.
[29] *Bethge*, in: *Sachs*, GG, Art. 5 GG, Rn. 27 f.; *Degenhart*, in: *Dolzer/Vogel/Graßhof*, BK-GG, Art. 5, Rn. 104.
[30] *Bethge*, in: *Sachs*, GG, Art. 5, Rn. 28.
[31] Zu klären ist hierzu, welcher Unterschied zwischen der Einreichung der Strafanzeige und der Einleitung eines Ermittlungsverfahrens mit der vorliegenden Anklageschrift besteht: Bei der Strafanzeige handelt es sich um die bloße Anregung eines Verletzten oder anderer Personen, es möge geprüft werden, ob Anlass zur Einleitung eines Ermittlungsverfahrens besteht. Ein Ermittlungsverfahren ist dagegen erst dann eingeleitet, wenn die Staatsanwaltschaft oder ein Beamter des Polizeivollzugsdienstes eine Maßnahme trifft, die erkennbar darauf abzielt, gegen jemanden strafrechtlich vorzugehen. Die Anklageschrift enthält den Antrag, dass Hauptverfahren zu eröffnen. Dies bedeutet, dass das Ermittlungsverfahren bereits abgeschlossen ist und damit das wesentliche Ergebnis der Ermittlungen bereits vorliegt. Zwischen dem bloßen Einreichen der Strafanzeige und der Einleitung eines Ermittlungsverfahren sowie der Vorlage der Anklageschrift liegen damit große Unterschiede. Die Behauptungen über die Vorlage der Anklageschrift greifen wesentlich intensiver in die persönliche Ehre der betroffenen Person ein, als die Behauptung, dass Strafanzeige gestellt wurde. Außerdem sind die Behauptungen noch falsch.

Bezüglich des Beuteteilungsvertrages muss bedacht werden, dass sich die KuR vorbehaltlich äußert und auch nicht bestreitet, dass die Echtheit des Papiers, welches dem Artikel zugrunde lag, nicht bewiesen werden kann. Insgesamt kann nicht ausgeschlossen werden, dass ein solcher Vertrag zwischen J, RA und R besteht. Im Zeitpunkt der Äußerung ist also weder von einer erweislich und evident unwahren Tatsachenbehauptung, noch von einer bewussten Lüge auszugehen.

Somit fällt die Berichterstattung über den Beuteteilungsvertrag unter den Schutzbereich der Meinungsfreiheit.

b) Personaler Schutzbereich: Der personale Schutzbereich umfasst alle Personen, die Meinungen äußern und verbreiten. Die KuR äußert ihre Meinung durch die Berichterstattung über den Beuteteilungsvertrag, welche mit Tatsachenbehauptungen verbunden ist.

Die KuR wird vom persönlichen Schutzbereich der Meinungsfreiheit erfasst.

3. Schutzbereichbeeinträchtigung

In das Grundrecht auf freie Meinungsäußerung müsste eingegriffen worden sein. Ein Eingriff liegt vor, wenn der grundrechtlich geschützte Freiheitsbereich nachteilig betroffen ist. Da es sich vorliegend um eine Streitigkeit im Zivilrechtsverhältnis handelt, liegt mithin kein klassischer staatlicher Eingriff vor. Für eine Grundrechtsbeeinträchtigung reicht es aber aus, wenn der möglicherweise grundrechtsgebotene Schutz verweigert wird. Der KuR wurde verboten, über das Ermittlungsverfahren und den Beuteilungsvertrag zu berichten. Sie wurde auch zu Schadenersatz gem. §§ 1004 Abs. 1 analog, 823 Abs. 1 bzw. 2 BGB i.V.m. § 186 StGB verurteilt. Es liegt somit eine Sanktion vor, die an das Verbot, eine bestimmte Meinung zu äußern, anknüpft.

Achtung: Spätestens hier ist die Drittwirkungsproblematik zu erörtern!

Folglich liegt ein Eingriff in den Schutzbereich vor.

4. Verfassungsrechtliche Rechtfertigung des Eingriffs

Die Verurteilung der KuR könnte jedoch verfassungsrechtlich gerechtfertigt sein. Voraussetzung für die Rechtfertigung des Grundrechtseingriffs ist zunächst, dass dieser auf einem wirksamen Schrankengesetz i.S.v. Art. 5 Abs. 2 GG beruht. Das Grundrecht der Meinungsfreiheit findet demnach seine Schranken in den allgemeinen Gesetzen und den

Bestimmungen zum Schutz der Ehre und des Jugendschutzes.

a) Vorliegend kommt die wichtigste[32] Schranke, die der „allgemeinen Gesetze", in Betracht. Dann müssten die Normen, auf die sich das Urteil des OLG stützt, ein allgemeines Gesetz i. S. v. Art. 5 Abs. 2 GG sein. Der Begriff der allgemeinen Gesetze ist umstritten.[33]

- Nach der *Sonderrechtslehre* sind „allgemeine Gesetze" nur die Vorschriften, die sich nicht gegen eine bestimmte Meinung als solche richten, bzw. nicht eine Meinung als solche verbieten.[34] Die BGB- und StGB-Vorschriften richten sich weder gegen eine Meinung als solche noch verbieten sie eine Meinung als solche. Danach sind die einschlägigen Vorschriften des BGB und des StGB „allgemeine Gesetze".

- Die *Abwägungslehre* hingegen versteht unter den „allgemeinen Gesetzen" diejenigen Vorschriften, die deshalb den Vorrang vor der Meinungsfreiheit genießen, weil das von ihnen geschützte gesellschaftliche Gut wichtiger ist als die Meinungsfreiheit.[35] Die einschlägigen BGB Vorschriften schützen auch andere hochwertige Rechtsgüter wie Leben, Eigentum, Körper und Gesundheit und dienen als solche der Allgemeinheit. Danach sind die BGB-Vorschriften ein „allgemeines Gesetz". Das gleiche gilt für das StGB, zumal die einschlägige Vorschrift dem Schutz von Ehre und Ruf dient, so dass auch dieses als allgemeines Gesetz i.S. von Art. 5 Abs. 2 GG zu bezeichnen ist.

- Das BVerfG hat im Lüth-Urteil[36] beide Lehren kombiniert und versteht seitdem in ständiger Rechtsprechung unter „allgemeinen Gesetzen" die Gesetze, „die nicht eine Meinung als solche verbieten, die sich nicht gegen die Äußerung der Meinung als solche richten, sondern die vielmehr dem Schutz eines schlechthin, ohne Rücksicht auf eine bestimmte Meinung zu schützenden Rechtsgutes dienen, dem Schutze eines Gemeinschafts-

Es kann nicht erwartet werden, dass in einer Klausur die Sonderechtslehre und die Abwägungslehre erörtert wird. Es genügt insoweit, dass die Definition der allgemeinen Gesetze nach dem BVerfG dargestellt wird. Für Hausarbeiten gelten jedoch andere Maßstäbe, so dass eine Erörterung des Meinungsstreites erforderlich ist.

---

[32] *Jarass*, in: *Jarass/Pieroth*, GG, Art. 5, Rn. 55.
[33] Zum Meinungsstreit vgl. *Pieroth/Schlink*, Rn. 586 ff.; *Bethge*, in: *Sachs*, GG, Art. 5, Rn. 335 ff.
[34] *Anschütz*, VVDStRL 4, 1928, S. 74 f.
[35] *Baumbach/Hefermehl*, Wettbewerbsrecht, 21. Aufl., 1999, UWG Einl. Rn. 42, 51, 55; *Emmerich*, Das Recht des unlauteren Wettbewerbs, 5. Aufl., 1998, S. 13.
[36] BVerfGE 7, 198, 209 f.

werts, der gegenüber der Betätigung der Meinungsfreiheit Vorrang hat".[37] Es sind auch nach der Kombination der beiden Lehren das BGB und das StGB als allgemeine Gesetze anzusehen.

Da die genannten Auffassungen im vorliegenden Fall zu demselben Ergebnis kommen, bedarf es keiner Streitentscheidung. Die angeführten Vorschriften sind *„allgemeine Gesetze"* i. S. von Art. 5 Abs. 2 GG

Beachten: Der Begriff „allgemeines Gesetz" liegt vor, wenn zwei Voraussetzungen erfüllt sind:[38] (1) Das Gesetz darf nicht eine Meinung als solche verbieten; es darf sich auch nicht gegen die Äußerung einer Meinung als solche richten – es gilt der Grundsatz der Meinungsneutralität. (2) Gesetze, die sich dennoch im Schutzbereich der Meinungsfreiheit auswirken, müssen dem Schutz eines Gemeinschaftswert dienen, der gegenüber der Meinungsfreiheit vorrangig ist. Ein „allgemeines Gesetz" muss beide Voraussetzungen erfüllen. Ist schon die erste Voraussetzung nicht erfüllt, braucht auf die zweite nicht mehr eingegangen zu werden

Um die Verurteilung tragen zu können, muss die Vorschrift jedoch ihrerseits mit dem Grundgesetz übereinstimmen (unter b), überdies in verfassungskonformer Weise ausgelegt und angewandt werden (unter 5) .

b) *Verfassungsmäßigkeit der Eingriffsentscheidung*: Bedenken an der Verfassungsmäßigkeit der BGB- und StGB-Vorschriften bestehen nicht.

Gem. Art. 72, 74 Nr. 1 GG war der Bund zuständig für den Erlass der Gesetze, so dass die Gesetzgebungszuständigkeit gegeben ist. An der Ordnungsmäßigkeit des Verfahrens besteht kein Zweifel: Die §§ 1004 Abs. 1 analog, 823 Abs. 1

Vertretbar wäre auch jede weitergehende Prüfung der formellen Verfassungsmäßigkeit der angeführten Gesetze als überflüssig zu betrachten, da es sich hier um vorkonstitutionelles Recht handelt.

---

[37] In der neueren Rspr. des BVerfG zeichnet sich allerdings ein Wandel der Definition des „allgemeinen Gesetzes" ab, der die Abwägungslehre in den Hintergrund treten lässt (vgl. BVerfGE 93, 266, 291; 95, 220 235): Allgemeine Gesetze „richten sich weder gegen bestimmte Meinungen als solche noch stellen sie Sonderrecht gegen den Prozess freier Meinungsäußerung dar". Ob es sich dabei um eine bedeutungslose Verkürzung der Definition oder um einen bedeutenden Wandel handelt, bleibt abzuwarten, da insoweit immer noch der Hinweis auf BVerfGE 7, 198, 209 erfolgt.
[38] Grundlegend BVerfGE 7, 198, 209 f.

und 2 BGB i.V.m. § 186 StGB sind somit *formell* verfassungsgemäß.

> Die allgemeinen Gesetze müssen den Grundsätzen der bundesverfassungsgerichtlichen *Wechselwirkungstheorie* genügen: Die Einschränkung der Meinungsfreiheit durch das Gesetz muss zum Schutze des Gemeinschaftswerts, der gegenüber der Meinungsfreiheit vorrangig ist, geeignet, erforderlich und angemessen sein.

Materiell verfassungsgemäß sind die Vorschriften des BGB und des StGB, wenn sie angesichts der möglichen Einschränkung der Grundrechte aus Art. 5 Abs. 1 GG verhältnismäßig sind. §§ 823 und 1004 BGB verfolgen ein verfassungslegitimes Ziel. Ihr Zweck ist unter anderem, das allgemeine Persönlichkeitsrecht vor rechtswidrigen Beeinträchtigungen zu schützen. Die Rechtsfolge dieser Vorschrift, nämlich Anspruch auf Unterlassung und Schadensersatz sind grundsätzlich dazu geeignet, das allgemeine Persönlichkeitsrecht vor Eingriffen zu schützen – für die Bejahung der Geeignetheit genügt, dass die Vorschrift überhaupt etwas zur Zweckerreichung beiträgt. Ein milderes, weniger grundrechtsbeeinträchtigendes Mittel zum Schutze des Normzweckes ist nicht ersichtlich. Die Vorschriften sind auch verhältnismäßig, da der mögliche Eingriff in die Grundrechte von der Gesetzesformulierung her einen sachgerechten und angemessenen Ausgleich der kollidierenden Interessen ermöglicht. § 186 StGB dient dem Ehren- und Persönlichkeitsschutz und verfolgt damit ebenfalls einen legitimen Zweck. Sie ist auch erforderlich, das angestrebte Ziel zu fördern, da ein milderes, gleichwirksames Mittel, als dies unter Strafe zu stellen, nicht ersichtlich ist. Die Vorschrift des § 186 StGB ist auch verhältnismäßig, weil nicht jede Behauptung unter Strafe gestellt wird, sondern nur eine rechtswidrige und in Bezug auf die ehrverletzende Wirkung und Verbreitung der Tatsache vorsätzlich erfolgte Behauptung.

> Die Wechselwirkungstheorie läuft somit auf eine Verhältnismäßigkeitsprüfung hinaus.[39] Das Verhältnismäßigkeitsprinzip gilt sowohl für das formelle Gesetz als solches als auch für Ausführungsmaßnahmen auf der Grundlage des formellen Gesetzes.

> Bezüglich der Verhältnismäßigkeit des § 186 StGB kann noch problematisiert werden, dass es zunächst fraglich ist, ob ein „allgemeines Gesetz" vorliegt, da diese Vorschrift ja gerade die bestimmte Meinung als solche verbietet. Dann ist klarzustellen, dass unwahre Tatsachen nicht geschützt werden.

Damit stellen sowohl die Vorschriften des BGB als auch die des StGB verfassungsmäßige Schranken i. S. v. Art. 5 Abs. 2 GG dar.

5. Verfassungsmäßige Anwendung der Eingriffsermächtigung

> Im Fall von vorkonstitutionellen Normen muss der Schwerpunkt der Rechtfertigungsprüfung bei der verfassungsmäßigen Anwendung im Einzelfall liegen.

Liegt ein verfassungsgemäßes Schrankengesetz vor, kann die Verletzung spezifischen Verfassungsrechts in der

---

[39] Ganz deutlich bei BVerfGE 59, 231, 265, vgl. *Bethge* in: *Sachs*, GG, Art. 5, Rn. 145 ff.

Rechtsanwendung liegen. D. h.: Trotz einer rechtswirksamen Grundlage ist die gerichtliche Entscheidung gegenüber KuR nur dann verfassungsmäßig, wenn die Rechtsgrundlage im Hinblick auf den aus Art. 5 Abs. 1 GG folgenden Grundrechtsschutz fehlerfrei ausgelegt und angewendet worden ist. Dass das Urteil auf einer grundsätzlich unrichtigen Auffassung von der Bedeutung und Tragweite eines Grundrechts beruht, kann daraus resultieren, dass das Zivilgericht im Rahmen der Abwägung der widerstreitenden, rechtlich geschützten Interessen das Grundrecht der KuR grundsätzlich verkannt hat. Das letztinstanzliche Zivilurteil ist deshalb problematisch, weil es sich hier um eine Abwägung zwischen den verfassungsrechtlich geschützten Positionen handelt. Allgemeine Gesetze können die Meinungsfreiheit nicht beliebig einschränken. Sie sind vielmehr ihrerseits „im Lichte des Grundrechts", aus der „Erkenntnis der wertsetzenden Bedeutung" dieser Grundrechte im freiheitlich demokratischen Staat auszulegen und so in ihrer, diese Grundrechte begrenzenden Wirkung, selbst wieder einzuschränken.[40]

Die KuR berichtet über den Beuteteilungsvertrag zwischen J, RA und R. Die Veröffentlichung des „Beuteteilungsvertrages" könnte R in seinem Recht der persönlichen Ehre (Art. 2 Abs. 1, Art. 1 Abs. 1 GG) und in seiner Berufsfreiheit (Art. 12 Abs. 1 GG) verletzen, da er dadurch Geschäftsverträge verlieren kann und sein Ruf in der öffentlichen Meinung geschädigt wird. Dem Persönlichkeitsrecht und der Berufsfreiheit des R steht die Meinungsfreiheit der KuR entgegen. Hier sind folglich die Position der KuR der Position des R gegenüberzustellen und abzuwägen.

---

[40] BVerfGE 102, 347.

In diesem Zusammenhang kann bei der Abwägung auch auf Gesichtspunkte der Pressefreiheit aus Art. 5 Abs. 1 Satz 2 GG abgestellt werden, da die fraglichen Äußerungen über das Medium der Presse von Bedeutung sind. Neben den staatlichen Ermittlungsbehörden hat die Presse in diesem Bereich besonders zu einer Sensibilisierung und Aufklärung und zum Schutze der Verbraucher beizutragen. Ihr obliegt auch eine legitime Verdachtberichterstattung.

Die Position der KuR: Die KuR hat mit der Veröffentlichung ihr Recht wahrgenommen, über Vorgänge im Wirtschaftsleben zu informieren. Dies betrifft den sensiblen Bereich der Kapitalanlage, in dem ständig von neuen Skandalen und Machenschaften zu hören ist, die die Anleger durch zweifelhafte Falschinformationen, Insidergeschäfte, Bilanzfälschungen oder gar Betrug um ihr Vermögen bringen. An der Aufdeckung solcher Vorkommnisse und der tatsächlichen Existenz eines solchen „Beuteteilungsvertrages" besteht erhebliches Informationsinteresse der Öffentlichkeit. Für sie ist es auch insbesondere von Interesse, zu erfahren, was wer über andere weiß, zu wissen glaubt oder zu wissen vorgibt.

Gerade im vorliegenden Fall würde die tatsächliche Existenz eines „Beuteteilungsvertrages" den Betroffenen die Möglichkeit geben, die Veröffentlichung mit der notwendigen Vorsicht zu genießen, um sich von geschäftlichen Beziehungen zu den Beteiligten fernzuhalten.

Bedenken könnten sich bezüglich der gebotenen Sorgfalt der KuR ergeben, da der Artikel abgedruckt wurde, obwohl die Existenz solcher Rechtsbeziehungen in Frage stand. Die Veröffentlichung wurde aber unter dem ausdrücklichen Vorbehalt gemacht, die Echtheit des „Vertrages" sei fraglich und könne nicht bewiesen werden. Insoweit wird nur über Tatsachen berichtet, die wahr sind: die Existenz der Kopie, die Fraglichkeit der Echtheit und das Interesse der Öffentlichkeit an den Vorkommnissen. Die KuR ist damit ihren Sorgfaltspflichten in genügendem Umfang nachgekommen.

Weiterhin muss bei der Abwägung auch der Streitgegenstand Beachtung finden, dass strengere Anforderungen an die Verfassungsmäßigkeit eines Eingriffs in die Meinungsfreiheit zu stellen sind, je schärfer die Sanktionen in den Rechtskreis des Beklagten eingreifen. Ein Verbot über den „Beuteteilungsvertrag" zu berichten und die Verpflichtung auf die Schadenersatzzahlung in Höhe von 30.000 € kann für eine wöchentlich erscheinende Zeitung große Einschränkungen mit sich bringen. An die Verfassungsmäßigkeit des Eingriffes waren somit hohe Anforderungen zu stellen.

Die Position des R: Bezüglich der Grundrechte des R könnte die Veröffentlichung des „Beuteteilungsvertrages" in seine Grundrechte der persönlichen Ehre und der Berufsfreiheit eingreifen. Unter „Ehre" versteht man das Ergebnis der

Bewertung einer Person seitens seiner Mitmenschen und seine Geltung (seinen Ruf) innerhalb der Gesellschaft.[41] Mit der Veröffentlichung der Behauptung, der Rechtsanwalt R unterhalte geschäftliche Beziehungen zum Zweck der Erpressung von Kapitalanlageanbietern und mache sich des Parteiverrates schuldig, wird seine Glaub- und Vertrauenswürdigkeit in Frage gestellt. Jeder unbefangene Leser kann sich trotz der Vorbehalte der KuR bezüglich der Echtheit des Vertrages, nicht des Eindruckes erwehren, da „müsse doch etwas dran sein". Schließlich sind die Ausführungen derart präzise und ausführlich als auch die Art der Darstellung mit ergänzenden Hinweisen zur Schlüssigkeit solcher Beziehungen so vollkommen, dass es selbst bei kritischer Betrachtung schwer fällt, nicht den Verdacht aufkommen zu lassen, dies entspräche den Tatsachen.

Zudem stünde dem R eine Untersuchung und Ermittlung nach anwaltlichem Standesrecht bevor, die dem R seine Zulassung als Rechtsanwalt entziehen und ihn so in seiner Berufsfreiheit (Art. 12 Abs. 1 GG) verletzten würde. Es geht damit nicht nur um die persönliche Ehre des R im privaten oder gesellschaftlichen, sondern auch im beruflichen Bereich. Da ihm mit dem „Beuteilungsvertrag" eine schwerwiegende strafbare Handlungen vorgeworfen wurde, ist die Ehrverletzung nicht allein und zwingend dem wirtschaftlichen Bereich zuzuordnen. Vielmehr sind diese insbesondere auf seinen Beruf als Rechtsanwalt bezogenen Handlungen auch in außerwirtschaftlichen Bereichen denkbar.

Abwägung: Da die Meinungsfreiheit gem. Art. 5 Abs. 2 GG ihre Grenzen im Recht der persönlichen Ehre, deren Schutz die angeführten Vorschriften dienen, findet, muss diese Schranke im Lichte der Bedeutung des Grundrechts der Meinungsfreiheit ausgelegt und so in ihrer das Grundrecht begrenzenden Wirkung selbst wieder eingeschränkt werden. Infolgedessen ist die Verhältnisbestimmung von Meinungsfreiheit und Ehrenschutz bzw. Berufsfreiheit vorzunehmen.[42]

Bei der Abwägung der Grundrechte der KuR gegen die des R ist relevant, dass in die Grundrechte des R in einer Inten-

---

[41] Vgl. *Degenhart*, in: *Dolzer/Vogel/Graßhof*, BK-GG, Art. 5, Rn. 183; *Jarass/Pieroth*, GG, Art. 5, Rn. 377; *Kunig*, in: *von Münch/Kunig*, GG, Bd. 1, Art. 2, Rn. 35 mit weiteren Hinw.
[42] BVerGE 90, 241, 248; 94, 1, 8; *Enders*, Jura 1998, S. 642 ff., 649.

sität eingegriffen wird, die sein gesamtgesellschaftliches und berufliches Ansehen sowie seine berufliche Existenz in ganz entscheidender Weise gefährdet und schädigt. Andererseits hat R sich in erheblicher Weise exponiert und damit relevantes Informationsinteresse der Öffentlichkeit an seinem Verhalten und an seiner Person begründet. In einer derartigen Situation sind weitergehende Einschränkungen von Persönlichkeitsrechten hinzunehmen.

Beachten: Stets zurücktreten muss die Meinungsfreiheit (auch die Kunstfreiheit des Art. 5 Abs. 3 GG) dort, wo die Menschenwürde verletzt ist, wie der BGH jüngst wieder gegenüber der Benetton-Werbung betonte.[43] Bei Werturteilen: Vorrang des Ehrenschutz ist dann gegeben, wenn es sich um eine reine Schmähung handelt. Andererseits gilt die „Vermutung für die freie Rede", wenn der Beitrag in einer Angelegenheit von öffentlichem Interesse erfolgt.[44]

Entscheidend ist insoweit, dass es sich bei R nicht um irgendeine Person handelt, die schutzlos den Hetzkampagnen der Presse ausgeliefert ist. Vielmehr bekleidet der R nicht nur die Position eines Rechtsanwaltes, der sich zudem seit längerem mit der Anlageberatung und der Abhaltung entsprechender Seminare beschäftigt, sondern er ist darüber hinaus selbst im Bereich der Presse tätig, indem er die Publikation RPK herausgibt und als Referent in Seminaren auftritt, die der Verlag in Form von Informationsdiensten für Kapitalanleger und Finanzdienstleister veranstaltet. Auch das Interesse der Verbraucher ist hier in die Abwägung einzubeziehen.

Bisher konnte zwar die Existenz einer solchen Vereinbarung weder bewiesen noch entkräftet werden. Wahr ist, dass es sich um eine „Ablichtung" handelt, die die KuR erreichte. Die gesamte Berichterstattung weist immer wieder ausdrücklich darauf hin, dass die Echtheit des „Vertrages" im Dunkeln liegt. So wird schließlich der „Vertrag" schon unter der Überschrift „Original oder Fälschung" abgedruckt. Damit hat die Beschwerdeführerin dem Erfordernis Genüge getan, bei Unklarheit über den Wahrheitsgehalt eine entsprechende ausreichende und ausdrückliche Kennzeichnung vorzunehmen. Der Abdruck des Inhalts des „Beuteteilungs-

---

[43] BGH U.v. 6. 12. 2001, ZUM-RD 2002, S. 232.
[44] Grundsätzlich BVerfGE 7, 198, 212; zu dieser Vermutungsregel *Grimm*, NJW 1995, S. 1699 ff., 1703.

vertrages" enthält also nicht die erwiesene Unwahrheit und es wurde den Anforderungen an die dann geltende Sorgfaltpflicht ausreichend Rechnung getragen.

Der R steht also in einer Weise im öffentlichen Leben und Meinungsstreit, die es unmöglich machen, ihn wie eine unbekannte Privatperson zu behandeln. Gerade in solchen Fällen ist unumstritten,[45] dass, wer sich am öffentlichen Leben beteiligt, auch wesentlich stärkere Eingriffe in seine Persönlichkeitsrechten hinnehmen muss, als der, der dem öffentlichen Meinungsstreit fernbleibt.[46] Es ist außerdem zweifelhaft, ob ein Rechtsanwalt, der gleichzeitig die benannten Positionen und Tätigkeiten im Wirtschaftsbereich bekleidet und ausübt, sich nicht von vornherein den Vorwurf gefallen lassen muss, er gerate damit zumindest in den Bereich von Interessenkollisionen. Dagegen ließe sich etwa einwenden, dass auch unter Beachtung der besonderen und vielleicht sogar fragwürdigen Stellung des R die Äußerungsfreiheit nicht so ausgedehnt werden dürfe, dass sie den Persönlichkeitsschutz schier ausschaltet und den einzelnen Vorwürfen aussetzt, wenn nicht wenigstens ausreichende Beweise vorliegen. Insgesamt kann somit das Ergebnis der Abwägung daher als offen gelten.

Hier kann mit entsprechender Begründung jedes Ergebnis vertreten werden. Das gilt auch hinsichtlich der grundrechtlichen Bewertung der Beweislastumkehr nach § 193 StGB. Beruft sich bei einer Äußerung, deren Wahrheitsgehalt im Unklaren liegt, der sich Äußernde auf die Wahrnehmung berechtigter Interessen so gilt folgendes: So lange nicht feststeht, ob die Äußerung den Tatsachen entspricht, ist für die Frage, ob der Äußernde seine Mitteilung für erforderlich halten durfte, von der Wahrheit seiner Äußerung auszugehen.[47] Damit § 193 StGB eingreift, muss ein berechtigtes Interesse vorliegen. Dazu zählt insbesondere die der Presse zugewiesene Aufgabe, die Aufgabe der Information und Kritik zu

---

[45] Vgl. BVerfGE 54, 129, 138.
[46] Vgl. *Degenhart*, in *Dolzer/Vogel/Graßhof,* BK-GG Art. 5, Rn. 176 ff.
[47] Vgl. hierzu *Degenhart*, in: *Dolzer/Vogel/Graßhof,* BK-GG, Art. 5, Rn. 208.

erfüllen. Besondere Beachtung verdient hierbei aber das Erfordernis der Prüfung und Sorgfaltspflicht der Presse. Vorliegend ist zu prüfen, welche qualitative Wirkung der Angriff auf den Angegriffenen ausübt und welchen Umfang bzw. welche Intensität der Angriff auf das Persönlichkeitsrecht des RA, J und R hatte. Weiterhin müsste die Motivation des Eingriffs hinterfragt werden. Für diese Frage gelten im Ansatz die bereits dargelegten Abwägungskriterien – man wird daher über § 193 StGB zu keinem anderen Ergebnis kommen, als es vorstehend im Rahmen der grundrechtlichen Abwägung dargelegt wurde.

Letztlich dürfte im Rahmen der Abwägung entscheidend sein, dass bei Zugrundelegung der Kriterien der Vorinstanzen eine legitime Verdachtsberichterstattung, wie sie vom Schutzzweck der Meinungsfreiheit des Art. 5 Abs. 1 Satz 1 GG, freie öffentliche Meinungsbildung in allen Angelegenheiten von öffentlichem Interesse zu gewährleisten, umfasst wird, über Gebühr erschwert würde.

Beachten: Auch unter Berücksichtigung der neueren Rechtsprechung des BVerfGE (etwa E 85, 1) erscheint es hier gut möglich, die Pressefreiheit gesondert zu prüfen und hierbei auf die spezifische Berichterstattungsfunktion der Presse abzustellen, die hier in die Abwägung im Rahmen des Art. 5 Abs. 1 Satz 1 GG einbezogen wurde.

Ob das OLG bei der Abwägung Fehler gemacht hat, hängt von den praktischen Folgen ab, die sich für die Anforderungen an die Wahrheitspflicht der Presse aus dieser Entscheidung ableiten lassen. Überführt man diese Entscheidung in einen Rechtssatz, so würde es wohl bedeuten, dass derjenige, der Behauptungen oder Meinungen verbreitet, die andere Personen in ihrer Ehre verletzen und diese Meinungen nicht auf einer nachweislich wahren Tatsache beruhen, verurteilt wird. Vergegenwärtigt man sich dabei, dass zu hohe Anforderungen an die Wahrheitspflicht die Funktion einer freien Meinungsäußerung untergraben würden, wäre damit der Beweis erbracht, dass das OLG bei seiner Entscheidung die Bedeutung des Grundrechtes aus Art. 5 Abs. 1 Satz 1 GG verkannt hat und damit ein Auslegungsfehler vorliegt.

Die Persönlichkeitsrechte des R müssen somit hinter der Meinungsfreiheit der KuR und dem Interesse der Allgemeinheit an einer freien Meinungsäußerung zurücktreten.

6. Ergebnis

Durch das Urteil des OLG ist die KuR in ihren Rechten aus Art. 5 Abs. 1 Satz 1 GG verletzt.

III. Verstoß gegen Art. 12 Abs. 1 GG – Berufsfreiheit – und gegen Art. 2 Abs. 1 Satz 1 GG – allgemeine Handlungsfreiheit

Prüfen die Bearbeiter die Einschlägigkeit des Art. 12 Abs. 1 und Art. 2 Abs. 1 Satz 1 GG, dann ist dies aufbautechnisch am Ende der Prüfung anzusprechen. Die Prüfung der Grundrechtsverletzungen ist entweder unter einem Titel – wie hier – oder getrennt durchzuführen.

Die KuR ist möglicherweise in ihrer Berufsfreiheit aus Art. 12 Abs. 1 GG und in der allgemeinen Handlungsfreiheit aus Art. 2 Abs. 1 GG verletzt.

a) Die Tätigkeit der KuR stellt ohne weiteres einen Beruf im Sinne von Art. 12 Abs. 1 GG dar. Die Berichterstattung kann jedoch nur dann durch Art. 12 Abs. 1 GG geschützt sein, wenn dieses Grundrecht zu Art. 5 Abs. 1 GG im Verhältnis der Idealkonkurrenz steht und nicht als allgemeinere Norm zurückgedrängt wird. Eine Spezialität würde vorliegen, wenn der Schutzbereich der Meinungsfreiheit alle Elemente der Berufsfreiheit enthalten würde und zusätzlich besondere Merkmale aufweist. Beide Grundrechte müssten sich auf dieselbe Freiheitsbeeinträchtigung beziehen. Bei der Wahrnehmung der Berufsfreiheit handelt es sich um die berufliche Freiheit der Person. Zur beruflichen Tätigkeit der Presse zählt aber auch die Meinungsfreiheit – sie knüpft speziell an die berufliche Tätigkeit der Meinungsäußerung an. Somit ist Art. 5 Abs. 1 Satz 1 GG die speziellere Vorschrift, welche Art. 12 Abs. 1 GG insoweit verdrängt. Eine Verletzung der Berufsfreiheit aus Art. 12 Abs. 1 GG kommt deshalb nicht in Frage.

Zum grundgesetzlichen Begriff des Berufes vgl. Ausführungen im Fall Nr. 6 „Schächterlaubnis" unter B) 1. a).

b) Die KuR könnte auch in ihrer allgemeinen Handlungsfreiheit verletzt sein, da dieses Grundrecht jedes individuelle Verhalten schützt, sofern nicht der Schutzbereich eines spezielleren Grundrechts eröffnet ist. Hier wurde ein Eingriff in das speziellere Grundrecht aus Art. 5 Abs. 1 Satz 1

GG bejaht. Für ein aus Art. 2 Abs. 1 GG abgeleitetes Grundrecht der allgemeinen Handlungsfreiheit verbleibt damit kein Anwendungsraum mehr.

C) Endergebnis

Unter „Endergebnis" ist die Antwort auf die gestellte Frauge zu formulieren. Nach der Entscheidung des BVerfG war nicht gefragt. Sollte allerdings die Entscheidung des BVerfG – wie folgt – erwähnt werden, so ist dies positiv zu bewerten: Das Urteil des OLG verletzt die Beschwerdeführerin in ihrem Grundrecht aus Art. 5 Abs. 1 Satz 1 GG. Das BVerfG wird gem. § 95 Abs. 1 BVerfGG feststellen, dass die KuR durch das Urteil in ihrem Grundrecht aus Art. 5 Abs. 1 GG verletzt ist, sowie gem. § 95 Abs. 2 BVerfGG die Entscheidung aufheben und die Sache an das zuständige Gericht zurückverweisen.

Die Verfassungsbeschwerde hat Aussicht auf Erfolg, weil sie zulässig und begründet ist.

Literatur: *C. Enders*, Eingriffe in die Meinungsfreiheit (Art. 5 I 1/II GG), JuS 1997, L 9 ff.; *H.-U. Erichsen*, Das Grundrecht der Meinungsfreiheit, Jura 1996, S. 84 ff.; *G. Gilbert*, Die Schrankentrias des Art. 5 II GG, JuS 1988, S. 274 ff.

Rechtsprechung: BVerfGE 7, 198 (Lüth); 7, 230 (Wahlplakat); 30, 336 (Sonnenfreunde); 61, 1 (Wahlkampf: „CSU – NPD Europas"); 82, 43 (Strauß Transparent); 85, 1 (Kritische Bayer-Aktionäre); 85, 23 (Rhetorische Frage); 85, 248 (Ärztliches Werbeverbot); 86 122 (Meinungsäußerung eines Berufsschülers); 87, 209 (Tanz der Teufel); 90, 241 (Leugnung der Judenverfolgung); 93, 266 (Soldaten sind Mörder); 95, 173 (Warnhinweise bei Tabakerzeugnissen); 102, 347 (Benetton Schockwerbung).

Klausur 5

Spontaner Unmut

Sachverhalt

In der Großstadt S im Lande L soll der repräsentative P-Platz gänzlich umgestaltet werden. Auch die Universität U möchte ihre am P-Platz gelegenen Grundstücke neu bebauen. Sie hat dazu in Abstimmung mit der Landesregierung und dem Rat der Stadt S ein Konzept mit dem Namen „Campus 2010" entwickelt. Mittelpunkt des Konzepts ist eine Versammlungshalle, die zur Erinnerung an die zerstörte einstige Universitätskirche ein Ort des Dialogs zwischen den Kulturen, Religionen und Konfessionen werden soll. Ferner sollen dort die erhaltenen Kunstschätze der alten Universitätskirche eine neue Heimat finden. Die Angehörigen der U und die Bevölkerung der Stadt S sind von dieser Idee durchweg begeistert.

Mit diesen Plänen stimmen indes die Vorstellungen des V-Vereins nicht überein, der sich um eine exakte Rekonstruktion der einstigen Universitätskirche bemüht. Der Vorsitzende des V-Vereins, Professor P, führt deshalb ebenfalls intensive Gespräche mit verschiedenen Mitgliedern der Landesregierung in denen P verspricht, den Wiederaufbau der Kirche allein durch großzügige Spenden von Privaten zu ermöglichen und so zur Entlastung der chronisch schlechten Kassenlage des Landes L beizutragen.

In ihrer Kabinettssitzung am 23.04.2003 diskutiert die Landesregierung die von der U und dem V-Verein vorlegten Konzepte zur Gestaltung der Universitätsgrundstücke. Die kontroverse Debatte dauert bis in die späten Abendstunden. Schließlich können sich Ministerpräsident M und Wissenschaftsminister W, die den Vorschlag des V-Vereins favorisieren, gegenüber dem skeptischen Finanzminister F durchsetzen, und das Kabinett beschließt, von ihrer ursprünglichen Absprache mit der U abzurücken und nunmehr die Vorschläge des V-Vereins aufzugreifen.

Als durch Berichte in den regionalen Tageszeitungen und dem lokalen Rundfunk die neuen Pläne der Landesregierung am nächsten Tag allgemein bekannt werden, herrscht unter den Studierenden der U helle Aufregung. Das Entsetzen unter den in kleinen Gruppen zusammenstehenden Studierenden ist besonders groß, weil nach den vorliegenden Informationen der U nicht nur eine konfessionsgebundene Kirche aufgezwungen werden soll, sondern die U durch die neuen Absichten, insbesondere aus bauästhetischen Gründen, mehr als 5.000 qm ihrer fest eingeplanten Nutzungsfläche verlieren könnte.

Nach lebhafter Diskussion beschließen die verschiedenen Grüppchen, „augenblicklich gemeinsam etwas gegen diese studierendenfeindlichen Planungen zu tun". Spontan formieren sich deshalb noch am selben Vormittag ca. 2.000 Studierende der U zu einem Demonstrationszug. Ausgehend von den Universitätsgebäuden am P-Platz soll der Zug durch die historische Innenstadt von S führen, um möglichst viele Menschen auf das Anliegen der Demonstration aufmerksam zu machen. Im Verlauf des sich langsam, aber kontinuierlich fortbewegenden Zuges kommt es mehrfach zu unbeabsichtigten, aber unvermeidbaren Stockungen des Fußgängerverkehrs in den engen Gassen der Innenstadt, die ohnehin schon mit Touristen aus aller Welt und Passanten überfüllt sind. Mehrfach müssen Fußgänger stehenbleiben und einige Minuten warten, bis die Studierenden in die nächste Gasse weitergezogen sind. Einige Passanten fühlen sich durch den Zug derart belästigt, daß sie deshalb die Polizei herbeirufen, die alsbald am Ort des Geschehens eintrifft.

Nach Prüfung der Sachlage stellt der Einsatzleiter fest, daß die Versammlung nicht angemeldet worden ist und – was tatsächlich zutrifft - eine Umleitung des Zuges mit Blick auf die Situation des Verkehrs in der Innenstadt keinen Entlastungserfolg verspricht. Per Megaphon teilt der Einsatzleiter des Polizeiaufgebotes der Menge deshalb mit, die Versammlung verstoße gegen § 15 Abs. 2 des Gesetzes über Versammlungen und Aufzüge (VersammlG), weil sie nicht ordnungsgemäß angemeldet worden sei. Außerdem störe die Versammlung – so wörtlich - die öffentliche Sicherheit und Ordnung, weil sie den Bewegungsfluß des Fußgängerverkehrs in der Innenstadt erheblich beeinträchtige. Er verfüge deshalb die Auflösung des Zuges. Daraufhin zerstreuen sich die Teilnehmer, und die Kundgebung löst sich friedlich auf. Kurze Zeit später entspannt sich auch die Situation des Fußgängerverkehrs, und die Passanten können wieder ohne größere Behinderungen durch die Straßen gehen.

Studentin D, die an dem Protestzug durch die Innenstadt von S teilgenommen hat, hält die Maßnahmen der Polizei für „illegal" und sieht sich deshalb in ihrem „Grundrecht auf Demonstrationsfreiheit" beeinträchtigt. Sie wendet sich an den ihr bekannten Rechtsanwalt R und möchte wissen, ob sie mit ihrer Auffassung richtig liegt.

Aufgabe:

Es ist gutachtlich zu untersuchen, ob die Maßnahmen der Polizei Grundrechte der D verletzt haben.

Der recht lange Sachverhalt zwingt die Bearbeiter dazu, Wesentliches von Unwesentlichem zu scheiden; und dies ist ein ganz entscheidender Aspekt rechtswissenschaftlicher Arbeitstechnik. Nur wer sich durch die Fülle irrelevanter Details nicht ablenken läßt, vermag den Fall ohne Umschweife zu lösen.

Bearbeitervermerk:

Unterstellen Sie, daß die Polizei bei ihren Maßnahmen nach dem VersammlG mit sachlicher, örtlicher und instanzieller Zuständigkeit gehandelt hat.

Lösungsvorschlag

A. Verletzung von Art. 8 Abs. 1 GG

Dieser Fall behandelt einige grundlegende Fragen des Versammlungsrechts, wie sie in unterschiedlicher Sachverhaltseinbindung immer wieder gestellt werden. Trotz des Rekurses auf Vorschriften des VersammlG werden keine vertieften Kenntnisse des Versammlungsrechts verlangt; die Klausur ist mit einem soliden Grundwissen lösbar.

Die Auflösung des Aufzuges durch die Innenstadt von S verletzt die D in ihrem Grundrecht aus Art. 8 Abs. 1 GG, wenn die D Trägerin dieses Grundrechts ist und ein rechtswidriger Eingriff in den Schutzbereich dieses Grundrechts vorliegt.

Die Prüfung wendet die ganz herrschende und übliche Terminologie der Grundrechtsprüfung an, die der Abfolge Bestimmung des Schutzbereichs, Eingriff in den Schutzbereich und verfassungsrechtliche Rechtfertigung des Eingriffs folgt[1]. Insbesondere gegen die durch den Begriff „Schutzbereich" implizierte „Raummetaphorik" sowie gegen den Begriff „Grundrechtseingriff" hat neuerdings *Ipsen* beachtliche Einwände erhoben; er favorisiert die Begriffe „Grundrechtsinhalt" und „Einwirkungsebene"[2].

I. Eingriff in den Schutzbereich

Erste Voraussetzung ist, daß durch die Auflösung des Aufzuges in den persönlichen und sachlichen Schutzbereich der Versammlungsfreiheit eingegriffen wurde.

1. Schutzbereich

Fraglich ist zunächst, ob der Schutzbereich des Grundrechts der Versammlungsfreiheit berührt ist. Art. 8 Abs. 1 GG schützt die Freiheit aller Deutschen, sich ohne Anmeldung friedlich und ohne Waffen zu versammeln. Der D kommt in persönlicher Hinsicht der Schutz des Art. 8 Abs. 1 GG mithin nur dann zugute, wenn sie Deutsche im Sinne des Art. 116 Abs. 1 GG ist. Mangels gegenteiliger Angaben im Sachverhalt ist davon auszugehen, daß die D Deutsche im Sinne des Art. 116 Abs. 1 GG ist. Folglich ist die D Trägerin dieses Grundrechts; der persönliche Schutzbereich ist damit eröffnet.

---

[1] Vgl. *Pieroth/Schlink*, Rn. 226 ff., 252 ff., 346 ff.; *Schoch*, S. 19 ff.; *Manssen*, Rn. 22.

[2] Vgl. *Ipsen*, Staatsrecht II, Rn. 117 ff., 123 ff.

Es fragt sich aber, ob es sich bei dem Zug durch die Innenstadt von S um eine „Versammlung" i.S.d. Art. 8 Abs. 1 GG handelt. Für eine Versammlung i.s. dieser Norm ist kennzeichnend, daß mehrere, mindestens aber zwei Menschen[4] zur Verfolgung eines gemeinsamen Zwecks zusammenkommen[5], wobei die Zusammenkunft nach der Rechtsprechung des Bundesverfassungsgerichts auf gemeinschaftliche Meinungsbildung und Meinungskundgabe gerichtet sein muß[6]. Es darf sich daher bei dem Zug durch S nicht um eine bloße Ansammlung von ca. 2.000 Personen gehandelt haben, sondern es muß eine innere Verbindung zwischen den Teilnehmern bestanden haben[7], die eine gemeinsame Meinung zum Ausdruck bringen wollten[8]. Die Teilnehmer hatten es sich zum Ziel gesetzt, mit ihrem Zug durch die Innenstadt von S gemeinsam gegen die ihrer Meinung nach studierendenfeindlichen Planungen der Landesregierung des Landes L zu demonstrieren. Sie verfolgten damit einen gemeinsamen, ca. 2.000 Menschen verbindenden Zweck, der zur öffentlichen Meinungsbildung bestimmt und geeignet war. Da es auch unerheblich ist, ob die Versammlung „ortsfest" ist oder nicht[9], ist der Demonstrationszug der Studierenden daher eine Versammlung i.S.d. Art. 8 Abs. 1 GG.

Nach anderer Ansicht sollen mindestens drei Personen für eine Versammlung erforderlich sein[3]. Da an dem Zug ca. 2.000 Personen teilnehmen, kommt es auf diese Meinungsdivergenz nicht an; sie darf daher unerörtert bleiben.

Der Zug ist aber nur dann geschützt, wenn das im Verlauf des Umzuges gezeigte Verhalten friedlich und ohne Waffen erfolgt. Waffen i.S.d. § 1 Waffengesetz (WaffG) führten die Studierenden nicht mit sich. Fraglich aber ist, ob die Friedlichkeit dadurch in Frage gestellt ist, daß es bei dem Zug durch die Innenstadt von S zu Stockungen des Fußgängerverkehrs gekommen ist. Unfriedlich ist eine Versammlung jedenfalls dann, wenn Gewalttätigkeiten oder aggressive Ausschreitungen stattfinden[11]; dagegen kann Unfriedlich-

Die Frage der Friedlichkeit der Versammlung gehört zum Grundrechtsinhalt und ist kein Problem der Beschränkung des Grundrechts[10].

---
[3] So z. B. die Auffasung von *Hoffmann-Riem*, in: AK-GG, Art. 8 Rn. 18.
[4] Vgl. *Höfling*, in: *Sachs*, GG, Art. 8 Rn. 9.
[5] Vgl. *Herzog*, in: *Maunz/Dürig*, GG, Art. 8 Rn. 39; *Höfling*, in: *Sachs*, GG, Art. 8 Rn. 10 und 14; *Gusy*, Polizeirecht, Rn. 411.
[6] Vgl. BVerfGE 69, 313 (345); 84, 203 (209).
[7] Vgl. *Jarass*, in: *Jarass/Pieroth*, GG, Art. 8 Rn. 2.
[8] Vgl. *Laubinger/Repkewitz*, VerwArch 92 (2001), 585 (608).
[9] Vgl. *Herzog*, in: *Maunz/Dürig*, GG, Art. 8 Rn. 80; *Jarass*, in: *Jarass/Pieroth*, GG, Art. 8 Rn. 3.
[10] Vgl. BVerfGE 73, 206 (248); 69, 315 (359 f.); *Höfling*, in: *Sachs*, GG, Art. 8 Rn. 26; *Jarass*, in: *Jarass/Pieroth*, GG, Art. 8 Rn. 6; a.A. (Vorbehalt der Friedlichkeit gehöre in den Bereich der Schranken) *Alexy*, S. 259 f.; *Ketteler*, DÖV 1990, 954 (957).
[11] Vgl. BVerfGE 87, 399 (406).

keit nicht schon in dem Fall angenommen werden, wenn es lediglich zu Behinderungen Dritter kommt, selbst wenn diese gewollt sind[12]. Die aus der eingeschränkten Fortbewegungsmöglichkeit anderer Verkehrsteilnehmer erwachsenden Bedenken gegen die Friedlichkeit des Zuges der Studierenden greifen daher nicht durch; die Versammlung war friedlich. Da also auch der sachliche Schutzbereich eröffnet ist, hat die D mithin an einer durch Art. 8 Abs. 1 GG geschützten Versammlung teilgenommen.

2. Eingriff

Es fragt sich, ob die Auflösungsverfügung einen Eingriff in das Grundrecht der Versammlungsfreiheit darstellt. Ein Eingriff in ein Freiheitsgrundrecht ist nach der modernen Deutung des Eingriffsbegriffs dann gegeben, wenn staatliches Handeln vorliegt, „das dem einzelnen ein Verhalten, das in den Schutzbereich eines Grundrechts fällt, ganz oder teilweise unmöglich macht, gleichgültig ob diese Wirkung final oder unbeabsichtigt, unmittelbar oder mittelbar, rechtlich oder tatsächlich, mit oder ohne Befehl und Zwang erfolgt"[13]. Die Auflösungsverfügung der Polizei verhindert, daß die Studierenden ihren Protest gegen die Planungen der Landesregierung weiterhin im Wege ihres Demonstrationszuges kundtun können. Damit wird ihnen und damit auch der D die Ausübung ihres Grundrechts auf Versammlungsfreiheit unmöglich gemacht. Ein Eingriff ist daher gegeben.

II. Verfassungsrechtliche Rechtfertigung des Eingriffs

Der Eingriff in das Grundrecht der D auf Versammlungsfreiheit ist aber dann verfassungsrechtlich gerechtfertigt, wenn die Auflösungsverfügung der Polizei sich im Rahmen der für das Grundrecht der Versammlungsfreiheit geltenden Schrankenregelung des Art. 8 Abs. 2 GG hält. Nach dieser Vorschrift kann für Versammlungen unter freiem Himmel das Recht, sich ohne Anmeldung oder Erlaubnis friedlich und ohne Waffen zu versammeln, durch Gesetz oder auf Grund eines Gesetzes beschränkt werden. Die Auflösungsverfügung ist somit dann verfassungsrechtlich nicht zu beanstanden, wenn sie auf einer verfassungsmäßigen gesetzlichen Grundlage beruht und die Auflösungsverfügung als

---

[12] Vgl. BVerfGE 87, 399 (406); *Höfling*, in: *Sachs*, GG, Art. 8 Rn. 28.
[13] So *Pieroth/Schlink*, Rn. 240.

Maßnahme zum Vollzug des Gesetzes sich ihrerseits als verfassungsgemäß erweist.

1. Verfassungsmäßigkeit der gesetzlichen Grundlage

Voraussetzung ist zunächst, daß § 15 Abs. 2 VersammlG als die Auflösungsverfügung tragende Ermächtigung verfassungsgemäß ist. Erste Voraussetzung ist, daß die Vorgaben des Art. 8 Abs. 2 GG beachtet worden sind. Nach dieser Vorschrift ist ein Gesetz zulässig, soweit es Beschränkungen für Versammlungen unter freiem Himmel regelt. Die Vorschrift des § 15 Abs. 2 VersammlG befindet sich in Abschnitt III. des VersammlG, der für „Öffentliche Versammlungen unter freiem Himmel" verschiedene Regelungen enthält. Die Grenzen des Gesetzesvorbehalts nach Art. 8 Abs. 2 GG sind insoweit durch das VersammlG eingehalten worden. Da Art. 8 Abs. 2 GG im übrigen keine spezifischen Anforderungen an das grundrechtsbeschränkende Gesetz enthält, ist § 15 Abs. 2 VersammlG dann verfassungsrechtlich nicht zu beanstanden, wenn der Gesetzgeber mit dieser Regelung einen legitimen Zweck verfolgt und das Übermaßverbot beachtet worden ist.

a) Möglichkeit der Auflösung einer öffentlichen Versammlung unter freiem Himmel gemäß § 15 Abs. 2 Var. 1 VersammlG

Fraglich ist, ob die durch das Gesetz eröffnete Möglichkeit, gemäß § 15 Abs. 2 Var. 1 VersammlG[14] Versammlungen unter freiem Himmel wegen der Mißachtung der nach § 14 VersammlG erforderlichen Anmeldung aufzulösen, mit dem Grundgesetz vereinbar ist. Dies setzt bereits voraus, daß die Anmeldepflicht mit Art. 8 Abs. 1 GG vereinbar ist. Bedenken gegen die Bestimmung des § 14 VersammlG folgen nach Ansicht von Teilen der Literatur schon aus dem Wortlaut des Art. 8 Abs. 1 GG, mit welchem eine pauschale Anmeldepflicht schwerlich zu vereinbaren sei[15]. Dieser Betrachtung könnte aber der Einwand entgegenstehen, daß mit der Anmeldepflicht der verfassungsrechtlich legitime Zweck verfolgt wird, mit ihrer Hilfe konkurrierende Interessen verschiedener Grundrechtsträger zum Ausgleich zu bringen. Mit der Verpflichtung des Veranstalters, eine Ver-

---
[14] Zu den vier Auflösungsgründen des § 15 Abs. 2 VersammlG näher *Dietel/Ginzel/Kniesel*, § 15 VersammlG, Rn. 54 ff.
[15] Vgl. *Höfling*, in: *Sachs*, GG, Art. 8 Rn. 58; *Jarass*, in: *Jarass/Pieroth*, GG, Art. 8 Rn. 17.

sammlung unter freiem Himmel spätestens 48 Stunden anzumelden, soll gewährleistet werden, daß die Behörde rechtzeitig Erwägungen anstellen kann, ob Vorkehrungen erforderlich sind, und so Beeinträchtigungen Dritter und Störungen der öffentlichen Sicherheit oder Ordnung von vornherein begrenzt werden[16]. Darüber hinaus dient die Anmeldepflicht auch den Interessen der Versammlungsteilnehmer selbst, denn durch die Anmeldepflicht kann ein möglichst störungsfreier Ablauf der Versammlung durch die Organisation notwendiger Vorkehrungen erreicht werden[17]. Mit der Anmeldepflicht wird mithin das Ziel praktischer Grundrechtskonkordanz[18] und damit ein legitimer Zweck verfolgt, der auch und gerade auf die Gewährleistung der effektiven Ausübung der Versammlungsfreiheit abzielt. Folglich führt der Wortlaut des Art. 8 Abs. 1 GG allein (noch) nicht zur Verfassungswidrigkeit von § 14 VersammlG[19].

Weitere Voraussetzung der Verfassungsmäßigkeit der Vorschrift des § 15 Abs. 2 Var. 1 VersammlG ist aber, daß die Pflicht zur Anmeldung einer Versammlung den Anforderungen des Übermaßverbotes genügt. Da mit der Anmeldung in der Regel keine Belastungswirkungen für den Veranstalter oder die Versammlungsteilnehmer entstehen[20], ist sie grundsätzlich verfassungsrechtlich nicht zu beanstanden.

Die Anmeldepflicht ist im Einzelfall jedoch dann unverhältnismäßig, wenn sie aufgrund der besonderen Umstände zu einem generellen Verbot bestimmter Versammlungsformen führt. Dies ist bei Versammlungen der Fall, bei denen die Versammlung sich aus einer Lage heraus entwickelt, die Bürger veranlaßt, sich zu versammeln, um den Vorgang zu diskutieren und ihrer Meinung oder ihrem Protest ohne längeres Zuwarten Ausdruck zu verleihen[21]. Die kollektive Meinungsäußerung ist hier unmittelbares Zeichen spontaner

---

[16] Vgl. BVerfGE 69, 315 (350); *Gusy,* Polizeirecht, Rn. 421; *Degenhart,* Klausurenkurs, Rn. 675.
[17] Vgl. *Degenhart,* Klausurenkurs, Rn. 675.
[18] Vgl. *Benda,* in: *Dolzer/Vogel/Graßhof,* BK-GG, Art. 8 Rn. 77 f.; allgemein zur Figur der praktischen Konkordanz *Hesse,* Grundzüge, Rn. 72, 317 ff.
[19] Ebenso BVerfGE 69, 315 (349 f.); 85, 69 (74); *Benda,* in: *Dolzer/Vogel/Graßhof,* BK-GG, Art. 8 Rn. 75 ff.
[20] Vgl. *Degenhart,* Klausurenkurs, Rn. 675.
[21] So anschaulich *Benda,* in: *Dolzer/Vogel/Graßhof,* BK-GG, Art. 8 Rn. 79.

Reaktion auf aktuelle Ereignisse. Verlangte man in diesen Fällen eine vorherige Anmeldung und entsprechendes Abwarten der Frist, dann würde nicht nur der Demonstrationszweck gefährdet[22], sondern die Ausübung des Grundrechts durch den Zwang zur Beachtung von Verfahrensvorschriften im Ergebnis verboten[23]. Die spontane Kundgabe der Meinung darf aber nicht an der Förmlichkeit einer Anmeldung scheitern[24], so daß von dem Anmeldeerfordernis nicht jegliche Versammlungen erfaßt sein dürfen[25]. Im Einklang mit der Rechtsprechung des BVerfG und der Literatur ist § 14 VersammlG daher dahingehend auszulegen, daß die Pflicht zur rechtzeitigem Anmeldung bei Versammlungen, die sich aus aktuellem Anlaß augenblicklich bilden (sogenannte Spontanversammlungen)[26], entfällt[27]. Folglich ist auch § 15 Abs. 2 Var. 1 VersammlG nur mit der Maßgabe verfassungskonform, daß eine Auflösung von sogenannten Spontanversammlungen nicht wegen eines Verstoßes gegen § 14 VersammlG erfolgen darf; § 15 Abs. 2 Var. 1 VersammlG findet somit im Ergebnis auf Spontanversammlungen keine Anwendung.

b) Möglichkeit der Auflösung einer öffentlichen Versammlung unter freiem Himmel nach § 15 Abs. 2 Var. 4 VersammlG

Fraglich ist ferner, ob § 15 Abs. 2 Var. 4 VersammlG den verfassungsrechtlichen Anforderungen genügt. Nach dieser Vorschrift kann die zuständige Behörde eine Versammlung auflösen, wenn die Voraussetzungen zu einem Verbot nach § 15 Abs. 1 VersammlG gegeben sind; dies ist der Fall, wenn nach den zur Zeit des Erlasses der Verfügung erkennbaren Umständen die öffentliche Sicherheit oder Ordnung bei Durchführung der Versammlung oder des Aufzuges unmittelbar gefährdet ist. Da der Gesetzgeber mit dem Schutz der öffentlichen Sicherheit oder Ordnung nach ganz über-

---

[22] So auch *Degenhart*, Klausurenkurs, Rn. 675.
[23] Vgl. *Jarass*, in: *Jarass/Pieroth*, GG, Art. 8 Rn. 17.
[24] Vgl. *Benda*, in: *Dolzer/Vogel/Graßhof*, BK-GG, Art. 8 Rn. 79
[25] So *Benda*, in: *Dolzer/Vogel/Graßhof*, BK-GG, Art. 8 Rn. 79; *Jarass*, in: *Jarass/Pieroth*, GG, Art. 8 Rn. 17; *Gusy*, Polizeirecht Rn. 423.
[26] Vgl. *Gusy*, Polizeirecht Rn. 423.
[27] So BVerfGE 69, 315 (350 f.); *Schulze-Fielitz*, in: *Dreier*, GG Bd.1, Art. 8 Rn. 48 f.; *Kunig*, in: *von Münch/Kunig*, GG, Bd. 1, Art. 8 Rn. 33.

wiegender Ansicht legitime Interessen verfolgt[28], bestehen gegen diese Regelung grundsätzlich keine verfassungsrechtlichen Bedenken. Allerdings ist § 15 Abs. 2 Var. 4 VersammlG i.V.m. § 15 Abs. 1 VersammlG vor dem Hintergrund der Bedeutung der Versammlungsfreiheit für den demokratischen Prozeß[29] zu sehen und dementsprechend „im Lichte der grundlegenden Bedeutung des Art. 8 Abs. 1 GG auszulegen"[30]. Der fundamentalen Bedeutung dieses Grundrechts als Mittel kollektiver Meinungsäußerung muß die Auslegung der Eingriffstatbestände des VersammlG nach Auffassung des BVerfG in der Weise Rechnung tragen, daß eine Auflösung nicht wegen jedes, auch noch so geringfügigen Rechtsverstoßes, sondern nur zum Schutz gleichwertiger Rechtsgüter unter strikter Wahrung des Verhältnismäßigkeitsgrundsatzes und nur bei einer unmittelbaren, aus erkennbaren Umständen herleitbaren Gefährdung dieser Rechtsgüter erfolgen darf[31]; eine Auflösung ist mithin allein als ultima ratio zulässig[32]. Unter Berücksichtigung dieser Einschränkungen ist § 15 Abs. 2 Var. 4 VersammlG i.V.m. § 15 Abs. 1 VersammlG daher keinen Einwänden ausgesetzt und mithin verfassungsgemäß[33].

2. Verfassungsmäßigkeit der konkreten Maßnahme

Weiterhin ist erforderlich, daß die konkrete Auflösungsverfügung mit dem Grundgesetz im Einklang steht. Die Auflösungsverfügung ist dann verfassungsgemäß, wenn sie die Ermächtigung des § 15 Abs. 2 VersammlG in verfassungskonformer Weise ausgelegt und unter Beachtung des Verhältnismäßigkeitsprinzips zur Anwendung gebracht hat.

a) Auflösung nach § 15 Abs. 2 Var. 1 VersammlG

Zu prüfen ist, ob die Polizei von der ihr nach § 15 Abs. 2 Var. 1 VersammlG eingeräumten Befugnis, eine Versamm-

---

[28] Vgl. statt vieler *Degenhart,* Klausurenkurs, Rn. 674.
[29] Vgl. *Benda,* in: *Dolzer/Vogel/Graßhof,* BK-GG, Art. 8 Rn. 2
[30] BVerfGE 87, 399 (407).
[31] Vgl. BVerfGE 69, 315 (353); kritisch zur methodischen Verortung dieser Anforderungen als Elemente der Interpretation durch das BVerfG *Pabel,* in: *Menzel,* Verfassungsrechtsprechung, S. 372 (375 f.).
[32] Vgl. BVerfGE 69, 315 (353); ebenso *Benda,* in: *Dolzer/Vogel/ Graßhof,* BK-GG, Art. 8 Rn. 81.
[33] So im Ergebnis auch *Kunig,* in: *von Münch/Kunig,* GG, Bd. 1, Art. 8 Rn. 33; *Benda,* in: *Dolzer/Vogel/Graßhof,* BK-GG, Art. 8 Rn. 81.

lung wegen Nichtanmeldung aufzulösen, in verfassungsmäßiger Weise Gebrauch gemacht. Voraussetzung einer Auflösung auf der Grundlage dieser Vorschrift ist zunächst, daß es sich bei dem Zug um eine öffentliche Versammlung unter freiem Himmel gehandelt. Eine Versammlung unter freiem Himmel ist gegeben, wenn sie nicht durch feste Außenwände von der Umwelt abgegrenzt ist[34]. Der Zug bewegte sich durch die Innenstadt von S und war damit nicht von seiner Umwelt separiert, folglich handelte es sich um eine Versammlung unter freiem Himmel. Die Versammlung war auch öffentlich, da sich faktisch jedermann dem Zug der Studierenden anschließen konnte[35]. Mithin war der Zug durch die Innenstadt von S eine öffentliche Versammlung unter freiem Himmel; § 15 Abs. 2 Var. 1 VersammlG war daher auf den Zug durch die Innenstadt von S anwendbar.

Weiter ist erforderlich, daß ein Verstoß gegen die Pflicht zur rechtzeitigen Anmeldung gegeben ist, und dieser Verstoß mit Blick auf die konkrete Art der Versammlung überhaupt Berücksichtigung finden darf. Ein Verstoß gegen die Anmeldepflicht nach § 14 VersammlG war zwar gegeben, doch könnte sich dieser als irrelevant erweisen. Nach obiger verfassungskonformer Interpretation des § 15 Abs. 2 Var. 1 VersammlG kann eine Versammlung nicht wegen Verstoßes gegen § 14 VersammlG aufgelöst werden, wenn es sich um eine Spontanversammlung handelt. Die Auflösung des Zuges durch die Innenstadt von S nach § 15 Abs. 2 Var. 1 VersammlG war folglich dann verfassungswidrig, wenn es sich hierbei um eine Spontanversammlung im zuvor definierten Sinne gehandelt hat. Der Zug der Studierenden der U gestaltete sich in unmittelbarer Reaktion auf Informationen, die den Studierenden erst kurz zuvor bekannt geworden waren. Er war Folge einer spontanen Entscheidung der Teilnehmer, sogleich etwas gegen die umstrittenen Pläne der Landesregierung zu unternehmen, um den kollektiven Unmut ohne längeres Zögern Ausdruck zu verleihen. Somit liegt eine Spontanversammlung nach den vom Bundesverfassungsgericht entwickelten Grundsätzen vor, so daß die Anmeldepflicht für diese Versammlung nicht galt. Die Auflösungsverfügung nach § 15 Abs. 2 Var. 1 VersammlG wendet das Gesetz daher nicht verfassungskonform an, mithin

---

[34] So *Gusy*, Polizeirecht, Rn. 417.
[35] Zu dem Kriterium der faktischen Zutrittsmöglichkeit als Merkmal der Öffentlichkeit einer Versammlung *Gusy*, Polizeirecht, Rn. 419.

ist die Auflösungsverfügung insoweit verfassungswidrig und kann den Eingriff in das Grundrecht der D nicht rechtfertigen.

b) Auflösung des Zuges auf der Grundlage des § 15 Abs. 2 Var. 4 VersammlG

Der Eingriff könnte sich aber im Ergebnis als verfassungsgemäß erweisen, wenn die Auflösung auf § 15 Abs. 2 Var. 4 VersammlG i.V.m. § 15 Abs. 1 VersammlG gestützt werden kann.

aa) Unmittelbare Gefährdung der öffentlichen Sicherheit oder Ordnung

> Nach der hier im Einklang mit der ganz überwiegenden Meinung der Literatur vertretenen Position ist der Begriff der öffentlichen Sicherheit nach § 15 VersammlG identisch mit dem Schutzgut der öffentlichen Sicherheit i.S.d. allgemeinen Polizeirechts[36].

Dies setzt erstens voraus, daß der Zug durch die Innenstadt von S die öffentliche Sicherheit oder Ordnung unmittelbar gefährdet hat. In Betracht kommt eine unmittelbare Gefährdung der öffentlichen Sicherheit. Der Begriff der öffentlichen Sicherheit i.S.d. § 15 Abs. 1 VersammlG umfaßt neben den Gemeinschaftsrechtsgütern Integrität der Rechtsordnung, Bestand und Funktionsfähigkeit des Staates und seiner Einrichtungen sowie seiner verfassungsmäßigen Ordnung auch die Individualrechtsgüter Leben, Gesundheit, Freiheit, Ehre und Vermögen[37]. Zur „Freiheit" als Individualrechtsgut zählt insbesondere die Fortbewegungsfreiheit der Fußgänger nach Art. 2 Abs. 2 S. 2 GG und damit ein Recht auf ungestörter Teilnahme am Straßenverkehr[38]. Hingegen scheidet ein Rückgriff auf die Integrität der Rechtsordnung aufgrund einer etwaigen Mißachtung der Erlaubnistatbestände nach der StVO und dem Straßengesetz des Landes L als Schutzgüter aus, da diese Normen durch das VersammlG verdrängt werden[39]. Mithin war mit der Bewegungsfreiheit der Passanten ein von der öffentlichen Sicherheit i.S.d. § 15 Abs. 1 VersammlG geschütztes Rechtsgut gegeben.

---

[36] So ausdrücklich *Kunig*, in: *von Münch/Kunig*, GG, Bd. 1, Art. 8 Rn. 33; OVG Koblenz, NJW 1987, 2250 (2250).
[37] So *Benda*, in: *Dolzer/Vogel/Graßhof*, BK-GG, Art. 8 Rn. 82; *Dietel/Ginzel/Kniesel*, § 15 VersammlG, Rn. 100.
[38] Vgl. *Kunig*, in: *von Münch/Kunig*, GG, Bd. 1, Art. 2 Rn. 77 i.V.m. 73; *Dietel/Ginzel/Kniesel*, § 15 VersammlG, Rn. 108.
[39] Vgl. *Schenke*, Rn. 383.

Fraglich aber ist, ob eine unmittelbare Gefährdung der Fortbewegungsfreiheit und damit der öffentlichen Sicherheit bestand. Das Merkmal der unmittelbaren Gefährdung im Sinne des § 15 Abs. 2 Var. 4 VersammlG i.V.m. § 15 Abs. 1 VersammlG stellt – anders als im allgemeinen Polizeirecht – nicht auf die zeitliche Nähe, sondern auf den Grad der Wahrscheinlichkeit einer Beeinträchtigung der Schutzgüter ab[41]. Zu prüfen ist damit, ob die Versammlung mit hinreichend hoher Sicherheit zu einer Beeinträchtigung der Bewegungsfreiheit führen konnte oder sogar geführt hat. Die Fußgänger konnten sich durch den Zug nicht mehr ungehindert bewegen, sondern mußten eine Wartezeit von einigen Minuten in Kauf nehmen, um ihren Weg fortsetzen zu können, so daß eine Beeinträchtigung ihrer Bewegungsfreiheit vorlag. Da die Fortbewegungsfreiheit der Passanten also bereits eingeschränkt war, stellte sich die Beeinträchtigung nicht mehr nur als wahrscheinlich dar, sondern die Gefährdung hatte sich bereits zu einem Schaden für die ungestörte Teilnahme am Straßenverkehr aktualisiert. Folglich war die nach § 15 Abs. 2 Var. 4 VersammlG geforderte unmittelbare Gefährdung für die öffentliche Sicherheit nach jeder Betrachtung gegeben.

Anders aber der Ansatz bei *Dietel/Ginzel/Kniesel*, die von einer unmittelbaren Gefährdung dann ausgehen, wenn der drohende Schadeneintritt so nahe ist, daß er jederzeit, unter Umständen sofort, eintreten kann[40], und damit im Ergebnis doch auf das Moment der zeitlichen Nähe abstellen.

bb) Beachtung des Übermaßverbotes

Weiterhin ist aber erforderlich, daß die auf § 15 Abs. 2 Var. 4 VersammlG gestützte Auflösung den Anforderungen des Übermaßverbotes standhält. Eine Versammlungsauflösung genügt nur dann den Anforderungen des Grundsatzes der Verhältnismäßigkeit, wenn sich die Maßnahme als zum Schutz der öffentlichen Sicherheit geeignet, erforderlich und angemessen erweist[42].

aaa) Die Geeignetheit der Auflösungsverfügung

Fraglich ist erstens, ob die Auflösung des Zuges geeignet war, die Fortbewegungsfreiheit der übrigen Passanten wiederherzustellen. Eine Maßnahme ist geeignet, wenn sie das

---

[40] Vg. *Dietel/Ginzel/Kniesel*, § 15 VersammlG, Rn. 24.
[41] So *Kunig*, in: *von Münch/Kunig*, GG, Bd. 1, Art. 8 Rn. 33; ausführlich zu den Anforderungen an die Wahrscheinlichkeitsprognose *von Mutius*, Jura 1988, 79 (84 f,).
[42] Vgl. BVerfGE 69, 315 (353 f.); *Dietel/Ginzel/Kniesel*, § 15 VersammlG, Rn. 74 ff.; *Gusy*, Polizeirecht, Rn. 429; zu den einzelnen Anforderungen des Verhältnismäßigkeitsprinzips mit Blick auf Grundrechtseingriffe näher *Pieroth/Schlink*, Rn. 279 ff.

angestrebte Ziel erreichen kann[43]. Ziel der Auflösungsverfügung war es, die Bewegungsfreiheit der Passanten zu ermöglichen. Nach der Auflösung des Zuges entspannte sich die Verkehrssituation innerhalb kurzer Zeit. Die Auflösung war daher geeignet, die Fortbewegungsfreiheit wiederherzustellen.

bbb) Die Erforderlichkeit der Auflösungsverfügung

Da bei mehreren geeigneten Maßnahmen zur Abwehr einer Gefährdung der im Begriff der öffentlichen Sicherheit zusammengefaßten Drittinteressen sich die zuständige Behörde auf die Maßnahmen zu beschränken hat, die im konkreten Fall die jeweilige Ausübung der Versammlungsfreiheit am wenigsten beeinträchtigen[44], bedarf das Merkmal der Erforderlichkeit sorgfältiger Prüfung und darf nicht voreilig übersprungen werden.

Es fragt sich aber, ob die Auflösung erforderlich war. Erforderlich war die Auflösung als ultima ratio möglicher Eingriffsoptionen nur dann, wenn kein milderes und gleich wirksames Mittel ersichtlich war[45], um die Fortbewegungsfreiheit der Passanten zu garantieren. Nach den Angaben im Sachverhalt versprachen andere Maßnahmen zur Entspannung der Situation des Verkehrs in der Innenstadt von S, insbesondere eine Umleitung des Zuges, keinen Erfolg. Aufgrund des Charakters der Versammlung als Spontandemonstration konnte die Polizei auch nicht auf vorauswirkende Maßnahmen wie Auflagen zurückgreifen. Ein weniger belastendes Mittel stand der Polizei daher nicht zur Verfügung. Die Auflösung war daher der geringstmögliche Eingriff und genügte mithin auch den Anforderungen der Erforderlichkeit.

ccc) Die Angemessenheit der Auflösungsverfügung

Schließlich bleibt zu prüfen, ob die Auflösung angemessen war. Angemessenheit oder Verhältnismäßigkeit im engeren Sinne ist gegeben, wenn „der mit dem Eingriff verfolgte Zweck in recht gewichtetem und wohl abgewogenem Verhältnis zu der Beeinträchtigung steht, die der Eingriff für den einzelnen bedeutet"[46]. Maßnahmen der Polizei zur Abwehr von Gefahren für die öffentliche Sicherheit nach § 15 Abs. 2 Var. 4 VersammlG dürfen folglich nicht einseitig zu Lasten der Versammlungsfreiheit ausfallen, sondern die Polizei hat bei ihren Maßnahmen eine Abwägung zwischen den widerstreitenden Interessen der Teilnehmer der Versammlung und den im Begriff der öffentlichen Sicherheit

---

[43] Vgl. *Pieroth/Schlink*, Rn. 283.
[44] Vgl. *Dietel/Ginzel/Kniesel*, § 15 VersammlG, Rn. 77.
[45] Vgl. *Pieroth/Schlink*, Rn. 285.
[46] *Pieroth/Schlink*, Rn. 289.

gebündelten Interessen Dritter vorzunehmen[47]. Konkretisiert auf das Verhältnis zwischen Versammlungsfreiheit und der durch das Straßen- und Straßenverkehrsrecht gesicherten Fortbewegungsfreiheit bedeutet dies, daß der Ausgleich im Wege praktischer Konkordanz zugunsten der Sicherheit und Leichtigkeit des Verkehrs ausfallen wird, wenn die durch die Ausübung der Versammlungsfreiheit ausgelösten Behinderungen *beabsichtigter* Zweck der Veranstaltung sind[48]. Hingegen muß die Abwägung zwischen der Fortbewegungsfreiheit der Passanten und der Versammlungsfreiheit dann zugunsten der Versammlungsteilnehmer ausfallen, wenn sie lediglich (Neben)Folge der Grundrechtsausübung sind[49] und die Beschränkungen sich als bloße Belästigung darstellen, die Dritte im allgemeinen ertragen müssen[50]. Dies deshalb, weil Verkehrsbeeinträchtigungen, die sich zwangsläufig aus der nicht verkehrsüblichen Inanspruchnahme ergeben, sich im Rahmen des Sozialadäquaten bewegen und grundsätzlich hinzunehmen sind[51]. Fiele die Abwägung auch im Fall bloßer Belästigungen, die sich zwangsläufig aus der Massenhaftigkeit der Grundrechtsausübung ergeben und sich ohne Nachteile für den Veranstaltungszweck nicht vermeiden lassen[52], zum Nachteil der Versammlungsfreiheit aus, würde die Versammlungsfreiheit in unangemessener Weise hinter die Interessen der Verkehrsteilnehmer zurückgesetzt[53]. Zu untersuchen ist daher, ob die Auswirkungen des Zuges auf die Fortbewegungsfreiheit der Passanten als absichtliches Lahmlegen[54] des Fußgängerverkehrs oder als zwar in Kauf genommene, aber letztlich nicht beabsichtige Folge einzuordnen sind. Für die Einordnung der Auswirkungen als unbeabsichtigte und unvermeidliche Verkehrsbehinderung spricht, daß sich der Zug in ständiger Bewegung befand und trotz seiner Lang-

---

[47] Vgl. *Herzog*, in: *Maunz/Dürig*, GG, Art. 8 Rn. 94; *Gusy*, Polizeirecht, Rn. 432; *Dietel/Ginzel/Kniesel*, § 15 VersammlG, Rn. 109 i.V.m. 81 ff.
[48] So BVerfGE 73, 206 (250); 82, 236 (264); *Herzog*, in: *Maunz/Dürig*, GG, Art. 8 Rn. 96; *Dietel/Ginzel/Kniesel*, § 15 VersammlG, Rn. 109, 116.
[49] Vgl. *Dietel/Kinzel/Kniesel*, § 15 VersammlG Rn. 109.
[50] Vgl. BVerfGE 73, 206 (250).
[51] Vgl. BVerfGE 69, 315 (353); 73, 206 (250); *Benda*, in: *Dolzer/Vogel/Graßhof*, BK-GG, Art. 8 Rn. 84 f.
[52] Vgl. BVerfGE 69, 315 (353).
[53] Vgl. BVerfGE 69, 315 (353); *Dietel/Kinzel/Kniesel*, § 15 VersammlG, Rn. 110; *Schenke*, Rn. 384.
[54] So die Formulierung von *Herzog*, in: *Maunz/Dürig*, GG, Art. 8 Rn. 96.

samkeit nicht auf bewußte Blockade des Verkehrs aus war. Vielmehr mußten die Passanten lediglich einige Minuten warten, bis sie – nach Abzug der 2.000 Versammlungsteilnehmer - ihren Weg ungehindert fortsetzen konnten. Die von einigen Passanten als Belästigung empfundene Behinderung ihrer Fortbewegungsfreiheit ist daher lediglich als unvermeidbare Folge der massenhaften Ausübung des Grundrechts einzustufen. Da nach den Vorgaben der Rechtsprechung ein solch geringfügiger Nachteil von Dritten auszuhalten gewesen wäre, hätte die Abwägung mithin zugunsten der Versammlungsfreiheit ausfallen müssen. Die Auflösung aus verkehrstechnischen Gründen, insbesondere wegen bloßer Behinderung anderer Verkehrsteilnehmer, stand daher außer Verhältnis zu der Bedeutung des Grundrechts für das demokratische Gemeinwesen. Folglich erfüllte die Auflösung auf der Grundlage des § 15 Abs. 2 Var. 4 VersammlG nicht die Anforderungen des Verhältnismäßigkeitsgrundsatzes. Da die auf § 15 Abs. 2 Var. 4 VersammlG gestützte Auflösung als Eingriff in die Versammlungsfreiheit nicht die durch das Übermaßverbot gesetzten sogenannten Schranken-Schranken beachtet hat, wurde das Gesetz nicht verfassungskonform zur Anwendung gebracht. Daher ist die Auflösungsverfügung auch diesbezüglich verfassungswidrig.

III. Ergebnis

Der auf § 15 Abs. 2 Var. 1 VersammlG respektive § 15 Abs. 2 Var. 4 VersammlG gestützte Eingriff in die Versammlungsfreiheit beruhte auf einer nicht verfassungsgemäßen Anwendung der gesetzlichen Vorschriften und war daher nicht verfassungsrechtlich gerechtfertigt. Mangels verfassungsrechtlicher Rechtfertigung war die Auflösung der Versammlung als Eingriff in das Grundrecht der D nicht verfassungsgemäß und verletzte die D in ihrem Recht auf Versammlungsfreiheit nach Art. 8 Abs. 1 GG.

B. Verletzung von Art. 5 Abs. 1 S. 1 Var. 1 GG

In Betracht kommt des weiteren eine Verletzung der von Art. 5 Abs. 1 S. 1 Var. 1 GG gewährleisteten Meinungsfreiheit. Voraussetzung ist hierzu, daß durch die Auflösung der

Versammlung in den Schutzbereich dieses Grundrechts eingegriffen wurde. Im Verhältnis zu Art. 8 Abs. 1 GG schützt Art. 5 Abs. 1 S. 1 Var. 1 GG die kommunikativen Inhalte und Ausdrucksformen, derer sich die Versammlungsteilnehmer bedienen[55]. Ein Eingriff in den Schutzbereich ist aber nur dann gegeben, wenn die staatliche Gefahrenabwehr gerade daran anknüpft, daß ein bestimmter Meinungsinhalt vorgetragen wird[56]. Die Auflösung der Versammlung richtete sich aber nicht gegen die kommunikativen Inhalte der Versammlung, sondern ausschließlich gegen die Modalitäten ihrer Durchführung. Mithin wird durch die Auflösung nicht in den Schutzbereich Art. 5 Abs. 1 S. 1 Var. 1 GG eingegriffen. Eine Verletzung von Art. 5 Abs. 1 S. 1 Var. 1 GG scheidet aus.

C. Verletzung von Art. 2 Abs. 1 GG

Da Fragen der Versammlungsfreiheit durch Art. 8 Abs. 1 GG und Art. 5 Abs. 1 S. 1 Var. 1 GG vorrangig geschützt werden, tritt die Art. 2 Abs. 1 GG als Schutz der allgemeinen Handlungsfreiheit hinter diese speziellen Grundrechte zurück. Mithin ist eine Verletzung von Art. 2 Abs. 1 GG nicht zu erörtern.

D. Gesamtergebnis

Die Auflösung des Zuges durch die Polizei verletzt die D in ihrem Grundrecht aus Art. 8 Abs. 1 GG.

Vertiefungshinweise:
Allgemein zu Art. 8 GG:
Gröpl, Grundstrukturen des Versammlungsrechts, Jura 2002, 18 ff.; *Kniesel,* Versammlungs- und Demonstrationsfreiheit, NJW 2000, 2857 ff.; *Laubinger/Repkewitz,* Die Versammlung in der verfassungs- und verwaltungsgericht-

---
[55] Vgl. BVerfGE 90, 241 (246); *Kunig,* in: *von Münch/Kunig,* GG, Bd. 1, Art. 8 Rn. 37; *Jarass,* in: *Jarass/Pieroth,* GG, Art. 8 Rn. 5.
[56] Vgl. *Kunig,* in: *von Münch/Kunig,* GG, Bd. 1, Art. 8 Rn. 37.

lichen Rechtsprechung, VerwArch 92 (2001), 585 ff. und VerwArch 93 (2002), 149 ff.

Speziell zum Verhältnis von Art. 8 GG und dem Versammlungsgesetz:
Kniesel, Die Versammlungs- und Demonstrationsfreiheit – Verfassungsrechtliche Grundlagen und versammlungsgesetzliche Konkretisierung, NJW 1992, 857 ff.

Klausur 6

Schächterlaubnis

Sachverhalt

Im Tierschutzgesetz (TierSchG) wurde eine bundesweite Regelung getroffen.

§ 4 des TierSchG hat derzeit folgenden Wortlaut:

„(1) Ein warmblütiges Tier darf nur geschlachtet werden, wenn es vor Beginn des Blutentzugs betäubt worden ist.

(2) Abweichend von Absatz 1 bedarf es keiner Betäubung, wenn die zuständige Behörde eine Ausnahmegenehmigung für ein Schlachten ohne Betäubung (Schächten) erteilt hat; sie darf die Ausnahmegenehmigung nur insoweit erteilen, als es erforderlich ist, den Bedürfnissen von Angehörigen bestimmter Religionsgemeinschaften im Geltungsbereich dieses Gesetzes zu entsprechen, denen zwingende Vorschriften ihrer Religionsgemeinschaft das Schächten vorschreiben oder den Genuss von Fleisch nicht geschächteter Tiere untersagen."

Mit dieser Regelung soll zum einen erreicht werden, dass dem ethisch begründeten Tierschutz, dem Tier ohne vernünftigen Grund keine Schmerzen, Leiden oder Schäden zuzufügen, gedient wird, was ohnehin dem Empfinden breiter Bevölkerungskreise Rechnung trägt. Zum anderen soll ermöglicht werden, dass die Angehörigen einer Religionsgemeinschaft, denen zwingende Vorschriften den Genuss von Fleisch nicht geschächteter Tiere untersagen, ohne erhebliche Erschwernisse mit Fleisch geschächteter Tiere ihren Bedürfnissen entsprechend versorgt werden können. Die Regelung des zweiten Absatzes wurde im Gesetzgebungsverfahren gerade im Zusammenhang mit Speisevorschriften sowohl der jüdischen als auch der islamischen Glaubenswelt gesehen. Das Gesetz und seine einzelnen Regelungen sind in formeller und materieller Hinsicht verfassungsmäßig.

Der deutsche Staatsbürger M ist von Beruf Schlachter und betreibt als strenggläubiger Muslim in der sächsischen Stadt L eine Metzgerei, die er vor einem Monat in einem dicht von Muslimen besiedelten Wohngebiet übernahm. Für die Versorgung seiner überwiegend muslimischen Kunden beantragte M eine Ausnahmegenehmigung für das Schlachten ohne Betäubung nach § 4 Abs. 2 TierschG. Zum Antrag erläutert M, dass ihm persönlich und seinen Kunden ausdrücklich verboten ist, Fleisch von nicht geschächteten Tieren zu genießen. Er verwies dabei auf die von allen bedeutsamen muslimischen Gruppierungen geteilte Auffassung des Zentralrates der Muslime in Deutschland, wonach den Muslimen als wesentlicher Bestandteil der Religionsausübung zwingend der Genuss des geschächteten Fleischs vorgeschrieben ist. Dies entspreche auch seiner religiösen Überzeugung. Das Schächten sei kultisch durch Art und Weise genau bestimmt und werde dabei so vorgenommen, dass der Tod des Tieres so schnell wie möglich herbeigeführt wird und dessen Leid unter Vermeidung jeder Art von Tierquälerei auf ein Minimum beschränkt wird. Dies setze konkrete berufliche Fertigkeiten voraus. Er sei sowohl hinsichtlich der religiösen Haltung als auch hinsichtlich der schonenden Tötungsweise qualifiziert. Für die Sondergenehmigung sprächen auch die Bedürfnisse seiner muslimischen Kunden, die von ihm aufgrund des persönlichen Kontakts und der dadurch geschaffenen Vertrauensbasis erwarten, dass das verzehrte Fleisch tatsächlich den Geboten des Islam entspreche.

Die Ausnahmegenehmigung wurde von der zuständigen Behörde abgelehnt. M klagt daraufhin auf Erteilung der Zustimmung und beschreitet erfolglos den Rechtsweg. Das zuständige Verwaltungsgericht teilt in seiner Begründung die Auffassung der Behörde: Diese Vorschrift treffe allein eine sachgerechte Regelung der Berufsausübung und greife durch die Versagung einer Ausnahme vom Schächtungsverbot nicht in die religiöse Überzeugung des Betroffenen ein. Er sei weder rechtlich noch tatsächlich gezwungen, entgegen seiner religiösen Überzeugung Fleisch nicht geschächteter Tiere zu verzehren. Auch könne er noch das importierte Fleisch geschächteter Tiere vermarkten oder sich einen neuen, seiner religiösen Vorstellung entsprechenden Beruf suchen. Die von M vorgebrachten Gründe seien nicht so schwerwiegend, dass sich eine Sondergenehmigung rechtfertigen lasse.

M kann nunmehr in der Bundesrepublik Deutschland den Beruf des Schlachters nicht länger ausüben. Eine völlige berufliche Umorientierung ist ihm in der konkreten Lebenssituation keinesfalls möglich, so dass sich M keine andere Existenzgrundlage aufbauen kann. Er möchte deshalb gegen dieses Urteil das Bundesverfassungsgericht anrufen. Er verweist auf seine grundrechtlich geschützte Berufs- und allgemeine Handlungsfreiheit, denkt aber auch, dass sein Grundrecht auf freie Religionsausübung verletzt worden sei, zumal seine Religionsausübung zugleich eine Berufsausübung darstelle.

Hat sein Vorhaben Aussicht auf Erfolg?

Der Sachverhalt geht auf das Urteil des BVerfG vom 15. 1. 2002 - 1 BvR 1783/99, BVerfGE 104, 337 ff. - Tätigkeit eines muslimischen Metzgers - zurück und wirft Fragen der Berufsfreiheit aus Art. 12 Abs. 1 GG und seiner Auslegung angesichts des speziellen Gehalts des Grundrechts der Religionsfreiheit aus Art. 4 Abs. 1 und 2 GG auf. Im Aufbau sind die Besonderheiten einer sog. Urteilsverfassungsbeschwerde zu berücksichtigen. Die Klausur dürfte im mittleren bis hohen Schwierigkeitsbereich anzusiedeln sein.	**Lösungsvorschlag**
Der Einleitungssatz muss die Antwort auf die gestellte Frage darstellen und soll stets am Anfang jeder Fallbearbeitung stehen.	Die Verfassungsbeschwerde des M hat Aussicht auf Erfolg, wenn sie *zulässig* und *begründet* ist.
Der nachfolgende Prüfungsaufbau ist nicht zwingend; möglich ist auch jede andere zweckmäßige Prüfungsreihenfolge.[1]	**A) Zulässigkeit**
	Die Verfassungsbeschwerde des M ist zulässig, wenn die in Art. 93 Abs. 1 Nr. 4a GG, §§ 13 Nr. 8 a, 23, 90 ff. BVerfGG genannten Voraussetzungen vorliegen.

1. Geeigneter Beschwerdegegenstand – Akt der öffentlichen Gewalt

Die Verfassungsbeschwerde des M ist gem. § 90 Abs. 1 BVerfGG statthaft, wenn er sich gegen einen Akt der *deutschen* öffentlichen Gewalt richtet. Zu den Akten der öffentlichen Gewalt zählt jede öffentlich-rechtliche Tätigkeit des Staates oder seiner Untergliederungen, also alle Akte der Legislative, Exekutive und Judikative.[2]

Der M richtet seine Verfassungsbeschwerde gegen die Entscheidung einer deutschen Behörde und gegen ein letztinstanzliches Urteil (des Verwaltungsgerichts). Entscheidungen der deutschen Rechtsprechung und der deutschen vollziehenden Gewalt sind stets Akte deutscher öffentlicher Ge-

---

[1] Vgl. etwa *Pieroth/Schlink*, § 35; *Lahme*, SächsVBl. 1993, S. 91 ff.; *Brauner/Stollmann/Weiß*, Fälle und Lösungen zum Staatsrecht, 6. Aufl. 1999; *Fleury*, Rn. 247 ff., 372.
[2] *Pieroth/Schlink*, Rn. 1125; *Fleury*, Rn. 292 ff.

walt im Sinne von Art. 1 Abs. 3 GG. Die von M angegriffenen Maßnahmen sind somit taugliche Beschwerdegegenstände.

2. Beschwerdefähigkeit

Der M müsste beschwerdefähig sein. Beschwerdefähig ist gem. § 90 Abs. 1 BVerfGG „*jedermann*", der Träger von Grundrechten bzw. grundrechtsgleichen Rechten sein kann. Die Beschwerdefähigkeit entspricht der Grundrechtsfähigkeit. Grundrechtsfähig ist grundsätzlich jede natürliche Person. Dies ist vorliegend unproblematisch, da M eine natürliche Person, also „jedermann" i.S.v. Art. 93 Abs. 1 Nr. 4a GG ist.

Es kommt hierbei nur auf die prinzipielle Grundrechtsfähigkeit an, die natürliche Person ist beschwerdefähig. Davon zu trennen ist die Frage ihrer Beschwerdebefugnis. In der Literatur werden die beiden Fragen häufig vermengt und schon die Beschwerdefähigkeit von der konkret gerügten Grundrechtsverletzung abhängig gemacht. Die Klausurbearbeiter werden dementsprechend überwiegend schon hier die konkrete Grundrechtsfähigkeit prüfen. Aufgrund der aktuellen literarischen Äußerungen darf es nicht als falsch gewertet werden.

3. Prozessfähigkeit

M müsste auch prozessfähig sein. Das BVerfGG enthält keine Regelung zur Prozessfähigkeit. Insoweit wird auf andere Verfahrensordnungen zurückgegriffen, § 52 ZPO, § 62 VwGO[3], wonach unter Prozessfähigkeit die Fähigkeit verstanden wird, Prozesshandlungen selbst oder durch einen selbst bestimmten Vertreter vor Gericht vornehmen zu können, und die Prozessfähigkeit an die Geschäftsfähigkeit anknüpft bzw. auf die einzelnen in Anspruch genommenen Grundrechte abgestellt wird. Der M ist danach prozessfähig.

Anmerkung: Auf die Prozessfähigkeit ist nicht notwendig einzugehen, da diese vorliegend unproblematisch ist.

4. Beschwerdebefugnis

Der M muss weiterhin beschwerdebefugt sein. Die Beschwerdebefugnis setzt voraus, dass der Beschwerdeführer mit einer gewissen Plausibilität behaupten kann, durch den angegriffenen Akt öffentlicher Gewalt in einem seiner Grundrechte verletzt zu sein.

1. *Plausible Geltendmachung der Grundrechtsverletzung.* Der M kann plausibel geltend machen, durch das letztinstanzliche Urteil verletzt zu sein, wenn nach seinem

---

[3] BVerfGE 72, 122, 132 f.

Vortrag eine Grundrechtsverletzung bzw. eine Verletzung eines grundrechtsgleichen Rechts möglich erscheint; diese darf nicht offensichtlich ausgeschlossen sein.[4] M beruft sich hier auf die Verletzung der Grundrechte aus Art. 2 Abs. 1, Art. 4 Abs. 1 und Art. 12 Abs. 1 GG.

Eine solche Möglichkeit ist zu bejahen, da zumindest seine berufliche Tätigkeit – weil Schächten selbst als ein Akt der Berufausübung verstanden werden kann – ohne eine Ausnahmegenehmigung nicht mehr möglich ist.

Die Frage, ob M selbst, gegenwärtig und unmittelbar betroffen ist, hat bei Verfassungsbeschwerde gegen belastende Gerichtsurteile keine eigenständige Bedeutung. Die Bejahung der Möglichkeit einer Grundrechtsverletzung schließt nämlich die Bejahung dieser Voraussetzung ein. Nur dann, wenn es gerade an einer dieser Voraussetzungen fehlen sollte, ist diese besonders zu behandeln. Die folgende Ausführung soll lediglich die einzelnen Elemente konkretisierend darstellen und den Argumentationsweg dokumentieren. Sie ist in der hier dargelegten Form kein notwendiger Teil einer Klausurlösung. Fehlt in den Lösungen diese Prüfung oder wird sie apodiktisch – ohne weitere Begründung – bejaht, ist dies nicht als falsch zu bewerten. Zum Prüfungsgegenstand (inwieweit die behördl. Entscheidung als Prüfungsgegenstand vom Interesse ist) vgl. unter 3.b.aa).

2. *Selbst, gegenwärtig und unmittelbar betroffen.* Die Verfassungsbeschwerde gegen ein Urteil setzt voraus, dass der Beschwerdeführer selbst, gegenwärtig und unmittelbar in seinen Grundrechten betroffen ist.

- *Selbst* ist M als Adressat in eigenen Grundrechten betroffen, da er Partei eines Rechtsstreites war.
- *Gegenwärtig*: Er ist gegenwärtig betroffen, wenn das angegriffene Urteil auf seine Rechtsstellung „schon" oder „noch" – d.h. aktuell und nicht nur virtuell – einwirkt. Hier unproblematisch.
- *Unmittelbar*: Er ist unmittelbar betroffen, da kein weiterer Vollzugsakt für den Eingriff erforderlich ist. Für M steht bereits jetzt ohne weiteren Vollzugsakt fest, dass er nach dem Gerichtsurteil keine Chance mehr hat, eine Metzgerei zu betreiben.

Im Hinblick auf mögliche Verletzungen seiner Grundrechte ist M mithin beschwerdebefugt.

5. Rechtswegerschöpfung

Gem. § 90 Abs. 2 BVerfGG muss vor Erhebung der Verfassungsbeschwerde der Rechtsweg erschöpft sein. Diese Voraussetzung hat M erfüllt, indem er – laut Sachverhalt – erfolglos den Rechtsweg beschritten hat. Anhaltspunkte dafür, dass das BVerfG dennoch Subsidiarität der Verfassungsbeschwerde annehmen könnte,[5] sind nicht gegeben.

---

[4] BVerfGE 74, 358, 369; 78, 320, 329; *Pieroth/Schlink*, Rn. 1129 m.w. Nachw.

[5] Zu den gegenüber dem Erfordernis der Rechtswegerschöpfung weitergehenden Zulässigkeitsvoraussetzungen unter dem Gesichtspunkt der Subsidiarität der Verfassungsbeschwerde vgl. etwa

6. Form und Frist

Die Verfassungsbeschwerde des M muss gem. § 23 Abs. 1 BVerfGG schriftlich abgefasst und gem. § 92 BVerfGG begründet sowie gem. § 93 Abs. 1 Satz 1 BVerfGG innerhalb eines Monates seit Bekanntgabe der Entscheidung erhoben werden. Da M die Verfassungsbeschwerde erst erheben will und insoweit keine entgegenstehenden Anhaltspunkte im Sachverhalt ersichtlich sind – insbesondere im Hinblick auf die Frist – ist davon auszugehen, dass M diese Formalien einhalten wird.

Auf das Annahmeverfahren nach § 93a ff. BVerfGG ist im Rahmen der Zulässigkeitsprüfung nicht einzugehen.

Ergebnis: Die Verfassungsbeschwerde des M ist zulässig.

B) Begründetheit

Die Verfassungsbeschwerde des M ist begründet, wenn er durch das Urteil in einem seiner Grundrechte verletzt ist. Er rügt die Verletzung der Grundrechts aus Art. 12 Abs. 1, Art. 2 Abs. 1 und 4 Abs. 1 GG.

I. Verstoß gegen das Grundrecht der Berufsfreiheit aus Art. 12 I GG

Zunächst muss der Schutzbereich des Art. 12 Abs. 1 GG eröffnet sein.

Die Lösungsskizze verfolgt im Prüfungsaufbau die Verletzung des Grundrechts auf Berufsfreiheit aus Art. 12 Abs. 1 GG. Die Verletzung von Art. 2 Abs. 1 und Art. 4 Abs. 1 GG ist getrennt zu prüfen. Diesbezüglich sollte Art. 12 Abs. 1 GG als das hier in erster Linie betroffene Grundrecht *an erster Stelle* geprüft werden. Bei der Schutzkumulation ist mit dem Grundrecht anzufangen, das im Zentrum des Sachverhaltes steht bzw. dessen Gewährleistungsgehalt hauptsächlich betroffen erscheint. Dass es sich hier um Art. 12 Abs. 1 GG handelt, ergibt sich aus dem Vorbringen der Beteiligten, insbesondere aus dem des Beschwerdeführers. Es ist also sachgerecht, aufbautechnisch mit Art. 12 anzufangen, obwohl die hier ebenfalls geltend gemachte Verletzung des Grundrechts aus Art. 4 Abs. 1 GG im Hinblick auf die Schrankendivergenz das „stärkere Grundrecht" ist.

Schoch, S. 114 ff.; *Pieroth/Schlink*, Rn. 1156, *Lechner/Zuck*, BVerfGG, § 90, Rn. 136 ff.

1. Schutzbereich

Das BVerfG hat Art. 12. Abs. 1 GG von Anfang an als ein einheitliches Grundrecht interpretiert, das den einheitlichen Komplex der „beruflichen Betätigung" unter verschiedenen Gesichtspunkten schützt.	Nach Art. 12 Abs.1 GG haben alle Deutschen das Recht, ihren Beruf frei zu wählen. Die Vorschrift schützt entgegen dem Wortlaut nicht nur die Berufswahl, sondern enthält ein einheitliches Grundrecht der Berufsfreiheit, da sich Wahl und Ausübung eines Berufes nicht scharf trennen lassen.[6] So beginnt mit der Berufswahl die Berufsausübung und in der Berufsausübung wird die Berufswahl immer wieder neu bestätigt.

a) Sachlicher Schutzbereich

In sachlicher Hinsicht ist an den Berufsbegriff anzuknüpfen. Bei „klassischen" Berufsbildern sollte eine längere Erörterung unterblieben. Nur in Zweifelsfällen sind die einzelnen Voraussetzungen der genannten Definition ausführlich zu subsumieren.	Die Tätigkeit des M müsste einen Beruf i.S.v. Art. 12 Abs. 1 GG darstellen. *Beruf* ist danach jede erlaubte, in selbständiger oder unselbständiger Stellung ausgeübte Tätigkeit, die auf Dauer angelegt ist und der Schaffung und Erhaltung einer Lebensgrundlage dient.[7] Der Betrieb einer Metzgerei ist eine Tätigkeit, die ihrer Art nach jedenfalls auf einen längeren Zeitraum und in diesem Sinne auf Dauer angelegt ist. Die Betätigung als Metzger dient auch der Erzielung von Gewinn, der zur Schaffung und Erhaltung einer Lebensgrundlage verwendet wird. Die Merkmale des verfassungsrechtlichen Berufsbegriffes sind damit erfüllt.
Als einschränkendes Kriterium wird teilweise gefordert, dass die berufliche Tätigkeit nicht gesetzlich verboten sein darf.[8] Gegen das einschränkende Kriterium wird jedoch eingewandt, dass der Berufsbegriff nicht zur Disposition des Gesetzgebers gestellt werden kann.[9] Im Übrigen wird teilweise verlangt, dass die berufliche Tätigkeit nicht sozial- oder gemeinschädlich sein darf.[10] Wann diese vagen Kriterien vorliegen, kann hier dahinstehen, da dem Betrieb einer Metzgerei keine Sozial- bzw. Gemeinschaftsschädlichkeit unterstellt werden kann.	Die Berufsfreiheit schützt die Berufswahl („Ob" der beruflichen Tätigkeit) und die Berufsausübung („Wie" der beruflichen Tätigkeit).

---

[6] BVerfGE 7, 377, 400 ff.; 95, 193, 214; *Jarass/Pieroth*, GG, Art. 12 Rn. 1; *Pieroth/Schlink*, Rn. 809.
[7] BVerfGE 54, 301, 313; 97, 228, 252; 102, 197, 212.
[8] BVerfGE 7, 377, 397; 81, 70, 85.
[9] *Schoch*, DVBl. 1991, 667, 669.
[10] BVerwGE 22, 286, 289; kritisch hierzu *Pieroth/Schlink*, Rn. 810.

Das Betreiben einer Metzgerei durch den M ist somit auch Ausübung eines Berufes i.S.v. Art. 12 Abs. 1 GG.

b) Personeller Schutzbereich

Grundrechtsträger sind alle Deutschen – somit ist vorliegend der personelle Schutzbereich eröffnet, da M ein deutscher Staatsbürger ist.

<small>Dies kann unterstellt werden, da im Sachverhalt keine anderen Anhaltspunkte gegeben sind.</small>

2. Schutzbereichsbeeinträchtigung

Eingriffe in das Grundrecht auf Berufsfreiheit sind alle Maßnahmen der öffentlichen Gewalt, die objektiv *berufsregelnde Tendenz* haben. Unabhängig davon, ob diese final oder unbeabsichtigt, unmittelbar oder mittelbar, rechtlich oder tatsächlich, mit oder ohne Befehl und Zwang erfolgen, reicht für den Eingriff aus, dass staatliches Verhalten dem Einzelnen ein grundrechtlich garantiertes Verhalten ganz oder teilweise unmöglich macht.[11] Ein Eingriff in den Schutzbereich liegt also vor, wenn staatliches Handeln ein grundrechtlich geschütztes Verhalten erschwert oder unmöglich macht. Dazu rechnet in erster Linie ein behördliches Verbot, das verwaltungsgerichtlich bestätigt worden ist.

Die Beeinträchtigung liegt hier insbesondere darin, dass die Behördenentscheidung dem Grundrecht auf Berufsausübungsfreiheit gegenüber dem M keine Geltung verschafft hat: Die Entscheidung der zuständigen Behörde und die Gerichtsurteile haben zur Folge, dass dem muslimischen Metzger M es nicht mehr möglich ist, seinen Beruf als Schlachter ohne Umorientierung und Umstellung auszuüben.

Hierin liegt also ein finaler Eingriff in die Berufsausübungsfreiheit des M, da hier nicht der Zugang zu einem bestimmten Beruf (dem M wurde nicht das Betreiben seiner Metzgerei verboten), sondern lediglich die Form, der Umfang und der Inhalt seiner beruflichen Tätigkeit (es ist ihm unmöglich gemacht worden, die Tiere ohne vorherige Betäubung zu töten) reglementiert wurden.

<small>Ob in die Berufsausübungsfreiheit oder die Berufswahlfreiheit eingegriffen wird, muss hier nicht festgestellt werden. Es empfiehlt sich aber, da ansonsten die gesamte Eingriffsproblematik nochmals bei Verfassungsmäßigkeit der Behördenentscheidung (bei der Verhältnismäßigkeitsprüfung) erörtert werden müsste.</small>

---

[11] *Pieroth/Schlink*, Rn. 240.

3. Verfassungsrechtliche Rechtfertigung

Beachten: Erforderlich ist in jedem Fall, dass die Grundrechtseinschränkung durch oder aufgrund eines Gesetzes erfolgt, also auf ein Gesetz im formellen Sinne zurückgeführt werden kann.

Der Eingriff könnte verfassungsrechtlich gerechtfertigt sein. Das ist dann der Fall, wenn er durch Schranken gedeckt ist. Eingriffe in dieses Grundrecht sind nach Art. 12 Abs. 1 Satz 2 GG nur durch oder aufgrund eines Gesetzes erlaubt.[12] Da die Berufswahl und die Berufsausübung als einheitliches Grundrecht geschützt sind, unterliegt es über den Wortlaut hinaus auch einheitlich mit seinem Berufswahl- und Berufsausübungsaspekt dem Gesetzesvorbehalt.[13]

a) Verfassungsmäßigkeit des § 4 TierSchG

Man hat dies zu unterstellen, soweit im Sachverhalt keine anderen Anhaltspunkte gegeben sind.

Das Gesetz muss formell und materiell verfassungsgemäß sein. Da dies ausdrücklich im Sachverhalt bestätigt ist, ist von einem formell und materiell verfassungsgemäßen Gesetz auszugehen. Die Verfassungsmäßigkeit der konkreten Vorschrift ist demzufolge zu bejahen.

Im Übrigen bringt die Regelung die kollidierenden gesellschaftlichen Interessen und die Interessen der einzelnen Religionsgemeinschaften zu einem sachgerechten und angemessenen Ausgleich. Sie ermöglicht durch die Sondergenehmigung, den Bedürfnissen der Angehörigen einer Religionsgemeinschaft zu entsprechen, das Fleisch der geschächteten Tiere zu genießen. Gleichzeitig trägt sie dem ethisch gebotenen Tierschutz Rechnung, da sie die Zufügung von Schmerzen, Leiden oder Schäden gegen ein Tier ohne vernünftigen Grund verbietet.

b) Verfassungsgemäße Anwendung des § 4 TierSchG

Liegt ein verfassungsgemäßes Schrankengesetz vor, kann die Verletzung spezifischen Verfassungsrechts in der Rechtsauslegung und -anwendung liegen. D.h., trotz einer rechtswirksamen Grundlage ist die Untersagung der Sondergenehmigung gegenüber M nur dann verfassungsgemäß, wenn die Rechtsgrundlage im Hinblick auf den aus Art. 12 Abs. 1 GG folgenden Grundrechtsschutz fehlerfrei ausgelegt und angewendet worden ist.

aa) Zum Prüfungsgegenstand

Die Verfassungsbeschwerde gegen Verwaltungshandeln allein hat wegen der Rechtsweggarantie (Art. 19 Abs. 4 GG) einerseits und des Gebots der Rechtswegerschöpfung (§ 90

---

[12] *Gubelt*, in: *von Münch/Kunig*, GG Bd. 1, Art. 12, Rn. 73.f.
[13] BVerfGE 7, 377, 401 ff.; 84, 133, 148; *Tettinger*, in: *Sachs*, GG, Art. 12, Rn. 82

Abs. 2 Satz 1 BVerfGG) kaum praktische Bedeutung. Sie bleibt jedoch praktisch möglich.[14]

Eine Verfassungsbeschwerde gegen Verwaltungshandeln nach Erschöpfung des Rechtsweges gibt es eigentlich nicht. Prüfungsgegenstand einer Verfassungsbeschwerde gegen einen Rechtsprechungsakt ist grundsätzlich die Entscheidung der letzten Instanz (dafür spricht das Gebot der Rechtswegserschöpfung, § 90 Abs. 2 Satz 1 BVerfGG).[15] Der Beschwerdeführer kann jedoch wählen, ob er daneben untere Instanzen und/oder die etwa zugrundeliegende Behördenentscheidung mit einbezieht.[16] Trifft er diese Wahl nicht ausdrücklich, so geht das BVerfG in ständiger Rechtsprechung von einem „*doppelten Streitgegenstand*" aus: es sind die letztinstanzliche Gerichtsentscheidung *und* die ursprüngliche Entscheidung der Behörde auf ihre Verfassungsmäßigkeit hin zu prüfen.[17] Dabei gilt als *Faustregel*, dass Gegenstand einer Verfassungsbeschwerde die ursprüngliche Behördenentscheidung und die ihn bestätigende Gerichtsentscheidung ist.

Da vorliegend (laut Sachverhalt) das BVerfG ausdrücklich gegen das letztinstanzliche Urteil und nicht gegen die „erste" (behördliche) Verletzung angerufen werden soll, kann von den Bearbeitern die Prüfung des letztinstanzlichen Urteils – wie im Folgenden - erwartet werden.

Die Bearb. können von dieser Lösung wegen der unterschiedlichen Auffassungen in der Literatur abweichen und die *Behördenentscheidung als Prüfungsgegenstand* heranziehen. Wird der Verfassungsmäßigkeitsprüfung und die *Behördenentscheidung* zugrunde gelegt, ist dies – der jeweiligen Argumentation entsprechend – als korrekt zu bewerten. Im Falle eines solchen Lösungsansatzes ist zu fragen, ob die Anwendung von § 4 TierSchG durch die zuständige Behörde verfassungskonform erfolgte, also ob der Behörde spezifische Grundrechtsverstöße unterlaufen sind, nicht etwa, ob sie das Gesetz richtig angewandt oder etwa den Sachverhalt zutreffend ermittelt hat.

---

[14] *Schlaich/Korioth*, Rn. 205; *Fleury*, Rn. 286.
[15] Hierzu *Fleury*, Rn. 296
[16] Hierzu *Peiroth/Schlink*, Rn. 1127; *Pestalozza*, Rn. 174; *Fleury*, Rn. 296.
[17] *Schmidt-Bleibtreu*, in: *Maunz/Schmidt-Bleibtreu/Klein/Ulsamer*, BVerfGG § 90, Rn. 151; *Benda/Klein*, BVerfGG, Rn. 515 ff.; *Rennert*, in: *Umbach/Clemens*, § 95, Rn. 55; *Fleury*, Rn. 296.

Ob die angegriffene Behördenentscheidung das Grundrecht auf Berufsfreiheit verletzt, ist dann im Rahmen der Verhältnismäßigkeitsprüfung darzulegen. Die Prüfung sollte nach dem üblichen Eingriffsschema erfolgen: Die Entscheidung der Behörde muss danach verhältnismäßig, also *geeignet, erforderlich* und *verhältnismäßig i.e.S.* sein, da die Eingriffe in das Grundrecht der freien Berufsausübung nur unter Beachtung des Verhältnismäßigkeitsgebotes erfolgen dürfen. Die *Geeignetheit* ist zu bejahen, zumal mit der Behördenentscheidung der gewünschte Erfolg – das Schlachten warmblütiger Tiere an die Grundsätze eines ethisch ausgerichteten Tierschutz zu binden – gefördert werden kann. Diese ist auch *erforderlich*, da eine gleichermaßen wirksame Alternative zum Schlachten unter Betäubung aus Gründen des Tierschutzes nicht ersichtlich ist. Die *Verhältnismäßigkeit i.e.S.* dürfte dagegen verletzt sein, da bei einer Gesamtabwägung zwischen der Schwere des Grundrechtseingriffs und dem Gewicht der Dringlichkeit der ihn rechtfertigenden Gründe es dem M zuzubilligen ist, warmblütige Tiere unter den vom Gesetzgeber festgelegten Voraussetzungen auf der Grundlage einer Ausnahmegenehmigung ohne vorherige Betäubung zu schlachten. Im Übrigen ist auf die Argumentation zur Verfassungsmäßigkeit der Gerichtsentscheidung zu verweisen – diese ist im Ansatz auch für die Prüfung der Verhältnismäßigkeit der Behördenentscheidung relevant (im Folgenden unter cc]). Im Ergebnis ist die Behördenentscheidung als unverhältnismäßig i.e.S. und dabei als grundrechtswidrig anzusehen – die Verfassungsbeschwerde des M wird daher Aussicht auf Erfolg haben.

Soweit die Bearbeiter die Verfassungsmäßigkeit des Rechtsprechungsakts – des Urteils des letztinstanzlichen Verwaltungsgerichts – prüfen, gelten die im Folgenden dargestellten Lösungsansätze.

Hier wird von Prüfungsdichte gesprochen. Für die gleiche Frage wird auch vom „Prüfungsumfang", für die Frage des Prüfungsumfangs im Verhältnis zur Gesetzgebung aber von „Kontrolldichte" gesprochen. Der Sprachgebrauch ist willkürlich – in diesen Fällen geht es um die „Kontrolldichte". Neuere Entscheidungen sprechen von der „Kontrollbefugnis" des BVerfG.[18]

bb) Prüfungsdichte bei Urteilsverfassungsbeschwerde

Über die Klage von M ist vom letztinstanzlichen Verwaltungsgericht entschieden worden. Gem. § 90 Abs. 1 BVerfGG ist das BVerfG auf die Überprüfung bestimmter Rechtsverletzungen beschränkt. Die gesetzliche Begrenzung des Prüfungsmaßstabes auf Grundrechte und grundrechtsgleiche Rechte zeigt, dass die Verfassungsbeschwerde kein weiteres Rechtsmittel im fachgerichtlichen Instanzenzug, sondern ein außerordentlicher Rechtsbehelf ist.[19]

Demnach ist das BVerfG keine Superrevisionsinstanz.[20] Die fachgerichtliche Entscheidung kann mit der Verfassungsbeschwerde nicht zur umfassenden Nachprüfung gestellt werden. Somit ergibt sich für die Prüfungsdichte, dass die Einhaltung des Verfahrens, Feststellung und Würdigung des Sachverhalts, die Auslegung des einfachen Rechts und

---

[18] Vgl. *Schlaich/Korioth*, Rn. 272 m. w. Hinw.
[19] BVerfGE 49, 252, 256; 68, 376, 379; 96, 251, 257.
[20] BVerfGE 18, 85, 256, st. Rspr.

seine Anwendung auf den einzelnen Fall allein die Sache des Fachgerichtes und damit der Nachprüfung durch das BVerfG, das auf die Auslegung und Anwendung von Verfassungsrecht beschränkt ist, grundsätzlich entzogen ist.

Das BVerfG hat vielmehr die Einhaltung der Grundrechte, an die die Fachgerichte gem. Art. 1 Abs. 3, Art. 20 Abs. 3 GG gebunden sind, bei der Auslegung und Anwendung des einfachen Rechts zu sichern.

Für die Feststellung, wann spezifisches Verfassungsrecht verletzt ist, gibt es nur wenige gesicherte Maßstäbe. Meist wird auf eine dem früheren Bundesverfassungsrichter *Heck* zugeschriebene Formel[21] zurückgegriffen: Nicht zu den Aufgaben des BVerfG zählt zunächst die Tatsachenfeststellung. Spezifisches Verfassungsrecht ist zudem nur dann verletzt, wenn die Fachgerichte nicht erkannt haben, dass grundrechtliche Garantien einschlägig sind. Das ist dann der Fall, wenn ein Gericht eine grundrechtliche Garantie nicht beachtet hat, etwa weil es davon ausgegangen ist, dass der Schutzbereich Einschlägig ist. Weiterhin wird man verlangen müssen, dass die Nichtbeachtung des Grundrechts möglicherweise Einfluss auf das Ergebnis gehabt hat. Darüber hinaus liegt eine Verletzung spezifischen Verfassungsrechts vor, wenn ein Gericht den Ausgleich zwischen mehreren grundrechtlichen Garantien in grob unangemessener Weise vorgenommen hat. Die Kontrolldichte richtet sich auch nach der Eingriffsintensität. Es ist also eine Verhältnismäßigkeitsprüfung vorzunehmen. Eine fachgerichtliche Entscheidung ist aufzuheben, wenn sie zu einer unzumutbaren Beeinträchtigung der grundrechtlichen Freiheit führt.[22]

Somit ist die Prüfungsdichte bei der VB gegen eine *Gerichtsentscheidung* auf die Überprüfung der Verletzung spezifischen Verfassungsrechts durch das Fachgericht beschränkt. Eine spezifische Verletzung liegt nicht schon dann vor, wenn eine Entscheidung, gemessen am einfachen Recht, objektiv fehlerhaft ist. Der Fehler muss gerade in der Nichtbeachtung oder Verkennung von Grundrechten liegen.

Diese obige Ausführung ist *kein Maßstab* der Klausurbearbeitung. Für eine ausreichende Lösung ist allerdings eine klare Stellungnahme zur Prüfungsdichte des BVerfG erforderlich.

cc) Verfassungsmäßigkeit der Gerichtsentscheidung

Das angegriffene letztinstanzliche Urteil (ggf. die Entscheidung der zuständigen Behörde) könnte eine Verletzung spezifischen Verfassungsrechts darstellen, weil bei der Auslegung und Anwendung des § 4 TierSchG im Falle M die Bedeutung des Grundrechts der Berufsfreiheit möglicherweise verkannt worden ist. Bei der Anwendung des Gesetzes sind Grundrechtsverstöße nur dann möglich, wenn das Gesetz – wie vorliegend – einen Entscheidungsspielraum offen lässt.

Beachten: Hier prüft das BVerfG im Rahmen der Verfassungsbeschwerde nur, ob der Behörde bzw. dem Gericht spezifische Grundrechtsverstöße unterlaufen sind, nicht etwa, ob sie i.Ü. das Gesetz richtig angewandt oder den Sachverhalt zutreffend ermittelt hat.

Die Erteilung der Ausnahmegenehmigung für ein Schlachten ohne Betäubung ist eine Frage der Anwendung des einfachen Rechts. Es ist in das Ermessen der zuständigen Be-

---

[21] Nach dem Berichterstatter in dem Urteil BVerfGE 18, 85, Richter des BVerfG Heck; vgl. *Herzog*, Das Bundesverfassungsgericht und die Anwendung des einfachen Gesetzesrechts, in: FS Dürig 1990, S. 431 ff.
[22] BVerfGE 7, 198, 205 f.; 32, 311, 316; 42, 143, 148; st. Rspr.

hörden gestellt, die Ausnahmegenehmigung in den gesetzlich vorgesehenen Fällen zu erteilen. Bei der Ablehnung der Ausnahmegenehmigung wurde die notwendige Interessenabwägung mit § 4 TierSchG vorgenommen. Dabei sind sowohl die Belange des Metzgers M, nämlich sein Interesse an der Sondergenehmigung, als auch die des Tierschutzes, nämlich ein ethisch bedingtes Betäubungsschlachten, berücksichtigt worden. Dies befanden die Gerichte für rechtmäßig, was mit dem letztinstanzlichen Urteil auch bestätigt wurde. Das Gesetz müsste jedoch verfassungsgemäß angewendet worden sein.

Die Gesetzesanwendung durch das letztinstanzliche Gericht verletzt Art. 12 Abs. 1 GG, wenn das Gericht die Bedeutung und Tragweite des Grundrechts bei der Anwendung der Bestimmung des TierSchG verkannt hat. Dies hätte es hier getan, wenn es die Rechtsstellung, die der M im Hinblick auf seine berufliche Tätigkeit als Metzger genießt, sowie die Schwere des Eingriffs in das Grundrecht der Berufsfreiheit verkannt hätte.

Hier ist folglich die Position des M der Position der Gemeinschaft gegenüberzustellen und anschließend eine Abwägung zwischen der Schwere des Eingriffs und dem Gewicht sowie der Dringlichkeit der ihn rechtfertigenden Gründe vorzunehmen. Dabei müssen im Ergebnis die Grenzen der Zumutbarkeit gewahrt werden.[23] Je stärker der Grundrechtsinhaber in seiner Berufsausübung beeinträchtigt wird, um so wichtiger müssen die Gemeinwohlbelange sein, denen die ermächtigende Gesetzesregelung dienen soll.[24] Andernfalls wird bei der verfassungsrechtlichen Bewertung der Zweck-Mittel-Relation die Proportionalität des Grundrechtseingriffs nicht beachtet.

Das Gericht müsste gesehen haben, dass nach dem Grundsatz der Dreistufentheorie vorliegend ein Eingriff in die Berufsfreiheit in ihrem Ausübungsaspekt erfolgt. Fraglich ist deshalb, ob dieser Eingriff in das Grundrecht auf freie Berufsausübung durch *sachgerechte und vernünftige Erwägungen des Gemeinwohls* gerechtfertigt ist. Ob das angegriffene Urteil auf einer grundsätzlich unrichtigen Auffassung von der Bedeutung und Tragweite eines Grundrechtes beruht, hängt von der Abwägung der widerstreitenden, rechtlich geschützten Interessen ab. Im Mittelpunkt der Abwägung befindet sich danach die Anwendung des Prinzips der *Verhältnismäßigkeit* bei den vom Gemeinwohl her gebotenen Eingriffen in die Berufsfreiheit.

Das angegriffene Urteil macht es dem gläubigen muslimischen Metzger unmöglich, in der Bundesrepublik Deutschland ohne Ausnahmegenehmigung den Beruf des Schlachters auszuüben, weil er sich darauf beschränken muss, in

---

[23] Vgl. BVerfGE 68, 193, 219; 71 183, 200; 77, 84, 111; 81, 70, 92; 93, 1, 19; 94, 372, 390.
[24] BVerfGE 85, 226, 235; *Jarass*, in: *Jarass/Pieroth*, GG, Art. 12, Rn. 12.

seinem Betrieb entweder importiertes Fleisch geschächteter oder Fleisch nicht geschächteter Tiere zu verkaufen. M kann nunmehr seinen Betrieb nur als Verkaufsstelle fortführen oder – wie er dies für seine Person geltend macht – diesen aufgeben, um sich eine neue wirtschaftliche Grundlage zu schaffen.

Dieser Eingriff *wiegt* allerdings *schwer*, da jede dieser Entscheidungen für M mit weitreichenden Konsequenzen verbunden wäre: Sollte er noch als Verkäufer das Fleisch geschächteter Tiere vermarkten, wäre dies mit dem Verzicht auf die Tätigkeit eines Schlachters und auch mit der Ungewissheit verbunden, ob das von ihm angebotene Fleisch tatsächlich von geschächteten Tieren stammt und damit den Glaubensregeln der Kunden sowie des eigenen Glaubens entspricht. Dies hätte zur Folge, dass neue Kunden gewonnen werden müssten. Diese sind ebenfalls von dem Verbot betroffen, da für sie damit im Hinblick auf das Fehlen des persönlichen Kontakts zum Schlachter und der dadurch geschaffenen Vertrauensbasis die Unsicherheit verbunden ist, ob das verzehrte Fleisch tatsächlich den Geboten des Islam entspricht. Sollte eine völlige berufliche Umorientierung erfolgen, bedeutet dies, dass sich M eine andere Existenzgrundlage aufbauen müsste. Dies ist laut Sachverhalt derzeit überhaupt nicht möglich.

Die im Folgenden vorgebrachte Argumentation stellt nur eine von verschiedenen Möglichkeiten dar und kann hier im Sinne einer Leitlinie verstanden werden. Für die konkrete Bewertung spielen die Fragen der Schwerpunktbildung und der konsequenten Durchführung der Argumentation die entscheidende Rolle. Insbesondere ist zu berücksichtigen, dass sich der Bearbeiter bei der *Argumentation an den Sachverhalt hält* und hieraus die einzelnen Begründungen ableitet.

Dieser Position des M steht der durch das TierSchG zum Ausdruck gebrachte Gemeinwohlbelang – dem auch in der Bevölkerung ein hoher Stellenwert beigemessen wird – gegenüber. Der Gemeinwohlbelang ist insofern in der Verantwortung des Menschen für das Tier als Mitgeschöpf, dessen Leben und Wohlbefinden zu schützen, zu sehen. Danach ist Tierschutz ethisch geboten: Keinem Tier dürfen ohne vernünftigen Grund Schmerzen, Leiden oder Schäden zugefügt werden. Die gebotene Betäubung soll folglich dazu beitragen, dass dem Tier weniger Schmerzen und Leiden als beim Schlachten ohne Betäubung entstehen.

Aus der Ausnahmeregelung des § 4 Abs. 2 TierSchG ergibt sich jedoch, dass die Betäubungspflicht keinen absoluten Wert darstellt. Die Durchbrechung des Betäubungsgebotes ist zulässig, soweit diese zum Schutz bestimmter Religionsgemeinschaften (Muslime und Juden) dient, ohne damit die Grundsätze und Verpflichtungen eines ethisch begründeten Tierschutzes aufzugeben. Dem trägt der M Rechnung: Er übt einen religiös geprägten Beruf aus und ermöglicht dadurch die Einhaltung der religiös motivierten Speisevorschriften der Kunden. Gleichzeitig ist er berufsgemäß befähigt, den Grundsätzen und den Verpflichtungen eines ethisch geprägten Tierschutzes nachzukommen, da er betäubungslose Schlachtungen unter Vermeidung jeder Art von Tierquälerei und unter Minimierung des Leiden für das Tier vornimmt.

Dies spricht im Ergebnis dafür, dass ohne Ausnahmegenehmigung das Grundrecht des M, der die betäubungslosen Schlachtungen berufsmäßig vornehmen will, *unzumutbar beschränkt* wird und den Belangen des Tierschutzes ohne zureichende verfassungsrechtliche Rechtfertigung einseitig der Vorrang eingeräumt wurde. Bei einer Abwägung ist daher zu beachten, dass die grundrechtlich geschützte Position des M durch die religiös geprägte Schlachtung und die religiös geprägten Bedürfnisse seiner Kunden erhöht wird; es handelt sich beim Schächten jedoch nicht um einen Akt der Religionsausübung, sondern vielmehr um das Mittel zur Gewinnung und Zubereitung von Fleisch für seine muslimischen Kunden – die Eigenversorgung des M mit solchem Fleisch tritt daneben zurück. Auf der anderen Seite fehlen jedoch Gründe, diese Belastung allein dem einzelnen Metzger M aufzuerlegen.

Die Behörden und die Verwaltungsgerichte sind folglich bei der Anwendung der Ausnahmeregelung vom Schächtungsverbot zu einer *unverhältnismäßigen Beschränkung* des Grundrechts auf die freie Berufsausübung aus Art. 12 Abs. 1 GG gelangt. Die Ablehnung der beantragten Ausnahmegenehmigung ist deshalb verfassungswidrig.

Was die Einschlägigkeit der anderen Grundrechte betrifft, ist im Wesentlichen auf die im Folgenden zum Ausdruck gebrachten Ausführungen abzustellen.	**II. Verstoß gegen die Grundrechte der Religionsfreiheit aus Art. 4 I GG und der Handlungsfreiheit aus Art. 2 I GG**
	1. Religionsfreiheit aus Art. 4 Abs. 1 GG
Zum Schutzbereich vgl. die Ausführungen im Fall Nr. 3: „Muezzinruf" u. B) I.	Das Grundrecht auf Religionsfreiheit aus Art. 4 Abs. 1 GG enthält eine Garantie der Freiheit des Glaubens sowie des religiösen und weltanschaulichen Bekenntnisses. Art. 4 Abs. 2 GG gewährleistet die ungestörte Religionsausübung. Es handelt sich hierbei nicht um einzelne verfassungsrechtliche Garantien, sondern um ein einheitliches Grundrecht der Glaubensfreiheit.

Es ist allerdings fraglich, ob durch die Verweigerung der Erteilung einer Ausnahmegenehmigung auch der spezielle Freiheitsgehalt des Grundrechts aus Art. 4 Abs. 1 und 2 GG verletzt ist. Das Schächten selbst ist diesbezüglich nicht als

Akt der Religionsausübung, sondern vielmehr als ein Akt der beruflichen und wirtschaftlichen Betätigung des M zu sehen, da dieses der Schaffung und Erhaltung seiner Lebensgrundlage dient. Die Eigenversorgung des M mit dem Fleisch nichtgeschächteter Tiere tritt diesbezüglich zurück. Seine religiöse Haltung und die kultisch geprägte Art und Weise des betäubungslosen Schlachtens sind in der Funktion einer Vertrauensbasis bei der muslimischen Kundschaft, auf die er wirtschaftlich fast ausschließlich angewiesen ist, und nicht in der Funktion der Religionsausübung zu sehen. Dass es ihm glaubensgemäß verboten ist, das Fleisch von nicht geschächteten Tieren zu genießen, sagt nichts über das zwingende Verbot aus, solches Fleisch zu verzehren und es zu vermarkten.

Diesbezüglich ist eine Trennung zwischen *Religionsausübung* aus Art. 4 Abs. 1 und 2 GG und *wirtschaftlicher Tätigkeit* erforderlich, die in den Schutzbereich der Berufsausübungsfreiheit aus Art. 12 Abs.1 und 2 GG fällt. Religionsausübung setzt eine enge innere Verbindung zwischen dem konkreten Akt des Schächtens und der Religionsausübung voraus. Dem Sachverhalt ist jedoch nicht zu entnehmen, dass die Religionsausübung das Schächten als solche zum Gegenstand hat, dass folglich das Schächten und das Verzehren des Fleischs einen unabdingbaren Teil des muslimischen Kultus darstellt, möge es ihr auch mittelbar dienen.[26] Das Schächten im Rahmen der Metzgerei des M ist also nicht als ein Akt der Religionsausübung zu verstehen, obwohl dieses nicht nur ein Mittel zur Gewinnung und Zubereitung von Fleisch für seine muslimischen Kunden, sondern auch einen Ausdruck der religiösen Grundhaltung darstellt. Der Sachverhalt spricht vorwiegend für eine rein wirtschaftliche Tätigkeit des M, da er in seinem Antrag vornehmlich die Bedürfnisse seiner Kunden und seine berufliche Qualifizierung für das betäubungslose Schlachten hervorhebt.

> An dieser Stelle scheint eine sachverhaltsorientierte Betrachtung geboten: Es handelt hier sich um einen „religiös geprägten Beruf". Sein Schutz ist durch den der Religionsfreiheit verstärkt.[25]

---

[25] So BVerfG in der E 104, 337, 353 f.; hierzu a. *J. Oebbecke*, Islamisches Schachten und Tierschutz, NVwZ 2002, S. 302 f.; *G. Sydow*, Ausnahmegenehmigung für das Schächten, JURA 2002, S. 615 ff.
[26] Hierzu BVerfGE 19, 129 133.

Aufbautechnisch ist die Einschlägigkeit des Art. 4 Abs. 1 und 2 GG nach der Erörterung des Art. 12 GG zu prüfen. Eine ausführliche Bearbeitung der Grundrechtsverletzung kann wohl von den Klausurbearbeitern nicht erwartet werden. Von den Bearbeitern kann als Minimum die Erkennung der wirtschaftlichen Funktion des betäubungslosen Schlachtens (Schächten) und der dafür erforderlichen Sondergenehmigung und diesbezüglich eine Verneinung der Einschlägigkeit des Art. 4 Abs. 1 und 2 GG verlangt werden.

Rein wirtschaftliche Tätigkeiten sind nicht von Art. 4 geschützt.[27] Insoweit ist die Einschlägigkeit und die Verletzung des Art. 4 Abs. 1 und 2 GG zu verneinen.

2. Handlungsfreiheit aus Art. 2 Abs. 1 GG

Art. 2 Abs.1 GG schützt das Grundrecht der allgemeinen Handlungsfreiheit. Es ist gegenüber den anderen Grundrechten subsidiär. Seine Relevanz ergibt sich also aus dem Verhältnis zu anderen Grundrechten. Zu beachten ist dabei, dass auf Art. 2 Abs. 1 GG nicht einzugehen ist, wenn der Schutzbereich eines anderen Grundrechts eröffnet ist, aber kein Eingriff vorliegt.[28]

Nach anderer Auffassung ist Art. 2 Abs. 1 GG nur verdrängt, wenn ein Eingriff in ein Spezialgrundrecht gegeben ist.[29] Aus klausurtaktischen Gründen ist stets empfehlenswert, sich der „herrschenden Meinung" (der des BVerfG) anzuschließen.

Vorliegend stellt sich die Frage des einschlägigen Grundrechts. Das BVerfG hat bereits mehrmals festgelegt, dass Art. 2 Abs. 1 GG die Handlungsfreiheit auf wirtschaftlichem Gebiet gewährleistet.[31] Teile der Literatur vertreten dann auch die Auffassung, Art. 2 Abs. 1 GG gewähre ein eigenständiges Grundrecht der Unternehmerfreiheit.[32] Hieraus wird insbesondere die Freiheit zu selbstverantwortlicher unternehmerischer Disposition abgeleitet.

Vor allem das BVerfG betrachtet die Wettbewerbsfreiheit als Teil der wirtschaftsbezogenen Handlungsfreiheit und prüft insoweit nur Art. 2 Abs. 1 GG.[30]

---

27 BVerfGE 19, 129 133; *Kokott*, in: *Sachs*, GG, Art. 4, Rn. 64.
28 *Pieroth/Schlink*, Rn. 371.
29 *Murswiek*, in: *Sachs*, GG Art. 2, Rn. 137.
30 BVerfGE 30, 191, 198; 60, 154, 149; 65, 167, 174.
31 BVerfGE 29, 260, 266 f.; 50, 290, 366.
32 *Dürig*, in: *Maunz/Dürig*, Art. 2 Abs. 1 Rn. 46; *Badura*, Wirtschaftsverwaltungsrecht, Rn. 40.

Diese Sichtsweise ist jedoch abzulehnen. Auch für wirtschaftsbezogene staatliche Maßnahmen gilt der Grundsatz der Subsidiarität des Art. 2 Abs. 1 GG.

Ist der Schutzbereich eines Spezialgrundrechts eröffnet (wann immer dies der Fall ist), darf nicht mehr auf Art. 2 Abs. 1 GG zurückgegriffen werden. Für ein aus Art. 2 Abs. 1 GG abgeleitetes Grundrecht der Unternehmensfreiheit verbleibt damit nahezu kein Anwendungsraum mehr.[33]

Als einschlägig ist danach das Grundrecht aus Art. 12 Abs. 1 GG zu prüfen.

Vor allem gilt das für Art. 12 Abs. 1 und Art. 14 Abs. 1 GG.

Prüfen die Bearbeiter die Einschlägigkeit des Art. 2 Abs. 1 GG, dann ist dies *aufbautechnisch* am Ende der Prüfung anzusprechen. Die obige Erörterung bildet keinen Maßstab für Klausuren. Es reicht, wenn aus dem Spezialitätsgrundsatz heraus die Einschlägigkeit des Grundrechts aus Art. 2 Abs. 1 GG abgelehnt wird.

C) Ergebnis

Die Verfassungsbeschwerde des M hat Aussicht auf Erfolg.

Beachten: Nach der Entscheidung des BVerfG war nicht gefragt. Sollten allerdings die Bearbeiter die Entscheidung des BVerfG zutreffend erwähnen, so ist das positiv zu bewerten: Das Urteil des letztinstanzlichen Verwaltungsgerichtes verletzt den Beschwerdeführer in seinem Grundrecht aus Art. 12 Abs. 1 und 2 GG. Es wird daher aufgehoben. Die Sache wird an das letztinstanzliche Gericht zurückverwiesen. Die Bundesrepublik Deutschland hat dem Beschwerdeführer die notwendigen Auslagen zu erstatten.

Literatur: *K.-H. Kästner*, Das tierschutzrechtliche Verbot des Schächtens aus der Sicht des Bundesverfassungsgerichts, JZ 2002, S. 491 ff.; *J. Oebbeck*, Islamisches Schlachten und Tierschutz, NVwZ, 2002, S. 302 f.; *K. Pabel*, Der Grundrechtsschutz für das Schächten, EuGRZ 2002, S. 220 ff.; *G. Sydow*, Ausnahmegenehmigung für das Schächten, JURA 2002, S. 615 ff.

Rechtsprechung: BVerfGE 104, 337 ff. – Schächtverbot für muslimischen Metzger.

---

[33] *Frotscher*, Rn. 48 ff.; i.E. auch *Badura* aaO, Rn. 41.

Klausur 7

Gekündigte Mietwohnung

Sachverhalt

Erwin Erdmann (E) ist Eigentümer eines dreigeschossigen Mietshauses. Er wohnt zusammen mit seiner Familie in einer Vier-Zimmer-Wohnung, die sich im ersten Obergeschoss befindet. Zum Haushalt zählten zunächst neben seiner Ehefrau nur noch der inzwischen volljährige Sohn Siegfried (S), der seit einem Jahr verheiratet ist. Bedingt durch seine Arbeitslosigkeit blieb S – nunmehr mit seiner Frau – im Familienhaushalt seiner Eltern wohnen.

Als durch den Auszug eines Mieters eine Zwei-Zimmer-Wohnung im Dachgeschoss frei wurde, zog S mit seiner Frau, die inzwischen ein Kind erwartete, in diese Wohnung. Die beiden Eheleute betrachteten dies als vorübergehende Lösung, weil es sich um eine enge Mansardenwohnung handelte. Als sich aber nach kurzer Zeit zeigte, dass die Ehefrau des S – auch bedingt durch ein leichtes Asthmaleiden – unter Beschwerden beim Treppensteigen litt, entschloss sich E, seinem Sohn eine im Parterre gelegene Vier-Zimmer-Wohnung zu überlassen, in der gegenwärtig der italienische Mieter Milano (M) mit Frau und Kind wohnte.

Unter ausführlicher Darstellung der Sachlage kündigte E den Mietvertrag des M. M verwahrte sich jedoch gegen die Kündigung. Er berief sich auf die deutsche Verfassung, die auch ihn als Ausländer schütze. Danach habe er ein Besitzrecht, das sich aus dem Mietvertrag ergebe und das nicht ohne weiteres beseitigt werden könne. Schließlich bilde die Wohnung für ihn und seine Familie den räumlichen Mittelpunkt für die freie Entfaltung der Persönlichkeit.

Die anschließende Räumungsklage des E war erfolglos. Das in letzter Instanz entscheidende Landgericht führte aus, S sei mit seiner Frau in der Dachgeschosswohnung angemessen untergebracht. Die von E vorgebrachten Gründe seien nicht so schwerwiegend, dass sich eine Kündigung des mit M bestehenden Mietverhältnisses rechtfertigen lasse.

E möchte gegen dieses Urteil das Bundesverfassungsgericht anrufen. Er verweist auf sein grundrechtlich geschütztes Eigentum.

Hat sein Vorhaben Aussicht auf Erfolg?

Vermerk:

§ 573 BGB lautet:

"(1) Der Vermieter kann nur kündigen, wenn er ein berechtigtes Interesse an der Beendigung des Mietverhältnisses hat. (...)
(2) Ein berechtigtes Interesse des Vermieters an der Beendigung des Mietverhältnisses liegt insbesondere vor wenn
1. ...
2. der Vermieter die Räume als Wohnung für sich, seine Familienangehörigen oder Angehörige seines Haushalts benötigt (...)."

Lösungsvorschlag

Das Vorhaben des Eigentümers E, eine Verfassungsbeschwerde gemäss Art. 93 Abs. 1 Nr. 4a GG i.V.m. §§ 13 Nr. 8a, 23, 90 ff. BVerfGG zu erheben, hat Aussicht auf Erfolg, wenn die Verfassungsbeschwerde *zulässig* und *begründet* ist.

Der Fall ist der BVerfGE 89, 1 ff. nachgebildet (vgl. a. E 79, 283).

Der richtige Einstieg in die Fallbearbeitung nimmt die Fallfrage direkt auf und formuliert in Form einer Hypothese die generelle Antwort. Eine solche Formulierung soll am Anfang jeder Fallbearbeitung stehen.

A) Zulässigkeit der Verfassungsbeschwerde

Der nachfolgend vorgeschlagene Aufbau der Zulässigkeit ist nicht zwingend; möglich ist jede andere zweckmäßige Prüfungsreihenfolge.[1]

I. Geeigneter Beschwerdegegenstand - Akt der öffentlichen Gewalt

Wenn sich die Verfassungsbeschwerde gegen einen Akt der deutschen öffentlichen Gewalt richtet, ist sie statthaft.

Vgl. Art 93 Abs. 1 Nr. 4a GG, § 95 Abs. 2 BVerfGG.

Der E möchte seine Verfassungsbeschwerde gegen das letztinstanzliche zivilrechtliche Urteil des Landgerichts richten. Bei den Urteilen handelt es sich um Akte öffentlicher Gewalt und damit um einen tauglichen Gegenstand der Verfassungsbeschwerde.

Zum Aufbau ist folgendes zu beachten: Die Drittwirkungsproblematik sollte an dieser Stelle noch nicht erörtert werden, da Gerichtsurteile als Akt öff. Gewalt an sich unproblematisch sind; fehlerhaft wäre dies jedoch nicht.

II. Beschwerdefähigkeit

Grundrechtsträger ist jede natürliche oder inländische juristische Person des Privatrechts. E ist eine natürliche Person, also „jedermann" i.S.v. Art. 93 Abs. 1 Nr. 4a GG.

Dies ist hier an sich unproblematisch und soll knapp erörtert werden. Vgl. zu diesem Prüfungspunkt weitere Randhinweise im Fall 6 „Schächterlaubnis" unter A) 2.

III. Beschwerdebefugnis

Gem. Art. 93 Abs. 1 Nr. 4a GG, § 90 Abs. 1 BVerfGG setzt die Zulässigkeit einer Verfassungsbeschwerde die Behauptung einer Verletzung in eigenen Grundrechten voraus.

Zur Beschwerdebefugnis im Einzelnen vgl. die Ausführungen im Fall 3 „Muezzinruf" unter A) 5.

---

[1] Vgl. etwa *Pieroth/Schlink*, § 35; *Lahme*, SächVBl. 1993, S. 91 ff.; *Brauner/Stollmann/Weiß*, Fälle und Lösungen zum Staatsrecht, 6. Aufl., 1999; *Fleury*, Rn. 247 ff., 372.

1. Plausible Geltendmachung einer Grundrechtsverletzung. Im zivilrechtlichen Verfahren wurde um die Rechtmäßigkeit der von E ausgesprochenen Kündigung gestritten. Dabei handelt es sich jedoch um ein privatrechtliches Gestaltungsrecht, das von E auf der Grundlage der einschlägigen zivilrechtlichen Vorschriften vorgenommen worden ist. Es stellt sich daher die Frage, ob die Verletzung von Grundrechten durch eine zivilrechtliche Entscheidung, die allein die Wirksamkeit der Ausübung eines privatrechtlichen Gestaltungsrechts betrifft, überhaupt möglich ist.

Hier ist die Möglichkeit einer Grundrechtsverletzung zu problematisieren, weil E ein zivilrechtliches Urteil angreift. Systematisch korrekt ist die Drittwirkungsproblematik an dieser Stelle zu erörtern; es ist jedoch auch zu akzeptieren, wenn die Thematik als Frage der Begründetheit gesehen wird.

Die Problematik der Drittwirkung sollte von den Bearbeitern erkannt und erörtert werden, kann vom Umfang her aber knapper ausfallen.

Drittwirkung der Grundrechte?
Vereinzelt ordnet das Grundgesetz ausdrücklich an, dass die Grundrechte im Verhältnis von Privaten zueinander unmittelbar Anwendung finden (sog. unmittelbare Drittwirkung).[2] Für eine unmittelbare Drittwirkung ließe sich diesbezüglich anführen, dass die Menschenrechte nach Art. 1 Abs. 2 GG „Grundlage jeder menschlichen Gemeinschaft" sind. Außerdem kann das Verhältnis zwischen Privaten stark ungleichgewichtig sein, sodass die Freiheitsbeeinträchtigungen nicht mehr nur vom Staat, sondern auch von mächtigen Privaten ausgehen können (z.B. von Konzernen, Interessenverbänden usw.).

Gegen die generelle Annahme einer unmittelbaren Drittwirkung sprechen aber schwerwiegendere Gründe: Die Grundrechte sind historisch als Abwehrrechte gegen den Staat entstanden. Sie binden daher nach Art. 1 Abs. 3 GG nur „Gesetzgebung, Rechtsprechung und vollziehende Gewalt", also die Träger der öffentlichen Gewalt,

---

[2] Gemeint ist, dass die Grundrechte unmittelbar, d. h. ohne „Transformation" durch privatrechtliche Normen, die rechtliche Beziehungen zwischen Privaten regeln, gelten. Eine solche unmittelbare Auswirkung ist lediglich in Art. 9 Abs. 3 GG angeordnet, denn dort werden Absprachen, die die Koalitionsfreiheit beeinträchtigen, für nichtig erklärt. Vgl. *Höfling*, in: *Sachs*, GG, Art. 9, Rn, 124; *Classen*, Drittwirkung der Grundrechte in der Rechtsprechung des BVerfG, AöR 1997, S. 65 ff. 66.

unmittelbar. Hierzu zählt man die Privatpersonen eben nicht. Darüber hinaus ist zu bedenken, dass die Bindung der Privaten in demselben Umfang wie diejenige des Staates zu einer „Verstaatlichung der Privatrechtsbeziehungen" führt. Dies reduziert wiederum nachhaltig die Privatautonomie als sachgerechte und flexible Regelung des Privatrechts.³ Die Auffassung, dass die Grundrechte unmittelbar im privatrechtlichen Verhältnis anwendbar sind, wie das früher das BAG angenommen hatte,⁴ wird daher heute kaum mehr vertreten.⁵

Daraus lässt sich jedoch nicht ableiten, dass den Grundrechten für die Gestaltung der Privatrechtsverhältnisse keinerlei Bedeutung zukommt.

Eine differenzierte Beurteilung der Drittwirkungsproblematik muss bei der Erkenntnis ansetzen, dass der Gesetzgeber bei dem Erlass der Normen, die die privatrechtlichen Positionen regeln, gem. Art. 1 Abs. 3 GG an die Grundrechte gebunden ist. Darüber hinaus stellt die Anwendung zivilrechtlicher Normen durch Entscheidungen der Zivilgerichte eine Ausübung der grundrechtsgebundenen Hoheitsgewalt dar. Die Gerichte müssen dabei die Bedeutung der Grundrechte bei der Auslegung von Generalklauseln und wertausfüllungsbedürftigen Blankettbegriffen gebührend berücksichtigen.

Sie bilden eine *objektive Wertordnung*, die in allen Bereichen des Rechts zu beachten sind. Deshalb geht die herrschende Meinung von einer *mittelbaren Drittwirkung (Geltung)* der Grundrechte aus.⁶ Mit dem Begriff „mittelbare Drittwirkung" wird umschrieben, dass die Grundrechte auf die Rechtsbeziehungen zwischen Privaten über privatrechtliche Normen einwirken. Im Privatrecht sind vor allem die *Generalklauseln* (z.B. §§

---

³ In diese Richtung schon *Dürig*, Grundrechte und Zivilrechtsprechung, in: FS für H. Nawiasky zum 75 Geburtstag, 1956, S. 184; vgl. a. *Hesse*, Verfassungsrecht, S. 24 f.; *Grote/Kraus*, S. 33.
⁴ Vgl. BAGE 1, 185, 193 f.; 4, 274, 276 ff.; 13, 168, 174 ff.; 24, 438, 441.
⁵ Zu neueren Begründungsversuchen einer unmittelbaren Drittwirkung *Schwabe*, S. 14 ff.; *Hager*, Grundrechte im Privatrecht, JZ 1994, 373 ff.
⁶ St. Rspr. des BVerfG seit E 7, 198, 205-207 – Lüth, zuletzt etwa BVerfGE 97, 125, 145; weitere Gesichtspunkte *Schlaich/Korioth*, Rn. 282

138, 242, 315, 826 BGB) und *unbestimmte Rechtsbegriffe* „Einbruchstellen", bei deren Anwendung Grundrechte zu berücksichtigen sind.[7] Das Ausmaß der Grundrechtseinwirkung hängt von der Intensität der Grundrechtsbeeinträchtigung und der Schutzbedürftigkeit des Betroffenen ab. Vorliegend sind „*berechtigte Interesse*" i.S.d. § 573 Abs. 1 Satz 1 und „*benötigt*" i.S.d. § 573 Abs. 2 Nr. 2 BGB *unbestimmte Rechtsbegriffe*, die unter Beachtung der Grundrechte ausgelegt werden müssen.

Im Ergebnis gehen beide Ansichten davon aus, dass sich E auf Art. 14 Abs. 1 GG berufen darf, so dass eine Entscheidung des Streites hier entbehrlich ist.

Die Möglichkeit einer Grundrechtsverletzung ist im Ergebnis zu bejahen, da die freie Nutzungs- und Verfügungsmöglichkeit als Konkretisierung der allgemeinen Handlungsfreiheit dem Schutzbereich des Art. 14 Abs. 1 GG zuzuordnen ist.

Die Frage, ob E selbst, gegenwärtig und unmittelbar betroffen ist, hat bei Verfassungsbeschwerden gegen belastende Gerichtsurteile keine eigenständige Bedeutung. Der Adressat eines Urteils ist stets selbst, gegenwärtig und unmittelbar betroffen. In einer Klausur sollen unter diesem Punkt lediglich die einzelnen Elemente zum Ausdruck gebracht und bejaht werden, so dass ersichtlich wird, ob der Bearbeiter diese Formalien beherrscht.

2. *Eigene, gegenwärtige und unmittelbare Beschwer*. E muss behaupten und behaupten können, selbst, gegenwärtig und unmittelbar in seinen grundrechtlich geschützten Positionen verletzt zu sein. Er ist *selbst* betroffen, da er Partei eines Rechtsstreites war; er ist *gegenwärtig* betroffen, weil das angegriffene Urteil auf seine Rechtsstellung aktuell und nicht virtuell einwirkt; er ist auch *unmittelbar* betroffen, da kein weiterer Vollzugsakt für einen Eingriff erforderlich ist.

Dieser Prüfungspunkt wird zum Teil im Rahmen der Begründetheit erörtert – dies ist nicht als falsch zu bewerten.[8] Es empfiehlt sich allerdings bei Urteilsverfassungsbeschwerden entweder im Rahmen der Zulässigkeitsprüfung oder vor Einstieg in die Begründetheitsprüfung eine kurze Vorbemerkung zum Prüfungsumfang durch das BVerfG zu bringen, wie dies auch BVerfG selbst häufig tut.

3. *Spezifische Verletzung von Grundrechten*. Die Möglichkeit einer Grundrechtsverletzung ist hier auch deshalb problematisch, weil das BVerfG keine „*Superrevisionsinstanz*" ist. Die Verfassungsbeschwerde ist ein *außerordentlicher Rechtsbehelf*. Die Überprüfung des einfachen Rechts obliegt grundsätzlich den dafür zuständigen Fachgerichten. Das BVerfG prüft nicht, ob die angefochtene Entscheidung nach Maßgabe des einfachen Rechts rechtens ist, sondern nur, ob eine „*spezifische Verletzung von Grundrechten*" vorliegt. Deshalb muss nach dem Sachvortrag des Beschwerdeführers eine

---

[7] *Pieroth/Schlink*, Rn. 181.
[8] Vgl. z.B. die Fallbearbeitung Nr. 13 („Caroline") bei *Degenhart*, Klausurenkurs, Rn.593 f.

„spezifische Verletzung von Grundrechten" möglich sein.

Die Möglichkeit einer Grundrechtsverletzung kann bejaht werden, wenn ein thematisch einschlägiges Grundrecht existiert, in das der Staat möglicherweise verfassungswidrig eingegriffen hat. Es erscheint im vorliegenden Fall nicht ausgeschlossen, dass das Gericht bei der Urteilsfindung das Grundrecht des E aus Art. 14 Abs. 1 GG nicht hinreichend berücksichtigt und damit die Bedeutung und Tragweite von Art. 14 Abs. 1 GG verkannt hat. Mithin kann E eine *„spezifische Verletzung von Grundrechten"* geltend machen.

Von den Bearbeitern erwartet man, dass dieses Problem zumindest erkannt wird und dass hierzu entsprechende Ausführungen erfolgen. Es darf auf keinen Fall geprüft werden, ob tatsächlich eine Grundrechtsverletzung vorliegt - dies ist eine Frage der Begründetheit.

Im Hinblick auf die mögliche Verletzung seines Grundrechts aus Art. 14 Abs. 1 GG ist E mithin beschwerdebefugt.

IV. Erschöpfung des Rechtsweges

Der Rechtsweg ist nach dem Sachverhalt erschöpft.

Hierzu ist nur dann etwas zu sagen, wenn es Anlass für die Annahme gibt, der Beschwerdeführer habe sich nicht früh genug auf die Grundrechtsverletzung berufen. Ob ein Rechtsschutzbedürfnis des Beschwerdeführers vorliegt, ist nur ausnahmsweise zu prüfen, wenn z.B. begründete Zweifel hieran bestehen – der Beschwerdeführer hat z.B. schon bekommen, was er will.

V. Form und Frist

Die Verfassungsbeschwerde ist gem. § 93 Abs. 1 BVerfGG binnen eines Monats nach Zustellung des letztinstanzlichen Urteils zu erheben. Die Verfassungsbeschwerde muss gemäß §§ 23 Abs. 1, 92 BVerfGG schriftlich und mit substantiierter Begründung versehen beim Bundesverfassungsgericht eingereicht werden.

Die Voraussetzungen sind im übrigen mangels gegenteiliger Angaben im Sachverhalt anzunehmen.

Auf das Annahmeverfahren nach §§ 93a ff. BVerfGG ist im Rahmen der Zulässigkeitsprüfung nicht einzugehen

Ergebnis: Die Verfassungsbeschwerde ist zulässig.

B) Begründetheit der Verfassungsbeschwerde

Auch zu Beginn der Begründetheitsprüfung sollte stets ein solcher Einleitungssatz stehen!

Die Verfassungsbeschwerde ist begründet, wenn E durch das letztinstanzliche Urteil in seinem Grundrecht aus Art. 14 Abs. 1 GG verletzt ist.

1. Eröffnung des Schutzbereiches

Die Darstellung hat sich auf die inhaltliche Lösung des Falles zu konzentrieren. Die Prüfung des Schutzbereiches hat somit mit der Frage anzufangen, ob der Grundrechtstatbestand aus Art 14 Abs. 1 Satz 1 GG bezüglich des zivilrechtlichen Urteils überhaupt einschlägig ist.

Zunächst müsste der Schutzbereich des Art. 14 Abs. 1 Satz 1 GG eröffnet sein.

Die Vorschrift bestimmt, dass das Eigentum gewährleistet wird. Schutzobjekt des Grundrechtstatbestandes ist demnach „Eigentum". Die verfassungsrechtliche Schutzgarantie hierfür besteht in einer „Gewährleistung". Zum Träger des Eigentumsrechts trifft der Verfassungstext keine ausdrückliche Aussage.

Bei der Frage der *Eröffnung* des *Schutzbereiches* ist zwischen der sachlichen und der personellen Seite zu unterscheiden! Daher ist in einem ersten Prüfungsschritt das konkrete Schutzobjekt zu bestimmen. Von dieser Rechtsposition sind die mit dem Eigentum verbundenen Befugnisse (hier Nutzungs- und Verfügungsbefugnisse) zu unterscheiden.

(1) *Sachlicher Schutzbereich*: In sachlicher Hinsicht setzt die Eröffnung des Schutzbereiches von Art. 14 Abs. 1 Satz 1 GG vorliegend voraus, dass die begehrte Nutzung der gekündigten Wohnung zu einer als „Eigentum" geschützten Position gehört.

Achtung: Fallbearbeitungen zu Art. 14 Abs. 1 GG gelten allgemein als schwierig.[9] Hier sind gute Kenntnisse der Eigentumsdogmatik gefragt – dazu zählt insbesondere eine exakte Bestimmung des „Eigentums" i.S.d. Art. 14 Abs. 1 Satz 1 GG – der Eigentumsbegriff ist an dieser Stelle präzis zu definieren!

„Eigentum im verfassungsrechtlichen Sinne" ist eine bestimmte rechtliche Zuordnung eines Rechtsgutes an einen Rechtsträger, also ein rechtlich strukturiertes Zuordnungsverhältnis.[10] Die Eigentumsgarantie des Grundgesetzes umfasst alles, was das einfache Recht zu einem bestimmten Zeitpunkt als Eigentum definiert. Zum *Schutzbereich* des Art. 14 Abs. 1 Satz 1 GG zählt insbesondere das Eigentum nach bürgerlichem Recht. Erfasst sind darüber hinaus alle

---

[9] Vgl. *Burmeister/Röger*, JuS 1994, 840, 841.
[10] Grundlegend zum Eigentumsbegriff: *Leisner*, in: *Isensee/Kirchhof*, Bd. VI, S. 1024 ff., Rn. 3 ff.; BVerfGE 58, 300, 330; *Schoch* in: FS Boujong, 1996, S. 655, 659.

vermögenswerten Positionen, die das bürgerliche Recht einem privaten Rechtsträger als Eigentum zuordnet.[11]

Geschützt ist durch Art. 14 Abs. 1 Satz 1 GG zunächst der *Bestand* des Eigentums.[12] Dieser wird im vorliegenden Fall nicht *unmittelbar* beeinträchtigt. Art. 14 Abs. 1 GG schützt aber auch die freie *Nutzungs- und Verfügungsmöglichkeit* als Konkretisierung der allgemeinen Handlungsfreiheit.[13]

Das Recht des E, seine Wohnung nach seiner Vorstellung zu nutzen, fällt also unter die Eigentumsgarantie des Art. 14 Abs. 1 Satz 1 GG – der sachliche Schutzbereich der verfassungsrechtlichen Eigentumsgarantie ist somit eröffnet.

Beim sachlichen Schutzbereich ist klar zwischen dem Schutzgut des Art. 14 Abs. 1 Satz 1 GG („Eigentum") und dem Umfang der Grundrechtsgewährleistung (Bestand des Eigentums, Privatnützigkeit, Verfügungsbefugnis) zu unterscheiden. Damit wird auch aufbaumäßig eine Grundlage dafür gelegt, das später zu behandelnde schwierige Problem des Schutzes der Eigentumsposition des Hauseigentümers einer gut nachvollziehbaren Lösung zuzuführen.

(2) *Personeller Schutzbereich*: E müsste auch Träger des Eigentumsgrundrechts sein können. Seine Grundrechtsfähigkeit ist nicht zweifelhaft: Art. 14 Abs. 1 Satz 1 GG gewährleistet die Eigentumsgarantie ohne personale Eingrenzung. Grundrechtsträger sind in Bezug auf Art. 14 Abs. 1 Satz 1 GG demnach alle natürlichen Personen (auch alle inländischen juristischen Personen des Privatrechts).[14] Für E ist somit der personelle Schutzbereich des Eigentumsgrundrechts eröffnet.

Synonym für „Grundrechtsfähigkeit": „Grundrechtsberechtigung" bzw. „Grundrechtsträgerschaft".

Somit ist der Schutzbereich des Art. 14 Abs. 1 Satz 1 GG in sachlicher und personeller Hinsicht eröffnet.

---

[11] BVerfGE 70 191, 199; 95, 64, 82.
[12] BVerfGE 58, 300, 323; 74, 264, 283; 79, 174, 198; 84, 382, 385; *Wendt*, in: *Sachs*, GG, Art. 14 Rn. 41.
[13] *Jarass*, in: *Jarass/Pieroth*, GG, Art. 14, Rn. 19.
[14] Vgl. *Bryde*, in: *von Münch/Kunig*, GG, Bd. 1, Art. 14 Rn. 6.

2. Schutzbereichsbeeinträchtigung (durch Beschränkung der Nutzungs- bzw. Verfügungsbefugnisse)

Aufbaumäßig ist darauf zu achten, dass die Eigentumsbeeinträchtigung angesichts der Normgeprägtheit des Grundrechtstatbestands präzise herausgearbeitet wird und dass andererseits nicht schon an dieser Stelle geprüft wird, ob das zivilrechtliche Urteil verfassungsmäßig ist.

Eine Beeinträchtigung des Eigentums liegt dann vor, wenn eine vom Grundrechtstatbestand des Art. 14 Abs. 1 Satz 1 GG geschützte *Eigentumsfreiheit* von einem bestimmten Zeitpunkt *verkürzt* wird.[15]

Bei der Erörterung der Schutzbereichsbeeinträchtigung ist von der Bestandsgarantie des Individualgrundrechts „Eigentum" auszugehen. Die Unterscheidung zwischen „Institutsgarantie" und „Bestandsgarantie" bietet den entscheidenden Ansatzpunkt für die präzise Bestimmung des Eigentumsbeeinträchtigung: Die rechtliche Minderung der bestehenden und von der Rechtsordnung anerkannten Eigentümerbefugnisse stellt eine hoheitlich verfügte Freiheitseinbuße beim Grundrechtsträger dar, die – da den Bestand an vermögenswerten Rechten tangierend – als Grundrechtseingriff qualifiziert werden kann.

Eine solche Beeinträchtigung kann durch Entzug einer eigentumskräftig geschützten vermögenswerten Position oder durch Beschränkung bestehender Nutzungs- bzw. Verfügungsbefugnisse erfolgen.[16]

Achtung: Spätestens hier ist die Drittwirkungsproblematik zu erörtern.

Vorliegend handelt es sich um eine Streitigkeit im Zivilrechtsverhältnis. Es liegt mithin kein klassischer staatlicher Eingriff vor. Für eine Grundrechtsbeeinträchtigung reicht es aber aus, wenn der möglicherweise grundrechtsgebotene Schutz verweigert wird.

---

[15] *Pieroth/Schlink*, Rn. 987 f; *von Heinegg/Haltern*, Keine Angst von Art. 14, JuS 1993, S. 121, 124

[16] *Hösch*, JA 1998, S. 727, 729; *Jarass*, in: *Jarass/Pieroth*, GG, Art. 14 Rn. 21

Das letztinstanzliche Gericht hat hier dem Interesse des E, über sein Eigentum frei auch gegenüber M zu verfügen, nicht nachgegeben. Mithin liegt eine grundrechtsrelevante Beeinträchtigung bzw. eine Verweigerung des Schutzes vor, die der verfassungsrechtlichen Rechtfertigung bedarf.[17]

In der Sache liegt der Eingriff im Hoheitsakt, der die Freiheitsverkürzung bewirkt – das ist hier das Urteil des Zivilgerichts. Beachte: Unrichtig ist die Annahme, die gesetzliche Grundlage für das Urteil stellt den Eingriff dar, da es sich um „potentielle Beschränkungen" handle, die das Grundrecht „potentiell" oder „latent" belasteten.

3. Verfassungsrechtliche Rechtfertigung

Beachten: In der Drittrichtung verlangen die Grundrechte, dass zum einen das Gesetz selbst ausreichenden Schutz vorsieht. Zum anderen sind sie bei der Auslegung und Anwendung im Einzelfall zu berücksichtigen.[18]

Der Eingriff in den Schutzbereich des Art. 14 Abs. 1 Satz 1 GG könnte aber verfassungsrechtlich gerechtfertigt sein. Art. 14 GG unterscheidet zwischen *Inhalts- und Schrankenbestimmungen* gem. Art. 14 Abs. 1 Satz 2 GG und *Enteignungen* gem. Art. 14 Abs. 3 GG. Das sind zwei unterschiedliche Rechtsinstitute.[19]

Die Inhalts- und Schrankenbestimmungen sind die generellen und abstrakten Festlegungen von Rechten und Pflichten durch den Gesetzgeber hinsichtlich solcher Rechtsgüter, die Eigentum i.S.v. Art. 14 Abs. 1 Satz 1 GG sind.[20] Zweck derartiger Gesetze ist, Inhalt und Schranken des Eigentums für die Zukunft in allgemeiner Form neu zu bestimmen.

Dabei ist zu beachten, dass ebenso wie im Rahmen des abwehrrechtlichen Eigentumsschutzes eine staatliche Maßnahme Ausdruck der *Inhalts- und Schrankenbestimmung* i.S.d. Art. 14 Abs. 1 Satz 2 GG sein kann, auch im Rahmen der Schutzfunktion der Schutz nicht grenzenlos gewährt wird, sondern eine Einschränkung des Schutzumfangs als Ausdruck der Inhalts- und Schrankenbestimmung i.S.d. Art. 14 Abs. 1 Satz 2 GG möglich ist.

---

[17] Die Anwendungsakte der Judikative, die Inhalts- und Schrankenbestimmungen konkretisieren kommen im Betracht als Eingriffe in das Grundrecht Eigentumsfreiheit.
[18] Vgl. *Bryde*, in: *von Münch/Kunig*, GG, Bd. 1, Art. 14, Rn. 41.
[19] Vgl. *Pieroth/Schlink*, Rn. 920 ff.
[20] BVerfGE 58, 300, 330; 72, 66, 76.

Die entsprechende Zuordnung des eingreifenden Gesetzes ist deshalb erforderlich, weil für Inhalts- und Schrankenbestimmungen andere Rechtsmäßigkeitsvoraussetzungen gelten als für Enteignungen. Außerdem muss der Eigentümer bloße Inhalts- und Schrankenbestimmungen nach Art. 14 Abs. 2 Satz 2 GG grundsätzlich entschädigungslos hinnehmen, während Enteignungen gem. Art. 14 Abs. 3 GG entschädigungspflichtig sind.

Im vorliegenden Fall handelt es sich also bei dem § 573 BGB um eine Inhalts- und Schrankenbestimmung. Dann müsste das letztinstanzliche zivilrechtliche Urteil Ausdruck der Inhalts und Schrankenbestimmungen i.S.d. Art. 14 Abs. 1 Satz 2 GG sein.[21] Es wäre nur dann der Fall wenn

- § 573 Abs. 1 und 2 BGB als Ermächtigungsgrundlage für die Grundrechtsbeeinträchtigung verfassungsmäßig wäre,
- ferner die Anwendung dieser Vorschrift im konkreten Fall Art. 14 Abs. 1 Satz 2 GG konkretisiert
- bzw., wenn das Urteil keine Grundrechtsverletzung erkennen ließe, die aufgrund einer unrichtigen Auslegung oder Anwendung der einfachrechtlichen Vorschrift beruht.

(1) Verfassungsmäßigkeit des § 573 Abs. 1 und 2 BGB

Die einschlägige BGB-Vorschrift muss formell und materiell verfassungsmäßig sein. Mangels gegenteiliger Angaben im Sachverhalt ist von seiner Verfassungsmäßigkeit auszugehen.

Somit ist die Regelung insgesamt als verfassungsmäßig anzusehen.

Diese Ausführung stellt keinen notwendigen Teil einer Lösung dar – es reicht völlig aus, wenn die Verfassungsmäßigkeit bejaht wird. Vorliegende Erläuterung soll lediglich die Klarheit zur materiellen Verfassungsmäßigkeit schaffen, da diese aufbaumäßig oft problematisch ausfällt.

Im Übrigen werden mit dieser Regelung *legitime Zwecke* verfolgt: Sie dient im Rahmen der Sozialbindung des Art. 14 Abs. 2 GG dem Mieterschutz – dem Schutz des Besitzrechts des Mieters an der gemieteten Wohnung.[22] Die Einschränkung des Kündigungsrechts ist zur Gewährleistung des Besitzrechts des Mieters, d.h. seiner Eigentumsgarantie, *geeignet*. Es genügt für die Geeignetheitsbejahung, dass die Maßnahme überhaupt etwas zur Zweckerrichtung beiträgt.[23] Die Einschränkung des Kündigungsrecht ist i.S.d. § 573 BGB ist zur Gewährleistung des Mieterschutz erforderlich: mildere, weniger grundrechtsbeeinträchtigende gesetzliche Mittel zur Zielverwirklichung ist nicht ersichtlich. Die Vorschrift bringt die kollidierenden Vermieter- und Mieterinteressen zu einem sachgerechten und angemessenen Ausgleich. Sie trägt durch die vorhandene Eigenbedarfs-

---

[21] Die herrschende Meinung differenziert nicht zwischen diesen beiden Merkmale des Art. 14 Abs. 1 Satz 2 GG.
[22] Dieses Besitzrecht genießt nach der Rspr. des BVerfG ebenso wie das Sacheigentum des Vermieters den Schutz der Eigentumsgarantie des Art. 14 Abs. 1 Satz 1 GG; vgl. BVerfGE 89, 1, 5 f.
[23] Vgl. BVerfGE 30, 292, 316.

klausel dem Eigentumsrecht des Vermieters hinreichend Rechnung und gewährleistet auf diese Weise das unerlässlich notwendige Maß an Schutz. Sie ist folglich *angemessen* (verhältnismäßig i.e.S.)

Abwägungskriterien bei der Prüfung der Angemessenheit können sein: *Bedeutung der betroffenen Eigentumsposition* für den Eigentümer; *Sozialpflichtigkeit* der konkreten Eigentumsposition (je stärker der soziale Bezug und die soziale Funktion der Eigentumsposition sind, desto stärkere Eingriffe sind für den Eigentümer zumutbar – Grund und Boden, Produktionsmitteln, vermietetem Wohnungseigentum kommt z.B. eine weitaus stärkere soziale Funktion zu als selbstgenutztem Wohnungseigentum oder einer privaten Briefmarkensammlung);[24] *Gemeinwohl* (der Eigentumseingriff darf nicht weitergehen, als es das Gemeinwohl gebietet);[25] *schützwürdiges Vertrauen* der betroffenen Eigentümer (hier kann u.a. auf die Rückwirkungsproblematik eingegangen werden).

(2) Verfassungsmäßige Anwendung des § 573 Abs. 1 und 2 BGB: Die Verletzung des Grundrechts aus Art. 14 Abs. 1 Satz 1 GG

Liegt ein verfassungsgemäßes Schrankengesetz vor, kann die Verletzung spezifischen Verfassungsrechts in der Rechtsanwendung liegen.

D.h.: Trotz einer rechtswirksamen Grundlage ist die Untersagung des Kündigungsrechts gegenüber E aber nur dann verfassungsmäßig, wenn die Rechtsgrundlage im Hinblick auf den aus Art. 14 Abs. 1 Satz 1 GG folgenden Grundrechtsschutz fehlerfrei ausgelegt und angewendet worden ist.

---

[24] Vgl. zuletzt BVerfGE 102, 1, 17.
[25] BVerfGE 79, 29, 40; 87, 114, 138 f.

a) Prüfungsdichte bei Urteilverfassungsbeschwerde

Eine – wie vorliegend – ausführliche Bearbeitung kann im Rahmen einer Klausur wohl nicht erwartet werden. Sie hat in diesem Zusammenhang lediglich exemplarische Bedeutung.

Über die Klage von E ist letztinstanzlich vom Landgericht entschieden worden. Gem. § 90 Abs. 1 BVerfGG ist das BVerfG auf die Überprüfung bestimmter Rechtsverletzungen beschränkt. Die gesetzliche Begrenzung des Prüfungsmaßstabs auf Grundrechte und grundrechtsgleiche Rechte zeigt, dass die Verfassungsbeschwerde kein weiteres Rechtsmittel im fachgerichtlichen Instanzenzug, sondern ein außerordentlicher Rechtsbehelf ist.[27]

Beachten: Das BVerfG ist *keine Superrevisionsinstanz*.[26] Die fachgerichtliche Entscheidung kann mit der Verfassungsbeschwerde nicht zur umfassenden Nachprüfung gestellt werden. Somit ergibt sich für die Prüfungsdichte, dass die Einhaltung des Verfahrens, die Feststellung und Würdigung des Sachverhalts, die Auslegung des einfachen Rechts und seine Anwendung auf den einzelnen Fall allein die Sache des Fachgerichtes und der Nachprüfung des BVerfG, das die Auslegung und Anwendung von Verfassungsrecht beschränkt ist, grundsätzlich entzogen ist. Das BVerfG hat vielmehr Einhaltung der Grundrechte, an die die Fachgerichte gem. Art. 1 Abs. 3, 20 Abs. 3 GG gebunden sind, bei der Auslegung und Anwendung einfachen Rechts zu sichern.

Hier geht es vor allem um die Fälle, in denen sich die Verfassungsbeschwerde gegen die grundrechtswidrige Auslegung und/oder gegen die grundrechtswidrige Anwendung eines Gesetzes im Einzelfall durch das Gericht wendet.

Somit ist die *Prüfungsdichte* bei der Verfassungsbeschwerde gegen eine Gerichtsentscheidung auf die Überprüfung der Verletzung *spezifischen Verfassungsrechts* durch das Fachgericht beschränkt.[28]

Eine spezifische Verletzung liegt nicht schon dann vor, wenn eine Entscheidung, gemessen am einfachen Recht, objektiv fehlerhaft ist. Der Fehler muss gerade in der Nichtbeachtung oder Verkennung von Grundrechten liegen.[29]

---

26 BVerfGE 18, 85 256 st. Rspr.
27 BVerfGE 49, 252, 256; 68 376, 379; 96 251, 257.
28 BVerfGE 7, 198, 205 f.; 32, 311, 316; 42, 143, 148, st. Rspr.
29 Das Zivilurteil stellt eine Streitentscheidung zwischen Privaten dar. Grundrechtsthema ist dabei nicht primär der Schutz gegenüber dem richterlichen Eingriff, sondern die Wirkung der Grundrechte im Privatrecht (vgl. *Hesse*, Grundzüge, Rn. 351 ff.). Da hier eine mittelbare Drittwirkung der Grundrechte angenom-

Das kann der Fall sein, wenn das Fachgericht nicht erkannt hat, dass es im konkreten Fall auch um Grundrechte geht oder wenn die fachgerichtliche Entscheidung auf einer grundsätzlich unrichtigen Anschauung von der Bedeutung des einschlägigen Grundrechts beruht bzw. wenn das Auslegungsergebnis Grundrechte verletzt.[30]

b) Verfassungsmäßigkeit der Entscheidung des Zivilgerichts

Das mit der Verfassungsbeschwerde angegriffene Urteil des Landgerichts könnte eine Verletzung spezifischen Verfassungsrechts darstellen, wenn bei der Auslegung und Anwendung des § 573 Abs. 1 und 2 BGB im Falle des E die Bedeutung des Grundrechts der Eigentumsfreiheit verkannt worden ist. Fraglich erscheint indessen, inwieweit Art. 14 Abs. 1 GG auf die Auslegung und Anwendung des § 573 Abs. 1 und 2 BGB einwirkt.

Die Beurteilung der Kündigung eines Mietverhältnisses ist eine Frage des einfachen Rechts und lässt einen Grundrechtsverstoß nicht erkennen. Für die ordentliche Kündigung ist die notwendige Interessenabwägung mit § 573 BGB vorgenommen. Dabei sind sowohl die Belange des *Mieters*, nämlich sein Bestandsinteresse, als auch die des *Vermieters*, nämlich sein Erlangsinteresse, in angemessener Weise berücksichtigt.

Die Auslegung und Anwendung des Kündigungsvorschrift aus § 573 BGB könnte jedoch durch Art. 14 Abs. 1 Satz 1 GG hinsichtlich des Ausgleichs der gegenläufigen Grundrechtspositionen beeinflusst werden. Das Fachgericht muss folglich bei Auslegung und Anwendung des einfachen Rechts beachten, dass der Gesetzgeber bei der Inhalt- und Schrankenbestimmung (Art. 14 Abs. 1 Satz 2 GG) durch mietrechtliche Vorschriften einen Ausgleich gegenläufiger Grundrechtspositionen unternommen hat. Damit muss die gerichtliche Entscheidung über die einander widerstreiten-

Beachten: Die Prüfung der Begründetheit kann hier *nicht* nach dem *üblichen Eingriffsschema* erfolgen. Das gericht-

---

men wird, ist deshalb kein Raum für eine umfassende verfassungsrechtliche Kontrolle. Es ist die geringere Regelungsdichte der Grundrechte im Bereich des Privatrechts, die das BVerfG an einer umfassenden Prüfung des Zivilurteils seinem Inhalt nach hindert. Denn zwingende Folgen für die Auslegung und Anwendung des Privatrechts im Einzelfall ergeben sich unmittelbar aus dem Grundgesetz in der Regel nicht (*Schlaich/Korioth*, Rn. 321).

[30] BVerfGE 82, 214 230; 89, 1, 10; st. Rspr.

liche Urteil entscheidet einen Rechtsstreit zwischen Privaten und kann nur daraufhin überprüft werden, ob bei der Anwendung der einschlägigen, streitentscheidenden Bestimmungen Grundrechte verkannt wurden; es kann aber nicht als Eingriffsakt daraufhin überprüft werden, ob es verhältnismäßig ist.	den Rechtspositionen aufgrund einer Abwägung erfolgen, die alle Umstände des Einzelfalles berücksichtigt.
Hier liegt ein wesentlicher Schwerpunkt der Begründetheitsprüfung!	Dass das Urteil auf einer grundsätzlich unrichtigen Auffassung von der Bedeutung und Tragweite eines Grundrechts beruht, kann daraus resultieren, dass das Zivilgericht im Rahmen der *Abwägung* der widerstreitenden, rechtlich geschützten Interessen, das Grundrecht des E grundsätzlich verkannt hat. Das letztinstanzliche Zivilurteil ist deshalb problematisch, weil es sich hier um eine Abwägung zwischen den verfassungsrechtlich geschützten Positionen handelt. Hier ist folglich die *Position des Hauseigentümers E* der *Position des Mieters M* gegenüberzustellen.
	E ist *Hauseigentümer*, dessen Eigentumsgrundrecht verfassungsrechtlich durch Art. 14 Abs. 1 GG geschützt ist. Sein Kündigungsrecht ist in § 573 Abs. 1 und 2 BGB normiert. Art. 14 Abs. 1 GG erfordert die Bewertung des Interesses des E, die Wohnung selbst zu nutzen. § 573 Abs. 2 BGB konkretisiert den Bergriff „berechtigtes Interesse" aus Abs. 1 und anerkennt dem E ein Kündigungsrecht aufgrund des Eigenbedarfes. Die Entscheidung des Hauseigentümers über seinen Wohnbedarf ist grundsätzlich zu achten. Insbesondere dürfen ihm nicht fremde Vorstellungen über angemessenes Wohnen und seine weitere Lebensplanung (und diejenigen seiner privilegierten Angehörigen) aufgedrängt werden.[31]
	Mieter M ist selbst durch Art. 14 Abs. 1 Satz 1 geschützt, da sein Besitzrecht an der gemieteten Wohnung Eigentum i.S. von Art. 14 Abs. 1 Satz 1 GG ist. Die Wohnung ist Mittelpunkt seiner privaten Existenz; der Großteil der Bevölkerung ist gezwungen, Wohnraum zu mieten. Das Besitzrecht erfüllt unter diesen Umständen Funktionen, wie sie typischerweise dem Sacheigentum zukommen. Sein Bestandsinteresse darf nicht gänzlich missachtet oder unverhältnismäßig beschränkt werden: Der Fortbestand eines einmal entstandenen und durch Art. 14 GG als Eigentum erfassten

---

[31] BVerfGE 79, 292, 303 ff.; 89, 1, 9.

Rechts, also der Bestandschutz, kann Gegenstand des Grundrechtsschutzes aus Art. 14 Abs. 1 Satz 1 GG sein.[32]

Falls die Einschlägigkeit des Art. 14 Abs. 1 Satz 1 GG für den Mieter nicht erkannt und deshalb verneint oder nicht geprüft wird, ist auf Art. 2 Abs. 1 GG abzustellen. Der Schutzbereich des Art. 2 Abs. 1 GG kann in Räumungsprozessen berührt sein, wenn das Gericht dem Mieter seine Vorstellung von angemessenen Wohnung aufdrängt.[33] Hier berief sich M auf die freie Entfaltung seiner Persönlichkeit und soweit ihm der Besitz an seiner bisherigen Wohnung als dem räumlichen Lebensmittelpunkt entzogen wird, kann Schutzbereich des Art. 2 Abs. 1 GG berührt werden.

Aus den verfassungsrechtlich geschützten Positionen folgt, dass die letztinstanzliche Gerichtsentscheidung den beiderseitigen Eigentumsschutz beachten und die unverhältnismäßigen Eigentumsbeschränkungen vermeiden muss. Die Schwelle eines Verstoßes gegen Verfassungsrecht ist erst erreicht, wenn die Auslegung des Fachgerichts Auslegungsfehler erkennen lässt, die auf einer grundsätzlich unrichtigen Anschauung von Bedeutung der Eigentumsgarantie, insbesondere vom Umfang ihres Schutzbereiches, beruhen und auch in ihrer materiellen Bedeutung für den konkreten Fall von einigem Gewicht sind.[34] Nur innerhalb dieser Grenze ist Auslegung des einfachen Rechts zulässig.

Zu prüfen ist also, in welchem Umfang eine *Eigenbedarfskündigung* zulässig ist.

Art. 14 Abs. 1 GG erfordert die Bewertung des Interesses des E, die Wohnung selbst zu nutzen. Aus der Verbindung des Art. 14 GG mit dem allgemeinen Persönlichkeitsrecht folgt, dass der Wille des Eigentümers nur *beschränkt gerichtlich nachprüfbar* ist. Nur der *evidente Missbrauch* des Selbstbestimmungsrechts darf kontrolliert und verboten werden.

Bei der Eigenbedarfskündigung geht es auch auf Seiten des E um Interessen mit einem *starken persönlichen Bezug*. Der Wunsch, eine bestimmte Wohnung zu nutzen, hängt von

---

[32] BVerfGE 89, 1, 7.
[33] BVerfGE 89, 1, 13.
[34] BVerfGE 89, 1, 9 f.; st. Rspr.

den persönlichen Vorstellungen, Bedürfnissen und Zukunftsplänen eines Menschen ab.

Das angegriffene Urteil berücksichtigt das Selbstbestimmungsrecht des E über den Eigengebrauch nicht ausreichend. Zu berücksichtigen ist, dass das Kündigungsrecht des Vermieters ohne Verfassungsverstoß von einem berechtigten Interesse an der Beendigung des Mietvertrages abhängig gemacht werden darf.[35] Entscheidend ist dabei, dass der Eigentümer von Verfassungs wegen die größeren Einschränkungen seiner Befugnisse hinnehmen muss, je stärker ein Eigentumsobjekt soziale Funktion erfüllt. Dabei soll die Nutzung des Eigentums dem Eigentümer ermöglichen, sein Leben nach eigenen, selbstverantwortlich entwickelten Vorstellungen zu gestalten.[36] Die Wohnung eines Menschen ist Teil seines persönlichen Lebenszuschnitts. Der Wunsch, eine bestimmte Wohnung zu nutzen, lässt sich nicht ausschließlich oder in erster Linie an *objektiven* Kriterien messen. Er hängt vielmehr eng mit dem bisherigen Lebensweg eines Menschen, seinen Zukunftsplänen und seinen persönlichen Vorstellungen und Bedürfnissen zusammen.

Das letztinstanzliche Gericht ignoriert folglich die alleinige Befugnis des E, darüber zu bestimmen, welchen Wohnbedarf er für sich und seine Familie für angemessen hielt. Eine Verweisung auf die Dachwohnung ist wegen der gesundheitlichen Lage sowie wegen der Schwangerschaft der Frau von S unzulässig. Im Ergebnis ist daher der Selbstnutzungswunsch des E als vernünftig und nachvollziehbar zu sehen. Die Anforderungen an „berechtigtes Interesse" bzw. „benötigt" sind hier wohl zu hoch gestellt.

Im Ergebnis: Eine Auslegung, welche dem Eigentümer das Kündigungsrecht allein deshalb versagt, weil er den Bedarfsgrund willentlich herbeigeführt hat, ist grundsätzlich nicht zulässig. Sie würde die Befugnis des Eigentümers missachten, sein Leben unter Gebrauch seines Eigentums so einzurichten, wie er dies für richtig hält.

---

[35] So st. Rspr. BVerfG, vgl. E 68, 361, 367 ff.; 79, 292, 302.
[36] BVerfGE 46, 325, 334; 79, 292, 304.

Fachgerichte haben seinen Entschluss, die vermietete Wohnung nunmehr selbst zu nutzen, grundsätzlich zu akzeptieren.[37]

Diese Grundprobleme müssten ins Zentrum der Abwägung stehen. Ein Eingehen auf Art. 13, 2 Abs. 1, 3 Abs. 1 GG ist laut Sachverhalt nicht erforderlich, da insoweit ausdrücklich Art. 14 GG angesprochen wurde; werden doch auch diese erwähnt, darf dies *nicht* als Fehler bewertet werden, denn auch das BVerfG prüft einen Grundrechtsverstoß unabhängig davon, welches Grundrecht benannt wurde.

4. Ergebnis

Die Verweigerung des gerichtlichen Schutzes für das Eigentum des E ist nicht Ausdruck einer zulässigen Inhalts und Schrankenbestimmung i.S.d. Art. 14 Abs. 1 Satz 2 GG.

Bei der Auslegung und Anwendung des BGB ist die Bedeutung des Grundrechts der Eigentumsfreiheit durch das letztinstanzliche Landgericht nicht hinreichend beachtet worden. Das Urteil verletzt daher den E in seinem Grundrecht aus Art. 14 Abs. 1 Satz 1 GG.

C) ENDERGEBNIS

Die Verfassungsbeschwerde des E ist zulässig und begründet und hat daher Aussicht auf Erfolg.

Beachten: Nach der Entscheidung des BVerfG war nicht gefragt. Positiv zu bewerten wäre die zutreffende Erwähnung der Entscheidung des BVerfG: Das Urteil des letztinstanzlichen Verwaltungsgerichtes verletzt den Beschwerdeführer in seinem Grundrecht aus Art. 14 Abs. 1 Satz 1 GG. Es wird daher aufgehoben. Die Sache wird an das letztinstanzliche Gericht zurückverwiesen. Die Bundesrepublik Deutschland hat dem Beschwerdeführer die notwendigen Auslagen zu erstatten.

Literatur: v. Heinegg/Haltern, Keine Angst von Art. 14, JuS 1993, S. 121 ff.; *F. Schoch*, Die Eigentumsgarantie des Art. 14 GG, Jura 1989, S. 113 ff.

---

[37] BVerfGE 79, 292, 305.

Rechtsprechung: BVerfGE 79, 283 (Kündigungsrecht des Vermieters); 79 292 (Eigenbedarf); 89, 1 (Besitzrecht des Mieters); 89, 237 (Eigenbedarfskündigung).

Klausur 8

Die umstrittene Volksbefragung

Sachverhalt

Die Fraktion der X-Partei im Bundestag legt Anfang 2002 den Entwurf eines Gesetzes vor, nach dem für die Benutzung der Bundesautobahnen ab dem Jahr 2004 der Erwerb einer Autobahnmarke zwingend erforderlich wird. Diese jährlich neu zu erwerbende Plakette soll für Fahrzeuge bis 2,8 t 30 Euro, für Fahrzeuge über 2,8 t 100 Euro kosten. Mit den Einnahmen soll das „im Verfall begriffene" deutsche Autobahnnetz gepflegt und erweitert werden.

In die sofort entstehende und mit großer Erregung geführte öffentliche Auseinandersetzung um den Entwurf schalten sich auch mehrere Hersteller von Kraftfahrzeugen und verschiedene Automobilclubs ein. Sie argumentieren u.a., der Gesetzentwurf verletze das grundgesetzlich gewährleistete Grundrecht auf Mobilität; außerdem werde der Autofahrer wieder einmal zur Melkkuh der Politiker gemacht. Das Gesetz sei eine einzige Gängelung des mündigen Bürgers und müsse energisch bekämpft werden.

Daraufhin legt die Fraktion der X-Partei im Bundestag einen weiteren Gesetzesentwurf betreffend „Durchführung einer konsultativen Volksbefragung zur Einführung der Autobahnmarke" (Autobahnmautvolksbefragungsgesetz-AMVG) vor. Die Befragung soll unter sinngemäßer Anwendung des Bundeswahlgesetzes durchgeführt werden. Alle stimmberechtigten Bürger sollen auf dem Befragungszettel unter der Frage

„Befürworten Sie die Einführung einer Autobahnmarke in Höhe von 30 Euro für Fahrzeuge bis 2,8 t und von 100 Euro für Fahrzeuge über 2,8 t Gesamtgewicht?"

„Ja" oder „Nein" ankreuzen.

Der Bundestag soll durch das Ergebnis der Abstimmung rechtlich nicht gebunden sein. Die Abstimmung soll am Sonntag, dem 29. Juni 2003, stattfinden. Das AMVG soll am Tag nach der Verkündung in Kraft treten.

Das AMVG wird mit der Mehrheit der Mitglieder des Bundestages am 13.11.2002 und des Bundesrates am 20.12. 2002 beschlossen, vom Bundespräsidenten ausgefertigt und am 22. Januar 2003 verkündet.

Einige Zeit danach tritt der Abgeordnete A, der gegen das AMVG gestimmt hat, aus der X-Fraktion aus; einer anderen Fraktion schließt er sich nicht an. A hatte während der Gesetzesberatung gegenüber seinen Fraktionskollegen und während der Bundestagsdebatte mehrfach verfassungsrechtliche Einwände erhoben. Er bezweifelte, ob der Bund zum Erlaß eines solchen Gesetzes befugt sei. Auch hatte er Bedenken, ob das Gesetz mit dem verfassungsrechtlichen Strukturprinzip der parlamentarisch-repräsentativen Demokratie vereinbar sei.

A fühlt sich nunmehr durch die anstehende Volksbefragung in seiner Freiheit als Abgeordneter beeinträchtigt und wendet sich daher an Rechtsanwalt R mit dem Begehren, gutachtlich zu untersuchen, ob das Gesetz mit dem Grundgesetz im Einklang steht. Außerdem bittet er um Auskunft, welche verfassungsprozessualen Möglichkeiten ihm als Abgeordneten zur Verfügung stehen, um das Gesetz zu Fall zu bringen. Welche Auskunft wird R dem A erteilen?

Bearbeitervermerk:

Bei der Prüfung der verfassungsprozessualen Möglichkeiten des A ist ausschließlich auf die Zulässigkeit der in Betracht kommenden Rechtsschutzmöglichkeiten einzugehen.

Lösungsvorschlag

1. Teil: Gutachten des R zur Frage der Verfassungsmäßigkeit des Gesetzes über die Durchführung einer konsultativen Volksbefragung zur Einführung der Autobahnmarke

Zwar ist die Fragestellung nicht exakt untergliedert, doch läßt sich ihr entnehmen, daß zunächst die Frage der Verfassungsmäßigkeit des Gesetzes umfassend behandelt werden soll und erst daran anschließend die prozessualen Möglichkeiten des A zu prüfen sind.

Das „Gesetz über die Durchführung einer konsultativen Volksbefragung zur Einführung der Autobahnmarke" steht nicht mit dem Grundgesetz im Einklang, wenn es sich in formeller oder materieller Hinsicht als verfassungswidrig erweist.

Wer den Obersatz positiv formulieren möchte („Das Gesetz über die Durchführung einer konsultativen Volksbefragung zur Einführung der Autobahnmarke" steht mit dem Grundgesetz im Einklang, wenn es sich in formeller und materieller Hinsicht als verfassungsgemäß erweist.") muß darauf achten, daß die formellen und materiellen Vorgaben des Grundgesetzes kumulativ erfüllt sein müssen.

A. Formelle Verfassungswidrigkeit

Das AMVG ist formell verfassungswidrig, wenn der Bund keine Kompetenz zum Erlaß dieses Gesetzes besitzt oder wenn das Gesetzgebungsverfahren an einem Fehler leidet.

I. Gesetzgebungskompetenz des Bundes

Nach der Kompetenzregel des Art. 70 GG ist für den verfassungsgemäßen Erlaß eines Gesetzes durch den Bund erforderlich, daß das Grundgesetz dem Bund Gesetzgebungsbefugnisse verleiht. Fraglich ist, ob der Bund über eine ausdrückliche oder eine ungeschriebene Befugnis zum Erlaß des Gesetzes über die Durchführung einer konsultativen Volksbefragung zur Einführung der Autobahnmarke verfügt.

Da mehrere Kompetenztitel des Bundes in Betracht kommen, stellt sich die Frage nach der Reihenfolge ihrer Behandlung. Als zweckmäßig erweist es sich, mit den ausdrücklich im Grundgesetz erwähnten Kompetenzen zu beginnen und bei diesen die im Grundgesetz verstreuten speziellen Kompetenzen des Bundesgesetzgebers vor den Regelungen der Art. 70 ff. GG zu prüfen. Erst wenn diese Prüfung nicht zum Erfolg führt, kann die Frage ungeschriebener Bundeszuständigkeiten erörtert werden.

Die Frage, ob ein Gesetz über die konsultative Volksbefragung überhaupt ohne Verfassungsänderung zulässig ist, ist hier noch nicht zu problematisieren.

1. Kompetenz aus Art. 29 Abs. 2, 4 und 5 GG

Diese Regelungen begründen keinen Kompetenztitel für das „Gesetz über die Durchführung einer konsultativen Volksbefragung zur Einführung der Autobahnmarke", da sie sich nach ihrem eindeutigen Wortlaut ausschließlich auf Abstimmungen und Befragungen für den Fall der Länderneugliederung beziehen.

2. Kompetenz aus Art. 20 Abs. 2 S. 2 GG

Fraglich ist, ob Art. 20 Abs. 2 S. 2 GG dem Bund eine Kompetenz für den Erlaß des Autobahnmautbefragungsgesetz verleiht. Dies ist dann der Fall, wenn mit der Erwähnung von „Abstimmungen" in Art. 20 Abs. 2 S. 2 GG bereits der Weg für die Einführung von konsultativen Volksbefragungen durch einfaches Gesetz, also eine Kompetenzzuweisung verbunden ist[1]. Gegen einen solchen Schluß spricht zum einen, daß in Art. 38 Abs. 3 GG eine ausdrückliche Kompetenz zum Erlaß eines Bundeswahlgesetzes enthalten ist, obwohl in Art. 20 Abs. 2 S. 2 GG „Wahlen" ebenfalls erwähnt werden. Der Grundgesetzgeber hielt es demnach für erforderlich, die Kompetenz für Wahlen unabhängig von der Erwähnung in Art. 20 Abs. 2 S. 2 GG explizit und eigenständig zu regeln[2]. Gegen eine Gesetzgebungskompetenz unmittelbar aus Art. 20 Abs. 2 S. 2 GG spricht des weiteren der Charakter dieser Vorschrift. Art. 20 Abs. 2 S. 2 GG gehört zu den Bestimmungen des Grundgesetzes, die Strukturprinzipien der Verfassung benennen und damit die rechtliche Grundordnung normieren[3], aber keine Regelung über die Ausübung der staatlichen Befugnisse enthalten. Art. 20 Abs. 2 S. 2 GG ist keine materielle Zuständigkeitsnorm und verleiht daher selbst keine Kompetenz zur Gesetzgebung[4], sondern setzt eine Kompetenz des Bundes voraus.

---

[1] So zu verstehen die Ausführungen von *Stein/Frank*, S. 118.
[2] So auch *Frotscher/Faber*, JuS 1998, 820 (821).
[3] Vgl. *Schnapp*, in: *von Münch/Kunig*, GG, Bd. 1, Art. 20 Rn. 1.
[4] Ebenso *Frotscher/Faber*, JuS 1998, 820 (821).

3. Kompetenz aus Art. 38 Abs. 3 GG

Die Ermächtigung in Art. 38 Abs. 3 GG bezieht sich allein auf die Regelung der Bundestagswahl[5], nicht aber auf andere Äußerungen des Bundesvolkes[6]. Daß die „Abstimmung" des AMVG entsprechend den Regelungen des Bundeswahlgesetzes durchgeführt werden soll, reicht allein nicht aus, um eine Kompetenz aus Art. 38 Abs. 3 GG zu begründen. Folglich kann das AMVG nicht auf Art. 38 Abs. 3 GG gestützt werden.

4. Kompetenz aus Art. 73 Nr. 11 GG

Eine Kompetenz zum Erlaß des AMVG ergibt sich dann aus Art. 73 Nr. 11 GG, wenn es sich bei der Befragung nach dem AMVG um Statistik für Bundeszwecke handelt. Unter Statistik ist die methodische Erhebung, Sammlung, Darstellung und Auswertung von Daten und Fakten zu verstehen[7]. Darunter können auch Meinungsbefragungen fallen, jedoch nur dann, wenn mit ihnen nicht die Absicht verbunden ist, politische Aktionen zu bewirken[8]. Genau dies ist hier aber die Intention des Gesetzes, denn der ausschließliche Zweck des AMVG ist es, den Grad der politischen Zustimmung des Volkes zu der Einführung einer Autobahnmaut festzustellen und daraus eventuell Folgerungen für den weiteren Fortgang des Gesetzgebungsverfahrens zu ziehen. Mithin kann das AMVG auch nicht in Art. 73 Nr. 11 GG seine Grundlage finden.

5. Kompetenz aus Art. 74 Abs. 1 Nr. 22 GG

Art. 74 Abs. 1 Nr. 22 GG verleiht dem Bundesgesetzgeber die Kompetenz zum Erlaß des AMVG, wenn hauptsächlicher Inhalt dieses Gesetzes die Regelung der Erhebung von Gebühren für die Benutzung öffentlicher Straßen mit Fahrzeugen ist. Hauptgegenstand des AMVG ist die Durchführung einer Volksbefragung; die Materie der Erhebung von Gebühren für die Benutzung öffentlicher Straßen mit Fahr-

---

[5] Vgl. *Trute*, in: *von Münch/Kunig*, GG, Bd. 2, Art. 38 Rn. 105; *Pieroth*, in: *Jarass/Pieroth*, GG, Art. 38 Rn. 21.
[6] Vgl. *Trute*, in: *von Münch/Kunig*, GG, Bd. 2, Art. 38 Rn. 105: ausschließlich Kompetenz zum Erlaß eines Ausführungsgesetzes für die Wahlen zum Bundestag; ferner *Badura*, in: *Dolzer/Vogel/Graßhof*, BK-GG, Anh. z. Art. 38: BWahlG, Rn. 2.
[7] So *Kunig*, in: *von Münch/Kunig*, GG, Bd. 3, Art. 73 Rn. 43; *Pieroth*, in *Jarass/Pieroth*, GG, Art. 73 Rn. 26.
[8] Vgl. BVerfGE 8, 104 (111).

zeugen ist nur der Anlaß, nicht aber der vornehmliche Inhalt des Gesetzes. Deshalb scheidet Art. 74 Abs. 1 Nr. 22 GG ebenfalls als Kompetenztitel aus.

6. Kompetenz kraft Sachzusammenhangs mit dem Straßengebührenrecht nach Art. 74 Abs. 1 Nr. 22 GG

Eine Kompetenz kraft Sachzusammenhangs mit dem Straßengebührenrecht nach Art. 74 Abs. 1 Nr. 22 GG für das AMVG ist dann gegeben, wenn die dem Bund ausdrücklich zugewiesene Materie verständigerweise nicht geregelt werden kann, ohne daß zugleich eine nicht ausdrücklich zugewiesene Materie mitgeregelt wird; insoweit muß die Mitregelung eine unerläßliche Voraussetzung für die Regelung der dem Bundesgesetzgeber zugewiesenen Materie sein[9]. Das geplante Gesetz über die Autobahnmaut kann auch ohne Regelungen über eine Volksbefragung über die Frage der Gebührenerhebung erlassen werden, so daß das AMVG keine unerläßliche Voraussetzung für den nach Art. 74 Abs. 1 Nr. 22 GG zulässigen Erlaß eines Autobahnmautgesetzes ist. Daher greift auch eine Kompetenz kraft Sachzusammenhangs nicht.

7. Annexkompetenz zu Art. 74 Abs. 1 Nr. 22 GG

Das AMVG kann auf eine Annexkompetenz zu Art. 74 Abs. 1 Nr. 22 GG gestützt werden, wenn die vom AMVG geregelte Materie in einem unlösbaren oder notwendigen Zusammenhang mit einer der Zuständigkeit des Bundes, hier der Befugnis zur Regelung der Erhebung von Gebühren für die Benutzung öffentlicher Straßen mit Fahrzeugen, steht und deshalb, insbesondere mit Blick auf die Stadien der Vorbereitung und Durchführung[10], als Annex jenes Sachgebietes angesehen werden kann[11]. Ein notwendiger Zusammenhang zwischen der Einführung einer Autobahnmaut und der Durchführung einer Volksbefragung ist im Gegensatz zu ordnungsrechtlichen Vollzugsregelungen[12] oder Regelungen des Verwaltungsverfahrens[13] nicht ersicht-

---

[9] Vgl. BVerfGE 3, 407 (421).
[10] Vgl. *Degenhart*, in: *Sachs*, GG, Art. 70 Rn. 30.
[11] Zu den Voraussetzungen der Annexkompetenz vgl. BVerfGE 8, 143 (148 ff.); *Hesse*, Grundzüge, Rn. 236 m.w.N.
[12] Die Regelung der Ordnungsgewalt in einem Sachgebiet ist der typische Fall der Annexkompetenz vgl. *Kunig*, in: *von Münch/Kunig*, GG, Bd. 3, Art. 70 Rn. 25.
[13] Dazu *Degenhart*, in: *Sachs*, GG, Art. 70 Rn. 32.

lich, denn das geplante Autobahnmautgesetz bedarf zu seiner Umsetzung und Vollziehbarkeit keiner Regelungen über eine Volksbefragung. Damit verschafft auch die Figur der Annexkompetenz dem Bund keine Befugnis zum Erlaß des AMVG.

8. Kompetenz kraft Natur der Sache

Für den Erlaß des AMVG kommt schließlich die ungeschriebene Gesetzgebungskompetenz des Bundes aus der Natur der Sache[14] in Betracht. Eine Zuständigkeit des Bundes kraft Natur der Sache wird in Rechtsprechung und Lehre dann angenommen, wenn ein Gegenstand nicht nur zweckmäßigerweise, sondern begriffsnotwendig respektive aus „sachlogischen Gründen"[15] nur durch Bundesgesetz geregelt werden kann[16]. Eine Befragung des Bundesvolkes über Gegenstände der Bundesgesetzgebung kann ebenso wie die Materien der Staatsangehörigkeit im Bund oder des Sitzes der Bundesregierung schon aus sachlogischen Gründen nur vom Bundesgesetzgeber geregelt werden[17]. Aus diesem Grund kann das AMVG auf die ungeschriebene Bundeskompetenz aus der Natur der Sache gestützt werden. Mithin ist eine Kompetenz des Bundes zum Erlaß des AMVG gegeben.

II. Gesetzgebungsverfahren

Da das AMVG als einfaches Gesetz gerade nicht das Grundgesetz ändern will, greifen die Anforderungen des Art. 79 GG nicht ein. Auch im übrigen sind Verstöße gegen Vorschriften über das Gesetzgebungsverfahren nicht ersichtlich.

Ob das Grundgesetz hätte geändert werden müssen, ist eine Frage, die sich erst nach Betrachtung der materiellen Verfasungslage beantworten läßt.

---

[14] Zur Natur der Sache als anerkannter, ungeschriebener Gesetzgebungskompetenz des Bundes näher BVerfGE 11, 89 (96 ff.); *Degenhart*, in: *Sachs*, GG, Art. 70 Rn. 22, 24 ff.
[15] So *Maurer*, § 10 Rn. 30.
[16] Vgl. zu den Merkmalen der Bundeskomptenz kraft Natur der Sache statt vieler *Degenhart*, Staatsrecht I, Rn. 134.
[17] Mit Blick auf eine ähnliche Fallkonstellation im Ergebnis ebenso *Frotscher/Faber*, JuS 1998, 820 (822).

B. Materielle Verfassungswidrigkeit des Gesetzes

I. Verstoß gegen Art. 20 Abs. 2 S. 2 GG i.V.m. dem Demokratieprinzip

1. Anwendbarkeit der Vorschrift

Art. 20 Abs. 2 S. 2 GG ist auf die geplante konsultative Volksbefragung nach dem AMVG anwendbar, wenn es sich hierbei um eine „Abstimmung" im Sinne dieser Norm handelt. Dies setzt voraus, daß es sich die Befragung als staatsorganschaftliches Handeln des Volkes, also als eine Beteiligung an der Staatswillensbildung bzw. als Ausübung von Staatsgewalt darstellt[18]. Gegen die Qualifizierung als Ausübung von Staatsgewalt spricht die rechtliche Unverbindlichkeit der Volksbefragung[19], deren Ergebnis für die zuständigen staatlichen Entscheidungsträger keine Bindungswirkung entfaltet. Dieser Betrachtung ist allerdings zum einen entgegenzuhalten, daß die Befragung nach dem AMVG einen amtlichen Anstrich aufweist, weil sie durch den Gesetzgeber mit Blick auf die Fragestellung und die Terminierung selbst initiiert ist und nach der Art der Durchführung (sinngemäße Anwendung des Bundeswahlgesetzes) den etablierten Formen der Bekundung des Volkswillens ähnelt. Zudem kann das Votum des Volkes auch eine faktische Verbindlichkeit begründen, der sich der Gesetzgeber bei seinen nachfolgenden Entscheidungen mitunter nur schwer entziehen kann[20]. Aufgrund dieser Argumente ist der Schluß gerechtfertigt, daß es sich bei der Volksbefragung nach dem AMVG um Ausübung von Staatsgewalt handelt[21]; mithin ist Art. 20 Abs. 2 S. 2 GG anwendbar.

Wer sich diesen Argumenten nicht anschließen will und auf die rechtliche Unverbindlichkeit der Befragung abstellt, wird zu dem Ergebnis gelangen, daß keine Ausübung von Staatsgewalt vorliegt und daher Art. 20 Abs. 2 S. 2 GG nicht einschlägig ist. Die Prüfung dieser Norm ist dann bereits an dieser Stelle beendet.

2. Regelungsgehalt von Art. 20 Abs. 2 S. 2 GG i.V.m. dem Demokratieprinzip

Die nach dem AMVG vorgesehene konsultative Volksbefragung ist dann mit Art. 20 Abs. 2 S. 2 GG nicht vereinbar,

---

[18] Vgl. BVerfGE 8, 104 (115 ff.).
[19] So das Argument von *Mahrenholz*, S. 371 (379).
[20] So der Hinweis von *Dach*, ZG 1987, 158 (163); ebenso *Herzog*, in: *Maunz/Dürig*, GG, Art. 20 II. Abschnitt Rn. 45.
[21] Zu dem gleichen Ergebnis gelangte das BVerfG in dem sogenannten Atomvolksbefragungsfall, vgl. BVerfGE 8, 104 (112 ff.).

wenn diese Vorschrift nur solche Abstimmungen zuläßt, die im Grundgesetz ausdrücklich vorgesehen sind.

a) Ausschluß konsultativer Volksbefragungen aufgrund des expliziten Wortlauts der Norm

Der Ausschluß konsultativer Volksbefragungen ist bereits dann zu bejahen, wenn nach dem *Wortlaut* des Art. Art. 20 Abs. 2 S. 2 GG nur die im Grundgesetz erwähnten Abstimmungen erlaubt sind. Diese Vorschrift spricht aber lediglich von „Abstimmungen", ohne diese näher zu charakterisieren. Welche Formen von „Abstimmungen" erlaubt sind, bleibt hiernach völlig offen. Aus dem Wortlaut des Art. 20 Abs. 2 S. 2 GG kann daher nicht der Schluß abgeleitet werden, daß allein die im Grundgesetz erwähnten Abstimmungen zulässig sind.

b) Konsultative Volksbefragungen und der Wille des historischen Gesetzgebers

Fraglich ist, ob die Entstehungsgeschichte Anhaltspunkte dafür liefern kann, daß Art. 20 Abs. 2 S. 2 GG in der Weise auszulegen ist, daß konsultative Volksbefragungen ausgeschlossen sein sollen. Dafür könnte sprechen, daß der parlamentarische Rat im Zuge seiner Beratungen sich von den Traditionen der Weimarer Reichsverfassung (WRV) bewußt abgekehrt und die in der WRV enthaltenden direktdemokratischen Elemente[22] für das Grundgesetz ausdrücklich verworfen hat[23]. Aus diesem Hinweis läßt sich aber allenfalls ein Argument gegen die Zulässigkeit der plebiszitären Demokratieformen Volksentscheid und Volksbegehren gewinnen, denn nur diese Institute waren in der WRV geregelt und Gegenstand der Verhandlungen des parlamentarischen Rates[24]. Dagegen war der Fall der konsultativen Volksbefragung in der WRV nicht vorgesehen; auch hat sich der parlamentarische Rat mit dieser Erscheinungsform direkter Demokratie nicht explizit befaßt[25]. Mit der Genese des Art. 20 Abs. 2 S. 2 GG läßt sich folglich nicht begründen, daß der

---

[22] Vgl. Art. 73–76 WRV.
[23] So zum Beispiel *von Danwitz*, DÖV 1992, 601 (602). Zurückhaltender *Herzog*, in *Maunz/Dürig*, GG, Art. 20 II. Abschnitt Rn. 39, der wegen der Zeitumstände dem Argument der Entstehungsgeschichte nur eine begrenzte Bedeutung für die weitere Entwicklung des Grundgesetzes zumessen will.
[24] Ausführlich zu den Beratungen im Parlamentarischen Rat *Ebsen*, AöR 110 (1985), 2 (9 ff.).
[25] Dazu näher *Ebsen*, AöR 110 (1985), 2 (12 ff.).

Begriff Abstimmungen konsultative Volksbefragungen nicht erfaßt[26]. Mithin führt auch die historisch-genetische Auslegung des Art. 20 Abs. 2 S. 2 GG nicht zu dem Ergebnis, daß konsultative Volksbefragungen aus dem Anwendungsbereich des Art. 20 Abs. 2 S. 2 GG ausgeschlossen sind.

c) Systematische Stellung von Art. 20 Abs. 2 S. 2 GG als Begründung für die Exemtion konsultativer Volksbefragungen

Erörterungen über die Zulässigkeit plebiszitärer Elemente geraten sehr schnell in ein Gewässer, in welchem verfassungspolitisch argumentiert wird. Dieser Gefahr kann sich nur entziehen, wer strikt auf die im Grundgesetz getroffenen Regelungen rekurriert.

Die Beschränkung auf im Grundgesetz erwähnte Abstimmungen könnte sich aber aus dem normativen Zusammenhang ergeben, in welchem Art. 20 Abs. 2 S. 2 GG angesiedelt ist. Im Wege systematischer Betrachtung des Art. 20 Abs. 2 S. 2 GG wird mit Blick auf Art. 38 Abs. 1, 28 Abs. 1 S. 2 GG einerseits und Art. 29 und 118 GG andererseits argumentiert, das Grundgesetz gestalte das demokratische Prinzip strikt repräsentativ[27]. Die Entscheidung von Sachfragen als Durchbrechungen des im Grundgesetz verwirklichten Grundsatzes der repräsentativ-parlamentarischen Demokratie sei daher ausschließlich in den durch das Grundgesetz selbst vorgesehenen Fällen zulässig[28]. Weitere Fälle von Abstimmungen könnten daher nicht durch Parlamentsgesetz, sondern wegen ihrer Konsequenzen nur im Wege einer Verfassungsänderung eingeführt werden[29]; dies gelte aufgrund ihrer politischen Bedeutung auch für Volksbefragungen[30].

---

[26] *Ebsen*, AöR 110 (1985), 2 (15).
[27] Vgl. *Stern*, Bd. I, S. 608; ders., Bd. II, S. 11; *Herzog*, in: *Maunz/Dürig*, GG, Art. 20 II.Abschnitt Rn. 37, 61 ff.
[28] Vgl. *Stern*, Bd. I, S. 607; *Krause*, in Isensee/Kirchhof, Bd. II., § 39 Rn. 17 ff., a.A. *Pieroth*, in: *Jarass/Pieroth*, GG, Art. 20 Rn. 7; *Degenhart*, Staatsrecht I, Rn. 62.
[29] Neben den in Fn. 27 u. 28 genannten Stimmen so auch *Ipsen*, Staatsrecht I, Rn. 129.
[30] So explizit *Maurer*, § 7 Rn. 35; a.A. *Dreier*, in: *Dreier*, GG, Bd. 2, Art. 20 (Demokratie) Rn. 102 m.w.N.; ebenso unter Hinweis auf die Entstehungsgeschichte *Ebsen*, AöR 110 (1985), 2 (15).

Diese Argumentation, die von einem unversöhnlichen Gegensatz zwischen der repräsentativ-parlamentarischen Ausprägung des Demokratieprinzips und Formen direkter Demokratie[34] und darauf aufbauend von einem Verfassungsvorbehalt ausgeht, ist indes nicht zwingend. Ihr ist zum einen entgegenzuhalten, daß der bundesverfassungsrechtliche Demokratiebegriff, wie er in Art. 20 Abs. 2 S. 2, 23 Abs. 1, 28 Abs. 1 S. 2 GG Erwähnung findet, plebiszitäre Elemente auf der Ebene der Landesverfassungen toleriert[35]. Zweifelhaft ist des weiteren, ob die Regelungen des Art. 29 und 118 GG den aus diesen Normen gezogenen Schluß zu tragen vermögen. Beide Bestimmungen beziehen sich nicht auf das Bundesvolk in seiner Gesamtheit, sondern bei präziser Analyse lediglich auf Teile des Bundesvolkes[36]. Art. 29 und 118 GG sind also bei genauer Betrachtung keine Fälle des Art. 20 Abs. 2 S. 2 GG, sondern zusätzliche Formen direkter Demokratie neben Art. 20 Abs. 2 S. 2 GG; sie können mithin nichts über die Zulässigkeit von Abstimmungen nach Art. 20 Abs. 2 S. 2 GG besagen. Aus diesem Grund kann diesen Vorschriften auch nichts zu der Frage entnommen werden, ob die Einführung einer konsultativen Volksbefragung einer Verfassungsänderung bedarf. Soweit auf die „moralisch-politische Verbindlichkeit" konsultativer Volksbefragungen abgehoben wird, so ist dem entgegenzuhalten, daß diese „Verbindlichkeit" sowohl aus Sicht der politisch Agierenden als auch der Bevölkerung überschätzt wird. „Moralisch-politische Verbindlichkeit" vermögen beispielsweise auch Wahlversprechen zu vermitteln; eine Garantie, daß sie von den siegreichen Kandidaten und Parteien später eingehalten werden, besteht allerdings nicht, und eine Beachtung der Versprechen wird von weiten Teilen der

Ergänzend kann unter systematischen Aspekten auch noch auf Art. 146 GG n.F. hingewiesen werden. Diese Vorschrift nimmt – anders als Art. 29 und 118 GG - hinsichtlich der Entscheidung über eine das Grundgesetz ablösende Verfassung auf das Bundesvolk in seiner Gesamtheit Bezug. Da die in Art. 146 GG n.F. angesprochene Entscheidung zumindest mit Blick auf das „ob", wenn nicht sogar bezüglich des „wie" der Verfassungsrevision durch eine Volksabstimmung zu geschehen hat[31], kann diese Norm unter systematischen Gesichtspunkten als Bestärkung plebiszitärer Elemente verstanden werden, die nach verbreiteter Auffassung bereits in Art. 20 Abs. 2 S. 2 GG angelegt sind[32]. Dies deshalb, weil sie - mit gewissen Einschränkunen – eine Revision der Verfassung, unter anderem auch andere Ausgestaltungen des demokratischen Prinzips ermöglicht[33]. Wenn aber die prinzipielle Möglichkeit weitergehender Änderungen des Demokratieprinzips vom Grundgesetz selbst eröffnet wird, dann spricht wenig dafür, Formen direkter Demokratie ohne rechtliche Verbindlichkeit, wie sie konsultative Volksbefragungen darstellen, nach derzeitiger Verfassungslage für grundsätzlich unzulässig zu erachten.

---
[31] Vgl. *Huber*, in: *Sachs*, GG, Art. 146 Rn. 16 f.; a.A. aber *Scholz*, in: *Maunz/Dürig*, GG, Art. 146 Rn. 19 ff., jeweils mit weiteren Nachweisen zum Diskussionsstand.
[32] Zur Möglichkeit der Modifikation des Verhältnisses von direkter und repräsentativer Demokratie bereits auf der Grundlage von Art. 20 Abs. 2 S. 2 GG *Degenhart*, Staatsrecht I, Rn. 62.
[33] Vgl. *Huber*, in: *Sachs*, GG, Art. 146 Rn. 10 ff.; a.A. aber *Scholz*, in: *Maunz/Dürig*, GG, Art. 146 Rn. 21.
[34] Vgl. zur Fragwürdigkeit der These einer Unversöhnlichkeit statt vieler *Böckenförde*, in: Isensee/Kirchhof, Bd. II, § 30 Rn. 37 ff.
[35] Vgl. BVerfGE 60, 178 (208); *Degenhart*, Staatsrecht I, Rn. 43.
[36] Vgl. *Degenhart*, Staatsrecht I, Rn. 62; *Maurer*, § 7 Rn. 32; *Ebsen*, AöR 2 (8).

Bevölkerung wohl auch gar nicht mehr erwartet[37]. Überdies wird der Charakter einer konsultativen Volksbefragung damit nicht zutreffend gewürdigt, denn Volksbefragungen besitzen - mit *Scholz* gesprochen - „nur deklaratorisch-demoskopische Bedeutung"[38]. Dem Parlament steht es frei, der Empfehlung zu folgen oder nicht; es kann sich – wie in anderen, durch Meinungsumfragen ermittelten Fällen auch – der Mehrheitsauffassung in der Bevölkerung widersetzen. Das Argument der moralisch-politischen Verbindlichkeit vermag daher das Erfordernis einer Verfassungsänderung nicht zwingend zu begründen.

Folglich läßt sich auch aus dem Blickwinkel systematischer Betrachtung des Art. 20 Abs. 2 S. 2 GG nicht der Schluß ableiten, daß Art. 20 Abs. 2 S. 2 GG nur solche Abstimmungen erlaubt, die im Grundgesetz ausdrücklich erwähnt sind; aus den erwähnten Gründen bedarf es auch keiner ausdrücklichen Verfassungsänderung zur Durchführung der konsultativen Volksbefragung nach dem AMVG[39].

d) Der Telos von Art. 20 Abs. 2 S. 2 GG als Ausschlußgrund

Wer in Übereinstimmung mit Stimmen des Schrifttums die teleologische Auslegung von Verfassungsnormen für grundsätzlich fragwürdig erachtet[40], sollte dies im Rahmen der Prüfung vorab zum Ausdruck bringen.

Die Unzulässigkeit von konsultativen Volksbefragungen als Abstimmungen i.S.d. Art. 20 Abs. 2 S. 2 GG könnte schließlich aus dem objektiven Sinn und Zweck dieser Norm abzuleiten sein. Als ein solcher objektiver Zweck wird zum einen die Bewahrung der repräsentativen Demokratie vor Entscheidungen angeführt, die aufgrund ihrer Komplexität den intellektuellen Rahmen sprengen, die Voraussetzung echter politischer Entscheidungen durch das Staatsvolk seien[41]. Diese abschätzige Formulierung drückt ein Mißtrauen gegenüber der Entscheidungsfähigkeit des Bürgers aus, das

---

[37] Zum geringen Vertrauen der Bevölkerung gegenüber Politikern vgl. jüngst FAZ v. 03.05.03 (Rubrik "Beruf und Chance").
[38] *Scholz*, in: *Maunz/Dürig*, GG, Art. 146 Rn. 29.
[39] Im Ergebnis mit Blick auf die Einführung konsultativer Volksbefragungen durch einfaches Gesetz ebenso *Dreier*, in: *Dreier*, GG, Bd. 2, Art. 20 (Demokratie) Rn. 102; *Pieroth*, in: *Jarass/Pieroth*, GG, Art. 20 Rn. 7; *Stein/Frank*, S. 118; *von Münch*, Staatsrecht I, Rn. 139; zur Gegenansicht, die jedwede Form plebiszitärer Beteiligung undifferenziert unter Verfassungsvorbehalt stellt oben Fn. 28-31.
[40] Zur Fragwürdigkeit teleologischer Argumentation beispielsweise *Hesse*, Grundzüge, Rn. 57.
[41] So *Herzog*, in: *Maunz/Dürig*, GG, Art. 20 II. Abschnitt Rn. 41.

sich aus mittlerweile überholten historischen Erfahrungen[42] speist und in den heutigen Zeiten einer Informationsgesellschaft[43] mit Informationsmöglichkeiten über Presse, Rundfunk, Fernsehen und Internet nicht mehr gerechtfertigt erscheint. Die vielfältigen Informationsangebote und die kritische Berichterstattung aus ganz unterschiedlichen Blickwinkeln ermöglichen es dem Bürger, sich auch über schwierige Sachverhalte umfassendes Wissen zu verschaffen und ein abgewogenes Urteil zu bilden[44]. Zudem werden Volksbefragungen in der heutigen Zeit durch eine intensive Berichterstattung in den Medien begleitet, die den Kenntnisstand der Bevölkerung erweitern und die Durchsetzung einseitiger Positionen erschweren. Dieser Befund wird durch die Erfahrung mit Elementen direkter Demokratie auf Landesebene bestätigt[45]. Die These von der Bevorzugung der repräsentativen Demokratie unterstellt zudem eine herausgehobene Entscheidungskompetenz der Parlamentarier, die gleichermaßen fragwürdig erscheint, da die Abgeordneten als Volksvertreter in vielen Bereichen keine informierten Experten sind; nicht zuletzt ist dies der Grund, weshalb das Parlament selbst Sachverständigenanhörungen durchführt und auf den Rat von Kommissionen zurückgreift. Ob trotz dieser Expertisen deshalb Entscheidungen des Parlaments die Komplexität moderner Fragestellungen besser bewältigen, erscheint angesichts der zunehmenden Klagen über die Qualität parlamentarischer Gesetzgebung[46] ebenso zweifelhaft. Die Annahme, objektiver Zweck des Art. 20 Abs. 2 S. 2 GG sei ein Schutz vor falschen Entscheidungen des Staatsvolkes, kann daher nicht überzeugen und gegen die Befragung nach dem AMVG angeführt werden.

---

[42] Vgl. *Wehr*, JuS 1998, 411 (414).
[43] Hierzu *Kloepfer*, § 1 Rn. 1 ff.
[44] Zur Ambiguität umfassender Informationsmöglichkeit mit Blick auf die politische Willensbildung allerdings *Kloepfer*, § 1 Rn. 17 ff., 31 f.
[45] Beispielhaft sei auf Erfahrungen mit der Volksbefragung zum sächsischen Sparkassengesetz verwiesen, dazu näher "Das Sparkassen-Plebiszit in Sachsen" unter http://www.mdr.de/nachrichten/sachsen/135333-hintergrund-408532.html.
[46] Vgl. zu den Problemen heutiger Gesetzgebung etwa *Kunig*, in: von Münch/Kunig, GG, Bd. 3, Art. 70 Rn. 2; ausführlich *Bülow*, in: Benda/Maihofer/Vogel, § 30 Rn. 63 ff., 68 ff.

Dieser Fall illustriert, daß zur Lösung eines konkreten Sachverhaltes bzw. verfassungsrechtlichen Problems nicht ohne weiteres Argumente übernommen werden können, die auf einer abstrakten Betrachtung der Problematik beruhen[47].

Selbst wenn Art. 20 Abs. 2 S. 2 GG aber einen solchen Zweck besäße, kommt dieser Aspekt hier nicht zum Tragen. Die vermeintliche Schutzfunktion geht schon deshalb ins Leere, weil die Befragung vom Parlament selbst initiiert und das Ergebnis der Volksbefragung zum AMVG rechtlich unverbindlich ist. Das Parlament hat vielmehr die Gelegenheit, eine von ihm erbetene und möglicherweise „falsche" Empfehlung des Volkes nochmals zu überdenken. Folglich kann dieser Gedanke dem AMVG nicht entgegengehalten werden.

Als ein weiterer objektiver Zweck wird die Bewahrung der Legitimität demokratischer Entscheidungen ins Spiel gebracht. Der häufige Gebrauch direktdemokratischer Veranstaltungen führe zu Abnutzungserscheinungen und auf diesem Wege zu einem Verlust der Legitimität der Entscheidung[48]. Ob diese Argumentation zwingend zu dem Auslegungsergebnis führen muß, konsultative Volksbefragungen nicht als Abstimmungen anzusehen, ist indes fragwürdig. Diese Argumentation beruht auf empirischen Annahmen, die ihrerseits zweifelhaft sind. So hat sich auf der Ebene der Länder vielmehr gezeigt, daß Volksbefragungen von der Bevölkerung angenommen und als willkommenes Instrument zur Korrektur parlamentarischer Entscheidungen verstanden werden[49]. Das Abnutzungsargument überzeugt daher nicht und kann folglich nicht das Auslegungsergebnis rechtfertigen, konsultative Volksbefragungen aus dem Anwendungsbereich des Art. 20 Abs. 2 S. 2 GG auszuschließen.

3. Ergebnis

Die Auslegung des Art. 20 Abs. 2 S. 2 GG unter grammatikalischen, historischen, systematischen und teleologischen Aspekten hat keine zwingenden Argumente ergeben, daß konsultative Volksbefragungen nicht als Abstimmungen i.S.d. Art. 20 Abs. 2 S. 2 GG verstanden werden dürfen und deshalb als unzulässig anzusehen sind. Da mithin Art. 20 Abs. 2 S. 2 GG die Einführung weiterer Formen von Ab-

---

[47] Die Konkretisierung von Verfassungsnormen hat immer mit Blick auf ein konkretes Problem zu erfolgen, vgl. *Hesse*, Grundzüge, Rn. 64.
[48] Vgl. *Herzog*, in: *Maunz/Dürig*, GG, Art. 20 II. Abschnitt Rn. 40.
[49] Vgl. *Jung*, JöR n.F. 48 (2000), 39 ff.; *Degenhart*, Der Staat 31 (1992), 77 ff.

stimmungen wie konsultativer Volksbefragungen nicht ausschließt, ist die Befragung nach dem AMVG nicht unzulässig; ein Verstoß des AMVG gegen Art. 20 Abs. 2 S. 2 GG liegt daher nicht vor.

II. Verstoß gegen Art. 38 Abs. 1 S. 2 GG

Die konsultative Volksbefragung nach dem AMVG verstößt gegen Art. 38 Abs. 1. S. 2 GG, wenn das Ergebnis dieser Befragung als nach dieser Vorschrift unzulässiger Auftrag oder Weisung zu verstehen ist. Ein Auftrag respektive eine Weisung liegt vor, wenn der Abgeordnete rechtlich verpflichtet werden soll, sich in eine bestimmten Weise zu verhalten[50]. Das AMVG sieht allerdings ausdrücklich vor, daß die Abgeordneten durch das Ergebnis der konsultativen Volksbefragung nicht gebunden sein sollen. Ein Auftrag im Sinne des Art. 38 Abs. 1 S. 2 GG liegt damit nicht vor.

Ein Verstoß gegen Art. 38 Abs. 1 S. 2 GG ist gleichwohl dann anzunehmen, wenn sich das rechtlich unverbindliche Ergebnis des AMVG der Sache nach wie eine Weisung auswirkt. Eine solche Wirkung wird in der Literatur unter Hinweis auf den faktischen Druck, den auch eine konsultative Volksbefragung für den Abgeordneten erzeuge, angenommen[51]. Obwohl nicht zu bestreiten ist, daß das Ergebnis des AMVG dem Abgeordneten vor Augen hält, wie die Bevölkerung über die Sachfrage denkt und eine anderslautende Entscheidung der Parlamentarier zu einem Konflikt mit der Volksmeinung führen kann, wird dieser Druck – wie oben ausgeführt – überschätzt; zudem schützt das freie Mandat ohnehin nicht gegen gesellschaftliche Einflußnahmen aller Art[52]. Darüber hinaus erscheint der Anknüpfungspunkt dieses angenommen faktischen Drucks nicht richtig gewählt. Der Druck auf die Abgeordneten folgt nicht aus der Volksbefragung, sondern rührt in erster Linie durch die Berichterstattung der Medien her, die als „eminenter Faktor" das Meinungsklima nicht unerheblich beeinflussen können[53]. Unter der Beobachtung und dem Druck einer intensiven Medienberichterstattung stehen die Parlamentarier aber auch in Fragen, die nicht Gegenstand einer Volks-

---

[50] Vgl. *Magiera*, in: *Sachs*, GG, Rn. 47 f.; *Trute*, in: *von Münch/ Kunig*, GG, Bd. 2, Art. 38 Rn. 86 ff.
[51] So beispielsweise *Dach*, ZG 1987, 158 (163 f.).
[52] So der zutreffende Hinweis von *Dreier*, in: *Dreier*, GG, Bd. 2, Art. 20 (Demokratie) Rn. 102.
[53] Vgl. *Hesse*, Rundfunkrecht, 2. Kap. Rn. 33.

befragung sind, so daß sich nicht recht erschließt, woraus sich zum Beispiel der entscheidende qualitative Unterschied zwischen einem durch Meinungsumfragen der Medien und einer Volksbefragung vermittelten Ergebnis ergeben soll. Mithin liegt in dem Ergebnis der nach dem AMVG durchzuführenden konsultativen Volksbefragung kein Verstoß gegen Art. 38 Abs. 1 S. 2 GG.

III. Verstoß gegen Art. 77 Abs. 1 S. 1 GG

Ein Verstoß gegen Art. 77 Abs. 1 S. 1 GG durch das AMVG setzt voraus, daß dem Bundestag die Befugnis, über die Gesetze des Bundes zu beschließen, ganz oder zumindest teilweise entzogen wird. Da das Ergebnis der konsultativen Befragung die Befugnis des Bundestages, über das ob und wie der Bundesgesetze zu beschließen, gänzlich unberührt läßt, ist ein Verstoß gegen Art. 77 Abs. 1 S. 1 GG nicht gegeben.

IV. Ergebnis

Da das AMVG weder gegen Art. 20 Abs. 2 S. 2 GG noch gegen Art. 38 Abs. 1 S. 2 GG oder Art. 77 Abs. 1 S. 1 GG verstößt und auch keine Verletzungen anderer Verfassungsnormen ersichtlich sind, ist das AMVG auch materiell verfassungsgemäß.

C. Gesamtergebnis

Das AMVG entspricht in formeller und materieller Hinsicht den Anforderungen des Grundgesetzes; ein Verfassungsverstoß ist daher nicht gegeben.

2. Teil: Verfassungsprozessuale Möglichkeiten des Abgeordneten A

Zu prüfen sind alle Rechtsbehelfe, die nicht von vornherein als gänzlich fernliegend erscheinen, auch wenn sie sich als untauglich erweisen sollten.

Fraglich ist, welche Möglichkeiten dem Abgeordneten A zur Verfügung stehen, um das AMVG zu verhindern. In Betracht kommen neben dem Verfahren nach Art. 93 Abs. 1 Nr. 1 GG, dem sogenannten Organstreitverfahren, unter Umständen auch das Verfahren nach Art. 93 Abs. 1 Nr. 2

GG (Normenkontrollverfahren) sowie die Verfassungsbeschwerde gemäß Art. 93 Abs. 1 Nr. 4a GG.

A. Verfahren nach Art. 93 Abs. 1 Nr. 1 GG, §§ 13 Nr. 5, 63 ff. BVerfGG (Organstreitverfahren)

I. Antragsteller und Antragsgegner

1. Antragsteller

Fraglich ist zunächst, ob A in seiner Eigenschaft als Abgeordneter des Deutschen Bundestages und damit kraft eigener Organstellung Antragsteller im Verfahren nach Art. 93 Abs. 1 Nr. 1 GG, §§ 13 Nr. 5, 63 ff. BVerfGG sein kann. Dies könnte fraglich sein, da nach § 63 BVerfGG Antragsteller nur sein können der Bundespräsident, der Bundestag, der Bundesrat, die Bundesregierung und die im Grundgesetz oder in den Geschäftsordnungen des Bundestages und des Bundesrates mit eigenen Rechten ausgestattete Teile dieser Organe. Danach kann A allenfalls dann Antragsteller sein, wenn er ein mit eigenen Rechen ausgestattetes Organteil des Bundestages ist[54]. § 63 BVerfGG kommt aber wegen des Vorrangs von Art. 93 Abs. 1 Nr. 1 GG als Verfassungsnorm nicht zum Tragen[55], wenn diese Vorschrift über § 63 BVerfGG hinausgeht. Gegenüber Art. 63 BVerfGG nennt Art. 93 Abs. 1 Nr. 1 GG neben den bereits erwähnten obersten Bundesorganen auch „andere Beteiligte" als Antragsteller kraft eigener Organstellung[56] und zieht damit den Kreis potentieller Antragsteller weiter. § 63 BVerfGG als einfach-gesetzliche Regelung engt mithin den Kreis der Antragsteller ein[57], so daß § 63 BVerfGG hinter Art. 93 Abs. 1 Nr. 1 GG zurücktreten muß. Folglich ist A antragsberechtigt, wenn er in seiner Eigenschaft als Abgeordneter „anderer Beteiligter" i.S.d. Art. 93 Abs. 1 Nr. 1 GG sein kann. Abgeordnete können „andere Beteiligte" und

An dieser Stelle ist zumindest kurz die Frage der Kollision zwischen Art. 93 Abs. 1 Nr. 1 GG („andere Beteiligte") und § 63 BVerfGG („mit eigenen Rechten ausgestattete Teile dieser Organe") zu diskutieren, da der divergierende Wortlaut der beiden Normen mit Blick auf die Parteifähigkeit des A im Organstreitverfahren zu unterschiedlichen Lösungswegen (eigene Rechtsstellung versus Rechtsstellung bloß als Teil des Organs) und Ergebnissen führen kann.

---

[54] So der Ansatz von *Stern*, in: *Dolzer/Vogel/Graßhof*, BK-GG, Art. 93 Rn. 117.
[55] Vgl. *Schlaich/Korioth*, Rn. 82.
[56] Vgl. *Schlaich/Korioth*, Rn. 82 ff.
[57] Deshalb nimmt *Voßkuhle*, in: *von Mangoldt/Klein/Starck*, GG, Bd. 3, Art. 93 Rn. 101 Teilnichtigkeit des § 63 BVerfGG an.

zur Antragstellung berechtigt sein, wenn sie sich gegen Maßnahmen wenden, die ihren Status als Abgeordneten verletzen, das heißt ihre verfassungsmäßig gewährleistete Rechtsstellung beeinträchtigen[58]. Voraussetzung ist somit, daß das AMVG die verfassungsrechtliche Stellung des A als Abgeordneten zu beeinträchtigen geeignet ist. Der verfassungsrechtliche Status des Abgeordneten wird maßgeblich durch Art. 38 Abs. 1 S. 2 GG beschrieben. Diese Norm gewährleistet unter anderem das Recht des Abgeordneten, an Aufträge und Weisungen nicht gebunden zu sein[59]. Sie verleiht ihm damit eine eigene Rechtsposition, deren Beeinträchtigung durch das AMVG nicht ausgeschlossen erscheint. Mithin kann A als einzelner Abgeordneter kraft eigener Organstellung[60] Antragsteller im Organstreitverfahren sein.

2. Richtiger Antragsgegner

Die Problematik der Bestimmung des richtigen Antragsgegners im Falle eines Verhaltens, an dem mehrere Organe oder Organteile beteiligt sind, wird in den Lehrbüchern oftmals gar nicht oder nur kursorisch angesprochen.

Problematisch ist, wer für ein in Aussicht genommenes Organstreitverfahren gegen den Erlaß des AMVG der richtige Antragsgegner gemäß § 63 BVerfGG ist. Als Antragsgegner kommen nach § 63 BVerfGG prinzipiell sowohl der Bundestag als auch der Bundesrat oder der Bundespräsident in Betracht, da diese in § 63 BVerfGG ausdrücklich erwähnten Organe jeweils mit einem Teilakt am Gesetzgebungsverfahren zum Erlaß des AMVG beteiligt waren. Fraglich aber ist, ob A seinen Antrag gegen alle beteiligten Urheberorgane richten muß oder ob es zulässig ist, den Antrag auf das streitauslösende Verhalten eines Organs, also etwa des Bundestages, zu beschränken. Die Entscheidung dieser Frage hängt nach einem in der Literatur vertretenen Ansatz von dem zur Prüfung gestellten Eingriffsakt ab. Gehe es darum, einzelne Akte des Gesetzgebungsverfahrens attackiert werden, könne nur das Verhalten des jeweiligen Urheberorgans verfolgt werden; richte sich Angriff aber gegen das Gesetz insgesamt, so seien alle Beteiligten Antragsgegner[61]. Die Rechtsprechungspraxis des Bundesverfassungsgerichts ist demgegenüber weniger rigide[62]. In der Judikatur des Gerichts finden sich sowohl Verfahren gegen

---

[58] Vgl. BVerfGE 10, 4 (10) sowie jüngst BVerfGE 97, 408 (414); 99, 19 (28).
[59] Vgl. *Pieroth*, in: *Jarass/Pieroth*, GG, Art. 38 Rn. 26.
[60] Vgl. *Schlaich/Korioth*, Rn. 83.
[61] Vgl. *Sachs*, Bindung, S. 195.
[62] Ausführlich zur Rechtsprechung des BVerfG *Stern*, in: *Dolzer/Vogel/Graßhof*, BK-GG, Art. 93 Rn. 168.

einzelne Organe wegen ihres Teilbeitrags im Gesetzgebungsverfahren[63] als auch gegen Bundestag und Bundesrat[64] sowie gegen alle Beteiligten Organe wegen des Gesetzeserlasses[65]. Diese flexible Handhabung findet auch die Billigung der Literatur, da sie die prozessualen Gestaltungsmöglichkeiten des Antragstellers nicht über Gebühr beschränkt[66]. Es spricht daher nichts dagegen, bei Gesetzgebungsakten dem Antragsteller ein Wahlrecht zuzugestehen. Folglich kann A seinen Antrag gegen alle an dem Erlaß des AMVG beteiligten Organe oder irgendein einzelnes dieser Organe wegen dessen Beteiligungsakt richten[67].

Eine entsprechende Entscheidung und ausdrückliche Bestimmung der Antragsgegner/des Antragsgegners im Antrag bleibt allerdings erforderlich.

II. Streitgegenstand

Fraglich ist, ob A mit seinem Antrag gegen den Erlaß des AMVG einen im Organstreitverfahren zulässigen Streitgegenstand bestimmt hat. Gegenstand des Organstreitverfahrens ist nach § 64 BVerfG der Streit der beteiligten Verfassungsorgane darüber, ob eine Maßnahme oder Unterlassung des Antragsgegners gegen eine Bestimmung des Grundgesetzes verstößt und diese Bestimmung dem Antragsteller ein Recht, das er geltend macht, zuerkennt[68]. Maßnahme i.S.d. kann auch – wie die Ausführungen unter 2. Teil A. I. 2. bereits zeigten – der Erlaß eines Gesetzes respektive der Gesetzgebungsakt sein, sofern dieses Gesetz für den verfassungsrechtlichen Status des Antragstellers rechtserheblich ist[69]. Da nicht von vornherein auszuschließen ist, daß das AMVG auf die Stellung des A in seiner Eigenschaft als Abgeordneter, insbesondere auf seine nach Art. 38 Abs. 1 S. 2 GG verfassungsrechtlich garantierte Entscheidungsfreiheit Einfluß nehmen kann, ist es für seinen verfassungsrechtlichen Status rechtserheblich. Also hat A mit seinem Antrag gegen das AMVG einen nach § 64 Abs. 1 BVerfGG zulässigen Streitgegenstand gewählt.

---

[63] Vgl. etwa BVerfGE 6, 99 (103).
[64] So z.B. BVerfGE 24, 300 (302).
[65] Vgl. BVerfGE 4, 31 (36).
[66] So beispielsweise bei *Stern*, in: *Dolzer/Vogel/Graßhof*, BK-GG, Art. 93 Rn. 169.
[67] Vgl. zu diesem Wahlrecht auch *Stern*, in: *Dolzer/Vogel/Graßhof*, BK-GG, Art. 93 Rn. 169.
[68] Vgl. BVerfGE 68, 1 (73).
[69] So *Schlaich/Korioth*, Rn. 85.

III. Antragsbefugnis

Die Anforderungen des § 64 Abs. 1 BVerfGG werden mit Blick auf die Subsumtion konkretisiert.

Daß das AMVG keine rechtliche Verbindlichkeit beansprucht, ist in diesem Kontext unerheblich, da es allein auf die Möglichkeit einer Verletzung ankommt, ob eine Verletzung gegeben ist, muß dann im Rahmen der Begründetheit geprüft werden. Allerdings ist nicht von der Hand zu weisen, daß die sehr ausführliche Prüfung der Antragsbefugnis durch das Bundesverfassungsgericht „ein Stück der Begründetheitsprüfung in die Zulässigkeitserörterung" miteinbezieht[70].

Gemäß § 64 Abs. 1 BVerfGG ist der Antrag des A nur zulässig, wenn A geltend macht, daß er durch eine Maßnahme des Antragsgegners, also des Bundestages, in seinen ihm durch das Grundgesetz übertragenen Rechten verletzt oder unmittelbar gefährdet ist, wobei die Möglichkeit der Verletzung oder Gefährung ausreicht[71]. Ein dem A durch Art. 38 Abs. 1 S. 2 GG und damit durch das Grundgesetz verliehenes Recht als Abgeordneter ist es, von Aufträgen und Weisungen frei zu sein. Eine Verletzung oder Gefährdung dieses Rechts erscheint auch möglich, da A sich trotz rechtlicher Unverbindlichkeit der Volksbefragung nach dem AMVG durch das Ergebnis der Volksbefragung in seiner Entscheidungsfreiheit beeinträchtigt sieht. A ist deshalb antragsbefugt.

IV. Rechtsschutzbedürfnis

Da die Geltendmachung einer Rechtsverletzung bzw. Rechtsgefährdung das vom Bundesverfassungsgericht für erforderlich gehaltene Rechtsschutzbedürfnis indiziert[72], sind keine Einwände gegen ein Rechtsschutzbedürfnis des A ersichtlich.

V. Form

Gemäß § 23 Abs. 1 BVerfGG muß A einen schriftlichen Antrag stellen und ihn begründen. Die Begründung hat die Anforderungen des § 64 Abs. 1 BVerfGG zu beachten und muß substantiiert darlegen, warum die beanstandete Maßnahme ihn, den A, in seinen Rechten verletzt oder unmittelbar gefährdet[73]. Es ist davon auszugehen, daß A diese Voraussetzungen erfüllen wird, so daß auch keine Bedenken gegen die Form der Antragstellung bestehen.

---

[70] So *Benda/Klein*, Rn. 1030.
[71] Vgl. *Schlaich/Korioth*, Rn. 86.
[72] Vgl. BVerfGE 62, 1 (33) und aus neuerer Zeit BVerfGE 87, 207 (209); *Benda/Klein*, Rn. 1033 mit Beispielen für das Fehlen des Rechtsschutzinteresses.
[73] Vgl. *Benda/Klein*, Rn. 1034.

VI. Frist

Schließlich ist Voraussetzung, daß A seinen Antrag innerhalb der Ausschlußfrist[74] des § 64 Abs. 3 BVerfGG stellen wird. Nach dieser Vorschrift muß der Antragsteller binnen sechs Monaten, nachdem die beanstandete Maßnahme oder Unterlassung dem Antragsteller bekannt geworden ist, gestellt werden. Bei Gesetzgebungsakten als im Streit befindlichen Maßnahmen beginnt die Frist mit dem Zeitpunkt der Verkündung des Gesetzes[75]. Die Verkündung des AMVG erfolgte am 22. Januar 2003. Folglich ist erforderlich, daß A seinen Antrag bis zum 22. Juli 2003 stellen wird. Erfolgt die Antragstellung bis zu diesem Termin, ist der Antrag des A – da auch alle übrigen Voraussetzungen erfüllt sind – mithin im Organstreitverfahren zulässig.

B. Abstrakte Normenkontrolle

Fraglich ist, ob A einen Antrag nach Art. 93 Abs. 2 Nr. 2 GG, §§ 13 Nr. 6, 76 ff. BVerfGG stellen kann. Dazu ist Voraussetzung, daß A in diesem Verfahren Antragsberechtigter sein kann. Die Antragsberechtigten sind in Art. 93 Abs. 1 Nr. 2 GG, § 76 Abs. 1 BVerfGG abschließend benannt. Da er nicht zu den in diesen Vorschriften aufgeführten Antragsberechtigten[76] (Bundesregierung, Landesregierung oder ein Drittel der Mitglieder des Bundestages) gehört, kann A als einzelner Abgeordneter mithin nicht den Weg des Art. 93 Abs. 1 Nr. 2 GG beschreiten. Ein Antrag im Wege des abstrakten Normenkontrollverfahrens wäre unzulässig.

Wenn klar ersichtlich ist, daß die Voraussetzungen eines Rechtsbehelfs nicht erfüllt sind, darf sofort auf die einschlägige Anforderung eingegangen werden.

C. Verfassungsbeschwerde gemäß Art. 93 Abs. 1 Nr. 4a GG, § 13 Nr. 8a, 90 ff. BVerfGG

Die Verfassungsbeschwerde ist dem A nur dann eröffnet, wenn das Recht, dessen Verletzung er behauptet wird, nicht

---

[74] Zu diesem Charakter der Frist nach § 64 Abs. 3 BVerfGG *Benda/Klein*, Rn. 1038
[75] Vgl. BVerfGE 24, 252 (258); *Sturm*, in: *Sachs*, GG, Art. 93 Rn. 41.
[76] Vgl. *Pieroth*, in: *Jarass/Pieroth*, GG, Art. 93 Rn. 19.

zu seinem Organstatus als Abgeordneter gehört[77]. Das Recht aus Art. 38 Abs. 1 S. 2 GG, an Weisungen und Aufträge nicht gebunden zu sein, ist gerade für den Status des Abgeordneten prägend, folglich ist auch die Verfassungsbeschwerde ausgeschlossen.

D. Ergebnis

A kann im Wege des Organstreitverfahrens seine Rechte als Abgeordneter geltend machen.

Anmerkung:
Der Fall wurde im Sommersemester 1995 an der Universität Leipzig in der Übung im öffentlichen Recht für Fortgeschrittene gestellt; für die Fallsammlung wurde er abgewandelt und aktualisiert.

Vertiefungshinweise:
Zu den Gesetzgebungskompetenzen:
Ehlers, Ungeschriebene Kompetenzen, Jura 2000, 323 ff.

Zum Demokratieprinzip des Grundgesetzes im allgemeinen:
Dreier, Das Demokratieprinzip des Grundgesetzes, Jura 1997, 249 ff.; *Wehr,* Direkte Demokratie – Von der Weimarer Verfassung zum Grundgesetz, JuS 1998, 411 ff.

Zu Abstimmungen nach Art. 20 Abs. 2 S. 2 GG:
Ebsen, Abstimmungen des Bundesvolks als Verfassungsproblem, AöR 110 (1985), 2 ff.; *v. Danwitz,* Plebiszite Elemente in der staatlichen Willensbildung, DÖV 1992, 601 ff.; *Berlit,* Soll das Volk abstimmen?, KritV 1993, 218 ff.

Zu konsultativen Volksbefragungen insbesondere:
Dach, Verfassungsrechtliche Aspekte der konsultativen Volksbefragung, ZG 1987, 158 ff.

---

[77] Vgl. *Stern,* in: *Dolzer/Vogel/Graßhof,* BK-GG, Art. 93 Rn. 186.

Klausur 9

Redezeitkürzung

Sachverhalt

Die Aufklärung der Vergangenheit des Bundesministers *A* bildet den Anlass für eine mehrstündige Befragung im deutschen Bundestag. Die Befragung bewirkte eine hektische außenpolitische Debatte im Bundestag.

Die derzeitigen Oppositionsparteien CDU/CSU/FDP bemühten sich vor dem Hintergrund der bevorstehenden Wahlen zum deutschen Bundestag, diese Debatte für eine umfassende Kritik an der Außenpolitik der Bundesregierung zu nutzen. Als Reaktion darauf melden sich zahlreiche Abgeordnete der Regierungsparteien SPD/Bündnis '90/Grüne ebenfalls zu Wort. Selbst der Bundeskanzler und andere Regierungsmitglieder ergriffen mehrfach das Wort. Die bisher sachbezogen geführte Debatte geriet dabei nach und nach zu einer gelegentlich auch orientierungslosen Diskussion, so dass die ursprünglich auf einen Tag angesetzte Debatte mehrere Tage anzudauern drohte.

Auf Vorschlag des Ältestenrates fasst daraufhin der Bundestag mit Dreiviertelmehrheit folgenden Beschluss:

> *„Der Bundestag geht davon aus, dass dieser außenpolitischen Debatte nunmehr zeitlich ein Ziel zu setzen ist. Die Debatte wird für den folgenden Tag um 8 Stunden verlängert. Damit stehen den Fraktionen folgende Redezeiten zur Verfügung: SPD-Fraktion 2 Stunden, CDU/CSU-Fraktion 3 Stunden (davon vorgesehen maximal 1 Stunde für die CSU-Landesgruppe, die einen Teil der CDU/CSU Fraktion bildet), FDP-Fraktion, die Fraktion von Bündnis '90/Grünen und der PDS je 1 Stunde.*
>
> *Über die Verteilung der Redezeit an ihre Mitglieder entscheiden die Fraktionen.*
>
> *Nach Abschluss der Aussprache erhalten die Mitglieder der Bundesregierung die Möglichkeit, bis zu insgesamt*

> *höchstens 2 Stunden abschließend zu den angesprochenen Fragen Stellung zu nehmen."*

Der Abgeordnete *S* der PDS-Fraktion fühlt sich durch den Bundestagsbeschluss in seinen Rechten als Bundestagsabgeordneter verletzt. Für ihn hat der Beschluss dazu geführt, dass er sich nicht mehr zu Wort melden kann, zumal seine Fraktion die ihr zustehende Redezeit an andere Abgeordnete vergeben hat. Auch verletzte die Aufteilung der Redezeit an die Fraktionen insbesondere seine parlamentarische Unabhängigkeit. *S* ist außerdem der Ansicht, seine Partei sei durch die Zuteilung einer kürzeren Redezeit gegenüber den größeren Parteien unzulässig benachteiligt worden und kann sich zu einem so brisanten Thema nicht ordnungsgemäß äußern. Eine Redezeitbegrenzung gehöre seiner Meinung nach nicht in ein freies Parlament, da sie den Grundsatz der Abgeordnetengleichheit verletze.

Auch der Bundesminister *B* hält den Beschluss für rechtswidrig. Er ist der Ansicht, in diesem Haus das Wort zu ergreifen, sei ein verfassungsmäßiges Recht, deshalb habe der Bundestag die Redezeit für Regierungsmitglieder nicht zeitlich begrenzen dürfen.

S und *B* möchten wissen, ob sie sich gegen den Beschluss mit Aussicht auf Erfolg an das Bundesverfassungsgericht wenden können.

Lösungsvorschlag

Der Fall ist den BVerfGE 10, 4 ff. und 80, 188 ff. nachgebildet. Er bringt „klassische" Fragen: die Erfolgsaussichten eines *Organstreitverfahrens* eines Bundestagsabgeordneten und eines Bundesministers. Die Aufgabe besteht aus zwei selbständig zu bearbeitenden Teilen, die jedoch dadurch verbunden sind, dass es jeweils entscheidend darauf kommt, ob hier der Bundestagsbeschluss verfassungskonform eingesetzt wurde. Die Zulässigkeitsprüfung ist unproblematisch, in der Begründetheit kommt es entscheidend darauf an, dass sich der Bearbeiter klar machen, worum es im Organstretverfahren geht: um die Verletzung von Rechten aus dem Grundgesetz.

A) Erfolgsaussichten von Rechtsbehelfen des Abgeordneten S

Der Abgeordnete S will eine Verletzung seiner Rechte aus Art. 38 Abs. 1 Satz 2 GG als Bundestagabgeordneter geltend machen. Bei der Prüfung der Erfolgsaussichten von Rechtsbehelfen ist einerseits an eine Verfassungsbeschwerde, andererseits an ein Organstreitverfahren zu denken.

Die Prüfung der Erfolgsaussichten einer Verfassungsbeschwerde gehört nicht zum notwendigen Teil einer erfolgreichen Lösung. Sollte sich jedoch der Bearbeiter mit dieser Frage befassen, ist dies entsprechend zu honorieren.

I. Erfolgssaussichten einer Verfassungsbeschwerde

Angesichts der Verletzung der aus Art. 38 Abs. 1 Satz 2 GG abzuleitenden Rechte wäre zunächst an eine Verfassungsbeschwerde nach Art. 93 Abs. 1 Nr. 4a GG, §§ 13 Nr. 8a, 90 ff. BVerfGG zu denken. Dies ergibt sich aus der ausdrücklichen Erwähnung der Rechte aus Art. 38 in Art. 93 Abs. 1 Nr. 4a GG, gegen deren Verletzung die Verfassungsbeschwerde erhoben werden kann.

Die Verfassungsbeschwerde ist jedoch ein Rechtsbehelf des Bürgers gegen den Staat, mit dem der Bürger seine Grundrechte und ähnliche Rechte als *Bürger* (als „jedermann") verteidigt. Art. 38 Abs. 1 Satz 2 GG begründet kein solches „Jedermann-Recht" des Abgeordneten als Bürger, sondern umschreibt den besonderen verfassungsrechtlichen Status des Abgeordneten als Teil des Verfassungsorgans Bundestag.[1]

Beachte: Soweit der Abgeordnete um seinen verfassungsrechtlichen Status als Abgeordneter streitet, ist die Organstreitigkeit (Art. 93 Abs. 1 Nr. 1 GG) gegenüber der Verfassungsbeschwerde der speziellere Rechtsbehelf.[2]

Wenn also in Art. 93 Abs. 1 Nr. 4a GG auch die Rechte aus Art. 38 GG als mit der Verfassungsbeschwerde durchsetzbar genannt werden, so sind damit die Rechte der Bürger aus Art. 38 Abs. 1 Satz 1 GG gemeint, nicht aber die des Abgeordneten aus Art. 38 Abs. 1 Satz 2 GG.

Eine Verfassungsbeschwerde zur Durchsetzung der Abgeordnetenrechte ist somit unzulässig.[3]

II. Erfolgsaussichten eines Organstreitverfahrens

Das Organstreitverfahren betrifft Streitigkeiten zwischen Verfassungsorganen des Bundes oder innerhalb von Verfassungsorganen des Bundes über verfassungsrechtlich begründete Rechte und Pflichten.

Für den S als einen Bundestagabgeordneten, der seine Rechte als Teil des Bundesorgans Deutscher Bundestag wahren will, kommt aber möglicherweise ein Organstreitverfahren nach Art. 93 Abs. 1 Nr. 1 GG, §§ 13 Nr. 5, 63 ff. BVerfGG in Betracht.

Dann müsste der Antrag in einem Organstreitverfahren *zulässig* und *begründet* sein.

1. Zulässigkeit des Antrags

Da dieser Punkt in der Zulässigkeitsprüfung keine Schwierigkeiten bereitet, kann die Beteiligtenfähigkeit auf Aktiv- und Passivseite in einem Gliederungspunkt behandelt werden.

a) Parteifähigkeit und Antragsberechtigung

Die Zulässigkeit des Antrags setzt zunächst die *Parteifähigkeit* von Antragssteller und Antragsgegner im Organstreitverfahren voraus. Vorliegend ist also zu prüfen, ob die Parteifähigkeit des S und des Bundestages gegeben ist.

---

[1] Grundlegend *H. Maurer*, Rn. 70 ff.
[2] BVerfGE 60, 374, 380; 62, 1, 31 f; 79, 324, 350; 80, 208 f.; 94, 351, 365.
[3] BVerfGE 6, 448; 43, 142, 148 f.; 64, 301, 312; 99, 19, 29. Vgl. *Pieroth*, in: *Jarass/Pieroth*, GG, Art. 38, Rn. 36.

Parteifähigkeit des S: Jeder einzelne Bundestagsabgeordnete ist berechtigt, gegen Maßnahmen, die seinen Status als Abgeordneten verletzten, d.h. seine verfassungsmäßig gewährleistete Rechtsstellung beeinträchtigen, das BVerfG im Wege des Organstreites anzurufen.[5] Dies folgt aus dem Grundsatz der repräsentativen Demokratie. Er gewährleistet den durch Art. 38 Abs. 1 GG abgesicherten verfassungsrechtlichen Status des Abgeordneten.[6] Den Abgeordneten als Vertretern des ganzen Volkes kommt danach ein eigener verfassungsrechtlicher Status zu. Sie können nur insgesamt – als Bundestag – für das Volk handeln. Die Repräsentation des Volkes hat ihre verfassungsrechtliche Grundlage in Art. 38 Abs. 1 Satz 2 GG und ist lediglich hinsichtlich der Art und Weise ihrer Ausübung in der GeschOBT näher ausgestaltet. Somit ist die Pflichtenstellung des Abgeordneten in Art. 38 Abs. 1 Satz 2 1. Halbs. GG angedeutet, wobei seine Verhaltenspflichten im Parlament in der GeschOBT näher geregelt sind. Das gleiche gilt für mögliche (beschränkte) Sanktionen. Die sich aus dem Status des Bundestagabgeordneten ergebenden Rechte lassen sich zusammenfassend als Recht auf Mitwirkung im Bundestag, insbesondere auf Mitwirkung bei den Beratungen und Beschlussfassungen, bezeichnen.[7] Dazu gehören vor allem das Stimmrecht, das Antrags- und das Initiativrecht, das Rederecht, das Frage- und Informationsrecht gegenüber der Regierung sowie das Recht auf Fraktionsbildung.[8] Die Abgeordneten müssen in der Lage sein, diesen Status gegenüber anderen Verfassungsorganen zu wahren. Daraus folgt ihre Parteifähigkeit.

Als erste elementare Voraussetzung einer bestandenen Klausur gilt die ordentliche Erörterung der Parteifähigkeit: *Partei* in einem Organstreitverfahren sind jedenfalls die „obersten Bundesorgane" i.S.v. Art. 93 Abs. 1 Satz 1 GG, also Bundespräsident, Bundestag, Bundesrat und Bundesregierung. Parteifähig können nicht nur Bundesorgane, sondern auch Teile dieser Organe sein, wenn das Grundgesetz selbst oder die Geschäftsordnung von Bundestag oder Bundesrat sie mit eigenen Rechten ausstatten (vgl. § 63 BVerfGG). Parteifähige Organteile der Bundesregierung, die mit eigenen Rechten ausstattet sind, sind der Bundeskanzler (z.B. Art. 65 Satz 1 und 3 GG), der Bundesminister für Finanzen (Art. 112 GG) und der Bundesminister für Verteidigung (Art. 65a GG) sowie auch die übrigen Mitglieder der Bundesregierung (Art. 43 Abs. 2, 58 und 65 Satz 2 GG). Teile des Bundesorgans Bundestag sind auch die Bundestagsabgeordneten (schon wegen Art. 38 Abs. 1 Satz 2 GG).[4] Die aktive Parteifähigkeit des Abgeordneten S i.S.v. Art. 93 Abs. 1 Nr. 1 GG, § 63 BVerfGG ist folglich zu bejahen.

Beachte: Die Frage des Geltendmachens der Rechtsverletzung ist daher im Zusammenhang mit der *Zulässigkeit* des Organstreitsverfahrens zu erörtern. Ob das Recht tatsächlich verletzt ist, ist dann eine Frage der *Begründetheit*

---

[4] Vgl. BVerfGE 94, 351, 362; hierzu *Degenhart*, Staatsrecht I, Rn. 600 ff.
[5] So die ständige Rspr. des BVerfG, vgl. BVerfGE 4, 144, 148; 62, 1, 32; 80, 188, 208 f.; 90, 286 337; 94, 351, 362; vgl. *Maurer*, Rn. 70.
[6] Grundlegend *Degenhart*, Staatsrecht I, Rn. 504, vgl. a. BVerfGE 80, 188, 217.
[7] *Maurer*, Rn. 71.
[8] BVerfGE 10, 4, 12; 70, 324, 355; zusammenfassend 80, 188, 218.

Parteifähigkeit des Bundestages: Parteifähig sind i.S.v. Art. 93 Abs. 1 Nr. 1 GG, § 63 BVerfGG die „obersten Bundesorgane". Neben dem Bundespräsidenten, dem Bundesrat und der Bundesregierung zählt hierzu auch der Bundestag. Die passive Parteifähigkeit des Bundestages ergibt sich somit unmittelbar aus dem Wortlaut des § 63 BVerfGG.[9]

Als zweite elementare Voraussetzung einer bestandenen Klausur ist die ordentliche Erörterung der Problematik der Geltendmachung der grundgesetzlich geschützten Rechte: Der *Antrag* im Organstreitverfahren ist nur dann zulässig, wenn der Antragsteller die Verletzung eines ihm (oder dem Organ, dem er angehört) durch das Grundgesetz übertragenen Rechts hinreichend geltend macht (§ 64 Abs. 1 BVerfGG). Dieses hinreichende Geltendmachen der Verletzung eines eigenen verfassungsrechtlichen Rechtes setzt voraus, dass das Grundgesetz ein solches Recht tatsächlich vorsieht, bzw. dass es aus der Verfassung ableitbar ist. Darüber hinaus muss der Antragsteller Inhaber eines solchen Rechts sein können; außerdem darf die Verletzung dieses Rechts nicht von vornherein ausgeschlossen sein (so würde z.B. eine behauptete Verletzung der GeschO BT nicht genügen). Es setzt nicht voraus, dass dieses Recht tatsächlich verletzt ist. § 64 Abs. 1 BVerfGG soll lediglich sicherstellen, dass der Antragsteller im Organstreitverfahren nur solche Verfassungsverstöße angreifen kann, die ihn persönlich (oder das Organ, dem er angehört) betreffen.[10]

b) Der Verfahrensgegenstand

Erforderlich für die Zulässigkeit des Antrags ist weiterhin, dass ein Streit um gegenseitige Rechte und Pflichten aus dem Grundgesetz vorliegt.[11] Es müssen insoweit rechtserhebliche Maßnahmen oder Unterlassungen des Antragsgegners geltend gemacht werden (§ 64 Abs. 1 BVerfGG).[12] Folglich müsste es sich um eine Streitigkeit handeln, bei der das BVerfG über die Auslegung des Grundgesetzes, d.h. über verfassungsrechtliche Fragen zu entscheiden hat.[13]

---

[9] *Sturm*, in: *Sachs*, GG, Art. 93, Rn. 37; *Schlaich/Korioth*, Rn. 81.
[10] Grundlegend *Degenhart*, Staatsrecht I, Rn. 601.
[11] Prüfungsmaßstab ist Grundgesetz, nicht auch die Geschäftsordnung. Die Geschäftsordnung ist lediglich zur Feststellung der Parteifähigkeit relevant.
[12] BVerfGE 96, 264, 277.
[13] Grundlegend *Schlaich/Korioth*, Rn. 85.

Im vorliegenden Fall ist diese Voraussetzung ebenfalls erfüllt: Der Bundestagsbeschluss ist eine rechtserhebliche Maßnahme, die vorliegend die belastende Wirkung auf den Abgeordneten S entfaltet. Die Rechtserheblichkeit folgt insbesondere daraus, dass ihre benachteiligende Wirkung vom Abgeordneten S gerügt wird. Zu entscheiden ist somit über die verfassungsrechtlichen Fragen im Zusammenhang mit der in Art. 38 Abs. 1 Satz 2 GG geregelten Stellung der Bundestagsabgeordneten und mit dem Grundsatz der Chancengleichheit der Parteien (Art. 21 Abs. 1 Satz 1 i.V.m. Art. 38 Abs. 1 Satz 1 GG). Es liegt also eine rechtserhebliche Maßnahme vor.

c) Antragsbefugnis[14]

Die Antragsbefugnis setzt nach § 64 Abs. 1 BVerfGG voraus, dass der Antragsteller geltend macht, durch eine Maßnahme des Antragsgegners in seinen verfassungsrechtlich begründeten Rechten verletzt oder unmittelbar gefährdet zu sein. Er muss die Verletzung oder Gefährdung behaupten oder behaupten können, d.h. sie muss möglich und zwischen den Beteiligten im Streit sein. Es muss sich dabei um Rechte handeln, die aus der Verfassung ableitbar sind.[15] Der Antragsteller kann demzufolge grundsätzlich nur die Verletzung subjektiver verfassungsmäßiger Rechte geltend machen.

Hier liegt ein Schwerpunkt der Zulässigkeitsprüfung.

Vorliegend kann der S möglicherweise geltend machen, in Rechten verletzt zu sein, die aus seinem verfassungsrechtlichen Status als Bundestagsabgeordneter resultieren. Dieser verfassungsrechtliche Status ergibt sich aus Art. 38 Abs. 1 Satz 2 GG. Er bestimmt, dass die Abgeordneten Vertreter des ganzen Volkes sind, an Aufträge und Weisungen jeglicher Art und Herkunft nicht gebunden sind („freies Mandat") und nur ihrem Gewissen, d.h. ihren politischen Überzeugungen unterworfen sind[16]. Mit der gewählten Formulierung gewährleistet Art. 38 Abs. 1 Satz 2 GG nicht nur die Unabhängigkeit der Abgeordneten (das freie Mandat), sondern zugleich alle Rechte, die für die Abgeordneten bei der Ausübung ihrer Funktion als Mitglied des Bundestages unentbehrlich sind.

---

[14] Zur Terminologie „Antragsbefugnis" vgl. *Stern*, Bd. III/2, S. 1247.
[15] BVerfGE 70, 324, 350 ff.
[16] Zur Statusrechte der Abgeordneten vgl. *Maurer*, Rn. 70 ff.; *Degenhart*, Staatsrecht I, Rn. 500 ff.

Diese Darstellung ist vom Umfang her kein Bearbeitungsmaßstab. In einer Klausur darf im Rahmen dieses Prüfungspunktes das Problem keinesfalls so breit erörtert werden. Es ist in aller Regel knapp festzustellen, dass der S als Antragsteller gelten machen kann, durch den Bundestagbeschluss in seinem verfassungsrechtlich gewährleisteten Rederecht verletzt zu sein. Die Problematik der Abgeordnetenfunktion muss zumindest knapp zum Ausdruck gebracht werden. Es darf auf keinen Fall geprüft werden, ob tatsächlich eine Grundrechtsverletzung vorliegt – dies ist eine Frage der Begründetheit.

Die Repräsentation des Volkes durch die Gesamtheit der Mitglieder des Bundestages setzt voraus, dass alle Abgeordneten mit gleichen Mitwirkungsbefugnissen an der Arbeit des Bundestages teilnehmen. Zu diesen verfassungsrechtlichen Beteiligungsrechten jedes Abgeordneten zählt auch das Recht, im Bundestag das Wort zu ergreifen. Es ist zwar im GG nicht ausdrücklich erwähnt, folgt aber aus dem Sinn und Zweck der Wahrnehmung der parlamentarischen Aufgaben.[17] Die Abgeordnetenfunktion – Mitglied des Bundestages – ist eng mit der demokratischen Legitimierung des Bundestages verbunden: Der Bundestag stellt die Vertretung des gesamten Volkes dar; er ist primäres Forum politischer Willensbildung und hat die Fragen der Staatsführung umfassend zu erörtern. Zu solchen Fragen zählen die *Gesetzgebungsfunktion*, zu der auch das *Budgetrecht* zu zählen ist, *Kontrollfunktionen* im Verhältnis zur Exekutive, *Kreationsfunktion* in bezug auf die Bildung der weiteren Verfassungsorgane und „*Repräsentationsfunktion*" im Sinne einer umfassenden Vertretung des Volkes. Die Wahrnehmung dieser Funktionen und die Erörterung der Staatsführungsfragen erfolgt durch Rede und Gegenrede der einzelnen Abgeordneten (Art. 42 Abs. 1 Satz 1 GG spricht von „verhandeln"). Der verfassungsrechtliche Status des Abgeordneten beinhaltet daher auch das *Rederecht* als Teil des Rechts auf Mitwirkung im Bundestag. Dieses Recht ist schon dann unmittelbar betroffen, wenn die Redezeit allgemein beschränkt wird, unabhängig davon, ob der einzelne Abgeordnete sich tatsächlich zu Wort melden wollte oder nicht.[18]

Der Bearbeiter muss mit dem Regelungsinhalt des Art. 38 GG und mit der daraus folgenden Statusrechte des Abgeordneten vertraut sein. Wer sich bei der Klausurlösung zum ersten Mal mit der Regelung befasst, wird meist überfordert sein.

Eine hinreichende Geltendmachung der Verletzung eines eigenen, verfassungsrechtlich begründeten Rechts folgt schließlich daraus, dass die Verteilung der Redezeit auf die Fraktionen den Abgeordneten S in seiner durch Art. 38 Abs. 1 Satz 2 GG geschützten Unabhängigkeit verletzt. Dies führt dazu, dass er Redezeit für sich selbst nur in Absprache mit seiner Fraktion erhalten kann und damit faktisch an die Fraktionsdisziplin gebunden wird. Dass sein Rederecht verletzt ist, erscheint jedenfalls möglich.

d) Frist und Form

Der Antrag wäre gem. § 64 Abs. 3 BVerfGG innerhalb einer Frist von sechs Monaten zu stellen. Von der Wahrung

---

[17] BVerfGE 60, 374, 380.
[18] BVerfGE 10, 4.

der Frist, des Schriftformerfordernisses des § 23 BVerfGG und ausreichender Begründung nach § 64 Abs. 2 BVerfGG ist auszugehen.

Zwischenergebnis: Ein Antrag in einem Organstreitverfahren wäre also zulässig.

2. Begründetheit des Antrags

Ein Antrag in einem Organstreitverfahren wäre begründet, wenn der Bundestagsbeschluss den S in seinen verfassungsrechtlich begründeten Rechten als Bundestagsabgeordneter aus Art. 38 Abs. 1 Satz 2 GG verletzt oder unmittelbar gefährdet.

Zu Beginn der Begründetheitsprüfung sollte stets ein solcher Einleitungssatz stehen. Zu beachten ist dabei, dass der Prüfungsmaßstab das Verfassungsrecht ist – nicht die Geschäftsordnung oder sonstiges Recht im Rang unterhalb der Verfassung.

a) Die Verletzung des Rederechts

Der Bundestagsbeschluss könnte das *Rederecht des S* dadurch verletzen, dass er der Dauer der außenpolitischen Debatte und der dem Abgeordneten zur Verfügung stehenden Rechte eine zeitliche Grenze setzt. Die zeitliche Begrenzung der Debatte wirkt sich zwangsläufig in dem Sinne auf den einzelnen Abgeordneten aus, dass er nur begrenzt Redezeit für sich in Anspruch nehmen und so seine eigenen Ansichten und Argumente dem Plenum nicht mit der von ihm für erforderlich gehaltenen Gründlichkeit unterbreiten kann.

Die verfassungsrechtlichen Bedenken gegen eine Begrenzung von Bundestagsdebatten können aber aufgrund verschiedener Bestimmungen der Geschäftsordnung des Deutschen Bundestages (GeschOBT) entfallen. Die GeschOBT hat sich der Bundestag aufgrund seiner ebenfalls mit Verfassungsrang ausgestatteten Geschäftsautonomie (Art. 40 Abs. 1 Satz 2 GG) gegeben. Sie ist nicht nur für die effektive Parlamentsarbeit unerlässlich sondern kann durch ihre Verfahrensregelungen auch den Inhalt der außerwirksamen Entscheidungen beeinflussen.[20]

Beachte: Eine Reihe von Regelungen der Geschäftsordnung konkretisieren verfassungsrechtliche Bestimmungen und sind insoweit verfassungsrechtlich abgesichert. Vorliegend ist davon auszugehen, dass sie das parlamentsinterne Recht darstellt.[19]

So gibt § 25 Abs. 2 Satz 1 GeschOBT dem Bundestag das Recht, das sofortige Ende einer Debatte zu beschließen,

---

[19] Zum Streitpunkt „die Rechtsnatur der Geschäftsordnung", *Maurer*, Rn. 94.
[20] Vgl. hierzu *Maurer*, Rn. 87; *H. Schneider*, Die Bedeutung der Geschäftsordnungen oberster Staatsorgane für das Verfassungsleben, FS f. Smend, 1952, S. 303 ff.

wenn er regelt, dass auf Antrag einer Fraktion oder 5% der anwesenden Mitglieder des Bundestages die Beratung vertagt oder die Debatte geschlossen werden kann. Hierzu gehört auch die Befugnis, die Aussprache erst nach Ablauf einer bestimmten Zeitspanne zu beenden und dies im voraus zu bestimmen. Der Sinn dieser Regelung liegt in der Verhinderung der Obstruktion der Bundestagsarbeit durch eine Minderheit bzw. durch einzelne Abgeordnete, die überlange Reden halten. Darüber hinaus lässt sich aus § 35 GeschOBT, der allgemeine Aussagen über die Rededauer der Abgeordneten enthält, der Gedanke entnehmen, dass das Recht auf freie Ausübung der den Abgeordneten zustehenden Redezeit schon vor der Missbrauchsgrenze nicht beliebig in Anspruch genommen werden kann. Die Gestaltung der Dauer der Aussprache in § 35 GeschOBT zeigt darüber hinaus, dass im Interesse eines geordneten Ablaufs der Debatte reglementierende Eingriffe möglich und zulässig sind.

Damit ist letztendlich die *Abwägung* zwischen den durch Art. 38 Abs. 1 Satz 2 GG geschützten Rechten und der Autonomie des Parlaments entscheidend.

Grundsätzlich ist davon auszugehen, dass die Parlamentsautonomie dazu berechtigt, den einzelnen aus dem verfassungsrechtlichen Status der Abgeordneten fließenden Rechten Schranken zu setzen. Die Grenze wird erst da erreicht, wo das Wesen und die grundsätzliche Aufgabe des Parlaments, Forum für Rede und Gegenrede zu sein, beeinträchtigt werden, d.h., wo sich die Beschränkung der Redefreiheit der Abgeordneten als missbräuchliches Mittel erweist, um die einzelnen Abgeordneten von der Ausübung ihres Rechts zur Meinungsäußerung abzuhalten. Vorliegend ist das Thema – selbst wenn man dessen Gewicht berücksichtigt – schon lange und genügend erörtert worden; außerdem bieten die für den nächsten Tag vorgesehenen weiteren 8 Stunden noch einmal ausreichend Zeit, dass sich wenigstens einige Parlamentarier jeder Fraktion zu den wichtigsten Fragen äußern. Die zeitliche Begrenzung der außenpolitischen Debatte kann also das Rederecht des S im Ergebnis nicht verletzen.

b) Die Verletzung der Unabhängigkeit des Abgeordneten S

Der Bundestagsbeschluss könnte darüber hinaus *die Unabhängigkeit des Abgeordneten S* dadurch verletzen, dass er die für den nächsten Tag vorgesehene Redezeit von 8 Stunden ausschließlich unter den Fraktionen aufteilt. Diese Regelung führt zu einer starken Einbindung der Abgeordneten in die Fraktionsdisziplin. Der einzelne Abgeordnete kann letztlich nur dann das Wort ergreifen, wenn ihm seine Fraktion einen Teil der ihr zustehenden Redezeit überlässt. Er wird damit faktisch gezwungen, den Inhalt seiner Ansprache mit Fraktionskollegen abzustimmen. Die Entscheidung darüber, ob und inwieweit der einzelne Abgeordnete sein Rederecht wahrnehmen kann, liegt zeitlich nicht mehr bei diesem selbst, sondern in erster Linie bei der Fraktion. Der Abgeordnete wird unter diesen Umständen zum bloßen Sprecher „gemacht" oder kommt – wie vorliegend – überhaupt nicht zu Wort.

> Von den Bearbeitern kann erwartet werden, dass sie diese Bindung erkennen und hierzu ausführen, dass sie einen Eingriff in den Abgeordnetenstatus darstellt. Dies ist aber im Zusammenhang mit der Anerkennung der Parlamentsfraktionen als notwendige Einrichtungen des Verfassungslebens zu betrachten (dies ist auf Art. 21 Abs. 1 Satz 1 GG zu stützen). Dabei sind die Fraktionen als „notwendige Einrichtungen des Verfassungslebens" zu verstehen und als notwendige Einrichtungen zur Erleichterung der Parlamentsarbeit darzustellen. Zur Erreichung dieses Zwecks sind gewisse Bindungen der einzelnen Abgeordneten unerlässlich und daher auch zulässig, soweit diese Bindungen zur Sicherung des Ablaufs der Parlamentsarbeit geboten sind und die notwendige Entscheidungsfreiheit und Selbstverantwortung der Abgeordneten erhalten bleibt.

Im einzelnen sind hier im Rahmen einer Abwägung die durch Art. 38 Abs. 1 Satz 2 und 21 Abs. 1 GG geschützten Positionen in sachgerechten Ausgleich zu bringen.

a) Die *sachliche Arbeit* des Parlaments wird erleichtert, wenn das zeitliche Ausufern eine Debatte über ein einziges Thema verhindert wird. Somit sorgt die Beschränkung der Redezeit dafür, dass dem Bundestag und seinen Abgeordneten Zeit für andere wichtige, wenn auch eventuell weniger publikumswirksame Tätigkeiten bleibt. Im Interesse dieser vorrangigen Ziele hat der Abgeordnete die hier vorliegende Mediatisierung durch Einbindung in die Gesamtfraktionsredezeit hinzunehmen. Dabei ist zu berücksichtigen, dass diese Einbindung nicht vollkommen ist. Die Fraktion erlangt nicht etwa ein Recht, ausschließlich über den Inhalt der Rede zu bestimmen und der Präsident des Bundestages kann im übrigen selbst bei festgesetzten Fraktionsredezeiten gemäß § 35 Abs. 1 Satz 2 GeschOBT die Redezeit verlängern, wenn der Verhandlungsgegenstand oder der Verlauf der Aussprache dies nahe legt.

> An dieser Stelle lässt sich im Wesentlichen auf die oben (unter b.1.) zur Abwägung zwischen den durch Art. 38 Abs. 1 Satz 2 GG geschützten Rechten und der Autonomie des Parlaments vorgetragenen Argumente zurückgreifen.

Die Aufteilung der Redezeit an die Fraktionen wird im Übrigen in der Geschäftsordnung des Bundestages als zulässig vorausgesetzt. So bestimmt etwa § 44 Abs. 2 GeschOBT für den Fall, dass während der Aussprache ein Mitglied der Bundesregierung das Wort ergreift, eine Verlängerung der Redezeit der Fraktionen, die ihre Redezeit zu diesem Tagesordnungspunkt an sich erschöpft haben, um ein Viertel.

Damit lässt sich im Ergebnis schlussfolgern, dass der Bundestagsbeschluss auch die Aufteilung der Redezeit an die Fraktionen die Abgeordnetenrechte des S nicht verletzt.

c) Verstoß gegen den Grundsatz der Abgeordnetengleichheit

Es ist schließlich nicht ausgeschlossen, dass die Abgeordnetenrechte des S dadurch verletzt worden sind, dass der Bundestag unter Missachtung des *Grundsatzes der Chancengleichheit der Parteien* der PDS-Fraktion, der S angehört, nur eine Stunde, der SPD- und der CDU/CSU-Fraktion je 2 bis 3 Stunden Redezeit zuteilt. Ein Verstoß gegen den Grundsatz der Chancengleichheit der Parteien könnte, sofern er zu einer für manche Abgeordneten ungünstigen Redezeitverteilung führt, zugleich einen Verstoß gegen den *Grundsatz der Abgeordnetengleichheit* darstellen. Der Grundsatz verlangt gleiche Mitwirkungsmöglichkeiten für alle Abgeordneten des Bundestages und ergibt sich aus dem durch Art. 38 Abs. 1 Satz 2 GG verliehenen verfassungsrechtlichen Status der Abgeordneten.

> Der Grundsatz der *Chancengleichheit der Parteien* leitet sich aus Art. 21 Abs. 1 i.V.m. Art 38 Abs. 1 Satz 1 GG ab und schützt auch die Fraktionen der Parteien im Bundestag.[21] Der Grundsatz verlangt jedoch nicht, dass alle im Bundestag vertretenen Parteien und Fraktionen immer und unter allen Umständen formal gleich behandelt werden müssen. Die jeweilige Bedeutung der Fraktion und die Anzahl ihrer Abgeordneten im Parlament kann vielmehr bis zu einem gewissen Grade bei der Bemessung der Redezeiten berücksichtigt werden. Die Grenze ist erst dann überschritten, wenn das Ausmaß der Differenzierung den Grundsatz der gleichen Wettbewerbsfähigkeit der hinter den Fraktion stehenden politischen Parteien ernsthaft in Frage stellt. Das gilt insbesondere für den Fall, dass kleinere Fraktionen überhaupt keine Redezeit zugeteilt bekommen.

Im vorliegenden Fall erhalten die kleineren Parteien mehr Redezeit, als ihnen proportional zu ihren Sitzen im Parlament zustehen würde. Ihre Abgeordneten sind gegenüber

---

[21] BVerfGE 34, 163, 134.

den Abgeordneten der großen Fraktionen sogar im Vorteil, denn sie müssen die Fraktionsredezeit mit weniger Kollegen teilen und haben daher die Chance, persönlich mehr Redezeit zugeteilt zu erhalten. Eine Verletzung des Grundsatzes der Chancengleichheit zu Lasten der kleinen Fraktionen lässt sich daher wohl nicht feststellen. Die Regierungskoalition und die Opposition bekamen außerdem die gleiche Redezeit von insgesamt je 3 Stunden zugeteilt. Damit ist auch das Recht der Opposition auf Chancengleichheit nicht verletzt. Sie kann – insbesondere wenn man daran denkt, dass die Debatte ja schon einen Tag angedauert hat – ihrer Funktion im parlamentarischen Regierungssystem, einen wirksamen Gegenpol zur Regierung und der sie tragenden Parteien zu bilden, im vollem Umfang gerecht werden.

Der Bundestagsbeschluss verstößt damit nicht gegen den Grundsatz der Chancengleichheit der Parteien und auch nicht gegen den Grundsatz der Abgeordnetengleichheit.

3. Ergebnis

Der Bundestagsbeschluss verletzt den S in keinem Zusammenhang in seinen Rechten als Abgeordneter.

Ein Antrag des S im Organstreitverfahren vor dem BVerfG nach Art. 93 Abs. 1 Nr. 1 GG, §§ 13 Nr. 5, 63 ff. BVerfGG wäre zulässig, aber unbegründet und hätte daher keine Aussicht auf Erfolg.

Beachte: Der letzte Schritt stellt die Formulierung des Ergebnisses dar. Unter diesem Punkt ist das Ergebnis eindeutig zum Ausdruck zu bringen und eine direkte Antwort auf die gestellte Frage zu geben.

B) Erfolgsaussichten eines Organstreitverfahrens des Bundesministers B

Der Bundesminister B wendet sich gegen die Begrenzung der Redezeit für Regierungsmitglieder. Er kann seine Rechte als Mitglied des Bundesorgans Bundesregierung möglicherweise erfolgreich im Rahmen eines Organstreitverfahrens nach Art. 93 Abs. 1 Nr. 1 GG, §§ 13 Nr. 5, 63 ff. BVerfG wahren.

Dann müsste der Antrag des S in einem Organstreitverfahren zulässig und begründet sein.

I. Zulässigkeit des Antrags

Da die Zulässigkeitsprüfung keine besonderen Schwierigkeiten bereitet, kann sie angesichts einzelner Zulässigkeitsvoraussetzungen, wie vorliegend, sehr knapp erörtert werden. Dies gilt insbesondere für diejenigen Bearbeitern, die bei der Zulässigkeitsprüfung des Antrags vom Bundestagsabgeordneten S die einzelnen Prüfungspunkte ordentlich erörtert haben.

Der Bundesminister B ist als Mitglied der Bundesregierung mit eigenen im Grundgesetz näher festgelegten Rechten (Art. 43 Abs. 2, 58, 65 Satz 2 GG) ausgestattet. Er ist damit nach § 63 BVerfGG im Organstreitverfahren vor dem BVerfG parteifähig.

Da B hier eine Verletzung seines Rechts aus Art. 43 Abs. 2 Satz 2 GG geltend macht, jederzeit im Bundestag gehört zu werden, sind auch die Voraussetzungen der Antragsbefugnis nach § 64 Abs. 1 BVerfGG erfüllt.

Bedenken hinsichtlich anderer Zulässigkeitsvoraussetzungen bestehen nicht.

Ein Antrag des B in einem Organstreitverfahren wäre demnach zulässig.

II. Begründetheit des Antrags

Ein Antrag des B wäre in einem Organstreitverfahren begründet, wenn ihn der Bundestagsbeschluss in seinen verfassungsrechtlichen Rechten als Bundesminister verletzt oder unmittelbar gefährdet. In Betracht kommt hier eine Verletzung des Rederechts des B als Mitglied der Bundesregierung aus Art. 43 Abs. 2 Satz 2 GG. Danach müssen Mitglieder der Bundesregierung jederzeit gehört werden. Diese Regelung ist auch in der GeschOBT (§ 43 GeschOBT) zusätzlich wiederholt.

Von den Vorschriften der GeschOBT kann jedoch nach deren § 126 im Einzelfall durch einen mit Zweidrittelmehrheit ergehenden Beschluss abgewichen werden, wenn die Bestimmungen des GG dem nicht widersprechen. Hier ist indessen ein Widerspruch zu Art. 43 Abs. 2 Satz 2 GG festzustellen. Es handelt sich nämlich um eine Ausnahme, die das GG auch für den Einzelfall nicht vorsieht.

Es kann nicht erwartet werden, dass die Bearbeiter im einzelnen diese Ausführungen wiedergeben. Sollten sie sich ihr in einer Klausur annähern, bringt dies zusätzliche Punkte.

Die Regelung des Art. 43 Abs. 2 Satz 2 GG ist dahingehend zu verstehen, dass auch in einer parlamentarischen Demokratie das Spannungsverhältnis zwischen Parlament (Legislative) und Regierung (Exekutive) erhalten bleibt. Die Regierung ist also nicht als ein bloßer Exponent der Parlamentsmehrheit zu verstehen, zumal sie in den Reden ihrer Mitglieder einen eigenen Standpunkt, der sich mit der Parlamentsmehrheit nicht immer zu decken braucht, vertritt. Die Ministerreden können daher auch nicht als Teil der Reden der Mehrheitsparteien angesehen werden. Gerade diese Gegenüberstellung zu Opposition *und* Parlamentsmehrheit ist der Grund für die Regelung des Art. 43 Ans. 2 GG.

Der Regierung steht damit ein – abgesehen vom Verbot des Missbrauchs – zeitlich unbeschränktes und grundsätzlich auch unbeschränkbares Recht zu, jederzeit das Wort zu ergreifen. Dies kann allerdings nach § 44 Abs. 2 Satz 2 GeschOBT die Auswirkung haben, dass die Redezeit von Fraktionen, die die ihnen zustehende Zeit restlos ausgeschöpft haben, sich noch einmal um ein Viertel der ihnen ursprünglich zustehenden Zeit verlängert.

Der Beschluss des Bundestages ist damit verfassungswidrig, soweit er die Redezeit der Regierungsmitglieder auf 2 Stunden beschränkt.

Ein Antrag des B in einem Organstreitverfahren wäre auch begründet.

III. Ergebnis

Ein Organstreitverfahren des B hätte Aussicht auf Erfolg.

Es würde dazu führen, dass das BVerfG feststellt, dass der Beschluss des Bundestages gegen Art. 43 Abs. 2 GG verstößt.

Literatur: *Degenhart*, Staatsrecht I, 18. Aufl. 2002, Rn. 491 ff. (zum verfassungsrechtlichen Status des Abgeordneten); Rn. 600 ff. (zum Organstreitverfahren); *Zeh*, in: Isensee/Kirchhof, Bd. II, § 42 Rn. 5 ff. (zu den Fraktionen).

Rechtsprechung: BVerfGE 10, 4 ff. (Redezeitbeschränkung im Bundestag); 80, 188 ff. (Rechtstellung eines fraktionslosen Abgeordneten im Bundestag)

Klausur 10

Ein Landtagsdirektor als politischer Beamter

Sachverhalt

Die R-Partei und ihre Abgeordneten in der R-Fraktion des Landtags L sind unzufrieden mit der Arbeit des Direktors beim Landtag des Landes L (LTD). In der Vergangenheit hat dieser in seiner Funktion als Berater des Landtagspräsidiums mehrfach rechtliche Einwände gegen verschiedene Gesetzesvorhaben der R-Fraktion und der von ihr getragenen Landesregierung geäußert, mit denen das nach Meinung der R-Fraktion zu behäbige Land L „entbürokratisiert" und „modernisiert" werden sollte.

Um in Zukunft „inflexible Bürokraten" und „Bedenkenträger" an der Spitze der Landtagsverwaltung schnell und unkompliziert „entsorgen" zu können, soll nach den Vorstellungen der R-Fraktion § 59 des Landesbeamtengesetzes (LBG) geändert werden. Diese Vorschrift hat bislang folgenden Wortlaut:

„§ 59 Politische Beamte

In den einstweiligen Ruhestand können jederzeit versetzt werden

1. Staatssekretäre,

2. Regierungspräsidenten,

3. Regierungssprecher,

soweit sie Beamte auf Lebenszeit sind. Soweit sie Beamte auf Probe sind, können sie jederzeit entlassen werden."

Die R-Fraktion bringt nunmehr das „Gesetz zur Modernisierung des Landesbeamtentums" zur Beratung in den Landtag ein, nach dem § 59 LBG folgende Gestalt erhalten soll:

„§ 59 Politische Beamte

In den einstweiligen Ruhestand können jederzeit versetzt werden

1. Staatssekretäre,

2. Regierungspräsidenten,

3. Regierungssprecher,

4. Direktor beim Landtag des Landes L,

soweit sie Beamte auf Lebenszeit sind. Soweit sie Beamte auf Probe sind, können sie jederzeit entlassen werden." Um einer möglichen Debatte über die Frage einer unzulässigen Rückwirkung der Änderung aus dem Weg zu gehen, wird in einer zusätzlichen Übergangsvorschrift bestimmt, daß § 59 LBG n.F. auf den derzeitigen Amtsinhaber nicht zur Anwendung gelangen soll. Das geänderte LBG soll am 01.12.2002 in Kraft treten.

Auch die oppositionelle F-Fraktion steht einer Reform des Beamtentums grundsätzlich positiv gegenüber. Einige Mitglieder haben aber in diesem Fall Bedenken gegen das Gesetzesvorhaben der R-Fraktion. Sie befürchten eine Verletzung von Art. 72, 75 Abs. 1 Nr. 1 GG, weil sie den geplanten § 59 Nr. 4 LBG nicht für vereinbar halten mit den Vorgaben des Beamtenrechtsrahmengesetzes (BRRG). Auch zweifeln sie, ob eine Veränderung des beamtenrechtlichen Status des Direktors beim Landtag dem Grundsatz der Gewaltenteilung genügt. Auf ihre Bitte hin beauftragt deshalb der Vorstand der F-Fraktion den Fraktionsassistenten, Assessor iur. A, eine Beschlußempfehlung im Gesetzgebungsverfahren für die Mitglieder der F-Fraktion zu erarbeiten, welche auf die rechtlichen Fragen umfassend eingeht.

Der Fall hat ein ungewohntes Thema zum Gegenstand, doch wird sich schnell erweisen, daß im Ergebnis keine vertieften Kenntnisse des Beamtenrechts verlangt werden, sondern neben grundlegender methodischer Befähigung vor allem fundiertes Wissen auf dem Gebiet des Staatsorganisationsrechts und der Staatsprinzipien für die Lösung eine Rolle spielt.

Welche Empfehlung hinsichtlich des Abstimmungsverhaltens wird A der F-Fraktion aus rechtlicher Sicht geben?

Bearbeitervermerk:

1. Auf Verstöße gegen Art. 33 Abs. 5 GG ist nicht einzugehen.

2. Die Frage einer möglichen Rückwirkung des Gesetzes ist nicht zu behandeln.

3. Unterstellen Sie, daß die Vorschriften der Verfassung des Landes L über das Verfahren der Gesetzgebung bei förmlichen Landesgesetzen beachtet werden.

Auszug aus der Verfassung des Landes L:
Art. 3 Abs. 1: Alle Staatsgewalt geht vom Volk aus. Sie wird vom Volk in Wahlen und Abstimmungen sowie durch besondere Organe der Gesetzgebung, der vollziehenden Gewalt und der Rechtsprechung ausgeübt.

Abs. 2: Die Gesetzgebung steht dem Landtag oder unmittelbar dem Volk zu. Die vollziehende Gewalt liegt in der Hand der Landesregierung und der Verwaltung. Die Rechtsprechung wird durch unabhängige Richter ausgeübt.

Art. 39 Abs. 2: Der Landtag übt die gesetzgebende Gewalt aus, überwacht die Ausübung der vollziehenden Gewalt nach Maßgabe dieser Verfassung und ist Stätte der politischen Willensbildung.

Art. 40: Das Recht auf Bildung und Ausübung parlamentarischer Opposition ist wesentlich für die freiheitliche Demokratie. Die Regierung nicht tragende Teile des Landtages haben das Recht auf Chancengleichheit in Parlament und Öffentlichkeit.

Art. 47 Abs. 1: Der Landtag wählt seinen Präsidenten und dessen Stellvertreter, die zusammen mit weiteren Mitgliedern das Präsidium bilden, und die Schriftführer.

Abs. 2: Der Präsident leitet die Verhandlungen nach Maßgabe der Geschäftsordnung.

Abs. 3: Der Präsident übt das Hausrecht und die Polizeigewalt im Gebäude des Landtages aus. Ohne seine Zustimmung darf in den Räumen des Landtages keine Durchsuchung oder Beschlagnahme stattfinden.

Abs. 4: Der Präsident verwaltet die wirtschaftlichen Angelegenheiten des Landtages nach Maßgabe des Haushaltsgesetzes. Er vertritt das Land L im Rahmen der Verwaltung des Landtages. Ihm steht die Einstellung und Entlassung der Angestellten und Arbeiter sowie im Benehmen mit dem Präsidium die Ernennung und Entlassung der Beamten des Landtages zu. Der Präsident ist oberste Dienstbehörde für die Beamten, Angestellten und Arbeiter des Landtages.

Art. 59 Abs. 1: Die Landesregierung steht an der Spitze der vollziehenden Gewalt. Ihr obliegt die Leitung und Verwaltung des Landes. Sie hat nach Maßgabe der Verfassung Anteil an der Gesetzgebung.

Art. 82 Abs. 1: Die Verwaltung wird durch die Staatsregierung, die ihr unterstellten Behörden und durch die Träger der Selbstverwaltung ausgeübt. Sie ist dem Wohl der Allgemeinheit verpflichtet und dient dem Menschen.

Lösungsvorschlag

<aside>Nicht nur das Thema, sondern auch die Aufgabenstellung weicht von den üblichen Einkleidungen ab. Die Bearbeiter sollten aber der Versuchung widerstehen, den Fall in die ihnen gewohnten Bahnen der Fallprüfung von Zulässigkeit und Begründetheit zubringen, denn danach ist hier nicht gefragt.</aside>

A wird den Mitgliedern der F-Fraktion empfehlen, der beabsichtigten Änderung des § 59 LBG im Gesetzgebungsverfahren nicht zuzustimmen, wenn sich das Gesetzesvorhaben der R-Fraktion als mit Bundesrecht oder der Landesverfassung nicht vereinbar erweisen sollte.

A. Unvereinbarkeit mit Bundesrecht

Das Gesetzgebungsvorhaben verstößt gegen Bundesrecht, wenn Vorgaben des Grundgesetzes oder einfaches Bundesrecht mißachtet wird.

I. Verstoß gegen Art. 75 Abs. 1 Nr. 1, 72, 31 GG

Die beabsichtigte Änderung des LBG könnte gegen Art. 72, 75 Abs. 1 Nr. 1 GG verstoßen.

1. Existenz rahmenrechtlicher Vorschriften

Erste Voraussetzung für einen Verstoß gegen Art. 72, 75 Abs. 1 Nr. 1 GG ist, daß der Bundesgesetzgeber Rahmenrecht auf dem Gebiet des Beamtenrechts erlassen hat. Der Bundesgesetzgeber hat das Rahmengesetz zur Vereinheitlichung des Beamtenrechts (Beamtenrechtsrahmengesetz – BRRG) erlassen, dessen Vorschriften nach § 1 BRRG Rahmenvorschriften für die Landesgesetzgebung sind. Mithin hat der Bund Rahmenrecht auf dem Gebiet des Beamtenrechts erlassen.

2. Anwendbarkeit des Rahmenrechts

Weitere Voraussetzung einer Mißachtung von Rahmenrecht durch das Gesetzesvorhaben der R-Fraktion ist, daß das BRRG Vorschriften enthält, die den Regelungsgegenstand des geplanten Landesgesetzes betreffen und daher für das konkrete Gesetzesvorhaben der R-Fraktion zu beachten sind.

Für die Absicht, den Direktor beim Landtag des Landes L in den Kreis der Beamten einzubeziehen, die jederzeit in den einstweiligen Ruhestand versetzt werden können (sogenannte politische Beamte), könnte § 31 BRRG von Bedeutung sein. § 31 BRRG befindet sich im 4. Titel e) des BRRG, der mit „Sondervorschriften für den einstweiligen Ruhestand" überschrieben ist. In § 31 Abs. 1 Satz 1 BRRG ist normiert, daß durch Gesetz bestimmt werden kann, daß der Beamte auf Lebenszeit jederzeit in den einstweiligen Ruhestand versetzt werden kann, wenn er ein Amt bekleidet, bei dessen Ausübung er in fortdauernder Übereinstimmung mit den grundsätzlichen politischen Ansichten und Zielen der Regierung stehen muß. § 31 Abs. 1 Satz 2 BRRG regelt, daß gesetzlich zu bestimmen ist, welche Beamten hierzu gehören. § 31 BRRG ist also eine Vorschrift, die die Frage der Versetzung eines Lebenszeitbeamten in den einstweiligen Ruhestand zum Gegenstand hat. Sie ist folglich für den Regelungsgegenstand des beabsichtigten Landesgesetzes von Bedeutung.

Als „politische Beamte" bezeichnet man landläufig diejenigen Beamten auf Lebenszeit, die kraft gesetzlicher Ausnahmeregelung jederzeit in den einstweiligen Ruhestand versetzt werden können. Dieser Begriff beschreibt eine seit langem etablierte Institution des deutschen Beamtenrechts[1]. Er umschließt recht unterschiedliche Kategorien von Beamten des Bundes und der Länder[2], die indes eine maßgebliche Gemeinsamkeit aufweisen. Politische Beamte bekleiden Schlüsselstellungen in der Exekutive, die aus dem Bereich der ausführenden Verwaltung in den Bereich der Regierung hinüberreichen[3]. Sie agieren an der „Nahtstelle zwischen Politik und Verwaltung"[4] und verklammern als leitende Beamte und zugleich als „Repräsentanten der Regierung"[5] beide Bereiche in ihrer Person. Politische Beamte bringen den Sachverstand des ihnen untergeordneten Beamtenapparates in die Ebene der politischen Entscheidung ein und steuern in „dirigierender Kontrolle der ausführenden Tätigkeiten"[6] deren Umsetzung in Verwaltung[7]. Ihre Nähe zur Politik und ihr politischer Auftrag erfordern das uneingeschränkte Vertrauen der jeweiligen politischen Führung in ihre Loyalität[8]. Aus diesem Vertrauenserfordernis erwächst das Bedürfnis, politische Beamte jederzeit in den einstweiligen Ruhestand versetzen zu können, wenn das Vertrauensverhältnis gestört ist. Für die Fallbearbeitung ist eine nähere Erläuterung des Begriffs indes nicht erforderlich, weil er im BRRG, insbesondere im einschlägigen § 31 BRRG nicht erwähnt wird.

---

[1] Zur Geschichte des Instituts des „politischen Beamten" näher *Priebe*, S. 22 ff.
[2] Vgl. *Summer*, in: *Woydera/Summer/Zängl/Huber*, SächsBG, § 59 Anm. 1 a.
[3] *Schwidden*, RiA 1999, 13 (14); *Zimmerling*, ZBR 1976, 368.
[4] *Summer*, in: *Woydera/Summer/Zängl/Huber*, SächsBG, § 59 Anm. 1 b.
[5] *Zimmerling*, ZBR 1976, 368.
[6] *Kröger*, AöR 88 (1963), 121 (137).
[7] *Summer*, in: *Fürst*, GKÖD, Bd. 1, § 36 BBG, Rn. 4 und 8: „Transformationsfunktion"; vgl. weiterhin *Schwidden*, RiA 1999, 13 (14).
[8] Vgl. *Thiele*, DÖD 1986, 257 (261).

3. Verstoß gegen die Vorgaben der einschlägigen rahmenrechtlichen Vorschriften

Drittens ist für die Annahme eines Verstoßes gegen Rahmenrecht und damit gegen Art. 72, 75 Abs. 1 Nr. 1, 31 GG erforderlich, daß die geplante Änderung des LBG nicht im Einklang mit den Vorgaben der einschlägigen rahmenrechtlichen Vorschriften, hier also mit § 31 Abs. 1 BRRG steht. Die Einbeziehung des Direktors beim Landtag in den Kreis der Beamten, die jederzeit in den einstweiligen Ruhestand versetzt werden können, setzt nach dem Rahmenrecht voraus, daß er ein Amt bekleidet, bei dessen Ausübung er in fortdauernder Übereinstimmung mit den grundsätzlichen politischen Ansichten und Zielen der Regierung stehen muß.

a) Regierungsbezug

Erste Voraussetzung nach § 31 Abs. 1 S. 1 BRRG ist, daß der Direktor beim Landtag des Landes L ein Amt innehat, bei dessen Ausübung er in fortdauernder Übereinstimmung mit den grundsätzlichen politischen Ansichten und Zielen der *Regierung* stehen muß. Da der LTD kein Beamter der Ministerialbürokratie ist, sondern nach § 47 Abs. 4 der Verfassung des Landes L ein Teil der Landtagsverwaltung[9], unterfällt sein Amt der Vorschrift des § 31 Abs. 1 S. 1 BRRG darum nur dann, wenn auch der Landtag von dem in dieser Vorschrift verwendeten Begriff der Regierung erfaßt wird. Wie der Begriff der Regierung i.S. des § 31 Abs. 1 S. 1 BRRG zu verstehen ist, ist allerdings umstritten. Ausgehend vom Wortlaut des § 31 Abs. 1 Satz 1 BRRG verstehen Teile des Schrifttums und der Rechtsprechung den Begriff der Regierung ausschließlich als Regierung im institutionellen (organisatorischen) Sinne[10]. Ist sonach Regierung als Synonym für das gleichnamige Staatsorgan zu interpretieren, dann steht fest, daß das Amt des Direktors beim Landtag des Landes L nicht § 31 Abs. 1 BRRG unterfällt, weil – wie ausgeführt – die Verwaltung des Landtags nach § 47 Abs. 4 der Verfassung des Landes L ministerialfrei und der

---

[9] Die Parlamentsverwaltung ist ministerialfrei; sie gehört nicht der Exekutive an. Vgl. *Roeskens*, in: *Busch*, FS Schellknecht (1984), S. 85 (85). Für die vergleichbare Bundestagsverwaltung *Dach*, in: *Dolzer/Vogel/Graßhof*, BK-GG, Art. 40 Rn. 113.

[10] Vgl. *Lemhöfer*, in: *Plog/Wiedow/Lemhöfer/Bayer*, BBG, § 36 Rn. 30; VG Bremen, Beschl. v. 16.12.1996 – 6 V 14/96 -, S. 10 (n.v.); ebenso jüngst auch *Oldiges/Brinktrine*, DÖV 2002, S. 943 (945 f.).

Direktor beim Landtag des Landes L kein Beamter der Ministerialbürokratie, sondern des Landtags des Landes L ist.

Der Direktor beim Landtag könnte jedoch dann einen Bezug zur Regierung" aufweisen, wenn der Begriff der „Regierung" im Sinne des § 31 Abs. 1 Satz 1 BRRG nicht ausschließlich formell im Sinne der verfassungsrechtlichen Staatsorganisation verstanden werden darf, sondern materiell-genetisch interpretiert werden muß, mit der Folge, daß auch der Landtag des Landes L zur Regierung gezählt werden darf. Zur Herleitung dieses sogenannten „materiellen Regierungsbegriffs" führen Stimmen der Literatur das Argument an, zur „Regierung" gehöre alle Ausübung oberster, unmittelbar von der Volksvertretung legitimierter Exekutivfunktion[11]. Da auch das Parlament Anteil an der Staatsleitung hat[12] und es über Exekutivgewalt neben der Regierung verfügt[13], kann bei der Tätigkeit des Landtages mit Berechtigung von „Regierung" im materiellen Sinne gesprochen werden[14]. Nach dieser Ansicht bedeutet dies folglich, daß § 31 Abs. 1 S. 1 BRRG nach seinem Sinn und Zweck auch auf Spitzenbeamte der Legislativorgane anwendbar sei[15].

Dieser materiellen Deutung des Begriffs Regierung hat sich auch das Bundesverwaltungsgericht angeschlossen. Daß der Begriff der Regierung nach Meinung des Gerichts nicht im Sinne einer Beschränkung auf den eigentlichen Bereich einer Bundes- oder Landesregierung zu verstehen sei, ergebe sich – etwa für den Bundesbereich – schon aus der Aufzählung der Ämter in § 36 Abs. 1 des Bundesbeamtengesetzes (BBG), die mit politischen Beamten besetzt werden können, sowie aus der nach Abs. 2 dieser Vorschrift bestehenden Möglichkeit zur Schaffung weiterer politischer Ämter. In diesem Kontext verweist das Gericht zur Bekräftigung seiner Argumentation insbesondere auf die Vorschrift des § 176 Abs. 2 BBG. Nach dieser Norm können der Direktor beim Deutschen Bundestag und der Direktor des Bundesrates jederzeit in den einstweiligen Ruhestand versetzt werden. Diese Vorschrift, so das Bundesverwaltungsgericht weiter, belege, daß es bei diesen beiden Ämtern nicht auf ein zur „Regierung" bestehendes Vertrauensverhältnis ankomme. Nach Sinn und Zweck des § 31 Abs. 1 BRRG müs-

---

[11] So *Grigoleit*, ZBR 1998, 128 (131).
[12] So für den Bundestag *Magiera*, in: *Sachs*, GG, Art. 38 Rn. 24.
[13] So zutreffend *Grigoleit*, ZBR 1998, S. 128 (130).
[14] Vgl. *Oldiges*, in: *Sachs*, GG, Art. 62 Rn. 13.
[15] So *Grigoleit*, ZBR 1998, 128 (130).

se es sich um ein Amt handeln, bei dem das in der Vorschrift definierte Vertrauensverhältnis zu dem jeweiligen Verfassungsorgan gefordert werde[16].

Diese Begründung vermag die vom Gericht favorisierte materiell-genetische Interpretation des Begriffs „Regierung" und die daraus abgeleitete Konsequenz, daß Regierung das jeweilige Verfassungsorgan sei, indes nicht zu unterstützen. Nicht tragfähig ist bereits die argumentative Basis der gerichtlichen Argumentation, die sich ganz entscheidend auf Bestimmungen des BBG stützt. Das Gericht verkennt dabei, daß diese Vorschriften für die Auslegung der rahmenrechtlichen Vorschrift des § 31 Abs. 1 BRRG keinen Erkenntnisgewinn vermitteln. Während der Landesgesetzgeber nach § 1 BRRG an die tatbestandlichen Schranken der Ermächtigung des § 31 Abs. 1 BRRG gebunden ist, braucht der Bundesgesetzgeber die Vorgaben des Rahmenrechts nicht zu beachten und hat in seinem eigenen Regelungsbereich vollkommen freie Hand. Dementsprechend kann er bei der Einbeziehung der Bundesbeamten in den Kreis der politischen Beamten Regelungen treffen, die hingegen dem Landesgesetzgeber verwehrt bleiben müssen[17]. Bereits aus diesen kompetentiellen Gründen helfen auch die Hinweise auf § 176 Abs. 2 BBG sowie auf § 36 Abs. 1 BBG nicht weiter.

Der Rekurs auf § 36 Abs. 1 BBG bleibt zudem in seiner Bedeutung unklar. Das Gericht – so scheint es - will aus den in dieser Vorschrift des Bundesrechts aufgelisteten Ämtern wohl den Schluß ableiten, bei diesen Ämtern bestünde *keine Notwendigkeit* der Übereinstimmung mit der Regierung im "eigentlichen" – gemeint ist wohl im organisatorischen – Sinne. Diese Einschätzung der in § 36 Abs. 1 BBG explizit aufgelisteten Ämter ist allerdings unzutreffend. Bei den in § 36 Abs. 1 BBG erwähnten Positionen handelt es sich entweder um Spitzenstellungen in verschiedenen Bereichen der Exekutive des Bundes oder um politisch sensible Ämter, die ohne ständige Rückbindung an die Vorgaben der politischen Leitung nicht ausgeübt werden können. Ihnen allen kommt die in Rechtsprechung und Schrifttum beschriebene Trans-

---

[16] Vgl. BVerwG, DÖV 2002, 299 (300).
[17] Zum Vorstehenden näher *Oldiges/Brinktrine*, DÖV 2002, 943 (946).

missionsfunktion zwischen Regierung und Verwaltung als typisches Charakteristikum des politischen Beamten[18] zu.

Des weiteren kann der argumentative Rückgriff auf die Regelung des § 36 Abs. 2 BBG i.V.m. § 176 Abs. 2 BBG sogar gegen die Auffassung des Bundesverwaltungsgerichts angeführt werden. Die vom Bundesgesetzgeber geschaffene Systematik des BBG liefert eher ein Indiz dafür, daß der rahmengesetzliche Begriff der Regierung im organisatorischen Sinne verstanden werden muß[19]. Denn wenn der Begriff der Regierung in § 31 Abs. 1 S. 1 BRRG nicht auf den „eigentlichen" Bereich einer Bundes- oder Landesregierung gemünzt sein soll, ist nicht verständlich, weshalb der Bundesgesetzgeber Veranlassung hatte, für seinen Bereich in § 36 Abs. 2 BBG eine ausdrückliche Öffnungsklausel für andere Ämter zu normieren. Ist der Begriff „Regierung" materiell zu verstehen, dann ist § 36 Abs. 2 BBG schlicht überflüssig, denn in diesem Fall könnten die Ämter in § 36 Abs. 1 BBG als nicht abschließende Beispiele verstanden werden. Im Gegensatz zur Auffassung des Bundesverwaltungsgerichts kann deshalb auch die Vorschrift des § 176 Abs. 2 BBG als ein gewichtiges Argument angeführt werden, daß die Verwaltung des Landtages und damit auch der Landtagsdirektor nicht in den Bereich der „Regierung" im Sinne des § 31 BRRG fallen. Diese Sonderregelung für den mit der Stellung des Landtagsdirektors vergleichbaren Direktor beim Deutschen Bundestag ist nämlich nur verständlich, wenn der Bundesgesetzgeber die Vorstellung hatte, daß § 36 Abs. 1 BBG allein Beamte mit Bezug zum Organ Bundesregierung erfaßt. Für Beamte ohne Regierungsbezug hielt der Bundesgesetzgeber es dagegen anscheinend nicht nur für geboten, sondern sogar für erforderlich, in § 176 Abs. 2 BBG eine eigene Bestimmung zu normieren[20]. § 176 Abs. 2 BBG liefert damit einen weiteren entscheidenden Anhaltspunkt dafür, daß das insoweit vergleichbare Amt des Direktors beim Landtag des Landes L mangels Regierungsbezug nicht zu den Ämtern zählt, die der Bundesge-

---

[18] Zu diesem Merkmal vgl. BVerwGE 52, 33 (35) sowie *Summer*, in: *Woydera/Summer/Zängl/Huber*, SächsBG, § 59 Anm. 3 a).
[19] Vgl. *Oldiges/Brinktrine*, DÖV 2002, 943 (946).
[20] Fragwürdig daher *Grigoleit*, ZBR 1998, 128 (129), der § 176 Abs. 2 BBG nur als formalen Erwägungen geschuldet betrachtet; ebenso *Bauschke*, in: *Fürst*, GKÖD, Bd. 1, § 176 BBG, Rn. 2: „klarstellende Funktion".

Da es die Aufgabe eines Rechtsgutachtens ist, ein umfassendes Bild der Rechtslage zu zeichnen, darf die Prüfung hier nicht abbrechen, sondern muß sich auch mit der zweiten Voraussetzung des § 31 Abs. 1 S. 1 BRRG auseinandersetzen.

setzgeber in seiner Funktion als Rahmengesetzgeber bei der Schaffung des § 31 Abs. 1 BRRG im Auge hatte[21].

Aufgrund dieser Erwägungen ist der Begriff der Regierung in § 31 Abs., 1 S. 1 BRRG nicht in einem materiellen, sondern in einem formell-institutionellen Sinne zu verstehen, der sich ausschließlich auf den eigentlichen Bereich einer Bundes- oder Landesregierung beschränkt. Da somit der Landtag nicht unter dem Begriff der Regierung im Sinne des § 31 Abs. 1 S. 1 BRRG fällt, weist mithin das Amt des Direktors beim Landtag des Landes L keinen Regierungsbezug auf, so daß bereits die erste Voraussetzung des § 31 Abs. 1 S. 1 BRRG nicht erfüllt ist.

b) Übereinstimmungserfordernis

Wer der formell-institutionellen Sicht des Begriffs der Regierung i.S. des § 31 Abs. 1 S. 1 BRRG nicht folgen mag, sondern den materiellen Regierungsbegriff bevorzugt, der muß sodann die Frage erörtern, ob den LTD eine Pflicht zur politischen Loyalität gegenüber seinem Verfassungsorgan, also dem Landtag, trifft. Auch dies ist im Ergebnis zu verneinen[22].

Die Anforderungen an ein politisches Amt passen nämlich auch dann nicht auf den Landtagsdirektor, wenn man mit dem BVerwG und einem Teil der Lehre[23] den Begriff der „Regierung" in § 31 Abs. 1 S. 1 BRRG i. S. aller Verfassungsorgane deutet und unter Regierung im materiellen Sinne auch den Landtag - mit seinem eigenen Leitungsorgan, dem Präsidium oder Präsidenten, versteht. Auch

Zweite Voraussetzung nach § 31 Abs. 1 S. 1 BRRG ist, daß der Direktor beim Landtag des Landes L ein Amt innehat, *bei dessen Ausübung er in fortdauernder Übereinstimmung mit den grundsätzlichen politischen Ansichten und Zielen der Regierung stehen muß*. Nach dem obigen Verständnis des Begriffs Regierung ist mithin erforderlich, daß den Direktor beim Landtag des Landes L eine Pflicht zur politischen Loyalität gegenüber der Regierung des Landes L oder deren einzelnen Ministern trifft. Gegen eine solche Pflicht zur politischen Loyalität gegenüber der Landesregierung oder einzelnen Ministern sprechen indes verschiedene Aspekte[24]. Der LTD ist Leiter der Landtagsverwaltung; seine Aufgaben beziehen sich, wie diejenigen der Landtagsverwaltung insgesamt, nur auf den Landtag selbst. Er ist nicht an der unmittelbaren Verwirklichung von Regierungsaufgaben beteiligt[25] und transmittiert nicht Regierungspolitik in die Landtagsverwaltung, sondern trägt dazu bei, daß der Landtag seine vielfältigen Funktionen als Legislativ-, Kontroll- und Kreationsorgan wahrnehmen kann. Da der Landtag seinerseits das verfassungsrechtlich be-

---

[21] So auch *Oldiges/Brinktrine*, DÖV 2002, 943 (946).
[22] Nachfolgende Erwägungen in Übernahme von *Oldiges/Brinktrine*, DÖV 2002, 943 (946 f.); siehe ferner auch *Brinktrine*, RiA 2003, 15 (17 ff.).
[23] BVerwG, DÖV 2002, 299 (300); ähnlich schon BVerwG, Urt. v. 29.10.1964 – 2 C 182.61 (nicht veröffentlicht). Aus dem Schrifttum vor allem *Grigoleit*, ZBR 1998, 128.
[24] Nachfolgende Aspekte in Übernahme von *Oldiges/Brinktrine*, DÖV 2002, 943 (946).
[25] Dies ist nach *Kröger*, AöR 88 (1963), 121 (137), das Kennzeichen des politischen Beamten in der Ministerialverwaltung.

diesen Adressaten gegenüber besteht kein Erfordernis der politischen Übereinstimmung, wie das Gesetz es voraussetzt. Zwar entwickelt das Parlament – jedenfalls mit seiner politischen Mehrheit – durchaus „grundsätzliche politische Ansichten und Ziele". Deren Adressaten sind jedoch Öffentlichkeit und Regierung; in die und mit der Landtagsverwaltung werden sie nicht umgesetzt. Die meist verfassungsrechtlich bestimmte Unterstellung der Landtagsverwaltung unter des parlamentarische Leitungsorgan (Präsidium oder Präsident) des Landtages als der obersten Dienstbehörde aller Verwaltungsbediensteten des Landtages sichert diesem Leitungsorgan zwar die dienstrechtliche Überordnung auch über den Landtagsdirektor, doch drückt sich diese Überordnung in dienstlichen Weisungen und nicht in „grundsätzlichen politischen Ansichten und Zielen" aus[26]. Die hier gebotene Loyalität ist dienstrechlicher und nicht politischer Natur. Politische Loyalität gegenüber dem Landtag im ganzen, also gegenüber dem Verfassungsorgan als solchem, kann der Landtagsdirektor nicht leisten. Er ist, wie schon erwähnt, nicht der Adressat der politischen Willensbildung des Parlaments und überdies nicht der jeweiligen Landtagsmehrheit, sondern dem ganzen Parlament verpflichtet. Ebensowenig kann von ihm eine fortdauernde politische Übereinstimmung mit dem Präsidium oder dem Präsidenten des Landtages verlangt werden. Das parlamentarische Leitungsgremium entwickelt keine eigenen politischen Ansichten und Ziele, auf die sich eine solche Loyalität beziehen könnte[27]; im Verhältnis zum Landtag ist es vielmehr selbst zu politischer Neutralität verpflichtet[28]. Politische Neutralität muß auch der Landtagsdirektor seinerseits wahren; das gilt auch im Verhältnis zum Präsidium oder Präsidenten. Er ist nicht oder jedenfalls nicht ausschließlich der „Generalsekretär" des Leitungsorgans[29], sondern „Diener vieler Herren"[30]. Sein Aufgabenprofil[31] und das der ihm unterstellten Landtagsverwaltung umschließt parlamentarische Dienstleistungen gegenüber allen Fraktionen und Abgeordneten[32]; im parlamentarischen Konflikt zwischen Regierungslager und Opposition muß er auch letzterer beratend zur Seite stehen können[33]. Besonders klar zeichnet sich die Pflicht der Landtagsverwaltung zu politischer Neutralität in ihrem wissenschaftlichen Dienst ab, der ebenfalls allen Fraktionen und Abgeordneten zur Verfügung steht. Hier ist in erhöhtem Maße geistige Unabhängigkeit geboten, die der Landtagsdirektor gegenüber parteiischer Inbesitznahme zu verteidigen hat; mit politischer Loyalität wäre dies nicht vereinbar.

---

[26] Darum geht auch das BVerwG, DÖV 2002, 299 (301), fehl, wenn es die nach § 31 Abs. 1 S. 1 BRRG gebotene politische Übereinstimmung auch auf Einzelheiten der Amtsführung seitens des Landtagsdirektors bezieht.

[27] Ähnlich auch *Dach*, in: *Dolzer/Vogel/Graßhof*, BK-GG, Art. 40 Rn. 55.

[28] Vgl. zur Neutralitätspflicht des Parlamentspräsidenten am Beispiel des Präsidenten des Bundestages *Dach*, in: *Dolzer/Vogel/ Graßhof*, BK-GG, Art. 40 Rn. 54; *Versteyl*, in: *von Münch/Kunig*, GG, Bd. 2, Art. 40 Rn. 3.

[29] So aber die Charakterisierung für den Direktor beim Deutschen Bundestag bei *Schindler*, in: *Schneider/Zeh*, § 29 Rn. 30.

[30] So auch *Schindler*, in: *Schneider/Zeh*, § 29 Rn. 24, der das interne und das externe „Gegenüber" der Parlamentsverwaltung am Beispiel der Bundestagsverwaltung darstellt.

[31] Vgl. die Auflistung von Tätigkeiten eines Parlamentsdirektors im politisch-parlamentarischen Bereich am Beispiel des Direktors beim Deutschen Bundestag bei *Pfitzer*, in: *Busch*, FS Schellknecht, S. 77 (78ff.), sowie bei *Roeskens*, in: *Busch*, FS Schellknecht, S. 85 (90 ff.).

[32] Vgl. etwa § 14 Satz 1 SächsGOLT: „Der Informationsdienst des Landtages (Archiv, Dokumentation, Bibliothek und Datenverarbeitung) steht jedem Mitglied des Landtages und den Mitarbeitern der Fraktionen zur Verfügung."

[33] Die Verpflichtung der Landtagsverwaltung auch gegenüber der Opposition läßt sich auch mit der besonderen Erwähnung in

stimmte Kontrastorgan zur Regierung ist, muß sich sein Direktor einer Loyalität zu dieser Regierung gerade enthalten, statt sich ihrer zu befleißigen. Der Landtagsdirektor steht auch nicht, vermittelt über die parlamentarische Regierungsmehrheit, in einer mittelbaren Loyalität zur Regierung. Die Landtagsverwaltung dient dem ganzen Landtag und nicht nur einzelnen Fraktionen; dementsprechend ist auch der Landtagsdirektor zu politischer Neutralität verpflichtet. Folglich schuldet der LTD der Regierung im institutionellen Sinne keine politische Loyalität. Daher hat der LTD kein Amt inne, bei dessen Ausübung er in fortdauernder Übereinstimmung mit den grundsätzlichen politischen Ansichten und Zielen der Regierung stehen muß.

c) Ergebnis

Da beide Voraussetzungen des § 31 Abs. 1 S. 1 BRRG für das Amt des Direktors beim Landtag des Landes L nicht erfüllt sind, kann § 31 Abs. 1 Satz 1 BRRG daher nicht als Grundlage dienen, § 59 LBG dahingehend zu ändern, daß auch der Direktor beim Landtag des Landes L zum politischen Beamten bestimmt wird. Eine Änderung des § 59 LBG verstößt folglich gegen die durch § 31 Abs. 1 S. 1 BRRG gezogenen Grenzen des Rahmenrechts.

4. Abschließender Charakter des Rahmenrechts

Macht der Bund von seiner Gesetzgebungskompetenz Gebrauch und erläßt er eine Rahmenvorschrift, sind die Länder in ihrer eigenen Gesetzgebung darauf beschränkt, den vorgegebenen Rahmen auszufüllen. Überschreiten sie diesen Rahmen, ist ihre Regelung mangels eigener Gesetzgebungsmacht unwirksam[34].

Letzte Voraussetzung eines Verstoßes gegen Art. 72, 75 Abs. 1 Nr. 1 GG ist, daß das einschlägige Rahmenrecht, also § 31 BRRG, eine sogenannte Sperrwirkung entfaltet, mit der Folge, daß außerhalb von § 31 BRRG der Landesgesetzgeber keine Regelungsbefugnis mehr besitzt. Dies ist dann der Fall, wenn § 31 Abs. 1 S. 1 BRRG für die Frage der Bestimmung der Beamten, die in den einstweiligen Ruhestand versetzt werden können, abschließenden Charakter

---

verschiedenen Landesverfassungen belegen. Vgl. etwa zu Art. 14 SächsVerf *Haas*, in: *Kunzmann/Haas/Baumann-Hasske*, Sächs-Verf, Art. 40 Rn. 5 f. Nach *Dach*, in: *Dolzer/Vogel/Graßhof*, BK-GG, Art. 40 Rn. 112, hat sich die Bundestagsverwaltung „zwischen den politischen Fronten" zu bewähren.

[34] BVerfGE 87, 68 (69), *Kunig*, in: *von Münch/Kunig*, GG, Bd. 3, Art. 75 Rn. 12; *Degenhart*, in: *Sachs*, GG, Art. 75 Rn. 42; *Rozek*, in: *von Mangoldt/Klein/Starck*, GG, Bd. 2, Art. 75 Rn. 26 f. Verschiedentlich wird die Unwirksamkeit in solchen Fällen aus Art. 31 GG hergeleitet; vgl. insoweit BVerfG 66, 291 (310); *Pieroth*, in: *Jarass/Pieroth*, GG, Art. 75 Rn. 5.

besitzt und auch keine Ausnahmen von der Sperrwirkung eingreifen.

a) Sperrwirkung von § 31 Abs. 1 S. 1 BRRG

Erörterungsbedürftig ist mithin erstens, ob § 31 Abs. 1 S. 1 BRRG eine sogenannte Sperrwirkung zukommt. Sperrwirkung einer Rahmenregelung tritt ein, wenn sie abschließend den Umfang und die Voraussetzungen einer landesrechtlichen Ausfüllung des Rahmens hat festlegen wollen und wirksam, also ihrerseits nicht verfassungswidrig ist. Gegen die Wirksamkeit des § 31 Abs. 1 S. 1 BRRG erheben sich keine Bedenken.

Zu prüfen ist allerdings, ob § 31 Abs. 1 BRRG abschließenden Charakter besitzt. § 31 Abs. 1 S. 1 BRRG zieht in Bezug auf den politischen Status von Landtagsdirektoren dann keine Sperrwirkung nach sich, wenn der Bundesgesetzgeber mit dieser Vorschrift von vornherein nur auf die Rechtsverhältnisse von Beamten der Exekutive hat abstellen wollen. Für diese Deutung wird angeführt, da das in § 31 Abs. 1 S. 1 BRRG herangezogene Kriterium dauerhafter politischer Übereinstimmung mit der Regierung ohnehin nur für Beamte aus dem Exekutivbereich gelten könne, mache schon der Wortlaut dieser Bestimmung deutlich, daß sich der Bundesgesetzgeber mit seiner Rahmenregelung auf diesen Beamtenkreis habe beschränken und dem Landesgesetzgeber im übrigen, insbesondere also für Parlamentsbeamte, habe freie Hand lassen wollen[35]. Der Regelung in § 176 Abs. 2 BRRG über den politischen Status der Direktoren bei Bundestag und Bundesrat sei gleichfalls zu entnehmen, daß der Bundesgesetzgeber die Einbeziehung von Parlamentsbeamten in den Kreis der politischen Beamten nicht grundsätzlich habe ausschließen wollen. Diese Ansicht läßt sich indes, wie ein Blick auf die Systematik des BRRG zeigt, nicht halten. § 31 BRRG ist ausweislich der dazugehörigen Abschnittsüberschrift als „Sondervorschrift" zu den allgemeinen Ruhestandsbestimmungen und insbesondere zu § 25 BRRG konzipiert, der den Eintritt in den Ruhestand, dem Typus des Lebenszeitbeamten entsprechend, an das Erreichen der gesetzlich bestimmten Altersgrenze knüpft. § 31 Abs. 1 S. 1 BRRG bezieht sich daher nicht ausschließlich auf Beamte der Exekutive, sondern regelt umfassend

---

[35] Vgl. VG Bremen, Beschl. v. 16.12.1996 – 6 V 14/96 – (nicht veröffentlicht); ebenso *Lemhöfer*, in: *Plog/Wiedow/Lemhöfer/Bayer*, BBG, § 176 BBG Rn. 6; ähnlich § 30 BBG Rn. 30.

die Frage der Versetzung von Lebenszeitbeamten in den einstweiligen Ruhestand. Folglich kann der Landesgesetzgeber von dieser rahmengesetzlichen Grundregel mithin nur insoweit abweichen, wie ihn der Bundesgesetzgeber hierzu ausdrücklich ermächtigt[36]; das aber ist nur in den Grenzen des § 31 Abs. 1 S. 1 BRRG geschehen.

Mit demselben Einwand ist auch Versuchen entgegenzutreten, die Regelung des § 31 Abs. 1 S. 1 BRRG in anderer Weise als nicht abschließend gemeint darzustellen. Diese Vorschrift will mit dem Institut der Versetzung in den einstweiligen Ruhestand der Regierung in Fällen gestörter Loyalität ihrer leitenden Beamten einen geräuschlosen Ausweg eröffnen[37]. Für Landtagsdirektoren gilt das Gebot politischer Loyalität nicht. Ihre Einbeziehung in den Kreis der politischen Beamten würde es indes ermöglichen, sie bei sonstiger schwerer Störung ihrer Beziehung zum Landtag oder dessen parlamentarischer Leitung in den einstweiligen Ruhestand zu versetzen. Einer solchen – möglicherweise sogar wünschenswerten – Regelung steht indes ebenfalls der Umstand entgegen, daß eine landesgesetzliche Abweichung von der Rahmenvorschrift des § 25 BRRG nur kraft ausdrücklicher Ermächtigung gestattet ist, die aber § 31 Abs. 1 S. 1 BRRG aufgrund seines begrenzenden Bezuges auf das Erfordernis politischer Loyalität zur Regierung gerade nicht bietet. Also besitzt § 31 Abs. 1 S. 1 BRRG abschließenden Charakter und entfaltet Sperrwirkung.

b) Durchbrechungen der Sperrwirkung des § 31 Abs. 1 S. 1 BRRG

Die Sperrwirkung des § 31 Abs. 1 S. 1 BRRG kommt indes gegenüber der geplanten Änderung des § 59 LBG nicht zum Tragen, wenn das BRRG eine Öffnungsklausel enthält oder wenn § 31 Abs. 1 S. 1 BRRG mit Blick auf den Status der Landtagsdirektoren Regelungslücken aufweist, die im Wege einer analogen Anwendung geschlossen werden dürfen.

---

[36] So zutreffend *Grigoleit*, ZBR 1998, 128 (129).
[37] Die Versetzung in den einstweiligen Ruhestand bedarf keiner Angabe von Gründen; vgl. *Köpp*, Rn. 67. Im Streit um die Rechtmäßigkeit der Voraussetzung eines Landtagsdirektors in den einstweiligen Ruhestand hat das VG Düsseldorf, Urt. v. 18.12.2001 – 2 K 2333/00 – (nicht veröffentlicht), indes gerade ein Begründung verlangt. Problematisch ist auch die Frage der gerichtlichen Kontrolle einer solchen Ermessensentscheidung; vgl. hierzu *Lemhöfer*, in: *Plog/Wiedow/Lemhöfer/Bayer*, BBG, § 36 BBG Rn. 18 ff.

aa) Vorliegen einer Öffnungsklausel

Die Sperrwirkung des § 31 Abs. 1 S. 1 BRRG greift folglich erstens nicht ein, wenn das Rahmenrecht selbst eine Öffnungsklausel enthält und damit dem Landesgesetzgeber die Befugnis zur eigenständigen abweichenden Regelung des Status der politischen Beamten erteilt. Eine solche Öffnungsklausel könnte in § 31 Abs. 1 S. 2 BRRG zu sehen sein, wenn hiermit der Landesgesetzgeber ermächtigt sein soll, den Kreis der politischen Beamten ohne Rücksicht auf die in S. 1 vorgegebenen Kriterien zu bestimmen. Gegen eine solche Betrachtung spricht, daß durch diese Vorschrift in erster Linie das Erfordernis einer „gesetzlichen" Bestimmung des Kreises der politischen Beamten betont werden soll[38]. Dem ungeschriebenen, aber zum Kanon hergebrachter Grundsätze des Beamtenrechts (Art. 33 Abs. 5 GG) zählenden beamtenrechtlichen Parlamentsvorbehalt folgend[39] soll eine so tiefgreifende Veränderung der Rechtsstellung von Beamten, wie es die Einstufung als politische Beamter nun einmal ist, allein dem (formellen) Gesetzgeber selbst erlaubt sein. Eine Entlassung des Landesgesetzgebers aus den Bindungen des S. 1 liegt hierin nicht[40]. Folglich enthält § 31 Abs. 1 S. 2 BRRG keine Öffnungsklausel; es bleibt mithin bei der Sperrwirkung des § 31 Abs. 1 S. 1 BRRG.

bb) Analoge Anwendung des § 31 Abs. 1 S. 1 BRRG auf den Regelungsgegenstand des beabsichtigen Landesgesetzes

Die Sperrwirkung könnte des weiteren entfallen, wenn die rahmengesetzliche Regelung des § 31 Abs. 1 BRRG als lückenhaft anzusehen ist und die bestehende Regelungslücke durch eine analoge Anwendung dieser Vorschrift geschlossen werden kann.

Voraussetzung einer analogen Anwendung des § 31 BRRG ist somit zunächst das Vorliegen einer Regelungslücke. § 31 Abs. 1 S. 1 BRRG ist dann als lückenhaft anzusehen, wenn die Verhältnisse, die bei Erlaß des BRRG dem Gesetzgeber eine weite Fassung dieser Vorschrift nicht nahelegten, sich inzwischen grundlegend verändert hätten und die Erweite-

---

[38] So *Oldiges/Brinktrine*, DÖV 2002, 943 (948).
[39] Hierzu statt vieler *Battis*, in: *Sachs*. GG, Art. 35 Rn. 71; *Jachmann*, in: *von Mangoldt/Klein/Starck*, GG, Bd. 2, Art. 33 V Rn. 44.
[40] Vgl. *Summer*, in: *Fürst*, GKÖD, Bd. 1, § 36 BBG Rn. 15.

rung auch auf Landtagsdirektoren als angebracht erschienen ließen. Für einen solchen Wandel spricht die seit einiger Zeit zu beobachtende zunehmende Politisierung auch der Landtagsverwaltungen[41], die ebenfalls dem Gesetzesvorhaben der R-Fraktion zugrunde liegt. Das Fehlen einer rahmengesetzlichen Ermächtigung für die Versetzung des Spitzenbeamten der Parlamentsverwaltung ist daher vor dem Hintergrund der neueren Entwicklung als Regelungslücke anzusehen.

Fraglich aber ist, ob diese Regelungslücke durch eine analoge Anwendung des § 31 Abs. 1 S. 1 BRRG geschlossen werden kann. Dies setzt erstens voraus, daß § 31 Abs. 1 S. 1 einer analogen Anwendung zugänglich ist. Für die grundsätzliche Analogiefähigkeit des § 31 Abs. 1 S. 1 BRRG spricht die Rechtsprechung des BVerwG zur Vereinbarkeit landesrechtlicher Regelungen über die Abwahl kommunaler Wahlbeamter vor Ablauf ihrer Amtszeit mit dem BRRG. Zwar ging es hier nicht eigentlich um eine analoge Anwendung des § 31 BRRG, doch zog das BVerwG im Zusammenhang mit § 95 Abs. 2 S. 1 BRRG, wonach für Beamte auf Zeit die Vorschriften für Beamte auf Lebenszeit „entsprechend" gelten, auch diese Bestimmung heran, um die Vereinbarkeit der vorzeitigen Abwahl mit dem BRRG zu belegen[42]. § 31 Abs. 1 S. 1 BRRG ist daher grundsätzlich einer analogen Anwendung zugänglich.

Die Ermächtigung des § 31 Abs. 1 BRRG läßt sich indes nur dann im Wege der Analogie auf Landtagsdirektoren und damit auch auf das Amt des Direktors beim Landtag des Landes L erstrecken, wenn dieses Amt den in der Ermächtigungsnorm gekennzeichneten Ämtern entspricht. Im Hinblick auf kommunale Wahlbeamte hatte das BVerwG darauf hingewiesen, daß deren Rechtsstellung ebenso wie diejenige der politischen Beamten durch die politische „Gleichgestimmtheit als Bedingung des Beamtenverhältnisses" geprägt sei; hier wie dort stünden die Beamten „im Schnittpunkt politischer Willensbildung und fachlicher Verwaltung", was es rechtfertige, den Fortbestand ihrer Dienstverhältnisse „von dem Vertrauen der Regierung oder der

---

[41] In den Länderparlamenten scheint der Wunsch zu wachsen, den Leiter der Parlamentsverwaltung mit dem Status des politischen Beamten zu versehen; das jüngst in dieser Richtung gelaufene Gesetzgebungsverfahren im Sächsischen Landtag ist hierfür ein beredtes Beispiel.
[42] Vgl. BVerwGE 56, 163 (168 ff.).

Volksvertretung ihrer Anstellungskörperschaft" abhängig zu machen[43]. Eine vergleichbare Entsprechung seines Amtes mit denjenigen der nach § 31 Abs. 1 S. 1 BRRG definierten politischen Beamten läßt sich indes beim Landtagsdirektor nicht erkennen. Wie schon dargestellt befindet er sich gerade nicht in einer Schnittstelle zwischen politischer Willensbildung und fachlicher Verwaltung. Der politische Wille des Landtages ist nicht auf ihn und die ihm unterstellte Landtagsverwaltung, sondern auf die Regierung gerichtet. Sein Verhältnis zum Landtag ist nicht durch politisches Vertrauen gekennzeichnet; damit entfällt die Möglichkeit, sein Dienstverhältnis von dessen Fortbestand abhängig zu machen[44]. Eine Analogie zu § 31 Abs. 1 BRRG scheidet demgemäß aus, so daß die Sperrwirkung des § 31 Abs. 1 S. 1 BRRG auch nicht durch eine Analogie durchbrochen werden kann.

cc) Ergebnis

Da keine Durchbrechungen der Sperrwirkung festgestellt werden können, bleibt es beim abschließenden Charakter des § 31 Abs. 1 S. 1 BRRG.

5. Ergebnis

Die beabsichtige Änderung des § 59 LBG steht nicht im Einklang mit der für den Landesgesetzgeber verbindlichen Vorschrift des § 31 Abs. 1 S. 1 BRRG, so daß das Gesetzesvorhaben gegen geltendes Rahmenrecht und damit im Ergebnis gegen Art. 72, 75 Abs. 1 Nr. 1 GG verstößt.

Würde die geplante Änderung des § 59 LBG Gesetz, so führte dies aufgrund des festgestellten Rechtsverstoß gegen § 31 Abs. 1 Satz 1 BRRG mangels Kompetenz des Landesgesetzgebers gemäß Art. 31 i.V.m. 75 Nr. 1 GG zur Verfassungswidrigkeit der landesrechtlichen Vorschrift[45].

II. Verstoß gegen sonstiges Bundesrecht

Nach dem Bearbeitervermerk ist auf Art. 33 Abs. 5 GG nicht einzugehen, so daß etwaige Verstöße gegen diese Vorschrift nicht zu prüfen sind. Da Verstöße gegen andere Verfassungsnormen oder einfach gesetzliche Vorschriften nicht ersichtlich sind, liegt im übrigen kein Verstoß gegen Bundesrecht vor.

---

[43] BVerfGE 56, 163 (170).
[44] Vorstehende Argumente bei *Oldiges/Brinktrine*, DÖV 2002, 943 (948 f.).
[45] Vgl. *Kunig*, in: *von Münch/Kunig*, GG, Bd. 3, Art. 75 Rn. 12 m.w.N.

B. Verstoß gegen Landesverfassungsrecht

Bei der Umsetzung rahmenrechtlicher Vorschriften hat der Landesgesetzgeber nicht nur das Bundesrecht zu beachten, sondern er bleibt auch an die Landesverfassung gebunden.

Die Einfügung des § 59 Nr. 4 LBG ist ferner dann rechtswidrig, wenn die beabsichtigte Vorschrift gegen Vorgaben der Verfassung des Landes L verstößt.

I. Verstoß gegen Art. 3 Abs. 1 S. 2, Abs. 2 der Verfassung des Landes L

Die gutachtliche Prüfung von Verfassungsgrundsätzen wie z.B. dem Gewaltenteilungsgrundsatz erweist sich erfahrungsgemäß als nicht einfach, weil es große Schwierigkeiten bereiten kann, den abstrakten Prinzipien subsumtionsfähige Aussagen zu entnehmen. So lassen sich z.B. aus dem Gewaltenteilungsgrundsatz über allgemeine Überlegungen hinaus unmittelbare Rechtsfolgen nur schwer gewinnen, mit der Folge, daß Verstöße gegen den Gewaltenteilungsgrundsatz in der Rechtsprechung nur vereinzelt angenommen worden sind[46].

Es besteht daher die Gefahr, aus Unsicherheit die Prüfung wie eine Lehrbuchdarstellung zu gestalten; dies konterkariert indes die Aufgabe eines Gutachtens. Der Klausurbearbeiter sollte daher zielstrebig auf das seiner Meinung nach entscheidende Element eines Verfassungsprinzips zusteuern und weitschweifige Ausführungen vermeiden.

Die geplante Änderung des § 59 LBG könnte gegen den in Art. 3 Abs. 1 S. 2, Abs. 2 der Verfassung des Landes L verankerten Grundsatz der Gewaltenteilung verstoßen. In Betracht kommt sowohl eine Mißachtung des aus dem Gewaltenteilungsgrundsatz abgeleiteten (Sub)Prinzips der Funktionentrennung[47] als auch ein Widerspruch zum zweiten konkreten Element des Grundsatzes der Gewaltenteilung, dem Grundsatz der funktionsgerechten Organstruktur[48].

1. Verstoß gegen den Grundsatz der Funktionentrennung

Fraglich ist, ob die vorgesehene Einbeziehung des LTD in den Kreis der politischen Beamten gegen den Grundsatz der

---

[46] Vgl. *Sachs*, in: *Sachs*, GG, Art. 20 Rn. 93.
[47] Zu diesem Prinzip vgl. *Hesse*, Grundzüge, Rn. 485 ff.; *Schnapp*, in: *von Münch/Kunig*, GG, Bd. 2, Art. 20 Rn. 41.
[48] Hierzu siehe *Schnapp*, in: *von Münch/Kunig*, GG, Bd. 2, Art. 20 Rn. 41.

Funktionentrennung verstößt. Der Grundsatz der Funktionentrennung als Ausprägung des Gewaltenteilungsprinzips beruht auf der im Verfassungstext vorgenommen grundlegenden Unterscheidung und Trennung verschiedener staatlichen Funktionen, die gemeinhin als Gesetzgebung, Rechtsprechung und Vollziehung beschrieben und von besonderen Organen der gesetzgebenden Gewalt, der vollziehenden Gewalt und der Rechtsprechung wahrgenommen werden, und verlangt, daß bei der detaillierten Zuschreibung von Funktionen durch die Verfassung kein Einbruch in den Aufgabenkernbereich einer anderen Gewalt erfolgt[49] und keine der Teilgewalten einseitig ein Übergewicht erhält[50]. Zu prüfen ist daher, ob die Veränderung des beamtenrechtlichen Status des LTD zu einem Einbruch in den Aufgabenkernbereich des Landtages oder zu einem Übergewicht der Regierung und damit zu einer Abweichung der in Art. 3 Abs. 1 S. 2, Abs. 2 der Verfassung des Landes L vorgenommen Zuschreibung führt. Dies ist dann der Fall, wenn der neue Status des LTD sich als Verstoß gegen die materielle, organisatorische oder personelle Funktionentrennung darstellt.

a) Die Einbeziehung des LTD in den Kreis der politischen Beamten als Verstoß gegen die materielle Funktionentrennung

In Betracht kommt zunächst ein Verstoß gegen den Grundsatz der materiellen Funktionentrennung als Teilaspekt des Grundsatzes der Funktionentrennung. Die *materielle Funktionentrennung* spricht die Zuweisung der Funktion an ein Organ an, das spezifisch dazu berufen ist, die Funktion wahrzunehmen[51]. Für die Aufgaben der Gesetzgebung ist dies – bezogen auf die Verhältnisse des Landes L– gemäß Art. 3 Abs. 2, 39 Abs. 2 der Verfassung des Landes L prinzipiell ausschließlich der Landtag. Ein Verstoß ist folglich dann gegeben, wenn dem Landtag durch die Änderung des LBG diese Funktion entzogen wird. Die grundlegende Aufgabe der Gesetzgebung bleibt dem Landtag indes auch nach der Änderung des § 59 LBG erhalten noch wird sie dadurch in anderer Weise gravierend beeinträchtigt. Ein Verstoß gegen den Grundsatz der materiellen Funktionentrennung ist folglich nicht ersichtlich.

---

[49] Vgl. BVerfGE 9, 268 (280); 22, 106 (111); 34, 52 (59) und jüngst 95, 1 (15 f.).
[50] Vgl. *Degenhart*, Staatsrecht I, Rn. 243.
[51] Vgl. *Sachs*, in: *Sachs*, GG, Art. 20 Rn. 82.

b) Die Einbeziehung des LTD des Landes L in den Kreis der politischen Beamten als Verstoß gegen die organisatorische Funktionentrennung

Fraglich ist, ob die in Aussicht genommene Änderung des § 59 LBG den Grundsatz der organisatorischen Funktionentrennung verletzt. Der Grundsatz der *organisatorischen Funktionentrennung* gewährleistet die Unabhängigkeit der einzelnen Funktionsträger voneinander[52] und ist mithin jedenfalls dann verletzt, wenn durch die neue Regelung des § 59 LBG die Unabhängigkeit des Landtages oder seiner Organe beeinträchtigt wird. Ein solcher Verstoß ist anzunehmen, wenn infolge der Änderung des § 59 LBG ein Vertreter der Landesregierung die Entscheidung über die Versetzung des LTD in den einstweiligen Ruhestand treffen könnte. Die angestrebte Erweiterung des § 59 LBG ändert indes nicht die durch Art. 47 Abs. 4 der Verfassung des Landes L festgeschriebene Zuständigkeit des Landtagspräsidenten respektive des Landtagspräsidiums für beamtenrechtlichen Entscheidungen der Beamten des Landtages. Die Unabhängigkeit des Landtags in Personalentscheidungen wird durch § 59 LBG n.F. nicht beeinträchtigt. Ein Verstoß gegen die organisatorische Funktionentrennung ist somit ebenfalls nicht erkennbar.

c) Die Einbeziehung des LTD des Landes L in den Kreis der politischen Beamten als Verstoß gegen die personelle Funktionentrennung

Schließlich ist zu untersuchen, ob § 59 LBG in seiner beabsichtigten neuen Fassung den Grundsatz der personellen Funktionentrennung in Frage stellt. Die *personelle Funktionentrennung* hat zum Gegenstand, daß die personelle Verschiedenheit der Besetzung der einzelnen Organe von Verfassungs wegen gesichert sein soll[53]. Das Erfordernis der personellen Verschiedenheit wird aber nicht einmal im Ansatz berührt, weil der Direktor beim Landtag des Landes L nicht Mitglied des Landtages ist. Eine Mißachtung der personellen Funktionentrennung ist folglich auch nicht ersichtlich. Mithin scheidet ein Verstoß gegen den Grundsatz der Funktionentrennung aus.

---

[52] Vgl. *Sachs,* in: *Sachs,* GG, Art. 20 Rn. 90.
[53] Vgl. *Sachs,* in: *Sachs,* GG, Art. 20 Rn. 91.

2. Verstoß gegen den Grundsatz der funktionsgerechten Organstruktur

In Betracht kommt aber ein Verstoß gegen den ebenfalls aus dem Gewaltenteilungsprinzip abzuleitenden Grundsatz der funktionsgerechten Organstruktur[54]. Dieses Prinzip verlangt, daß staatliche Entscheidungen von den Organen getroffen werden, die nach ihrer Organisation, Zusammensetzung, Funktion und Verfahrensweise über die besten Voraussetzungen für richtige Sachentscheidungen verfügen[55]; Struktur, Zusammensetzung und Besetzung der Organe müssen folglich funktionsgerecht sein[56]. Der Grundsatz der funktionsgerechten Organstruktur ist folglich dann mißachtet, wenn durch die Einbeziehung des LTD in den Kreis der politischen Beamten eine Wahrnehmung und Zuweisung von Funktionen, die der Struktur des Organs Landtag und der von ihm wahrzunehmenden Grundfunktionen nicht entsprechen, gegeben ist. Das Organ „Landtag" verfügt auch im Fall der Änderung des § 59 LBG weiterhin nach seiner Organisation, Zusammensetzung, Funktion und Verfahrensweise über die besten Voraussetzungen für richtige Sachentscheidungen, denn die ausdifferenzierte Organstruktur des Landtags in Präsident, Präsidium, Plenum und Ausschüsse bleibt auch im Fall der Einbeziehung des Direktors beim Landtag des Landes in den Kreis der politischen Beamten unangetastet. Folglich ist ein Verstoß gegen den Grundsatz der funktionsgerechten Organstruktur nicht ersichtlich.

3. Ergebnis

Die Einbeziehung des Direktors beim Landtag des Landes L in den Kreis der politischen Beamten mißachtet weder das Prinzip der Funktionentrennung noch den Grundsatz der funktionsgerechten Organstruktur. Folglich verletzt die geplante Änderung von § 59 LBG nicht den in Art. 3 Abs. 1 S. 2, Abs. 2 der Verfassung des Landes L verankerten Gewaltenteilungsgrundsatz.

---

[54] *Schnapp*, in: *von Münch/Kunig*, GG, Bd. 2, Art. 20 Rn. 41.
[55] Vgl. BVerfGE 68, 1 (86); 95, 1 (15).
[56] Vgl. *Hesse*, Grundzüge, Rn. 488; *Degenhart*, Staatsrecht I, Rn. 243.

II. Verstoß gegen Art. 47 Abs. 4 S. 3 u. 4 der Verfassung des Landes L

Ein Verstoß gegen diese Vorschrift ist nicht gegeben, weil – wie bereits dargelegt – die Verantwortung für Personalentscheidungen hinsichtlich der Beamten der Landtagsverwaltung beim Präsidenten des Landtags verbleibt.

III. Verstoß gegen sonstiges Verfassungsrecht des Landes L

Verstöße gegen sonstiges Verfassungsrecht des Landes L sind nicht ersichtlich. Mithin verletzt die ins Auge gefaßte Änderung nicht die Verfassung des Landes L.

C. Ergebnis

Fraktionsassistent A wird der F-Fraktion empfehlen, die Gesetzesinitiative der R-Fraktion im Gesetzgebungsverfahren nicht zu unterstützen, da die beabsichtige Änderung des § 59 LBG nicht mit Bundesrecht zu vereinbaren ist.

Anmerkung:

Der Fall ist angelehnt an die Entscheidung BVerwG, DÖV 2002, 299 ff. und dem Beitrag von *Oldiges/Brinktrine,* DÖV 2002, 943 ff.

Vertiefungshinweise:

Zur Stellung des Parlamentsdirektors:
Oldiges/Brinktrine, Der Landtagsdirektor als politischer Beamter, DÖV 2002, 943 ff.; *Grigoleit,* Zur Stellung des Landtagsdirektors in Nordrhein-Westfalen, ZBR 1998, 128 ff.

Zu Fragen der Versetzung politischer Beamter in den einstweiligen Ruhestand:

Brinktrine, Prozessuale und materiell-rechtliche Fragen bei Versetzung „politischer Beamter" in den einstweiligen Ruhestand am Beispiel des Direktors bei der Bremischen Bürgerschaft, RiA 2003, 15 ff.

Zur Bedeutung des Gewaltenteilungsgrundsatzes:

Wrege, Das System der Gewaltenteilung im GG, Jura 1996, 436 ff.

Klausur 11

„B. W.'s Surfin' Safari"

Sachverhalt

A, der ein begeisterter Surfer und großer Bewunderer der legendären Beach Boys ist, möchte auch anderen Menschen das kalifornische Lebensgefühl nahebringen. Am Ufer des im Lande L gelegenen Flusses F – einer Bundeswasserstraße – möchte er als Hommage an Brian Wilson einen Surfplatz mit dem Namen „B. W.'s Surfin' Safari" eröffnen, von dem aus Surfer – u.a. mit bei A gemieteten Surfbrettern – auf dem Fluß F surfen können sollen. Er wendet sich daher an die für die Verwaltung der Bundeswasserstraße zuständige Bundesbehörde mit dem Antrag auf Genehmigung seines Surfplatzes. Die Genehmigung wird antragsgemäß erteilt und bescheinigt die Vereinbarkeit der Anlage mit den verkehrsrechtlichen Anforderungen des Bundeswasserstraßengesetzes (BWaStrG) sowie den von dem Wasserhaushaltsgesetz des Bundes (WHG) und dem Wassergesetz des Landes L (LWG) geschützten Belangen des Gewässerschutzes.

Kurze Zeit nachdem A den Betrieb seines Surfplatzes aufgenommen hat, meldet sich die zuständige Landeswasserbehörde und verlangt von A den Nachweis einer Genehmigung des „B. W.'s Surfin' Safari". A verweist auf die von der Bundesbehörde erteilte Genehmigung, was bei den Landesbeamten helle Empörung auslöst, da sie Schäden für den Flußsaum sowie die Wassergüte und damit für die Wasserwirtschaft befürchten. Sie informieren sofort den für den Gewässerschutz zuständigen Landesminister L.

Um weitere Genehmigungen dieser Art durch Bundesbehörden zuvorzukommen, wendet sich L mit Schreiben vom 12.08.2002 an den für die Verwaltung der Bundeswasserstraßen zuständigen Bundesverkehrsministers B und teilt diesem mit, daß er die Genehmigung für verfassungswidrig erachte. Der Bund habe keine Kompetenz, derartige umfassende Genehmigungen zu erteilen. Der Gewässerschutz sei eine ureigene Angelegenheit des Landes, in die der Bund sich nicht einmischen dürfe. Dies sei ihm insbesondere durch den Grundsatz der Bundestreue verboten.

Die von B auf diesen Sachverhalt angesprochene Bundesbehörde weist demgegenüber darauf hin, daß sich ihre Zuständigkeit jedenfalls aus dem notwendigen Sachzusammenhang ergebe. Zwar schreibe das Wassergesetz des Landes L die Erteilung einer Genehmigung durch die untere Wasserbehörde des Landes vor. Nach dem Grundsatz der Bundestreue könne sich das Land indes nicht dagegen wenden, daß diese Genehmigung im Zusammenhang mit der verkehrsrechtlich erforderlichen Genehmigung des Bundes erteilt werde. Sie beabsichtige daher auch in Zukunft, etwaige Anträge zu bearbeiten und bei Vorliegen der gesetzlichen Voraussetzungen zu genehmigen.

B zeigt sich mit dieser Antwort zufrieden und unterrichtet L, daß er die Praxis seiner Behörde billige. Doch auch L hält an seiner Rechtsauffassung fest und will nunmehr die Angelegenheit gerichtlich klären lassen. Auf seinen Vorstoß wendet sich die Landesregierung gemäß §§ 69, 64 BVerfGG an das Bundesverfassungsgericht mit dem Antrag festzustellen, daß die Genehmigungspraxis des Bundes nicht mit dem Grundgesetz vereinbar ist. Mit Aussicht auf Erfolg?

Aufgabe:
Prüfen Sie die Erfolgsaussichten des Antrags der Landesregierung nach Art. 93 Abs. 1 Nr. 3 GG

Bearbeitervermerk:
Auf Einzelfragen des verwaltungsrechtlichen Voraussetzungen des Vollzuges der angesprochenen Verwaltungsgesetze braucht nicht eingegangen zu werden.

Lösungsvorschlag

Auch diese Klausur bewegt sich auf Feldern, die eher zu den unbekannten Gebieten des Grundgesetzes gehören. Gleichwohl ist die Aufgabe gut lösbar, wenn der Rat von *Schwerdtfeger* beherzigt wird, auch bei Fällen im Bereich des Staatsorganisationsrechts nicht durch unverbindliches Gerede, sondern mit juristischer Methode an die Probleme heranzugehen[1].

A. Zulässigkeit des Antrags der Landesregierung nach Art. 93 Abs. 1 Nr. 3 GG, §§ 13 Nr. 7, 68 ff. i.V.m. 64 ff. BVerfGG

I. Antragsberechtigung

Die Regierung des Landes L ist gemäß § 68 BVerfGG antragsberechtigt, und die Bundesregierung ist der richtige Antragsgegner. Das Erfordernis des berechtigen Antragstellers und Antragsgegners ist mithin erfüllt.

II. Zulässiger Streitgegenstand

Gemäß Art. 93 Abs. 1 Nr. 3 GG sind Streitgegenstand dieses Verfahrens Meinungsverschiedenheiten oder Zweifel über Rechte und Pflichten des Bundes und der Länder nach dem Grundgesetz, während der nach § 69 BVerfGG anwendbare § 64 BVerfGG eine unmittelbare Gefährdung oder Verletzung der Rechte des Antragsgegners, also hier des Landes L, verlangt. Die Streitfrage der Anwendbarkeit des § 64 BVerfGG[2] darf hier offen bleiben, weil die im Vergleich zu Art. 93 Abs. 1 Nr. 3 GG strengeren Vorgabe des § 69 i.V.m. § 64 BVerfGG ebenfalls eingehalten werden. Die erste Voraussetzung, daß Antragsteller und Antragsgegner um konkrete, rechtserhebliche Maßnahmen streiten[3], ist erfüllt, denn das Land L und der Bund haben unterschiedliche Auffassungen über die Rechtmäßigkeit der vom Bund geübten konkreten Verwaltungspraxis bei der Verwaltung des Flusses F in ihrer Eigenschaft als Bundes-

Da § 69 BVerfGG auf § 64 BVerfGG verweist, stellt sich hier ebenfalls das schon vom Verfahren der abstrakten Normenkontrolle bekannte Problem der Diskrepanz zwischen einer Verfassungsnorm und dem das Grundgesetz konkretisierenden BVerfGG (vgl. oben Fall 2 A. III.). Gleichwohl dürfen auch im Gutachten Fragen offen bleiben, wenn die Streitfrage für die Fallösung keine Relevanz besitzt.

---

[1] Vgl. *Schwerdtfeger*, Rn. 600 ff.
[2] Siehe z.B. *Benda/Klein*, Rn. 1063; *Degenhart*, Staatrecht I, Rn. 607.
[3] Vgl. *Degenhart*, Staatrecht I, Rn. 607

wasserstraße, die das Land L in ihrer Verwaltungskompetenz aus Art. 30, 83 GG zu beeinträchtigen geeignet ist. Weitere Voraussetzung ist, daß es sich um eine Streitigkeit über Rechte und Pflichten aus dem Grundgesetz[4], also um eine verfassungsrechtliche Streitigkeit handelt. Bei dem Streit zwischen dem Land L und dem Bund geht es um die Frage der Reichweite der Verwaltungskompetenzen des Bundes nach Art. 89 Abs. 2 S. 1 GG i.V.m. Art. 87 Abs. 1 S. 1 GG und somit um eine verfassungsrechtliche Streitigkeit. Ein zulässiger Streitgegenstand ist mithin gegeben.

III. Antragsbefugnis

Die Regierung des Landes L ist nach § 69 BVerfGG i.V.m. § 64 BVerfGG antragsbefugt, wenn sie geltend machen kann, daß das Land L durch die Verwaltungspraxis des Bundes in eigenen Rechten verletzt oder unmittelbar gefährdet ist. Ausreichend für die Geltendmachung ist, daß sich die Verletzung oder Gefährdung der Rechte des Landes aus dem Sachvortrag als mögliche Rechtsfolge ergibt[5]. Als Recht des Landes L, daß durch die Verwaltungspraxis des Bundes verletzt sein kann, kommt hier das Recht auf Vollzug von Landesgesetzen aus Art. 30 GG[6] oder möglicherweise das Recht auf Vollzug von Bundesgesetzen als eigene Angelegenheit aus Art. 83 GG[7] in Betracht, also das Recht auf ungestörte Kompetenzausübung[8]. Da es durchaus möglich ist, daß dieses Recht durch eine rechtswidrige, weil vom GG nicht erlaubte Genehmigungspraxis des Bundes verletzt ist, ist die Regierung des Landes L antragsbefugt.

IV. Form und Frist

Von der Einhaltung der Formvoraussetzungen und der Sechs-Monats-Frist ist auszugehen. Da alle Zulässigkeitsvoraussetzungen vorliegen, ist der Antrag der Regierung des Landes L zulässig.

---

[4] Vgl. *Pestalozza*, § 9 Rn. 6; *Degenhart*, Staatsrech I, Rn. 607.
[5] Vgl. BVerfGE 13, 123 (125); 21, 312 (319)
[6] Vgl. *Gubelt*, in: *von Münch/Kunig*, GG, Bd. 2, Art. 30 Rn. 1 und 10.
[7] Vgl. *Broß*, in: *von Münch/Kunig*, GG, Bd. 3, Art. 83 Rn. 2.
[8] Begriff bei *Kisker/Höfling*, S. 6 f.; zur Antragsbefugnis aufgrund des Streits um Kompetenznormen ferner auch *Sturm*, in: *Sachs*, GG, Art. 93 Rn. 55; *Benda/Klein*, Rn. 1063.

B. Begründetheit des Antrags der Landesregierung

Der Antrag des L ist begründet, wenn die Verwaltungspraxis des Bundes rechtswidrig ist und das Land L durch diese rechtswidrige Verwaltungspraxis in durch das Grundgesetz zugewiesenen Rechten verletzt ist.

I. Rechtswidrigkeit der Verwaltungspraxis

Die Verwaltungspraxis ist rechtswidrig, wenn der Bund keine Befugnis zur Erteilung der Art von Genehmigungen, wie sie dem A erteilt wurde, besitzt. Er besitzt eine solche Befugnis, wenn eine verfassungsmäßige gesetzliche Grundlage ihm in Abweichung von Art. 30, 83 GG ausdrücklich die Verwaltungskompetenz für die konkrete Sachmaterie zuweist.

1. Kompetenz der Bundesbehörde zum Erlaß der Genehmigung aufgrund des Bundeswasserstraßengesetzes

Eine Kompetenz des Bundes zum Erlaß der umstrittenen Genehmigung könnte sich aus §§ 4, 31 BWaStrG ergeben. Die Verwaltung der Bundeswasserstraßen ist dem Bund gemäß Art. 89 Abs. 2 S. 1 i.V.m. 87 Abs. 1 S. 1 GG ausdrücklich als Aufgabe übertragen, so daß insoweit eine verfassungsmäßige Zuweisung von Verwaltungskompetenzen in Abweichung von Art. 30, 83 GG gegeben ist.

Die eigentliche Schwierigkeit der Klausur liegt nun darin, spezifische Kompetenzen des Bundes ausfindig zu machen, auf die sich die beanstandete Genehmigungspraxis stützen läßt. Hierzu ist das Grundgesetz kritisch zu sichten, mit allgemeinen Überlegungen zum Verhältnis von Bund und Ländern ist die Klausur nicht zu lösen.

Fraglich aber ist, ob die Genehmigungspraxis von der dem Bund zur Verwaltung zugewiesen Sachmaterie erfaßt wird. Dies ist dann der Fall, wenn es sich um Verwaltung einer Bundeswasserstraße i.S. des Art. 89 Abs. 2 S. 1 GG handelt. Der Fluß F ist eine Bundeswasserstraße, so daß insoweit die Voraussetzungen erfüllt. Die Verwaltungskompetenz des Bundes hinsichtlich der Bundeswasserstraßen bezieht sich indes nicht auf jeden verwaltungsmäßig relevanten Aspekt der Bundeswasserstraßen, sondern ist auf ihre begriffsbestimmende Funktion als *Verkehrsweg* beschränkt[9]. Für die Rechtmäßigkeit der dem A erteilten Genehmigung ist somit entscheidend, daß die Genehmigung sich allein auf die Funktion des Flusses F als Verkehrsweg beschränkt. Bei der Nutzung als Surfplatz wird der Fluß

---

[9] Vgl. BVerfGE 21, 312 (320); *Sachs*, in: *Sachs*, GG, Art. 89 Rn. 20; *Hoog*, in: *von Münch/Kunig*, GG, Bd. 3, Art. 89 Rn. 19.

allerdings nicht nur als Verkehrsweg, sondern – worauf die Landesbehörden mit Recht hinweisen – auch in seinen anderen Gewässerfunktionen, vor allem als Vorfluter und Wasserspender und damit umfassend in Anspruch genommen. Die dem A erteilte Genehmigung betrifft somit nicht allein die Eigenschaft des Flusses F als Verkehrsweg, so daß die Genehmigung die durch das Grundgesetz zugewiesene Verwaltungskompetenz nach Art. 89 Abs. 2 S. 1 GG i.V.m. Art. 87 Abs. 1 GG überschreitet[10]. Auf das BWaStrG kann die Verwaltungspraxis des Bundes mithin nicht gestützt werden.

2. Kompetenz der Bundesbehörde zum Erlaß der Genehmigung aufgrund des WHG

Der Bund könnte aber eine Kompetenz zum Erlaß der umstrittenen Genehmigung aus §§ 7, 8 WHG herleiten. Da die Verwaltungskompetenz des Bundes ihre äußerste Grenze an der Gesetzgebungskompetenz findet[11], ist hierfür zunächst Voraussetzung, daß der Bund die Gesetzgebungskompetenz für das WHG besitzt. Gemäß Art. 75 Abs. 1 Nr. 4 GG ist der Bund berechtigt, Rahmenvorschriften für die Gesetzgebung der Länder über den Wasserhaushalt zu erlassen. Vom Begriff der rechtlichen Ordnung des Wasserhaushalts erfaßt sind Regelungen, die die haushälterische Bewirtschaftung des in der Natur vorhandenen Wassers nach Menge und Güte vorsehen[12]. Von der Gesetzgebungskompetenz nach Art. 75 Abs. 1 Nr. 4 GG umfaßt sind damit auch Fragen der Nutzung von Wasserstraßen, die keinen Bezug zur Verkehrsfunktion haben.

Das WHG kann aber nur dann dem Bund eine Verwaltungskompetenz verleihen, wenn das WHG eine gesetzliche Regelung darstellt, die aus sich heraus ausgeführt, also vollzogen werden kann[13]. Gegen die Vollzugsfähigkeit spricht bereits sein Charakter als Rahmengesetz, das noch der landesrechtlichen Umsetzung bedarf. Diese Umsetzung geschah durch das Wassergesetz des Landes. Erst das WHG

---

[10] Zur strikten Begrenzung der Verwaltungskompetenz des Bundes für die Bundeswasserstraßen auf Fragen der Verkehrsfunktion vgl. auch BVerwGE 110, 9 (111 ff.): Bilgenölentsorgung auf Bundeswasserstraßen als Abfallbeseitigung und folglich Vollzug von Bundesrecht als eigene Angelegenheit der Länder.
[11] Vgl. BVerfGE 12, 205 (229); 15, 1 (16).
[12] Vgl. BVerfGE 15, 1 (14).
[13] Zu diesem Erfordernis BVerfGE 21, 312 (321).

und das Wassergesetz des Landes L bilden zusammen die gesetzliche Regelung, die ausgeführt werden kann[14]. Diese Regelung ist nicht vom Bund, sondern mangels einer abweichenden Normierung im Grundgesetz nach Art. 83 GG von den Verwaltungsbehörden des Landes L auszuführen, denn sowohl das WHG als auch das LWG regeln die Materie Wasser in ihrer Bedeutung für den menschlichen Gebrauch und Verbrauch, also unter dem Gesichtspunkt der Wasserwirtschaft und Landeskultur und nicht auch in ihrer Bedeutung als Wasserstraße und Verkehrsweg[15]. Folglich kann sich der Bund für seine Verwaltungspraxis auch nicht auf das WHG berufen.

3. Kompetenz der Bundesbehörde zum Erlaß der Genehmigung aufgrund des LWG

Möglicherweise kann sich der Bund aber auf Bestimmungen des LWG stützen. Dem steht indes entgegen, daß die Ausführung von Landesgesetzen durch Bundesbehörden nach dem Grundgesetz schlechthin ausgeschlossen ist[16]. Die Ausführung des LWG liegt somit ausschließlich in der Zuständigkeit der Wasserbehörden des Landes L, dem Bund stand daher das LWG zur Erteilung der umstrittenen Genehmigung an A nicht zur Verfügung.

4. Weitere gesetzliche Kompetenztitel

Da weder aus dem Gesetz über die vermögensrechtlichen Verhältnisse der Bundeswasserstraßen[17] noch aus anderen Rechtsvorschriften eine Verwaltungskompetenz des Bundes abgeleitet werden kann, kann der Bund die Genehmigungspraxis auf keine gesetzliche Grundlage stützen.

5. Kompetenz der Bundesbehörde zum Erlaß der Genehmigung kraft Sachzusammenhang mit dem Bundeswasserstraßengesetz

Eine Verwaltungskompetenz des Bundes könnte sich aber aus dem Gesichtspunkt einer Annexkompetenz zum BWaStrG ergeben. Eine Annexkompetenz als ungeschrie-

---

[14] Vgl. BVerfGE 21, 312 (321).
[15] Vgl. BVerfGE 21, 312 (321); im Ergebnis ebenso *Hoog*, in: *von Münch/Kunig*, GG, Bd. 3, Art. 89 Rn. 20; *Friesecke*, BWaStrG, Einleitung Rn 8.
[16] BVerfGE 12, 205 (221); 21, 213 (325); *Hoog*, in: *von Münch/Kunig*, GG, Bd. 3, Art. 89 Rn. 21.
[17] Vgl. BVerfGE 21, 312 (322).

bene Kompetenz ist auch auf dem Gebiet der Verwaltungskompetenzen grundsätzlich möglich[18]. Voraussetzung einer Kompetenz kraft Sachzusammenhang ist allerdings, daß die geregelte Materie in einem unlösbaren oder notwendigen Zusammenhang mit einer der Zuständigkeit des Bundes, hier der Befugnis zur Verwaltung der Bundeswasserstraßen als Verkehrswege, steht und deshalb, insbesondere mit Blick auf die Stadien der Vorbereitung und Durchführung[19], als Annex jenes Sachgebietes angesehen werden kann[20]. Dieser Aspekt des notwendigen Zusammenhangs könnte in Art. 89 Abs. 3 GG zum Ausdruck kommen. Nach dieser Norm sind bei der Verwaltung, dem Ausbau und dem Neubau von Wasserstraßen die Bedürfnisse der Landeskultur und der Wasserwirtschaft im Einvernehmen mit den Ländern zu wahren. Dieser Vorschrift ist implizit zu entnehmen, daß Wasserstraßenverwaltung und der Wasserwirtschaftsverwaltung untrennbar ineinandergreifen[21]. Dieser untrennbare Zusammenhang wird jedoch durch Art. 89 Abs. 3 GG nicht im Sinne einer einseitigen Kompetenzerweiterung des Bundes gelöst, sondern Art. 89 Abs. 3 GG zieht dem Bund bei der Verwaltung der Bundeswasserstraßen zugunsten der Länder weitere Grenzen formeller und materieller Natur[22]. Aus dieser Vorschrift läßt sich mithin eine Kompetenzerweiterung der Bundeswasserstraßenverwaltung nicht ableiten[23]. Eine Kompetenz des Bundes für die umstrittene Genehmigungspraxis aufgrund einer Kompetenz kraft Sachzusammenhang mit dem BWaStrG ist daher abzulehnen.

6. Kompetenz der Bundes aufgrund des Gesichtspunktes der Bundestreue

Fraglich ist schließlich, ob sich eine Genehmigungskompetenz des Bundes aus dem Gedanken der Bundestreue ableiten läßt. Der Grundsatz der Bundestreue dient dem Zusammenwirken der Beteiligten im Bundesstaat und ist eine staatsrechtliche Ausprägung des Grundsatzes von Treu und Glauben[24]. Dieser Rechtsgedanke wird mit Blick auf die

---

[18] Vgl. *Sachs*, in: *Sachs*, GG, Art. 87 Rn. 11.
[19] Vgl. *Degenhart*, in: *Sachs*, GG, Art. 70 Rn. 30.
[20] Zu den Voraussetzungen der Annexkompetenz vgl. BVerfGE 8, 143 (148 ff.); *Hesse*, Grundzüge, Rn. 236 m.w.N.
[21] Vgl. BVerfGE 21, 312 (320).
[22] Vgl. *Hoog*, in: *von Münch/Kunig*, GG, Bd. 3, Art. 89 Rn. 26.
[23] Vgl. BVerfGE 21, 312 (320).
[24] Vgl. *Sachs*, in: *Sachs*, GG, Art. 20 Rn. 68.

Verwaltung der Bundeswasserstraßen durch den vorerwähnten Art. 89 Abs. 3 GG konkretisiert, die damit vorrangig heranzuziehen ist[25]. Nach dieser Norm sind bei der Verwaltung, dem Ausbau und dem Neubau von Wasserstraßen die Bedürfnisse der Landeskultur und der Wasserwirtschaft im Einvernehmen mit den Ländern zu wahren. Dieser Vorschrift ist – wie erwähnt – implizit zu entnehmen, daß die Wasserstraßenverwaltung des Bundes und die Wasserwirtschaftsverwaltung eines Landes derart ineinandergreifen, daß jede von ihnen bei ihren Maßnahmen auf die Belange der anderen Verwaltung Rücksicht zu nehmen hat[26]. Eine Kompetenz des Bundes aufgrund der Pflicht zum bundesfreundlichen Verhalten besteht daher dann, wenn diese Norm dem Bund gegenüber dem Land L ein Recht verleiht, in bestimmter Weise vorzugehen und die beanstandete Genehmigung zu erlassen[27]. Wie dargelegt, gibt Art. 89 Abs. 3 GG dem Bund indes gerade kein Recht zu einseitigen Maßnahmen. Vielmehr zieht Art. 89 Abs. 3 GG - wie dargelegt - dem Bund bei der Verwaltung der Bundeswasserstraßen weitere Grenzen formeller und materieller Natur[28]; insbesondere verlangt Art. 89 Abs. 3 GG ein Einvernehmen im Sinne eines Einverständnisses mit dem betroffenen Land[29]. Um dieses Einverständnis hat sich der Bund nicht bemüht und durch seine einseitige Vorgehensweise möglicherweise selbst gegen den Grundsatz der Bundestreue verstoßen. Ein Recht des Bundes aus Art. 89 Abs. 3 GG, in bestimmter Weise vorzugehen und die beanstandeten Genehmigungen zu erlassen, ist daher abzulehnen. Auch aus dem Gesichtspunkt der Bundestreue kann der Bund daher keine Verwaltungskompetenz für die umstrittene Genehmigungspraxis herleiten.

7. Ergebnis

Der Bund besitzt keine nach dem Grundgesetz bestehende Befugnis, Genehmigungen mit einem dem A erteilten Inhalt zu gewähren, so daß die gegenwärtige und zukünftig beabsichtigte Verwaltungspraxis nicht mit der Verfassung im Einklang steht und folglich rechtswidrig ist.

---

[25] Vgl. *Sachs,* in: *Sachs,* GG, Art. 20 Rn. 69.
[26] Vgl. BVerfGE 21, 312 (320).
[27] Vgl. BVerfGE 21, 312 (326).
[28] Vgl. *Hoog,* in: *von Münch/Kunig,* GG, Bd. 3, Art. 89 Rn. 26.
[29] Vgl. *Hoog,* in: *von Münch/Kunig,* GG, Bd. 3, Art. 89 Rn. 26.

II. Rechtsverletzung

Eine Rechtsverletzung des Landes L liegt vor, wenn durch die rechtswidrige Verwaltungspraxis des Bundes ein Eingriff in ein Recht des Landes L gegeben ist. Gemäß Art. 30 GG ist die Ausübung staatlicher Befugnisse Sache der Länder. Da der Bund für den wasserwirtschaftlichen Teil der dem A erteilten Genehmigung keine Verwaltungskompetenz aus dem BWaStrG herleiten kann, sondern hierin eine ihm nicht erlaubte Ausführung des LWG i.V.m. dem WHG zu sehen ist[30], liegt hierin ein Eingriff in die grundgesetzlich garantierte Landeszuständigkeit[31]. Folglich ist eine Verletzung eines Rechts des Landes L gegeben.

C. Ergebnis

Der zulässige und in der Sache begründete Antrag der Regierung des L wird erfolgreich sein.

Anmerkung:
Die Fallgestaltung beruht auf der Entscheidung BVerfGE 21, 312 ff.

Vertiefungshinweise:
Prutsch, Die Bundesverwaltung, VR 1985, 308 ff.; *Franz,* Die gewerbliche Vermietung von Sportmotorbooten an Bundeswasserstraßen, ZfW 2001, 228 ff.; *Friesecke,* Das Bundeswasserstraßengesetz, NJW 1968, 1267 ff.; *Salzwedel,* Wasserwegerecht an Bundeswasserstraßen, DÖV 1968, 103 ff.

---

[30] Vgl. BVerfGE 21, 312 (325).
[31] Vgl. BVerfGE 21, 312 (326); *Hoog,* in: *von Münch/Kunig,* GG, Bd. 3, Art. 89 Rn. 21.

Klausur 12

Themenklausur: Das Prinzip Rechtsstaat

Sachverhalt

Das BVerfG nennt die Rechtsstaatlichkeit den das „Grundgesetz beherrschenden" Grundsatz. In der Dogmatik wird vom Rechtsstaatsprinzip des Grundgesetzes als „verfassungsrechtlichem Leitgrundsatz" gesprochen. Erläutern Sie die dogmatische Bedeutung und die Inhalte des grundgesetzlichen Rechtsstaatsprinzips.

Die tragenden Verfassungsprinzipien aus Art. 20 Abs. 1, 28 Abs. 1 GG (Republik, Demokratie, Rechtsstaat, Sozialstaat, Bundesstaat) stellen typische Gegenstände von Themenklausuren (Themenarbeiten) dar. Diese Prinzipien werden im Rahmen einer Fallbearbeitung nur incidenter erheblich.[1]

---

[1] Vgl. *Schwerdtfeger*, Rn. 596.

Lösungsvorschlag

I. Vorbemerkung zum Problem und zur Lösung

1. Aufgabenstellung: „Themenklausur"

Beachten: Mit einer Themenklausur soll die Fähigkeit der Bearbeiter geprüft werden, ob sie erworbene, im positiven Recht fundierte Kenntnisse über Inhalt, Bedeutung, Sinn und Zweck, Systematik und praxisdienende Normzusammenhänge logisch konsistent, verständlich und überzeugend darlegen können.

Es ist eine klar *normorientierte Arbeitsweise* zu erwarten. Dieser Hinweis soll dem Bearbeiter vor Augen führen, wie staatsrechtliche Fälle mit juristischer Methode, nicht durch unverbindliches Gerede zu lösen sind: es ist zunächst stets zu prüfen, ob die aufgeworfenen Fragen *positivrechtlich eindeutig geregelt* sind.

Die „Themenklausur" (genannt auch „Themenarbeit") stellt an die Bearbeiter etwas andere Anforderungen als die „Fallklausur": Statt die Lösung eines Rechtskonfliktes anhand der einschlägigen Normen – aus der Sicht eines Richters – zu fordern, werden im Rahmen einer Themenklausur Kenntnisse über die einzelnen Rechtsinstitute, Rechtsgrundsätze, über theoretische Hintergründe und systematische Zusammenhänge erwartet.

Vorliegend sind die dogmatische Bedeutung und die Inhalte des Rechtsstaatsprinzips in Bezug auf die verfassungsrechtliche Dogmatik zu erläutern: Das Prinzip wird ausdrücklich nur in Art. 28 Abs. 1 Satz 1 GG genannt, aber schon in Art. 20 Abs. 3 GG niedergelegt.[2] Seine dogmatische Bedeutung muss deshalb in erster Linie mit den rechtsstaatlichen Instituten des Grundgesetzes in Verbindung gebracht werden. Diese sind auf einen Begriff zu bringen. Schon aus Art. 28 Abs. 1 Satz 1 GG ergibt sich, dass das Grundgesetz einen besonderen („im Sinne dieses Grundgesetzes") Rechtsstaatsbegriff voraussetzt. Das Rechtsstaatsprinzip ist insofern nicht als ein abstrakter Rechtsgrundsatz zu betrachten, sondern als ein strukturelles *Ordnungsprinzip des Grundgesetzes*. Es ist aus einer Zusammenschau der einzelnen Bestimmungen und aus der Gesamtkonzeption des Grundgesetzes zu erschließen.

---

[2] *Jarass/Pieroth*, Art. 20, Rn. 28 ff.; *Ipsen*, Staatsrecht I, Rn. 735 f.

2. Lösungsansatz

Für die Klausur bietet sich die Gliederung an, nach der zunächst geschichtlich-theoretische Aspekte und anschließend die einzelnen Elemente des Rechtsstaatsprinzips vorgestellt werden. Da in der Aufgabenstellung nach Bedeutung und Inhalt des grundgesetzlichen Rechtsstaatsprinzips gefragt ist, kann weitgehend auf (verfassungs)geschichtliche Ausführungen und Erörterungen der *geschichtlichen Wurzeln* des Rechtsstaatsprinzips verzichtet werden. Die Anführung von Beispielen und geschichtlich-theoretischen Fakten ist zu begrüßen, kann aber schon aus zeitlichen Gründen nur von den besseren Arbeiten erwartet werden.

Soweit die geschichtlichen Grundlagen zurückverfolgt werden, wie es durchaus in der staatsrechtlichen Literatur mehr oder weniger entschlüsselt zum Ausdruck kommt, ist es zusätzlich zu honorieren. Dabei ist folgendes Schema zu beachten: *Allgemeinheit des Gesetzes* als rechtsstaatliche Garantie der Gerechtigkeit bei *I. Kant*; *Rechtsstaat als Staatszweck* in der frühliberalen Theorie *R. v. Mohls*; *Rechtsstaat als Justizstaat* in der liberalen Betrachtung *O. Bährs*; *Rechtsstaat als Kontrolle der Exekutive* durch Verwaltungsgerichte bei *R. v. Gneist*; *Rechtsstaat als Vorrang und Vorbehalt des Gesetzes* bei *O. Mayer*.

II. „Formelle" – „materielle" Rechtsstaatlichkeit

Einleitend ist zu erwähnen, dass das *„materielle Rechtsstaatsverständnis"* den Rechtsstaat als einen auf die Gerechtigkeit bezogenen Staat bezeichnet. Unter dem *„formellen Rechtsstaat"* versteht man dagegen einen Staat, in dem das staatliche Handeln im Rahmen der Rechtsordnung ausgeübt werden darf.[3]

Der *materielle* Gehalt des Rechtsstaatsprinzips wird aus Art. 1 Abs. 3 i.V.m. Art. 20 Abs. 3 GG abgeleitet. Da gerade in Art. 1 Abs. 3 GG die öffentliche Gewalt an bestimmte Grundrechte[4] und die Gesetzgebung in Art. 20 Abs. 3 GG an die verfassungsmäßige Ordnung gebunden sind, wird hier der materielle Gehalt der Rechtsstaatlichkeit nach dem Grundgesetz deutlich.[5]

Der *formelle* Gehalt des Rechtsstaatprinzips ist in Bezug auf den Vorrang der Verfassung, der ausdrücklich in Art. 20 Abs. 3 GG festgelegt ist, zu bestimmen. Obwohl hier

---

[3] Ausf. *Schulze-Fielitz* in: *Dreier*, GG, Bd. 2. Art. 20 (Rechtsstaat), S. 150 f.; *Maurer*, Rn. 7 f.
[4] „Die nachfolgenden Grundrechte" i.S.d. Art. 1 Abs. 3 GG meint alle Grundrechte und grundrechtsgleichen Rechte des Grundgesetzes; BVerfGE 19, 302, 329 zu Art. 104; *Jarass/Pieroth*, Art. 1, Rn. 17; *Höfling*, in: *Sachs*, GG, Art. 1 GG, Rn. 76 ff.
[5] *Degenhart*, Staatsrecht I, Rn. 234 ff.

dieser Vorrang im Blick auf den Gesetzgeber vorgeschrieben ist, gilt dies gleichermaßen für die anderen Teilgewalten, die auch ihrerseits an „Gesetz und Recht" gebunden sind.[6] Hieraus folgt das „Primat des Gesetzes". Danach stellt das Gesetz als zentraler Bezugspunkt und Äußerungsform der staatlichen Machtausübung den formellen Gehalt des Rechtsstaatsprinzips dar.

Die detaillierte Erörterung eines „formellen" und eines „materiellen" Verständnisses des Rechtsstaates ist nicht erforderlich. Es reicht diesbezüglich, wenn das Problem und die Unterscheidungsmöglichkeit nur im Ansatz angesprochen werden.

Darüber hinaus muss zum Ausdruck gebracht werden, dass formelle und materielle Elemente des Rechtsstaatsprinzips ineinandergreifen. Sie haben gerade im rechtsstaatlichen Grundsatz des Grundgesetzes eine „untrennbare Synthese" erfahren,[7] so dass jede Reduktion des Rechtsstaatsprinzips auf formelle oder auf materielle Elemente nicht dogmatisch unzulässig, sondern vielmehr verfassungsrechtlich unhaltbar ist.[8]

III. Das Rechtsstaatsprinzip im Grundgesetz

1. Allgemein

Das Rechtsstaatsprinzip gehört als ein typisch deutsches Phänomen traditionell zum deutschen Staatsrecht. Es enthält jedoch keinen für jeden Sachverhalt in allen Einzelheiten eindeutig bestimmten verfassungsrechtlichen Inhalt. Ausgangspunkt zum Verständnis der Inhalte des Rechtsstaatsprinzips müssen folglich die einzelnen Gewährleistungen des Grundgesetzes sein. Sie können entweder als rechtsstaatliche Unterprinzipien,[10] oder als rechtsstaatliche Verfassungsgebote,[11] oder aber als verfassungsrechtliche Elemente der Rechtsstaatlichkeit[12] bezeichnet werden.

Das Grundgesetz regelt „punktuell" unterschiedliche Institute und Verfahren, über deren Zuordnung zum Rechtsstaatsprinzip in der Dogmatik Einigkeit besteht.[9] Die Erläuterung der Inhalte des Rechtsstaatsprinzips muss sich demnach auf die das Rechtsstaatsprinzip bildenden Elemente konzentrieren.

2. Im einzelnen

Diese Gebote sind mindestens auf folgende Elemente zurückzuführen:

---

[6] *Degenhart*, Staatsrecht I, Rn. 243 ff.; *Hesse*, Grundzüge, Rn. 195, 200 ff.
[7] *Stern*, Bd. I, § 20 I 3b.
[8] *Hesse*, Grundzüge, Rn. 209; *Degenhart*, Staatsrecht I, Rn. 236; *Stern*, § 20 I 3b.
[9] Hierzu instruktiv *Sachs* in: *Sachs*, GG, Art. 20, Rn. 77 f.
[10] Vgl. *Kunig*, S. 292 ff.; *Maunz/Zippelius*, § 13 III.
[11] *Katz*, S. 85.
[12] *Katz* (aaO), *Hesse*, Grundzüge, Rn. 192 ff., 203 ff.

a) Die *Gewaltenteilung* (die Trennung und Funktionsgliederung): Art. 20 Abs. 2 und 3 und Art. 1 Abs. 3 GG;
b) die *Gesetzmäßigkeit* allen staatlichen Handelns, insbesondere der Verwaltung (Vorrang und Vorbehalt des Gesetzes, Art. 20 Abs. 3 GG);
c) die *Gewährleistung der Grundrechte*;
d) die *Rechtsklarheit*, die *Rechtsicherheit* und der *Vertrauensschutz* einschließlich des *Rückwirkungsverbotes*;
e) die *Verhältnismäßigkeit* zur Verwirklichung der materiellen Gerechtigkeit im Einzelfall;
f) *Rechtsschutz* durch unabhängige Gerichte (Art. 19 Abs. 4; Art. 20 Abs. 2; Art. 92 ff. und Art. 101 ff. GG).

Das Rechtsstaatsprinzip ist also in seinen wesentlichen Elementen umzuschreiben. Für eine *befriedigende Arbeit* ist die klare Herleitung dieser Elemente unerlässlich; besonders erfreulich wäre es, wenn hierbei anstelle einer „essayistischen Zusammenschau" die konkreten Elemente katalogisiert und dann im einzelnen erörtert werden.

a. Die Gewaltenteilung

Der Grundsatz der Gewaltenteilung zählt nach der einheitlichen Meinung zu den Elementen der grundgesetzlichen Rechtsstaatlichkeit.[13] Er stellt darüber hinaus einen außerverfassungsrechtlichen Grundsatz der Allgemeinen Staatslehre und Rechtsstaatstheorie der Neuzeit dar.[14] Die Gewaltenteilung ist die Grundvoraussetzung der Rechtsstaatlichkeit überhaupt: Durch die Aufteilung der Staatsgewalten und ein gewisses Maß an gegenseitigen Verschränkungen soll ein machtbegrenzendes System der „checks and balances" entstehen.

Dieses System stellt eine *organisatorische Komponente* der Rechtsstaatlichkeit dar. Es ist durch Verteilung, Begrenzung, gegenseitige Kontrolle und geregeltes Zusammenwirken der staatlichen Gewalten charakterisiert und dient der Konstituierung, Rationalisierung und Stabilisierung der staatlichen Gewalt sowie der Erstellung und Erhaltung einer gerechten Grundordnung, in der Berechenbarkeit, Kontrollierbarkeit und Verantwortlichkeit der Staatsgewalt hergestellt wird. Demzufolge bildet die Gewaltenteilung ein wesentliches Kriterium des Rechtsstaates und ist kein Prinzip um ihrer selbst willen.[15]

---

[13] Vgl. *Degenhart*, Staatsrecht I, Rn. 243 f.; *Katz*, Rn. 177; *Maurer*, Rn. 12 ff.
[14] Im einzelnen *Šarčević*, insb. S. 47 ff., 241 ff.; *Zippelius*, § 30 I i.V.m. § 31, S. 306 ff.
[15] *Katz*, Rn. 179.

Soweit von den Bearbeitern Überlegungen zu den *theoretischen Aspekten* der Trennung und der Zuordnung der Staatsfunktionen angestellt werden, wird dies entsprechend honoriert.	Historisch gesehen steht dieses Prinzip am Anfang der Entwicklung des Rechtsstaates[16] und lässt sich in der klassischen Form durch die funktionale und organisatorische Aufteilung der staatlichen Hauptfunktionen Gesetzgebung (*Legislative*), Vollziehung (*Exekutive*) und Rechtsprechung (*Judikative*) abstrakt zum Ausdruck bringen.
Eine Stellungnahme der Bearbeiter zu den richtungsweisenden theoretischen Grundlagen der Gewaltenteilungslehre, etwa von *John Locke* („Two treatises on gouvernment", 1690), *Charles de Montesquieu* („De L'esprit des lois", 1748) und *Immanuel Kant* („Die Metaphysik der Sitten", 1797) ist nicht zu erwarten. Jegliche Überlegungen dazu sind schon als zusätzliche Gedanken zu honorieren.	Ein Gewaltmonismus ist dem Grundgesetz fremd. Das Grundgesetz bekennt sich in Art. 20 Abs. 2 Satz 2, Art. 1 Abs. 3, Art. 70 ff., Art. 83 ff. und Art. 92 ff. GG zur Dreiteilung der Staatsgewalten. Danach erfolgt die Ausübung der Staatsgewalten durch besondere Organe der gesetzgebenden Gewalt, der vollziehenden Gewalten und der Rechtsprechung. Dem Gewaltenteilungsgrundsatz im Sinne des grundgesetzlichen Rechtsstaatsprinzips kommt damit die Funktion eines tragenden Organisations- und Funktionsprinzips zu.[17] Es stellt ein organisatorisches Mittel zur Sicherung des materiellen Gehaltes des Rechtsstaates dar.

Vor dem Hintergrund des Grundgesetzes muss betont werden, dass der verfassungsmäßigen Gewaltenteilung keine absolute Trennung der Gewalten entspricht. Es kann lediglich von *gegenseitiger Kontrolle und Mäßigung* gesprochen werden.[18] Die Gewaltenteilung ist im Grundgesetz dergestalt verwirklicht, dass keine der Teilgewalten ein Übergewicht erhalten darf, gleichzeitig aber der Kernbereich jeder unangetastet bleiben muss.[19] Von diesem Standpunkt her gesehen, ist die in Art. 20 Abs. 2 Satz 2 GG angesprochene Gewaltenteilung als ein klassischer Idealtyp zu verstehen. D.h., erst wenn im Grundgesetz keine spezielle Regelung enthalten ist, kommt Art. 20 Abs. 2 Satz 2 GG mit seinem theoretischen Potential zur Anwendung.

Die Funktionsabgrenzung der drei Gewalten soll grundsätzlich materiell (aufgrund ihrer Tätigkeit) erfolgen:

- Der *Legislative* (Normsetzung, Gesetzgebung) fällt der Erlass allgemeinverbindlicher Rechtsnormen in der Form der parlamentarischen Gesetzgebung zu. Das Grundgesetz enthält eine solche materielle Bestimmung jedenfalls nicht. Den Art. 19 Abs. 1 Satz 1 und

---

[16] *Šarčević*, S. 53 f., 146 ff.; *Zippelius*, § 31 II.
[17] BVerfGE 3, 225, 247 ff.
[18] BVerfGE 9, 268, 279 f; 34, 52, 59; 67, 100, 139; 68, 1,87; 95, 1, 15f.; vgl. a. *Sachs*, in *Sachs*: GG, Art. 20, Rn. 93.
[19] BVerfG, DÖV 1997, S. 117.

14 Abs. 3 Satz 2 GG lässt sich bereits entnehmen, dass *Einzelfallgesetze* möglich sind. Art. 19 Abs. 1 Satz 1 GG schließt nämlich die Einzelfallgesetze nur für einen bestimmten Bereich, d.h. für Grundrechtseinschränkungen aus; Art. 14 Abs. 3 Satz 2 GG eröffnet dem Gesetzgeber ausdrücklich die Möglichkeit der Enteignung durch Gesetze. Für die funktionale Bestimmung der Gesetzgebung im rechtsstaatlichen Sinne ist also ein formeller Begriff des Gesetzes entscheidend: Gesetz ist ein Akt der staatlichen Gewalt, der von den für die Gesetzgebung zuständigen Organen in einem von der Verfassung hierfür vorgesehenen Verfahren und in der hierfür vorgesehenen Form (Gesetz) erlassen wird.[20]

Die Darstellung der Problematik von *Einzelfallgesetzen* ist auch im Rahmen der Gesetzmäßigkeit der Verwaltung denkbar. Wenn sie dort erörtert wird, ist dies auch als richtig zu betrachten.

- Der *Exekutive* (Gesetzesvollzug, Vollziehung) fällt die Erfüllung konkreter Staatsaufgaben, insbesondere der Vollzug von Rechtsnormen im Einzelfall zu. Das Grundgesetz enthält auch zum Funktionsbereich der Exekutive keine positive Aussage. Jedenfalls ist die typische Aufgabe der vollziehenden Gewalt i. S. des Rechtsstaatsprinzips der Vollzug von Gesetzen. Die Tätigkeit der vollziehenden Gewalt ist jedoch wesentlich breiter im rechtsstaatlichen System des Grundgesetzes, als es „Vollzug des Gesetzes" vermuten lässt. Sie umfasst die Funktion der Regierung[21] und damit die Befugnisse zum Gesetzesinitiativrecht (Art. 76 GG) und zum Recht auf Erlass von Rechtsverordnungen (Art. 80, 80a, 81, 115a ff. GG) sowie die Informations- und Mitwirkungsrechte der Regierung (Art. 43, 53, 113 GG). Die bundesstaatliche Ordnung der Verwaltungsbefugnisse lässt neben der gesetzesakzessorischen auch die nichtgesetzesakzessorische Verwaltung zu, deren Tätigkeit nicht in der Ausführung von Gesetzen besteht, sondern sich im „gesetzesfreien Raum" vollzieht.[22] Die militärische Verteidigung (Streitkräfte, nach dem GG Bundeswehr, Art. 87a GG) zählt man auch traditionell zur vollziehenden Gewalt. All dies erschwert die positive Begriffsbestimmung und damit auch die materielle Abgrenzung der Funktionsbereiche der vollziehenden Gewalt. Für die rechtsstaatliche Fragestellung ist entscheidend, dass sich die Verwaltung

---

[20] *Degenhart*, Staatsrecht I, Rn. 263 ff.; *Hesse*, Grundzüge, Rn. 502.
[21] Teilw. a. *Hesse*, Grundzüge, Rn. 432 f., 531 ff.
[22] *Degenhart*, Staatsrecht I, Rn. 169 ff., 327 ff.

im Rahmen des Gesetzes zu bewegen hat. Sie umfasst die Tätigkeit des Staates oder eines anderen Trägers der öffentlichen Gewalt außerhalb von Legislative und Judikative (Negativdefinition der Verwaltung).[23]

- Der *Judikative* fällt die verbindliche Festlegung einer bestehenden Rechtslage zu. Sie trifft die Rechtsentscheidungen am Maßstab des Rechts und in einem förmlichen Verfahren, das durch einen unbeteiligten Dritten geführt wird.[24] Die rechtsprechende Gewalt ist im Grundgesetz sowohl funktionsmäßig als auch organisatorisch klar von den übrigen Teilgewalten geschieden.[25] Die organisatorisch herausgehobene Stellung der Gerichte im System der rechtsstaatlichen Gewaltenteilung ergibt sich insbesondere aus Art. 92 GG, wonach die rechtsprechende Gewalt den Richtern anvertraut ist und von den Gerichten ausgeübt wird. Die Gewährleistung der richterlichen Unabhängigkeit (in persönlicher und sachlicher Hinsicht) aus Art. 97 GG sowie die sog. Justizgrundrechte aus Art. 101 ff. GG akzentuieren die rechtsstaatliche Komponente der Judikative. Legislative und Exekutive werden vom BVerfG auf die Verfassungsmäßigkeit ihrer Tätigkeit geprüft (Art. 93, 100 GG), wobei alle Akte der Exekutive einer gerichtlichen Kontrolle unterzogen werden können (Art. 19 Abs. 4 GG). Das BVerfG kann in bestimmten Fällen die Gesetze für nichtig erklären (Art. 94 Abs. 2 GG, § 31 BVerfGG). Auch in dieser Funktion ist die Judikative als Ausfluss des Rechtsstaatsprinzips zu sehen. Sie bildet den traditionellen Kernbereich der rechtsstaatlichen Gewaltenteilung.

Beachten: Der Bearbeiter muss in der Lage sein, ohne Rückhalt eines Schemas mit Hilfe von Grundkenntnissen und durch eigenständige Überlegung zu den einschlägigen Fragen die hier zusammengefassten Thesen zum Ausdruck zu bringen.

Zusammenfassend: Die Gewaltenteilung stellt ein tragendes Organisations- und Funktionsprinzip des Rechtsstaates des Grundgesetzes (BVerfGE 34, 59) dar. Die Rechtsgrundlage der Gewaltenteilung ist Art. 20 Abs. 2 Satz 2 GG, konkretisiert durch die Aufgabenzuweisungen im Bereich der Gesetzgebung (Art. 70 ff. GG), der vollziehenden Gewalt (Art. 62 ff., 83 ff. GG) und der Rechtsprechung (Art. 92 GG). Das Gewaltenteilungsprinzip hat die Aufgabe, einer Machtzusammenballung entgegenzuwirken, die Staatsgewalt ei-

---

[23] So *Degenhart*, Staatsrecht I, Rn. 247.
[24] *Hesse*, Grundzüge, Rn. 530 ff; *Ipsen*, Staatsrecht I, Rn. 744.
[25] *Stern*, Bd. I, § 20 IV 5c, StR II § 43 I 4; *Ipsen*, Staatsrecht I, Rn. 755 ff.

ner Kontrolle und Mäßigung zuzuführen und eine sinnvolle Arbeitsteilung im Staate zu erreichen. Im Sinne des Rechtsstaatsprinzips sind drei Staatsfunktionen zu unterscheiden (Gesetzgebung, Vollziehung und Rechtsprechung) mit ihren jeweils spezifischen Tätigkeiten. Die Zuständigkeit der Staatsorgane beschränkt sich jedoch nicht auf die ihnen entsprechende materielle Staatsfunktion. Sie reicht in andere hinein. Diese Überschneidungen von Organen und Funktionen werden vom BVerfG und von weiten Teilen der Dogmatik für mit dem Rechtsstaatsprinzip vereinbar gehalten. Entscheidend ist dabei, dass der Kernbereich der jeweiligen Gewalt unantastbar ist.[26] Was der Kernbereich ist, lässt sich nicht abstrakt beantworten. Er ist allerdings dahingehend zu umschreiben, dass seine Verletzung ein Übergewicht der einen über die anderen Gewalten bedeuten würde.[27]

b. Gesetzmäßigkeit

Die Geltung des Rechtsstaates unter dem Grundgesetz ist entscheidend von der traditionellen Vorstellung geprägt, wonach die Gesetze und nicht die Menschen herrschen sollen. Die Grundidee der Rechtsstaatlichkeit lässt sich deshalb im Sinne ihrer Entstehung auf die „Herrschaft des Gesetzes" zurückführen.[28] Als elementarer Bestandteil des Rechtsstaatsprinzips im Sinne des Grundgesetzes gilt demnach die *Rechtbindung der Gewalten*.

Auch hier gilt: Eine Stellungnahme zu den historischen und theoretischen Grundlagen der „Herrschaft des Gesetzes" ist nicht zu erwarten, aber jede Überlegung hierzu ist zusätzlich zu honorieren. Die Gesetzmäßigkeit allen staatlichen Handelns muss demnach anhand des positiven Verfassungsrechts erörtert werden.

Danach ist der im Rechtsstaatsprinzip erhaltene *Primat des Gesetzes* vor dem Hintergrund seiner Positivierung in Art. 20 Abs. 3 GG zu erläutern. Dabei sind zwei miteinander verbundene Ebenen zu differenzieren und diese der Gesetzmäßigkeit allen staatlichen Handelns zuzuordnen:[29] *Vorrang der Verfassung* einerseits und *Vorrang und Vorbehalt des Gesetzes* andererseits.

- Als erstes Element des Rechtsstaatsprinzips wird die Verfassungsstaatlichkeit genannt. Darunter versteht man das in Art. 20 Abs. 3 GG geregelte Prinzip des *Vorrangs der Verfassung*. Es besagt, dass sich alle staatlichen Organe verfassungskonform verhalten müs-

---

[26] BVerfGE 9, 268, 280; 30, 1, 28; 34, 52, 59.
[27] BVerfGE 9, 268, 279; 22, 106, 111; 49, 89, 125 f.; *Stern*, StR II, S. 542.
[28] So *Heller*, Rechtsstaat oder Diktatur ?, in: Tohidipur (Hrsg.), Der bürgerliche Rechtsstaat, 1978, S. 159 ff.; im einzelnen *Šarčević*, S. 196 ff.
[29] In diese Richtung *Katz*, Rn. 189; *Maurer*, Rn. 12 ff.

sen. Obwohl dieser Vorrang hier ausdrücklich mit Blick auf den Gesetzgeber festgelegt ist („Die Gesetzgebung ist an die verfassungsmäßige Ordnung ... gebunden."), gilt er umfassend: Staatliche Akte, die im Widerspruch zum Grundgesetz stehen, sind rechtsfehlerhaft (mit der Nichtigkeitsfolge bei Rechtnormen und mit der Aufhebbarkeit bei Verwaltungsakten).[30]

Daraus folgt, dass sich kein staatlicher Akt in Widerspruch zur Verfassung setzen darf. Dem rechtstaatlichen Prinzip entspricht danach ein *Rangverhältnis* zwischen den Rechtsnormen: Die rangniedrigeren Vorschriften müssen mit den ranghöheren übereinstimmen.[31] In dieser Rangfolge liegt eine wesentliche Voraussetzung für die Durchsetzung der Verfassung gegenüber dem einfachen Recht. Sie gestaltet eine wesentliche Ausprägung des Rechtsstaatsprinzips im Sinne der Gesetzesmäßigkeit.

Mit der Verfassungsgerichtsbarkeit hat sich in der Normenhierarchie der rechtstaatliche Verfassungsvorrang durchgesetzt (Art. 93 und 100 GG). Das Gericht darf nach Art. 100 Abs. 1 GG ein Gesetz nicht anwenden, das es für verfassungswidrig hält.[32] Hierin ist eine vorrangige Gehorsamspflicht gegenüber der Verfassung zu sehen. Gleiches gilt nach Art. 93 Abs. 1 Nr. 2 GG für die Behörden der Exekutive.[33] Damit ist der Geltungsvorrang der Verfassung als eine immanent rechtsstaatliche Komponente verfassungsrechtlich anerkannt und durch die Rechtsprechung abgesichert worden.

- *„Vorrang und Vorbehalt des Gesetzes"* stellen das zweite Element der rechtsstaatlichen Gesetzmäßigkeit dar. Dieses bestimmt das Grundgesetz selbst, indem es in Art. 20 Abs. 3 GG ausdrücklich die *vollziehende Gewalt* und die *Rechtsprechung* an „Gesetz und Recht" bindet. Die verfassungsrechtliche Formel „Gesetz und Recht" bedeutet nach herrschender Auffassung die Ablehnung des reinen Gesetzespositivismus.[34]

---

[30] *Degenhart*, Staatsrecht I, Rn. 258.
[31] Weitere Gesichtspunkte *Ipsen*, Staatsrecht I, Rn. 763 ff.; *Maurer*, Rn. 15 ff.
[32] BVerfGE 68, 337, 344; 86, 71, 77.
[33] *Maunz/Zippelius*, § 13 III.
[34] BVerfGE 3, 225, 232 f.; 34, 269, 286 f.; 95, 96, 134.

Rechtsprechung: Die rechtsprechende Gewalt wird durch diese Vorschrift vor allem an das positive Recht gebunden. Dieses gilt in der Regel als Ausdruck materieller Gerechtigkeit und verkörpert damit „Recht".

Die Auseinandersetzung mit der Gegenauffassung[35] ist hier nicht erforderlich – sie bringt jedoch zusätzliche Punkte. Dabei muss allerdings zum Ausdruck gebracht werden, dass die Gegenansicht die extremen Situationen unterschätzt, in denen die Mittel des geschriebenen Rechts evident nicht behilflich sein können, so dass ein Maßstab zur juristischen Beurteilung nur im überpositiven Recht gefunden werden kann.[36]

Verwaltung: „Vorrang und Vorbehalt des Gesetzes" bezieht sich im Sinne des Rechtsstaatsprinzips vornehmlich auf das Handeln der Verwaltung: Die Gesetzmäßigkeit der Exekutive wird mit den Grundsätzen des Vorrangs und des Vorbehalts des Gesetzes bezeichnet.

Eine klare Abgrenzung zwischen „Vorrang" und „Vorbehalt" – wie im folgenden dargestellt – ist von den Bearbeitern zu erwarten.

Der *Vorrang des Gesetzes* ergibt sich unstrittig aus Art. 20 Abs. 3 GG. Er besagt, dass die staatlichen Maßnahmen nicht gegen höherrangige Rechtssätze verstoßen dürfen. Folglich darf die Verwaltung bei ihrem Handeln nicht gegen Rechtsnormen verstoßen.[37] Gleichzeitig besagt das, dass sie verpflichtet ist, sowohl das Gesetz als auch die aufgrund des Gesetzes ergangenen Normen des untergesetzlichen Rechts anzuwenden.[38]

Vorbehalt des Gesetzes besagt, dass die vollziehende Gewalt nur aufgrund gültiger Rechtsnormen handeln darf. Folglich ist für die Verwaltungstätigkeit eine besondere gesetzliche Grundlage erforderlich.[39] Nach der traditionellen Auffassung bedürfen auf jeden Fall die Eingriffsakte als belastende Maßnahmen der Verwaltung einer Grundlage in einem formellen Gesetz. Gemeint sind die Eingriffe der Verwaltung in Rechtskreise der einzelnen bzw. die Eingriffe in „Freiheit und Eigentum".[40] Ein Teil der Literatur verlangt ausgehend

---

[35] Vgl. *Hesse*, Grundzüge, Rn. 195; *Schnapp*, in: *von Münch/Kunig*, GG, Bd. 2, Art. 20 Rn. 43.
[36] Vgl. *Görisch*, JuS 1997, S. 988 ff. 898.
[37] *Schulze-Fieliz* (Anm. 3), S. 92; *Degenhart*, Staatsrecht I, Rn. 316 f.
[38] *Degenhart*, Staatsrecht I, Rn. 317.
[39] *Schulze-Fieliz* (Anm. 3), S. 171 f.; *Degenhart*, Staatsrecht I, Rn. 319.
[40] Vgl. etwa BVerfGE 9, 137, 147; *Hesse*, Grundzüge, Rn. 201; *Degenhart*, Staatsrecht I, Rn. 319, *Maurer*, Rn. 22.

vom Wortlaut des Art. 20 Abs. 3 GG einen Totalvorbehalt für alle Bereiche und Tätigkeiten.[41] Danach bedarf jedes staatliche Handeln einer gesetzlichen Grundlage, unabhängig davon, ob die Verwaltung belastend oder begünstigend, grundrechtsbeeinträchtigend oder leistend, warnend oder sozialgestaltend tätig wird.[42] Verallgemeinernd darf festgestellt werden, dass die Exekutive durch die Totalvorbehalte gehindert wird, flexibel auf jeweilige Bedarfssituation zu reagieren.[43] Danach bedürfen der gesetzlichen Grundlage die klassischen Eingriffe (Eingriffsverwaltung)[44] und solche Maßnahmen, welche die wesentlichen Fragen im Bereich der Grundrechtsausübung regeln.[45] Bei den begünstigenden Maßnahmen (Subventions- und Leistungsverwaltung) bedarf es im übrigen nicht zwingend einer gesetzlichen Grundlage.[46]

Zusammenfassend: Die Gesetzmäßigkeit als rechtsstaatliches Verfassungsgebot erfuhr eine positive Konkretisierung in Art. 20 Abs. 3 GG.[47] Diese Vorschrift enthält einerseits das Gebot zum Vorrang der Verfassung, andererseits des Vorrangs und Vorbehalts des Gesetzes. *Verfassungsvorbehalt* ist unproblematisch und besagt, dass sich alle staatlichen Organe verfassungskonform verhalten müssen. *Vorrang* des Gesetzes erfordert umfassende Bindung der Verwaltung an das Gesetz und gilt ausnahmslos. *Vorbehalt* des Gesetzes erfordert eine gesetzliche Grundlage für das Handeln der Verwaltung und gilt stets im Bereich der Eingriffsverwaltung, worunter auch das schlichthoheitliche Handeln fallen kann. Ein Gesetzesvorbehalt gilt nach h. M. nicht für Maßnahmen der leistenden Verwaltung.

---

[41] *Schulze-Fielitz* (Anm. 3), S. 172.
[42] Vgl. *Katz*, Rn. 192.
[43] *Degenhart*, DÖV 1981, S. 477 ff.; *ders.*, Staatsrecht I, Rn. 329.
[44] *Kisker*, NJW 1977, S. 1319; BVerfGE 33, 125.
[45] Die „*Wesentlichkeitstheorie*" gilt für das grundrechtlich geprägte Staat-Bürger-Verhältnis, also nicht für die staatliche Kompetenzordnung; BVerfGE 84, 212, 226.
[46] *Schulze-Fielitz* (Anm. 3), S. 172 f.; *Degenhart*, Staatsrecht I, Rn. 329.
[47] Als Grundlage problematisiert bei *Maurer*, Rn. 20.

Parlamentsvorbehalt: Die Grundsätze der Gewaltenteilung und der Gesetzmäßigkeit zusammen mit der repräsentativen Demokratie (vgl. BVerfGE 48, 89, 126) verpflichten über die Einhaltung des Gesetzesvorbehaltes hinaus dazu, dass der Gesetzgeber die den Freiheits- und Gleichheitsbereich der Bürger betreffenden wesentlichen Regelungen selbst zu treffen hat. Der Gesetzgeber muss danach die „wesentlichen" Entscheidungen in den Grundzügen durch ein förmliches Gesetz festlegen. Damit ist die sog. Wesentlichkeitstheorie angesprochen.[48] Im Verhältnis Legislative/Exekutive folgt daraus, dass die wesentlichen Sachfragen von einem prozedural legitimierten Gesetzgeber in einem offenen Verfahren zu treffen sind. In diesem Zusammenhang spricht man vom „*Parlamentsvorbehalt*". Der Begriff ist von dem des *Gesetzes*vorbehaltes dahingehend zu unterscheiden, dass der Gesetzesvorbehalt das Erfordernis einer gesetzlichen Grundlage für das Handeln der Verwaltung bezeichnet. Da die wesentlichen Fragen vom Gesetzgeber selbst geregelt werden müssen und die Einzelheiten gegebenenfalls in Normen des untergesetzlichen Rechts (RVO, Satzungen) enthalten sein können, kann man vom Parlamentsvorbehalt sprechen.

Wenn unter dem Gesichtspunkt „Gesetzesvorbehalt" das Problem des „Parlamentsvorbehalts" angesprochen wird, ist dies systematisch als korrekt zu betrachten. Soweit dies darüber hinaus nicht durch unverbindliches Gerede, sondern im Rahmen dieser Darstellung angesprochen wurde, ist dies zusätzlich zu honorieren.

c. Die Gewährleistung der Grundrechte

Die Gewährleistung der Grundrechte stellt die elementarste materielle Komponente des Rechtsstaatsprinzips des Grundgesetzes dar.[49] Das Rechtsstaatsprinzip fordert die Gewährleistung der individuellen Freiheit. Dies ist entstehungsgeschichtlich zu erklären, da die Freiheit der Bürger von Anfang an das bedeutsamste Element der Rechtsstaatsidee darstellt.[50] Die Freiheitlichkeit wird vornehmlich durch die Institution der Grundrechte garantiert. Diesbezüglich ist die doppelte Funktion der Grundrechte anzusprechen: Sie sind einerseits Abwehrrechte gegen den Staat und andererseits objektive, die Freiheit und den Status des einzelnen auch vor Eingriffen Dritter schützende Wertentscheidungen.

Die Garantie der Menschenwürde aus Art. 1 Abs. 1 GG bildet die Grundlage der grundrechtlichen Einzelverbürgungen.[51] Das Rechtsstaatsprinzip umfasst darüber hinaus die Gewährleistung der Freiheit, indem die Grundrechte kon-

Von den Bearbeitern erwartet man an dieser Stelle keine umfangreiche Erörterung. Eine substantielle Hindeutung auf die in den Grundrechtsbestimmungen enthaltenen Wertentscheidungen des Grundgesetzes als materielles Element des Rechtsstaatsprinzips müsste schon ausreichen. Vorliegende Darstellung kann als eine Leitlinie betrachtet werden.

---

[48] Vgl. *Böckenförde*, NJW 1999, 1235 f.
[49] *Maunz/Zippelius*, § 13 III 2.
[50] *Šarčević*, passim.
[51] *Schmidt-Aßmann*, in: Isensee/Kirchhof, Bd. I, § 24, Rn. 30.

krete Freiheiten als verfassungsrechtliche Rechte ausgestalten und sie gewährleisten (Art. 2, 4, 5, 8-13 GG). Dabei ist die Freiheit in einem Gemeinwesen von vorneherein nur als rechtlich geordnete Freiheit denkbar.[52] Das Rechtsstaatsprinzip umfasst schließlich die Gewährleistung der Gleichheit aus Art. 3 GG. Die Gleichheit vor dem Gesetz aus dieser Vorschrift verwirklicht die rechtsstaatliche Anforderung, dass die „Gesetze herrschen sollen". Hierdurch hat sich jeder in der gleichen Weise den von der Rechtsordnung statuierten Pflichten zu unterwerfen; jeder hat dagegen auch in gleicher Weise Anspruch auf Schutz der ihm nach der Rechtsordnung zukommenden Rechte durch die Gemeinschaft.[53]

Zusammenfassend: Das Rechtsstaatsprinzip ist inhaltlich-materiell auf die Gewährung der Grundrechte gerichtet: Sie basiert vornehmlich auf der Menschenwürdegarantie, auf der Freiheitlichkeit (Art. 2 GG) und Rechtsgleichheit (Art. 3 GG).

d. Rechtsklarheit, Rechtssicherheit und Vertrauensschutz

Diese Gebote müssen klar definiert und jeweils anhand der grundgesetzlichen Normierung umschrieben werden. Soweit hier zuerst die Rechtssicherheit als verfassungsrechtliche Ausprägung des Rechtsstaatsprinzips angesprochen wird, ist dies als richtig zu betrachten.

Zu den Elementen des Rechtsstaatsprinzips zählt man die Klarheit und Bestimmtheit der Norm, Rechtssicherheit und Vertrauensschutz. Die Rechtssicherheit fordert die Bestimmtheit der Norm, also eine hinreichend klare Fassung ihres Wortlautes.[54] Die Rechtsordnung muss ferner insgesamt klar, überschaubar und widerspruchsfrei sein.[55] Dieses Erfordernis muss schließlich in der zeitlichen Dimension verstanden werden, wobei die Rechtsklarheit Schutz des Vertrauens des Bürgers bedeutet. Diesbezüglich müsste man bei der Konkretisierung des Gebotes der Rechtssicherheit auf die gleichen, hier hervorgehobenen Elemente kommen.

1. *Rechtsklarheit: Klarheit und Bestimmtheit der Norm.* Sinn und Zweck des Rechtsklarheitsgebotes ergeben sich aus den Gesetzen als wesentliche Ordnungsmittel des Rechtsstaates. Aus dem Umstand, dass sich der Primat des Rechts vornehmlich in den Gesetzen äußert, werden zum einen das für Gesetze geltende Bestimmtheitsgebot und zum anderen das Gebot der Normklarheit abgeleitet. Beide

---

[52] *Hesse*, Grundzüge, Rn. 204.
[53] *Hesse*, Grundzüge, Rn. 205.
[54] Vgl. BVerfGE 17, 306, 314.
[55] BVerfGE 98, 106; *Degenhart*, Staatsrecht I, Rn. 356.

Gebote umfasst der Oberbegriff „Rechtsklarheit",[56] der im Grunde genommen vom Gesetzgeber die Widerspruchsfreiheit, die Kontinuität des gesetzgeberischen Handelns und den Erlass unwidersprüchlicher und den Normadressaten verständlicher Normen fordert. Insoweit ist das Rechtsklarheitsgebot in der Funktion der Kalkulierbarkeit des staatlichen Handelns zu sehen.

Das für Gesetze geltende *Bestimmtheitsgebot* ergibt sich

- aus Art. 80 Abs. 1 Satz 2 GG bei Ermächtigung zu Rechtsverordnungen;
- aus Art. 103 Abs. 2 GG bei Strafgesetzen;
- im übrigen unmittelbar aus dem Rechtsstaatsprinzip.

Zum letzteren ist zu ergänzen: Dieses Gebot dient gleichzeitig der Realisierung der Gewaltenteilung und des Gesetzesvorbehaltes, da diese auch hinreichend bestimmte gesetzliche Vorgaben für Exekutive und Judikative fordern. So bedeutet die Bestimmtheit der Norm „Erkennbarkeit des vom Gesetzgeber Gewollten"[57].

Ähnliche Anforderungen enthält das *Gebot der Normenklarheit*.[58] Es besagt, dass Rechtsnormen in ihren Voraussetzungen und in ihrem Inhalt so gefasst sein müssen, dass eine rechtliche Überprüfung staatlichen Handelns aufgrund konkreter Normen möglich ist und auch die von den Normen betroffenen Bürger und Behörden die Rechtslage unmissverständlich erkennen und ihr Verhalten danach einrichten können.[59]

In der Dogmatik spricht man vom rechtsstaatlichen Gebot zur Klarheit und Bestimmtheit. Eine Unterscheidung lässt sich jedoch ausmachen:[60] Das Bestimmtheitsgebot wird verletzt, wenn das Gesetz „zu unbestimmt oder zu vage ist", dagegen wird das Klarheitsgebot verletzt, wenn das Gesetz zu kompliziert ist, d. h. „wenn der Bürger unzumutbare Schwierigkeiten überwinden muss, um herauszufinden, welchen Inhalt und welche Bedeutung eine gesetzliche Regelung hat"[61]. Die Auslegungsbedürftigkeit macht eine

---

[56] In diese Richtung *Degenhart*, Staatsrecht I, Rn. 347.
[57] *Degenhart*, Staatsrecht I, Rn. 349.
[58] BVerfGE 65, 54; 45, 420.
[59] BVerfGE 21, 79; 52, 1, 114; *S. Haack*, S. 141 ff.
[60] *Stern*, S. 829 ff.
[61] *Schmalz*, Rn. 130.

Norm nicht unbestimmt.⁶² Deshalb ist die Verwendung unbestimmter Rechtsbegriffe⁶³ nicht unzulässig. Das Gebot zu Klarheit und Bestimmtheit bezeichnet demnach nur Mindestanforderungen an die Fassung der Norm.

Bei der Prüfung des Bestimmtheits- und Klarheitsgebotes ist stets zu fragen, welcher *Bestimmtheitsstandard* gilt. Besonders streng sind Anforderungen im Strafrecht (Art. 103 Abs. 2 GG – nulla poena sine lege).⁶⁴ Relativ streng sind sie bei Abgaben (Steuern, Gebühren, Beiträgen) und sonstigen Belastungen (sonstigen Grundrechtseingriffen) sowie bei Begünstigungen, die für den Betroffenen existenzielle Bedeutung haben.⁶⁵ Das Bestimmtheitserfordernis gilt auch für die Verwaltung, und zwar als allgemeine Folgerung des Rechtsstaatsprinzips. In § 37 Abs. 1 VwVfG ist dies für Verwaltungsakte ausdrücklich geregelt.

2. *Rechtssicherheit und Vertrauensschutz.* Für den Bürger bedeutet Rechtssicherheit in der zeitlichen Dimension Vertrauensschutz. Dieser Grundsatz verlangt die Beständigkeit der Gesetze, damit der Bürger sein Verhalten auf diese einstellen kann. Er soll sich grundsätzlich bei seiner persönlichen und wirtschaftlichen Existenzgestaltung auf die geltende Ordnung verlassen, auf sie vertrauen können.⁶⁶ Der Grundsatz Rechtssicherheit und Vertrauensschutz verbietet demnach, dass der Bürger durch die Beseitigung der erworbenen Rechte über die Beständigkeit der Rechtsordnung getäuscht wird.

Dieses Vertrauen wird vor allem bei rückwirkenden Rechtsänderungen berührt. Dies ist dann der Fall, wenn in der Vergangenheit liegende Tatbestände nachträglich neu bewertet werden. Die Rückwirkung von Gesetzen ist nicht grundsätzlich ausgeschlossen. Lediglich für Strafgesetze besteht ein absolutes, in Art. 103 Abs. 2 GG konkretisiertes Rückwirkungsverbot. Dabei unterscheidet man zwischen unterschiedlichen Formen der Rückwirkung: „*Echte Rückwirkung*" (bzw. „*Rückbewirkung von Rechtsfolgen*"⁶⁷) liegt

Es wäre keine zu hohe Anforderung, von den Bearbeitern zu erwarten, dass die Unterscheidung zwischen einer „echten" (retroaktiven) und einer

---

⁶² BVerfGE 89, 69, 84 f.
⁶³ BVerfGE 21, 72, 79.
⁶⁴ Weitere Gesichtspunkte *Degenhart*, Staatsrecht I, Rn. 353.
⁶⁵ *Schmalz*, Rn. 131.
⁶⁶ BVerfGE 13, 261, 271; 30, 393 ff.; 76, 256, 345 ff.
⁶⁷ So BVerfGE 72, 200, 241 f.; BVerfGE 76, 263, 345 spricht von der Rückerstreckung des zeitlichen Anwendungsbereichs einer Norm.

vor, wenn der Gesetzgeber nachträglich ändernd in abgeschlossene, der Vergangenheit angehörende Tatbestände eingreift und nunmehr an diese bereits abgeschlossenen Tatbestände andere Rechtsfolgen knüpft als die bisherige Regelung; „unechte Rückwirkung" (bzw. „*tatbestandliche Rückanknüpfung*"[68]) liegt vor, wenn vom Gesetzgeber in Tatbestände eingegriffen wird, die in der Vergangenheit begannen, jedoch noch nicht abgeschlossen wurden.[69]

„unechten" (retrospektiven) Rückwirkung besprochen wird. Die Erörterung der Frage, wie in den Fällen der Rückwirkung von Gesetzen ihre Verfassungsmäßigkeit zu prüfen ist, ist zusätzlich zu honorieren. Hier muss allerdings zur Sprache kommen, dass dabei entscheidend ist, ob sich das Vertrauen des Bürgers bei Abwägung seiner Interessen (Erheblichkeit und Intensität der Verletzung des Vertrauensschutzes) gegenüber dem Anliegen des Gesetzgebers (Gemeinwohlinteressen) als vorrangig erweist (Abwägung zwischen dem Individualinteresse und dem Änderungsinteresse des Gesetzgebers).[70]

e. Verhältnismäßigkeit (Übermaßverbot)

Verhältnismäßigkeit als rechtsstaatliches Gebot besagt, dass nur in dem Maße in Rechte der Bürger eingegriffen werden darf, in dem dies erforderlich ist, um damit den angestrebten Zweck mit geeigneten Mitteln zu erreichen.

Diesbezüglich ist die Verhältnismäßigkeit aufgrund der Erfordernisse der Geeignetheit, Erforderlichkeit und Verhältnismäßigkeit im engeren Sinne (Proportionalität, z.T. auch Angemessenheit) darzustellen.

Eine knappe Erörterung des Problems wäre erfreulich. Dabei muss ersichtlich werden, dass der Bearbeiter hinsichtlich der einzelnen Elemente des Verhältnismäßigkeitsprinzips die Materie beherrscht.

Geeignet ist ein Mittel, das zur Erreichung des angestrebten Zweckes tauglich ist. *Erforderlich* ist eine Maßnahme, wenn es kein milderes, gleich wirksames Mittel zur Zielerreichung gibt. *Verhältnismäßig i. e. S.* ist eine Maßnahme, wenn die Bedeutung des zur Geltung zu bringenden Rechtsgutes unter Berücksichtigung der Intensität des Eingriffs nicht außer Verhältnis zu dem Rechtsgut steht, welches zurücktreten muss. Im Rahmen dieser engeren Verhältnismäßigkeitsprüfung ist nun Raum für die eigentliche Güterabwägung eröffnet: Dies soll in zwei Schritten erfolgen. Zuerst sind abstrakt die Rechtsgüter und die rechtlich geschützten Interessen festzustellen, und anhand dieser ist

Hier sind positive Kenntnisse über die angeführten Elemente zu zeigen.

---

[68] So BVerfGE 72, 200, 241 f, zum unterschiedlichen Ansatz der beiden Senate vgl. *Fischer*, JuS 2001, S. 861, 864.
[69] Weitere Gesichtspunkte *Degenhart*, Staatsrecht I, Rn. 368 ff.; *Haack*, S. 168 ff.
[70] Vgl. BVerfGE 18, 429, 439; 43, 242, 286 f.; 45, 142, 167 ff.; 63, 343, 353 ff.; 71, 1. 10 ff.; *Haack*, S. 163 ff.

Soweit weitere problemrelevante Gesichtspunkte, etwa Ausgleich der kollidierenden Rechtsgüter im Sinne der praktischen Konkordanz, die Relevanz des Übermaßverbotes für den Grundrechtsschutz, erörtert werden, wird dies entsprechend gewürdigt.	dann die Intensität des konkreten Betroffensein durch die fragliche Maßnahme zu ermitteln.

f. Rechtsschutz

Es ist unter diesem Punkt Rechtsschutz gegen die Maßnahmen der Verwaltung zuerst im Rahmen des Art. 19 Abs. 4 GG und dann Gerichtsschutz, also Schutz durch die Gerichte i. S. v. Art. 92 GG, darzustellen.	Rechtsschutz durch unabhängige Gerichte stellt einen anerkannten Bestandteil des Rechtsstaatsprinzips des Grundgesetzes dar.[71] Der *gerichtliche Schutz*, der vom Rechtsstaatsprinzip gefordert wird, bezieht sich zunächst auf den Rechtsschutz gegen die Akte der öffentlichen Gewalt. Dies ist, was die Verwaltung betrifft, positivrechtlich in Art. 19 Abs. 4 GG konkretisiert. Hiermit ist ein selbständiges Grundrecht ausgestaltet, das Rechtsschutz für den, der in seinen Rechten verletzt ist, gewährleistet.

Es ist zum Ausdruck zu bringen, dass sich in gleicher Weise wirkungsvoller Schutz durch die Gerichte, wenn er umfassend sein soll, auch auf den *Straf- und Zivilprozess* beziehen muss.[72] Es soll hervorgehoben werden, dass sich die Verletzung der Rechte i. S. v. Art. 19 Abs. 4 GG nach dem maßgeblichen materiellen Recht bestimmt: Wenn dieses subjektive Rechte verleiht, greift die Rechtsschutzgarantie.[73] Dabei ist anzumerken, dass Art. 14 Abs. 3 Satz 4 GG die Eröffnung des Rechtsweges zu den ordentlichen Gerichten verlangt. Die nähere Gestaltung dieses Rechtsweges obliegt dem Gesetzgeber im Rahmen der Verfahrensordnung für die einzelnen Gerichtszweige – hier kann grundsätzlich der Gesetzgeber nach seinem Ermessen handeln, weil Art. 19 Abs. 4 GG eine bestimmte Ausgestaltung des Rechtsweges nicht verbietet.[74]

---

[71] *Degenhart*, Staatsrecht I, § 3 VII, vor der Rn. und die Rn. 408.
[72] BVerfG, NJW 1992, S. 105; BVerfGE 46, 212, 222 f.
[73] *Degenhart*, Staatsrecht I, Rn. 409 f.
[74] BVerfGE 11, 233; 49, 340.

Der rechtsstaatliche Gerichtschutz ist erst dann als gewährleistet zu sehen, wenn über die Existenz eines gerichtlichen Schutzes hinaus gewisse *Verfahrensanforderungen* erfüllt sind. Dazu zählen etwa organisatorische und personelle Gewährleistungen bezüglich der Richter (Art. 92, 97 GG) sowie die sog. Justizgrundrechte. Zu den letzteren zählen der Anspruch auf rechtliches Gehör (Art. 103 Abs. 1 GG), das Verbot von Ausnahmegerichten und das Gebot des gesetzlichen Richters (Art. 101 GG) sowie die Grundsätze „nullum crimen sine lege", „nulla poena sine lege" und „ne bis in idem" (Art. 103 Abs. 2 und 3 GG).

Was die Erörterung dieses Elements angeht, ist folgendes zu beachten: Rechtsschutz durch unabhängige Gerichte ist grundsätzlich als ein eigenständiger Bestandteil des Rechtsstaatsprinzips zu betrachten und so auch zu erörtern. Soweit er im Rahmen der Gewaltenteilung (Judikative) dargestellt wird, ist dies nicht als unrichtig oder als unannehmbar zu bewerten. Vielmehr ist auf die entspr. Darstellung des positiven Inhalts des Rechtsschutzes im Sinne der Rechtsstaatlichkeit zu achten. In diesem Sinne muss dieses Element jeweils in Bezug auf konkrete Regelungen des geschriebenen Verfassungsrechts definiert und inhaltlich bestimmt werden.

IV. Weitere Probleme angesichts des Geltungsgrunds des Rechtsstaatsprinzips

1. Öffentlich-rechtliches Ersatzleistungssystem

Zu den Elementen des Rechtsstaatsprinzips rechnet man auch die Ausgestaltung der Verantwortlichkeit des Staates für die Handlung seiner Organe.[75] Kommen die Bearbeiter auf dieses Element des Rechtsstaatsprinzips, dann ist seine rechtsstaatliche Bedeutung aus Art. 34 GG (Amtshaftung) und Art. 14 Abs. 3 GG (Enteignungsentschädigung) abzuleiten. Der Schwerpunkt der Erläuterung ist hierzu auf die haftungsrechtliche Dimension zu legen und diese als Ausdruck der Komplementarität von Handlungs- und Haftungsebene zu betrachten.[76]

2. Geltungsgrund des Rechtsstaatsprinzips

Unter diesem Aspekt erwartet man eine Auseinandersetzung mit dem *Geltungsgrund des Rechtsstaatsprinzips im Grundgesetz*. In diesem Zusammenhang sind positive Kenntnisse über das *integrale* und *summative* Rechtsstaatsverständnis einzubringen.

Die Begriffe „integral" und „summativ" müssen dabei nicht genannt werden, sofern die beiden Ansichten der Sache nach aufgezeigt werden. Als Orientierung gelten folgende Darstellungen.

---

[75] *Stern*, Bd. I, § 20 IV 6; *Görisch* (Anm. 36), S. 990 f.
[76] Weitere Gesichtspunkte bei *Görisch* (Anm. 36).

- Nach dem *integralen Rechtsstaatsverständnis* existiert das Rechtsstaatsprinzip als eine eigenartige Verfassungsnorm mit einem eigenständigen, über die positivrechtlichen Konkretisierungen hinausgehenden dogmatischen Gehalt. Als Anknüpfungspunkt für die Plazierung des Rechtsstaatsprinzips im ungeschriebenen Verfassungsrecht werden häufig Art. 20, 28 Abs. 1 Satz 1 GG (zusammen oder einzeln) genannt.[77] Wegen der Vielfalt möglicher Inhalte ist nach dieser Auffassung das Prinzip behutsam zu konkretisieren. Wenn hier eine Unsicherheit im Hinblick auf die Frage, wozu das Rechtsstaatsprinzip überhaupt verpflichtet, entsteht, geht man davon aus, dass Rechtsstaatlichkeit eine unmittelbar wirkende „Leitidee" darstellt. Da es das „vorverfassungsmäßige Gesamtbild" prägt,[78] kommt man letztlich darauf, ob die fundamentalen Elemente des Rechtsstaates und der Rechtsstaatlichkeit im ganzen gewahrt bleiben"[79]. Die Konkretisierung des Prinzips sei danach z. T. ausdrücklich durch „Ausführungsbestimmungen" im Grundgesetz erfolgt, i. Ü. vom Rechtsanwender aufgrund der verfassungsrechtlichen Konzeption vorzunehmen.[80] Diese Auffassung antizipiert im Ergebnis die Offenheit des Rechtsstaatsprinzips, die „die Relativität auf der Rechtsfolgenseite" konstituiert.[81]

- Nach dem *summativen Rechtsstaatsverständnis*[82] enthält das Rechtsstaatsprinzip keine konkreten Forderungen und Gebote, sondern stellt ein „Ensemble von Normen" dar, das Probleme bezeichnen und erhellen kann, ohne sie zu lösen. Danach bildet das Rechtsstaatsprinzip im GG keine selbständige Norm; es bringt lediglich einzelne positivrechtlich normierte Verfassungsgebote und -verbote sprachlich zum Ausdruck. Da das Prinzip lediglich die konkreten Normierungen bündelt, kann ihm die normative Qualität im Ergebnis nicht zuerkannt werden. Dieser Betrachtung liegt eine interpreta-

---

[77] Übersicht bei *Kunig*, S. 63 ff.; vgl. a. *Schnapp*, in: *von Münch/ Kunig*, GG, Bd. 2, Art 20, Rn. 25.
[78] BVerfGE 2, 380, 403.
[79] BVerfGE 7, 89, 92 ff.; 35, 42, 47; 57, 250, 276.
[80] *Stern*, Bd. I, § 4 III 8 lit. e); *Maurer*, Rn. 3.
[81] *Kunig*, S. 273 ff. m.w. Hinw.
[82] *Kunig*, insb. S. 380 ff., 398 ff.; 418 ff., 442 ff.; *Sobota*, passim, S. 399 ff.; *Schnapp*, in: *von Münch/Kunig*, GG, Bd. 2, Art 20, Rn. 24.

tiv-logische Problemstellung zugrunde: Die Analyse des Verfassungstextes zeigt, dass die Verfassung nur zu induktivem Vorgehen berechtige. In diesem Sinne lässt eine wortlautgetreue Grundgesetzauslegung einem allgemeinen überpositiven Rechtsstaatsprinzip keinen Raum.

Im Ergebnis kann jede der aufgeführten Meinungen vertreten werden. Entscheidend ist bei der Bewertung, ob das Problem erkannt und mit einleuchtenden Argumenten dargelegt ist.

Für die Bewertung kommt es auch hier vor allem auf die Qualität der Argumentation hinsichtlich der wortlautorientierten Auslegung an.

V. Maßstäbe der Bewertung

Die materielle Komponente der Rechtstaatlichkeit (die grundrechtlich geschützte Position der Individuen) ist prozedural-organisatorisch verwirklicht durch die Grundsätze der *Gewaltenteilung*, des *Vorrangs und Vorbehalts des Gesetzes*, durch umfassenden *Gerichtsschutz*, *Rechtsklarheit*, *Rechtssicherheit*, *Vertrauensschutz* und *Verhältnismäßigkeit*. Die Darstellung dieser Elemente ist ein verbindliches Minimum für eine bestandene Klausur.

Da die Studenten und Examenskandidaten nicht immer ausreichende Vorstellung von dem haben, was von ihnen erwartet wird und auch Lösungsschemata fehlen, soll hiermit versucht werden, diese Vorstellungslücken zu schließen.

Für eine *ausreichende Klausur (4-6 Punkte)* erwartet man die klare Ableitung der einzelnen Elemente des Rechtsstaatsprinzips. Sie müssen jeweils in den einschlägigen Normen der geschriebenen Verfassung fundiert werden. Die obige Ausführung ist vom Umfang, Reihenfolge und Inhalt her nicht verbindlich. Als verbindliches Minimum sind aber die genannten Verfassungsgebote zu betrachten. Insbesondere ist für eine bestandene Klausur die exakte Darlegung und Abgrenzung des Vorrangs und des Vorbehalts des Gesetzes mit den dort erwähnten Elementen sowie eine ordentliche Beschreibung des Problems der Verhältnismäßigkeit erforderlich. Von der Argumentation her gesehen, muss der induktive Gedankengang (von den konkreten Normenregelungen zu den allgemeinen Verfassungsgeboten und Verfassungsprinzipien) eindeutig erkennbar sein.

Für eine *befriedigende Klausur (7-9 Punkte)* müssen neben den verfassungsrechtlichen auch die theoretischen Grundkenntnisse in Erscheinung treten. Diesbezüglich ist eine vertretbare Erörterung der formellen und materiellen Rechtsstaatlichkeit sowie die Einbeziehung der theoretischen Aspekte an den entspr. Stellen (wie o. zur Gewaltenteilung, zum formellen Gesetzesbegriff, zur Gesetzmäßigkeit) und eine Stellungnahme zum Rückwirkungsverbot im Rahmen des Gebotes der Rechtssicherheit zu erwarten. Die Argumentation muss unmissverständlich auf den positiven Aussagen der Verfassung beruhen und klare Stellungnahmen zu einzelnen Verfassunggeboten und ihrer rechtsstaatlichen Relevanz enthalten.

Für eine *vollbefriedigende Klausur (10-12 Punkte)* ist die Strukturierung der Argumente, der inhaltliche Ertrag zu den einzelnen Verfassunggeboten und ihre Einordnung unter das Rechtsstaatsprinzip entscheidend. Sie sollte im wesentlichen der obigen Lösung entsprechen.

Für eine *gute (13-15 Punkte)* oder *sehr gute (16-18 Punkte) Klausur* ist zu erwarten, dass neben den angeführten Elementen zusätzlich folgende Probleme zum Ausdruck kommen: Parlamentsvorbehalt, öffentlich-rechtliches Ersatzleistungssystem als rechtsstaatliches Element und das Problem des Geltungsgrunds des grundgesetzlichen Rechtsstaatsprinzips (integrales und summatives Rechtsstaatsverständnis).

Literatur: *C. Degenhart*, Staastrecht I, 18. Aufl. 2002, § 3, Rn. 233 ff.; *H. Maurer*, Staatsrecht I, 2. Aufl., 2001, § 8.

Juristische Fallsammlung

R. Brinktrine, Universität Leipzig; B. Kastner, Sigmaringen

Fallsammlung zum Verwaltungsrecht

2002. XVIII, 319 S. Softcover
€ 16,95; sFr 27,50
ISBN 3-540-41988-8

R. Brinktrine, E. Sarcevic, Universität Leipzig

Fallsammlung zum Staatsrecht

2003. Etwa 250 S. Softcover
€ 16,95; sFr 27,50
ISBN 3-540-00013-5

B. Boemke, Universität Leipzig

Fallsammlung zum Arbeitsrecht

2001. XI, 270 S. Softcover
€ 14,95; sFr 24,-
ISBN 3-540-41298-0

W. Gropp, Universität Gießen; G. Küpper, W. Mitsch, Universität Potsdam

Fallsammlung zum Strafrecht

2003. IX, 353 S. Softcover
€ 16,95; sFr 27,50
ISBN 3-540-42484-9

R. Jula, Berlin

Fallsammlung zum Handelsrecht

Klausuren - Lösungen - Basiswissen

2000. XV, 275 S. Softcover
€ 19,95; sFr 32,-
ISBN 3-540-67833-6

U. Hellmann, Universität Potsdam (Hrsg.)

Fallsammlung zum Strafprozessrecht

2001. XVI, 209 S. Softcover
€ 19,95; sFr 32,00
ISBN 3-540-67960-X

H.-P. Schwintowski, Humboldt-Universität zu Berlin (Hrsg.)

Fallsammlung zum Privatversicherungsrecht

1998. X, 217 S. Softcover € 19,95; sFr 32,- ISBN 3-540-64228-5

K. Laubenthal, Universität Würzburg

Fallsammlung zur Wahlfachgruppe Kriminologie, Jugendstrafrecht und Strafvollzug

2002. X, 184 S. Softcover
€ 16,95; sFr 27,50
ISBN 3-540-42481-4

Springer · Kundenservice
Haberstr. 7 · 69126 Heidelberg
Tel.: (0 62 21) 345 - 0 · Fax: (0 62 21) 345 - 4229
e-mail: orders@springer.de

Die €-Preise für Bücher sind gültig in Deutschland und enthalten 7% MwSt.
Preisänderungen und Irrtümer vorbehalten. d&p · 009315_sfix_1c

Druck und Bindung: Strauss GmbH, Mörlenbach

MIX
Papier aus verantwortungsvollen Quellen
Paper from responsible sources
FSC® C105338

If you have any concerns about our products,
you can contact us on
ProductSafety@springernature.com

In case Publisher is established outside the EU,
the EU authorized representative is:
**Springer Nature Customer Service Center GmbH
Europaplatz 3, 69115 Heidelberg, Germany**

Printed by Libri Plureos GmbH
in Hamburg, Germany